国家自然科学基金"基于空间生产—消费全过程的旧城空间再生研究"资助(项目批准号:51678130)

演变与再生:改革开放以来的南京老城更新
Evolution and Regeneration: The Renewal of Nanjing's Old City Since 1978

孙世界 等 著

东南大学出版社
SOUTHEAST UNIVERSITY PRESS
·南京·

内容提要

本书的内容着眼于改革开放以来南京老城的更新过程,首先梳理了南京城市更新的发展阶段,分别从土地利用变化、更新项目空间分布、更新模式等方面对南京老城居住空间、商业办公空间、工业空间、道路基础设施的更新过程以及更新政策的演变进行综述。然后聚焦于南京老城各种空间更新类型典型案例的描述和剖析,包括城市公共中心更新、历史城区更新、传统商业中心(消费空间)更新、创新空间(工业空间)更新、隐形商业空间(网络空间)更新,探讨老城更新过程中的经济、社会、文化和政策因素的作用,为丰富和完善我国城市更新理论和方法体系做出贡献。

本书可供城乡规划、建筑学、经济地理、人文地理及相关专业领域的从业人员阅读,也可供高等院校有关专业的师生阅读和参考。

图书在版编目(CIP)数据

演变与再生:改革开放以来的南京老城更新 / 孙世界等著.
南京:东南大学出版社,2021.1
ISBN 978-7-5641-9292-1

Ⅰ.①演… Ⅱ.①孙… Ⅲ.①城市建设—研究—南京
Ⅳ.①F299.275.31

中国版本图书馆 CIP 数据核字(2020)第 246023 号

演变与再生:改革开放以来的南京老城更新
Yanbian Yu Zaisheng: Gaige Kaifang Yilai De Nanjing Laocheng Gengxin

著 者	孙世界 等
出版发行	东南大学出版社
社 址	南京市四牌楼2号 邮编:210096
网 址	http://www.seupress.com
出 版 人	江建中
印 刷	江苏扬中印刷有限公司
排 版	南京布克文化发展有限公司
开 本	787 mm×1092 mm 1/16 印张:17.75 字数:432千字
版 印 次	2021年1月第1版 2021年1月第1次印刷
书 号	ISBN 978-7-5641-9292-1
定 价	98.00元
经 销	全国各地新华书店
发行热线	025-83790519 83791830

* 版权所有,侵权必究
* 本社图书若有印装质量问题,请直接与营销部联系。电话:025-83791830

目 录

1 导论 ·· 001
  1.1 背景与意义 ·· 001
  1.2 相关研究及发展动态 ·· 002
    1.2.1 城市更新与再生的相关研究概述 ··· 002
    1.2.2 空间生产和空间消费的相关研究概述 ·· 004
    1.2.3 旧城更新的城市案例研究概述 ·· 006
  1.3 主要内容与框架 ·· 010

2 南京老城的更新 ··· 012
  导言：南京老城更新 40 余年 ··· 012
  2.1 南京城市发展背景 ··· 012
    2.1.1 国民经济发展情况 ·· 012
    2.1.2 产业结构 ·· 013
    2.1.3 人口规模 ·· 014
    2.1.4 宏观政策 ·· 014
  2.2 南京老城更新阶段 ··· 015
    2.2.1 改革开放后南京城市空间形态演变 ·· 015
    2.2.2 南京老城空间形态变化 ·· 016
  2.3 居住空间更新 ··· 019
    2.3.1 数据来源 ·· 019
    2.3.2 居住用地规模变化 ·· 020
    2.3.3 居住空间分布变化 ·· 021
    2.3.4 居住空间形态变化 ·· 024
    2.3.5 居住空间更新模式 ·· 025
    2.3.6 更新特征总结 ·· 026
  2.4 商业办公空间更新 ··· 028
    2.4.1 商业用地规模变化 ·· 028
    2.4.2 商业空间分布变化 ·· 028
    2.4.3 办公空间分布变化 ·· 032
    2.4.4 商业办公空间更新模式 ·· 033
    2.4.5 更新特征总结 ·· 036
  2.5 工业空间更新 ··· 036

   2.5.1 工业用地规模变化 ········· 036
   2.5.2 工业空间分布变化 ········· 037
   2.5.3 工业空间更新总结 ········· 039
  2.6 道路交通基础设施建设 ········· 040
   2.6.1 道路用地规模变化 ········· 040
   2.6.2 城市路网结构演变 ········· 041
   2.6.3 道路空间更新总结 ········· 044
  2.7 南京城市更新政策演变 ········· 045
   2.7.1 阶段一：起步期 ········· 045
   2.7.2 阶段二：发展期 ········· 047
   2.7.3 阶段三：完善期 ········· 049
   2.7.4 政策与规划演进总结 ········· 052

3 城市公共中心空间重塑：大行宫地区更新 ········· 055
  导言：城市公共中心更新 ········· 055
  3.1 南京中心区空间发展历程 ········· 055
  3.2 大行宫地区空间变迁 ········· 059
   3.2.1 阶段一——更新探索期（1978—1991 年）········· 059
   3.2.2 阶段二——发展准备期（1992—2002 年）········· 060
   3.2.3 阶段三——发展完善期（2003 年以来）········· 060
   3.2.4 大行宫地区更新中的文化项目 ········· 061
  3.3 项目立项：城市政策的空间实现 ········· 063
   3.3.1 政府投资的公益型：政府主导下的空间拓展 ········· 064
   3.3.2 政府投资的消费型：政府意志下的空间更新 ········· 066
   3.3.3 市场投资的公益型：文化诉求推动的公共空间生产 ········· 068
  3.4 项目开发：多元主体的话语博弈 ········· 072
   3.4.1 政府投资公益型：重点地段的空间限制与争夺 ········· 073
   3.4.2 政府投资消费型：政府主导下的空间意图实现 ········· 075
   3.4.3 市场投资公益型：多方合作下的文化空间生产 ········· 077
  3.5 项目运营：利益诉求的动态平衡 ········· 079
   3.5.1 政府投资公益型：新型服务关系的建立 ········· 080
   3.5.2 政府投资消费型：政府与运营商的互动合作 ········· 081
   3.5.3 市场投资公益型：多重困难下的运营主体转移 ········· 083
  3.6 基于空间生产视角的文化空间更新解析 ········· 084
   3.6.1 基于空间生产的分析框架 ········· 084
   3.6.2 多元利益的推动力 ········· 090
   3.6.3 各方主体的博弈方式 ········· 092
   3.6.4 多重资本的增殖路径 ········· 099

4 历史城区空间复兴:门东地区更新 · · · · · · 103
导言:历史文化城区的保护与更新 · · · · · · 103
4.1 南京城南历史城区保护与更新 · · · · · · 104
4.1.1 南京城南地区更新历程 · · · · · · 104
4.1.2 历史城区的价值 · · · · · · 107
4.2 门东地区的更新过程 · · · · · · 108
4.2.1 改革开放前的门东地区 · · · · · · 108
4.2.2 以改善居住条件为目标的物质性更新阶段 · · · · · · 109
4.2.3 多主体参与的曲折更新阶段 · · · · · · 110
4.3 市场主导的居住空间更新 · · · · · · 115
4.3.1 出让——土地财政驱动下的空间扩张 · · · · · · 115
4.3.2 开发——国有资本、民营资本联合开发 · · · · · · 115
4.3.3 设计及建造——遗憾中找回历史记忆 · · · · · · 117
4.4 政府主导下的消费空间生产 · · · · · · 117
4.4.1 更新之前——空间衰退、风貌破坏 · · · · · · 117
4.4.2 更新之中——政府主导、摸索前进 · · · · · · 119
4.4.3 更新之后——引入品牌、开放运营 · · · · · · 123
4.5 基于空间正义视角的历史城区更新解析 · · · · · · 124
4.5.1 历史城区的空间生产 · · · · · · 124
4.5.2 空间正义视角的历史城区更新 · · · · · · 129
4.5.3 基于公平性原则的历史城区更新评述 · · · · · · 130
4.5.4 基于包容性原则的历史城区更新评述 · · · · · · 136
4.5.5 基于差异性原则的历史城区更新评述 · · · · · · 138
4.6 老城空间再生产中的空间正义建构 · · · · · · 143
4.6.1 平等性建构:权利保障 · · · · · · 143
4.6.2 差异性建构:效率引导 · · · · · · 144
4.6.3 包容性建构:和谐开放 · · · · · · 145

5 传统商业中心的地方性建构:夫子庙地区更新 · · · · · · 146
导言:城市传统商业中心更新 · · · · · · 146
5.1 夫子庙地区的更新历程 · · · · · · 146
5.1.1 改革开放前的夫子庙 · · · · · · 147
5.1.2 探索期:历史街区重建的曲折探索(1983—2000年) · · · · · · 147
5.1.3 稳步期:"文教"转型目标下的景区升级(2001—2011年) · · · · · · 149
5.1.4 飞跃期:大型项目带动下的复合提升(2012年以来) · · · · · · 150
5.2 政府企业化主导的地方性建构 · · · · · · 151
5.2.1 物质空间更新:科举博物馆的引领 · · · · · · 151
5.2.2 商业经营更新:"产权"失位下的业态探索 · · · · · · 156
5.2.3 地方性建构结果 · · · · · · 161

5.3 基于消费者感知-认同过程的地方性建构 ·········· 163
  5.3.1 地方感知-认同调查设计 ·········· 164
  5.3.2 调查结果描述性分析 ·········· 166
  5.3.3 地方性评价模型构建 ·········· 171
  5.3.4 地方性评价结果 ·········· 180
5.4 传统商业中心更新中的地方性建构 ·········· 181
  5.4.1 地方性建构特征 ·········· 181
  5.4.2 地方性建构差异 ·········· 184
  5.4.3 地方性建构机制 ·········· 186

6 老城创新空间再生：三个工业空间更新 ·········· 188
导言：工业空间更新与再利用 ·········· 188
6.1 我国工业空间更新历程与模式 ·········· 189
  6.1.1 工业空间更新的阶段 ·········· 189
  6.1.2 工业空间更新的模式 ·········· 193
6.2 市场主导的工业空间更新：南京红山创意工厂 ·········· 196
  6.2.1 空间权力协商阶段 ·········· 197
  6.2.2 空间资源分配阶段 ·········· 198
  6.2.3 空间价值消费阶段 ·········· 199
6.3 多方协作的工业空间更新：南京国家领军人才创业园 ·········· 200
  6.3.1 空间主导权争夺阶段 ·········· 200
  6.3.2 空间资源分配阶段 ·········· 202
  6.3.3 空间价值消费阶段 ·········· 202
6.4 政府主导的工业遗产再利用：南京1865创意产业园 ·········· 204
  6.4.1 空间权力代理阶段 ·········· 204
  6.4.2 空间资源分配阶段 ·········· 205
  6.4.3 空间价值消费阶段 ·········· 205
6.5 基于空间-资本视角的工业空间更新解析 ·········· 207
  6.5.1 工业空间更新机制研究概述 ·········· 207
  6.5.2 空间生产-资本循环理论的分析框架 ·········· 207

7 网络空间与消费行为：隐形消费空间的生产 ·········· 214
导言：互联网环境下的消费空间更新 ·········· 214
7.1 南京老城隐形消费空间分布 ·········· 215
  7.1.1 隐形消费空间类型构成 ·········· 215
  7.1.2 隐形消费空间分布 ·········· 217
7.2 隐形消费空间分布的影响因素 ·········· 221
  7.2.1 城市空间结构要素的影响 ·········· 221
  7.2.2 隐形消费空间选址的影响因素 ·········· 225

7.3 隐形消费空间的生产与消费过程 ·· 233
　　7.3.1 隐形消费空间生产与消费的三个阶段 ························· 233
　　7.3.2 消费空间生产：低进入门槛的选址决策 ······················ 235
　　7.3.3 消费关系建构：网络平台重塑的商客关系 ·················· 240
　　7.3.4 消费空间消费：物美价廉的新体验场所 ······················ 256

参考文献 ·· 265

图目录 ·· 273

表目录 ·· 277

后记 ··· 273

1 导论

1.1 背景与意义

(1) 城市旧城更新一直是城市化的重要手段，同时也是国际学术界持续关注的课题。

城市更新自产业革命以来一直是西方城市发展的主题，也是国际城市规划学术界关注的重要课题。产业革命后由于城市的快速发展，城市出现许多严重问题：居住环境恶化、中心区衰败、大量贫民窟出现、城市安全问题严重、城市特色消失等，为解决这些问题，西方国家经历了整个近代城市化过程，即从单纯解决物质空间环境问题到综合推动旧城复兴城市的更新过程。西方国家的城市化已经基本走完了兴起、发展和成熟的过程，其城市更新理论和方法体系也日渐成熟完善，对我国当前的城镇化发展有重要的借鉴作用。

(2) 我国城镇化进入新时期，旧城空间更新和再生成为提升城镇化质量的重要抓手。

我国真正意义上的城市化主要集中在改革开放后的三十多年，城市化水平保持高速增长。根据国家统计局数据，1980年我国城镇化率为19.39%，2000年增长到36.22%，2011年突破50%，达51.27%，2014年达到54.77%。高速的城市化进程中城市空间迅速扩张，城市格局和景观发生巨大变化，我国城市空间发展模式从以用地扩张为主的增量方式逐渐向以城市更新内部挖潜为主的存量发展方式转变。《国家中长期科学和技术发展规划纲要（2006—2020年）》将"城市功能提升与空间节约利用"作为"城镇化与城市发展"重点领域的优先主题之一；《国家新型城镇化规划（2014—2020年）》提出城镇化"以人的城镇化为核心，促进人的全面发展和社会公平正义"，"严格控制城镇建设用地规模，优化城市内部空间结构。""按照改造更新与保护修复并重的原则，健全旧城改造机制，优化提升旧城功能。"2015年中央城市工作会议指出我国城市发展已经进入新的发展时期，要推动以人为核心的新型城镇化，强调把握城市发展规律，加快旧城改造工作。因此，当前我国城市发展迎来空间结构调整和转型的关键时期，空间发展方式逐步由新区外延扩张向新区与旧城协同发展转变。如何在新的发展条件下进行旧城空间的功能与结构调整成为当前中国新型城镇化的重要主题之一。

(3) 目前我国处于城市更新的快速发展期，问题和机遇并存，急需理论的指导和实践的总结。

中华人民共和国成立后我国旧城改造更新大致分为两个阶段，1980年代末以前主要以政府主导的基础设施建设、局部危房改造为主，主要解决旧城物质性老化问题。1990年代开始，随着城市土地制度、住房制度改革的推进，我国进入大范围的旧城改造和更新时期，进入包括物质性更新、空间功能结构调整、人文环境优化等社会、经济、文化内容的多目标更新阶段，更新速度快、规模大，改变了旧城原有的空间结构、功能结构，同时也导致了一些问题：

包括破坏原有社会结构、旧城绅士化、城市文脉的丧失、城市特色减弱等,原来单纯的物质更新已经不适合旧城的空间发展。进入21世纪,一些相对发展比较快的城市越来越重视旧城改造和更新,深圳是比较早进行城市更新研究和实践的城市,于2009年制定出台了《深圳市城市更新办法》,用以指导城中村改造等城市更新活动,2012年又制定了《深圳市城市更新办法实施细则》,并于2015年成立深圳市城市更新局,管理和组织城市改造和更新工作。2009年广州开始对"旧城镇、旧厂房、旧村庄"进行改造,制定了特殊的"三旧改造"政策,2015年1月广州成立城市更新局,并于当年12月出台《广州市城市更新办法》,广州的三旧改造进入新的城市更新时期。近二十年是我国旧城改造和更新实践探索的高潮期,这些城市也在反思和总结经验和教训,从实践总结和理论角度对这些实践实验进行研究是必要的和可行的,也是进入新型城镇化时期更好地开展旧城更新的重大需求。

因此,如何在新型城镇化、经济新常态的背景下,基于旧城的复杂性和动态性,以多元的角度拓展深化旧城更新与再生理论,把握旧城空间演化的机制和规律?如何通过旧城空间的更新与再生,提升旧城功能和空间品质?如何形成系统认知旧城空间、功能特征、运行方式的科学方法,构建旧城空间再生的相关评价体系,制定科学合理的旧城空间规划?这些问题是国内学界和行业的关注重点和突破方向。本书通过分析南京老城四十年的更新历程,探索旧城空间再生的特征和影响因素,希望在提高旧城规划建设的科学性,实现旧城空间的优化转型和功能提升,以及促进旧城空间全面可持续协调发展方面能够提供一些借鉴和参考。

1.2 相关研究及发展动态

1.2.1 城市更新与再生的相关研究概述

现代意义上的城市更新源于第二次世界大战(简称二战)以后,城市更新成为西方城市发展的主要方式,以欧洲和美国为代表的城市更新政策,对城市物质空间形态和社会空间结构都产生深远影响。城市更新理论和实践的研究一直是西方学者城市研究的热点,主要是对特定国家和城市更新活动的进程研究。西方城市更新大致经历了1960年代之前的清除贫民窟和物质衰退地区的推土机式重建,20世纪60~70年代对旧城住区进行具有国家福利主义色彩的社区更新,到20世纪80~90年代市场导向的旧城区域再开发,进而发展到1990年代至今的注重人居环境的社区综合复兴。国外城市更新经历了从物质空间更新向社区综合更新的转变,在城市更新运作过程中强调多方参与,发挥政府、市场、社区、产权所有者和居民的作用,实现全面多元的城市复兴。伴随着这个过程,西方城市开发的理论也经历了五个阶段:1950年代的城市重建(Urban Reconstruction)、1960年代的城市振兴(Urban Revitalization)、1970年代的城市更新(Urban Renewal)、1980年代的城市再开发(Urban Redevelopment)和1990年代的城市再生(Urban Regeneration)。这些表述说明了城市更新涉及面极广,涵盖了不同国家和地区。不同城市发展阶段的城市更新的重点也有很大的差异,城市再生的概念起源于1980年代,英国开始推行市场化的经济政策,城市更新从城市中心区向区域范围扩展,在提振城市经济的同时促进社会转型,除了物质空间和功能更新外,城市再生更关注城市地区的新的定位、城市社会结构平衡、更新政策和模式的可持续性等。同时,城市再生把城市看作一个有机的整体,它本身就是一个不断循环的过程,城市建设不仅是完成空间(包括物质空间和社会空间)的建构,还有空间的使用和维护,以及空间的重新组合和平衡,直至平衡被打破,从而需要新的更新,这也是本书对南京老城空间更新过程研究视角的初衷。

国内学者对城市更新的研究主要集中在三个方面:一是对西方城市更新理论和实践的引介和总结研究;二是对国内旧城改造与更新实践的案例研究;三是一些学者进一步探讨了城市更新与再生中的经济运作和社会空间问题。

西方城市更新的理论与实践对于中国城市发展的借鉴作用已经被众多国内学者所认识,对西方城市更新的研究一直持续并取得丰硕的成果,研究内容层次丰富、维度多元,对城市更新的认识已经从仅仅是专业技术的规划工程,转向城市更新是一项涉及社会、经济、文化、政治、空间、制度等多因素的社会系统工程。郝娟编著的《西欧城市规划理论与实践》、阳建强和吴明伟撰写的《现代城市更新》、阳建强编著的《西欧城市更新》较为全面和系统地介绍了二战后西欧各国的城市规划理论以及城市更新思想、理论和实践,一些论文也阐述了西方现代城市更新的基本特征和发展趋势,为我国城市更新的研究和实践提供了理论基础和实践启示[1][2][3][4][5][6][7][8]。

随着近年来城市化的转型发展,城市更新成为城市空间内涵发展、存量发展的重要方式,城市更新研究的关切逐渐从物质空间环境更新转向城市更新政策、多方参与的合作模式等综合多元的城市复兴研究,吴良镛等老一辈学者提出的"有机更新"思想有了新的内涵,各地的实践研究逐渐成为城市更新研究的主流。赵民等从理论、实践和策略角度提出我国城市旧住区更新的渐进式模式[9]。黄静等借鉴美国城市更新三方合作伙伴关系的经验,探索上海旧区改造的 PPP 模式(政府和社会资本合作,是公共基础设施中的一种项目运作模式)[10]。王世福、沈爽婷对广州三旧改造实践进行回顾和反思,认为应该借助于城市更新局的成立,走向全面综合的城市更新[11]。吕晓蓓、刘芳、邹广等对深圳的城市更新实践的研究更侧重于制度的解析和相应的对策,以及对城市复杂环境下产权的重构和利益的共享[12][13][14][15]。

---

[1] 阳建强. 现代城市更新运动趋向[J]. 城市规划,1995,19(4):27-29.
[2] 方可. 西方城市更新的发展历程及其启示[J]. 城市规划汇刊,1998(1):59-61.
[3] 李建波,张京祥. 中西方城市更新演化比较研究[J]. 城市问题,2003(5):68-71,49.
[4] 王如渊. 西方国家城市更新研究综述[J]. 西华师范大学学报(哲学社会科学版),2004(2):1-6.
[5] 黄鹤. 文化政策主导下的城市更新:西方城市运用文化资源促进城市发展的相关经验和启示[J]. 国外城市规划,2006,21(1):34-39.
[6] 张汉,宋林飞. 英美城市更新之国内学者研究综述[J]. 城市问题,2008(2):78-83,89.
[7] 董玛力,陈田,王丽艳. 西方城市更新发展历程和政策演变[J]. 人文地理,2009,24(5):42-46.
[8] 曲凌雁. 更新、再生与复兴:英国 1960 年代以来城市政策方向变迁[J]. 国际城市规划,2011,26(1):59-65.
[9] 赵民,孙忆敏,杜宇,等. 我国城市旧住区渐进式更新研究:理论、实践与策略[J]. 国际城市规划,2010,25(1):24-32.
[10] 黄静,王诤诤. 上海市旧区改造的模式创新研究:来自美国城市更新三方合作伙伴关系的经验[J]. 城市发展研究,2015,22(1):86-93.
[11] 王世福,沈爽婷. 从"三旧改造"到城市更新:广州成立城市更新局之思考[J]. 城市规划学刊,2015(3):22-27.
[12] 吕晓蓓,赵若焱. 对深圳市城市更新制度建设的几点思考[J]. 城市规划,2009,33(4):57-60.
[13] 吕晓蓓,朱荣远,张若冰,等. 大都市中心城区城市空间资源整合的初步探索:深圳"金三角"地区城市更新的系列实践[J]. 国际城市规划,2010,25(2):48-52.
[14] 刘芳,张宇. 深圳市城市更新制度解析:基于产权重构和利益共享视角[J]. 城市发展研究,2015,22(2):25-30.
[15] 邹广. 深圳城市更新制度存在的问题与完善对策[J]. 规划师,2015,31(12):49-52.

在国内城市更新概念的辨析和研究过程中,有些学者认为城市再生(Urban Regeneration)更具有综合性,城市再生的内涵和思想比偏重于物质空间改造的城市更新更契合我国旧城改造和复兴的现状和需求。张平宇是比较早研究城市再生与我国城市化关系的学者,他提出城市再生需要关注的问题,如非城市化、郊区化、中产阶级化、历史保护等因素是我国城市再生面临的理论和实践问题[1][2]。曲凌雁梳理了英国城市政策发展的历程,认为城市更新、城市再生、城市复兴这些概念代表了英国城市不同发展阶段的思想、政策和实践模式等[3]。有些学者结合地方实践,研究基于地区空间资源配置和整合的城市空间再生规划和策略[4][5]。另外也有学者分别就创意文化与城市再生[6]、社区衰败与再生[7]、地方理论与空间再生[8]等方面进行了研究。

1.2.2 空间生产和空间消费的相关研究概述

1970年代开始,西方社会学界和城市学界掀起了研究城市空间生产问题的热潮,形成一个新马克思主义城市研究的派别。法国思想家亨利·列斐伏尔是空间生产理论的首创者,他批判了将空间仅仅视为容器的传统观念,建构了展现空间生产过程的三元一体理论框架。大卫·哈维传播和发展了空间生产理论,指出城市空间组织和结构是资本生产的需要和产物,认为中产阶级郊区化和城市中心区衰落是必然结果。曼纽尔·卡斯特尔批判地吸取了空间生产理论的思想,提出集体消费的概念,来解释城市空间演化的原因。近年来西方关于空间生产的研究主要集中于人文地理学领域延伸和向诸多领域拓展。

中国的发展进程始终伴随着经济、社会、政治等方面的诸多挑战,城市化的过程包含了人口的集聚、社会分化与整合、城市空间经济和土地财政的兴起,以及由此表现出的城市空间扩张和更新。在这样的背景下,中国学者尝试利用空间生产理论解释城市化过程中的空间变迁,城市空间研究也从物质空间研究为主转向逐渐重视社会空间问题,空间生产理论作为一种新的视角,近十五年来逐渐被一些中国学者重视并应用在城市研究的各个方面。

1990年代开始,学术界出现对空间生产理论的介绍,2003年包亚明主编的《现代性与空间的生产》一书比较系统的介绍和普及了空间生产理论[9]。汪原、张子凯、叶超、汪民安对新马克思主义的空间生产理论进行述评和介绍。近十年是国内空间生产相关研究比较集中的时期,主要集中在下列几个方面。

---

[1] 张平宇. 英国城市再生政策与实践[J]. 国外城市规划,2002(3):39-41.
[2] 张平宇. 城市再生:我国新型城市化得理论与实践问题[J]. 城市规划,2004,28(4):25-30.
[3] 曲凌雁. 更新、再生与复兴:英国1960年代以来城市政策方向变迁[J]. 国际城市规划,2011,26(1):59-65.
[4] 徐毅松,王颖禾,范宇. 城市再生视野下的规划实践与思考:以新江湾城规划为例[J]. 城市规划学刊,2005(4):93-98.
[5] 罗彦,朱荣远,蒋丕彦. 城市再生:紧约束条件下城市空间资源配置的策略研究:以深圳福田区为例[J]. 规划师,2010,26(3):42-49.
[6] 王伟年,张平宇. 创意产业与城市再生[J]. 城市规划学刊,2006(2):22-27.
[7] 佘高红. 从衰败到再生:城市社区衰退的理论思考[J]. 城市规划,2010,34(11):14-19.
[8] 张中华,张沛. 地方理论:城市空间发展的再生理论[J]. 城市发展研究,2012,19(1):52-57.
[9] 包亚明. 现代性与空间的生产[M]. 上海:上海教育出版社,2003.

区域空间生产研究:魏成等提出全球化时代中国区域空间生产的逻辑和策略[1][2],张京祥等在研究区域合作治理关系时认为区域空间生产关系导致新的区域合作治理关系形成[3]。

社会空间研究:社会学者、地理学者和规划学者都关注了城市社会空间的生产,主要集中于不同类型居住空间生产,尤其是居住社区中的社会空间变迁。马学广等研究了广州居住空间的社会生产,探讨不同主体主导的居住空间的社会生产具有复杂性、多样性和多变性等特征[4]。张京祥等主要对城市的保障房和城中村等低收入居住空间的社会空间进行研究,认为空间生产的不仅是空间本身,更是新的社会空间的新界限和新的社会关系[5][6]。刘云刚等则研究了广州城乡接合部的弱空间的空间生产与黑色产业集群的关系[7]。

另外,以郭文为代表的一些学者结合案例讨论文化旅游空间的生产,包括历史街区文化空间、风景名胜区文化旅游空间、创意园区与都市文化空间等。张京祥等则关注大事件营销与城市空间生产的关系[8][9]。魏皓严等则关注了资本、权力与空间生产的关系,认为权力和资本是空间生产的潜在控制动力[10][11]。包蓉等[12]、彭恺解读转型期我国新城空间生产的研究范式[13]。季松则研究了消费时代城市空间的生产与消费[14]。

空间生产理论的基础是城市空间的多元属性:它既是城市生活生产的场所,也是城市生产的产品本身;既是物质空间场所,又是具有文化意义的形态空间,也是社会空间的映像。对于城市来说,空间生产的过程就是城市空间扩展和更新的过程。在旧城空间的演化过程中,空间的生产和消费过程就是旧城改造、空间调整与更新、社会重构的过程,这就为我国旧城更新研究提供了一个新的视角。

总体来看,城市更新与城市再生研究在理论和实证方面取得了很多成果,具有一定深度和广度,研究对象主要集中在我国一些大城市,如上海、广州、深圳等城市的旧城改造的实证研究,并在此基础上探讨动力机制、更新改造模式、相关利益方的合作模式和规划实例,这些成果为进一步研究打下良好的基础。

---

[1] 魏成,陈烈. 全球化与制度转型脉络下中国区域空间生产逻辑及其研判[J]. 经济地理,2009,29(3):384-390.

[2] 魏成,沈静,范建红. 尺度重组:全球化时代的国家角色转化与区域空间生产策略[J]. 城市规划,2011(6):28-35.

[3] 张京祥,耿磊,殷洁,等. 基于区域空间生产视角的区域合作治理:以江阴经济开发区靖江园区为例[J]. 人文地理,2011,26(1):5-9.

[4] 马学广,王爱民,闫小培. 广州市城市居住空间的社会生产研究[J]. 中山大学学报(自然科学版),2010,49(5):122-126,140.

[5] 张京祥,陈浩. 南京市典型保障性住区的社会空间绩效研究:基于空间生产的视角[J]. 现代城市研究,2012,27(6):66-71.

[6] 张京祥,胡毅,孙东琪. 空间生产视角下的城中村物质空间与社会变迁:南京市江东村的实证研究[J]. 人文地理,2014,29(2):1-6.

[7] 刘云刚,王丰龙. 城乡结合部的空间生产与黑色集群:广州M垃圾猪场的案例研究[J]. 地理科学,2011,31(5):563-569.

[8] 张京祥,罗小龙,殷洁,等. 大事件营销与城市的空间生产与尺度跃迁[J]. 城市问题,2011(1):19-23.

[9] 张京祥,于涛,陆枭麟. 全球化时代的城市大事件营销效应:基于空间生产视角[J]. 人文地理,2013,28(5):1-5.

[10] 魏皓严,郑曦. 资本一统下的纷纷江湖:文化、地域建筑与空间生产[J]. 城市建筑,2009(6):24-27.

[11] 魏皓严,郑曦. 双重动力机制下的大学校园:我国当代大学校园规划的空间生产与空间形制[J]. 城市建筑,2010(3):13-19.

[12] 包蓉,罗小龙,吉玫成,等. 解读权力变迁下的新城空间生产:以南京为例[J]. 地域研究与开发,2015(1):60-64.

[13] 彭恺. 空间生产视角下的转型期中国新城问题研究新范式[J]. 城市发展研究,2015,22(10):63-70.

[14] 季松. 消费时代城市空间的生产与消费[J]. 城市规划,2010,34(7):17-22.

1.2.3 旧城更新的城市案例研究概述

在城市更新的研究中,理论研究和更新实践研究是结合起来的,大量的城市更新实践是城市更新研究的基础,同时也是主要研究对象,因此实证案例研究是城市更新研究的主要方式之一。在上述的文献综述中,可以看到一方面是运用社会经济、地理学或规划理论对城市更新实践过程的解析,另一方面是通过实践案例的研究总结丰富城市更新理论和方法。在这些案例研究中,一些重要的城市被突显出来,分别代表了不同社会经济背景下的城市更新实践类型,它们处于不同的政治经济体制、不同的城市发展阶段、不同的社会文化背景,因此呈现出多样的城市更新图景。通过概览这些典型的城市更新案例,我们试图探索城市更新的内在规律,为南京老城的城市更新过程的解析提供理论和方法基础,以及试图创新的信心。

(1) 伦敦(英国)

英国现代城市更新主要开始于二战后的大规模城市重建和城市更新,包括城市中心改造、贫民窟清理,目的是恢复战争对城市的破坏,解决城市复苏和住宅缺乏的问题。1960年代以后,城市更新逐步关注城市邻里和社区复兴的议题,1970年代后,随着自由主义的兴起,城市更新作为城市的主要政策被广泛应用于城市中心再开发和城市社区更新计划,推动了包括伦敦在内的城市更新进程[①]。

对伦敦城市更新具有影响甚大的是1979年保守党政府上台后摒弃了英国多年来奉行的凯恩斯主义,转向以货币主义和供应学派为指导的新经济政策,政府采取了建立企业区的政策,并很快成立具有更广泛更新权力的城市开发公司主导城市更新项目。其中伦敦道克兰地区更新就是一个经典的案例。

道克兰地区位于伦敦城市东部泰晤士河畔,19世纪到1930年代曾是英国最为繁荣的港口之一,1960年代后道克兰地区急剧衰败,成为伦敦亟待更新的重要地区。1981年,伦敦道克兰城市开发公司(London Dockland Development Corporation,LDDC)成立,作为道克兰城市开发区的主体,开始了其长达17年的工作。直至1998年开发公司完成使命。在更新建设初期,开发公司采用PPP(公私合营)的投资模式,通过大规模投资公共基础设施建设,进而带动私人投资道克兰的商业开发。1987年开通道克兰轻轨,1986年伦敦城市机场建成,1993年开始地铁朱比利延长线的建设,到1998年城市开发公司完成使命时,道克兰地区已经开始蓬勃发展,金丝雀码头已成为欧洲最大的CBD(中央商务区)之一,并且带动了伦敦东部地区的整体更新和复兴。在道克兰的更新过程中,道克兰城市开发公司发挥了重要作用,它通过政府赋予的更新权力解决了市场失效问题,代表政府进行前期重要的公共投资,推动私人投资的过程和效率[②]。更新过程也有一些问题出现,比如绅士化、社会公平,以及就业岗位的不确定性等问题。

进入1990年代中期,英国城市更新面临的问题已经不仅仅是经济发展问题,而逐渐转化为社会经济复兴的综合议题,社区复兴成为城市更新的核心议题,伦敦国王十字地区的更

---

① 董玛力,陈田,王丽艳. 西方城市更新发展历程和政策演变[J]. 人文地理,2009,24(5):42-46.
② 类延辉. 伦敦道克兰地区城市更新发展经验研究[J]. 城市住宅,2017(9):10-14.

新就是在这一背景下进行的一个成功案例。

国王十字地区自19世纪早期以来就是伦敦货物交通的重要门户，同时也是重要的工业中心，二战后这一地区开始衰败，变成多数建筑被废弃的棕地，20世纪后期，国王十字地区成为艺术家和文艺性团体的聚集地，然而高犯罪率、低就业率和生活环境低劣等问题并未得到改善。国王十字区现今是位于伦敦北部的繁忙区域，以国王十字火车站为中心，在摄政运河沿岸，西邻大英图书馆，南侧有伦敦大学学院，东北方向散布着不同人种聚居的住宅区及小型服务业。国王十字中心区地下有四通八达的六条地铁线路、两条国铁线路和跨英吉利海峡的国际铁路——欧洲之星，国王十字火车站是伦敦最大的综合交通枢纽之一。国王十字地区新的复兴规划于2008年启动，计划2020年完成建设。国王十字中心区的更新以地区复兴为目标，综合考虑原有城市肌理和社区需求，兼顾了开发商利益诉求和社区福利。在更新规划和设计中，强化与周边区域的连接，积极保护、利用原有工业遗存，尊重社区住户的需求和意见，通过肌理织补、空间重构等的综合修复以及景观体系的营造，建立集商业、居住、办公、休闲于一体的综合性城市活力社区[①]。

伦敦城市更新的目标从城市经济的发展到城市社区的复兴，内容涵盖了内城环境、经济、社会的方方面面，囊括了财政政策、管理机制、历史保护、公众参与、社会公平、棕地再生和社区复兴等多维度多层级的内容。伦敦的城市更新实践为我们提供了一个多维度城市更新的案例，对中国旧城更新有很好的启发和参考作用。

（2）纽约（美国）

二战后美国的城市更新经历了联邦政府主导的以物质更新为主的大规模城市更新计划、20世纪70~80年代的社区更新与开发计划，以及自1990年代开始的社会综合治理更新阶段。城市更新的理念经历从大规模推倒重建，到经济、社会和环境等多目标综合更新的过程，更新的主体也从政府主导的福利性更新向社会型多方合作伙伴参与的全面城市更新转变。在更新过程中，政府通过多种政策工具引导更新方向，社会各方主体通过多种渠道参与更新进程是美国城市更新的重要特点[②]。

1949年开始的城市更新计划的主要目标是清除贫民窟，为城市低收入者建造公共住房，但由于各种原因（包括政府资金问题）效果不可持续，社会隔离、社会公平问题有加剧的趋势。另外对城市中心的改造也促进了房地产开发公司对商业性建筑的开发，加上这一时期纽约市政府着力推进基础设施和公共项目的建设，纽约中心区的城市形态发生很大的变化，但也有很多反对的声音，以雅各布斯为代表的批评者认为这种大规模更新是对城市多样性的破坏，主张城市更新是渐进的、谨慎的，应该保存邻里关系、关注社区就业、改善社区福利。这种思想对美国后来的城市更新理论和实践带来巨大的影响。

在大规模城市更新过程中，公共设施的更新对城市地区带来巨大的影响，这一点在纽约林肯表演艺术中心（简称林肯中心）的建设就是一个典型案例。林肯中心位于曼哈顿上西区，百老汇大街一侧，1955年开始筹备建设艺术中心，1966年对外开放。林肯中心的兴建对所在的社区有深刻的影响，改变了周边社区的社会结构，与当时的中产阶级郊区化趋势相反，这一地区的绅士化非常明显，同时还带动了周边服务业的发展，提升了就业人口的规模，

---

① 吴晨,丁霓. 城市复兴的设计模式:伦敦国王十字中心区研究[J]. 国际城市规划,2017,32(4):118-126.
② 姚之浩,曾海鹰. 1950年代以来美国城市更新政策工具的演化与规律特征[J]. 国际城市规划,2018,33(4):18-24.

提升了这个地区的活力,使之成为纽约城市文化艺术的集聚中心[①]。

高线公园(High Line Park)的更新反映了纽约更新进入一个新的阶段,即审慎地对待城市遗产,通过工业遗产的精明再利用带动地区复兴的更新模式。作为早期以制造业立足的纽约,曼哈顿城区仍然保留着许多工业空间,从1970年代开始,随着政府对城市社区复兴的支持,一些废弃的工业空间开始更新为创意社区或居住社区,高线公园所在的铁路主要作为工业服务的线路,20世纪中期开始逐渐丧失运输功能,直到1980年彻底停运,面临被拆除的命运。1999年,当大部分人都在讨论如何拆除高线铁路的时候,非营利组织"高线之友"提出保留并利用这个工业遗产,以提升社区环境并保持社区持续性的高线公园方案,这一方案获得纽约新一届政府的支持。整个建设费用由各级政府和"高线之友"共同筹资,2009年一期建成开放,2014年全部建成。随着高线公园的建设,周边地区也被激活,居住、商业和艺术空间不断集聚,成为曼哈顿最昂贵的地区之一。工业遗产作为文化资源得以保留,城市环境品质得到提升,土地价值升高,政府也获得巨额的税收,同时非营利组织参与更新的模式成了典范,但也带来一些问题,比如绅士化严重,原来的低收入社区逐渐解体,社会分异程度加大。

纽约中心区的更新历程具有复杂性、综合性、多维度特征,有成功之处也有许多问题,其中多样性是纽约更新的一个主要特点,从更新类型、主体、模式到政策、效益和管治,都呈现复杂的多样性和互动性,其中更新过程中的普遍的绅士化问题体现了资本在城市更新中的巨大作用。

(3)广州(中国)

中国的现代城市更新开始于改革开放后,在快速城镇化的背景下,一些城市不断探索适应我国城市发展进程的城市更新实践,特别是沿海发达地区的城市,城市政府利用城市更新作为优化城市空间结构、转型城市发展模式、调整城市产业构成的重要手段。学界和行业部分对广州、深圳、上海等城市的更新实践多有研究和讨论,在这里简要介绍广州和上海近年的城市更新的实践过程。

20世纪末开始,随着广州城市基础设施和城市空间框架的完善,旧城改造逐渐发展为系统的城市更新。以"三旧"改造政策的实施为分界,广州近20年的城市更新可以大致分为两个阶段。2008年以前广州旧改的重点是城中村整治改造和危旧房改造,这一时期的旧改主要由政府主导,力图避免房地产开发模式导致的老城密度增加、房价不断升高的问题。

2008年3月出台了《关于推进市区产业"退二进三"工作的意见》,开始对中心城区的工业企业分批次向郊区搬迁,为老城现代服务业发展提供土地。2009年开始实施的"三旧"改造政策,开启了系统性城市更新的阶段。当年出台了《关于加快推进"三旧"改造工作的意见》,允许国有土地企业业主自行改造,通过完善历史用地手续和简化土地确权,扫除后续改造的产权障碍,保留了农民集体土地的开发权,赋予集体土地转变用途和强度的发展权。这一政策极大地推动了旧城改造的进程,但市场主导的改造将大部分更新用地用于房地产开发,而不是政府希望的发展现代服务业和高端技术产业,所以2012年"三旧"改造政策进行了调整,广州市政府出台了《关于加快推进"三旧"改造工作的补充意见》,确立了政府主导、市场运作、成片更新、规划先行的原则,加强了重点功能区块土地优先储备和整体开发,"三

[①] 蒋晓娟. 纽约"城市更新"研究(1949—1972)[D]. 上海:华东师范大学,2011.

旧"改造的重点转向了市属国企及周边地区的成片改造。这一时期主要进行历史用地的手续完善工作,"三旧"改造处于停滞阶段。

2015年广州成立了城市更新局,2016年广州颁布了《广州市城市更新办法》及旧村庄、旧厂房、旧城镇更新三个配套文件,整合"三旧"改造、棚户区改造、危破旧房改造、土地整备等政策,建立了包含更新规划、改造策划、用地处理、资金筹措、利益调节、监督管理在内的全流程政策框架,这些措施标志着广州城市更新进入常态化运行阶段[①]。

通过"三旧"改造,广州有效地梳理整合了低效的可建设用地,释放出巨大的可更新用地潜能,同时在更新政策、组织管理、多方合作与多部门协调方面积累了许多经验。虽然还存在着更新过程中责权不明、系统性不强、利益分配不均衡等问题,但广州市始终坚持城市更新政府主导的原则,成立专门的管理机构,全面参与更新改造的全过程,在一定程度上保证了城市更新的整体性和系统性,并兼顾了各个更新参与主体的诉求和利益,值得其他城市借鉴。

(4)上海(中国)

改革开放后上海的城市更新主要有三个方面的内容:一是1980年代以来以提升旧城居民生活环境为目的的旧区改造;二是在产业结构调整的背景下,从20世纪末开始的旧工业空间更新;三是近年兴起的以公众参与为特色的社区微更新。

上海旧区改造经历了20世纪80年代的零星改造、90年代大规模的"365危棚简"改造,再到20世纪新一轮"成片二级旧里以下房屋"改造,约120万户家庭改善了居住条件。进入21世纪后,旧城中大量工业用地闲置,成为政府实施城市更新的重要抓手,旧工业空间的更新再利用成为上海城市更新的一大特色,也由于其复杂性受到各界的瞩目。早期的工业用地通过补缴出让金,将划拨的工业用地转变为清晰产权的批租用地,大量工业用地转变为居住、商业、办公等城市功能,因出现国有资产流失、脱离政府管控等问题,被政府禁止以协议方式出让。但部分企业仍然利用工业用地发展创意园区,进行用地性质不变、使用功能发生变化的非正式更新。2014年上海推出《关于本市盘活存量工业用地的实施办法(试行)》(2016年进行了修正),对政策不断进行微调,通过放宽准入、加强自有物业比例的控制、实行弹性年租制、加强监管等方式鼓励转型,但在鼓励转型的过程中,也防止工业用地在转型过程中被滥用,使工业用地更新转向正式更新又近了一步[②]。

旧城工业空间更新的早期阶段主要是低水平的物质空间用途更新,多为商业性空间。后来出现实验性空间更新的实践,表现为利用工业空间的文化价值,实现空间资本增殖,上海M50创意园就是这方面的典型案例。

M50前身是上海春明粗纺厂,位于苏州河畔的莫干山路50号,始建于1933年,1999年宣告破产。1999年开始,工厂厂房对外招租,承租方主要是视频、金属加工、服装等多家小型企业。2000年一些艺术家开始进驻,春明粗纺厂更名为"春明都市工业园",并开始大规模调整进驻的产业类型,清除地段产业,提高入驻门槛。2004年决定全面引入文化类产业,并更名为"春明艺术产业园"。在这一过程中春明厂也曾面临被拆除开发的威胁,但学术界和媒体持续关注春明厂的"苏荷"式发展模式,进行了正面的报道和研究。在各方主体的博

---

① 姚之浩,田莉. 21世纪以来广州城市更新模式的变迁及管治转型研究[J]. 上海城市规划,2017(5):29-34.
② 葛岩,关烨,聂梦遥. 上海城市更新的政策演进特征与创新探讨[J]. 上海城市规划,2017(5):23-28.

弈中，代表文化资本的艺术家和艺术商人占据了主导位置，上海市政府也加强了历史建筑的保护力度，2005年上海市经信委正式挂牌M50创意园，2011年上海春明粗纺厂正式成立以字母和数字工商注册的有限责任公司，更名为上海M50文化创意产业发展有限公司，M50成为工业空间更新再利用的样本。

除了M50外，上海还有政府主导的"1933老场坊"以及自下而上的田子坊更新，体现出上海工业空间更新方式的多样性。而近年来随着新型城市化的深入，社区更新逐渐成为城市更新的重要类型。社区更新关注社区各参与人群的利益、注重社会公平和多元化，强调多重目标、社区治理、持续渐进和公众参与。上海社区更新强调"居民参与型城市再生"，通过广泛调研了解居民需求，通过"四大行动计划"、社区微更新、城市设计挑战赛等形式推进社区更新。在制度层面编制上海市街道设计导则、15 min生活圈导则等文件指导社区更新，并且实施社区规划师制度，以及各种社区更新行动，提高了居民参与社区更新的积极性，同时在政府的指导下，联合各种社区组织，共同推进社区更新。

2015年5月，上海市政府发布了《上海市城市更新实施办法》(试行)，同时上海市规划和国土资源管理局进一步细化和完善了城市更新工作流程、技术要求和相关政策，形成《上海市城市更新规划土地实施细则(试行)》《上海市城市更新规划管理操作规程》《上海市城市更新区域评估报告成果规范》等相关配套文件，涉及规划、土地、建管、权籍等规划土地管理的各个方面，为全面开展城市更新项目打下了坚实的基础。上海已经初步建立一套相对完整的城市更新管理、规划编制、城市更新实施和城市更新反馈的机制，形成具有上海特色的城市更新模式。

1.3 主要内容与框架

本书主要论述改革开放以来南京老城城市更新过程，首先梳理南京城市更新的发展阶段，然后分别论述城市中心空间重塑、历史城区空间复兴、老城产业创新空间再生、城市更新中的地方场所建构，以及网络时代的隐形消费空间生产等。本书通过南京老城典型地段更新的研究，探讨老城更新过程中的经济、社会、文化和政策因素的作用，为丰富和完善我国城市更新理论和方法体系做出贡献。

第1章是导论，概述了城市更新的背景、相关研究和发展动态，特别对几个典型的国内外城市的更新做了简要解析，突出每个城市的更新特点和经验借鉴，为南京城市更新的研究做了案例上的准备。

第2章概述了改革开放以来南京老城的城市更新历程，根据城市化的关键指标将老城更新分为三个阶段，然后分别从土地利用变化、更新项目空间分布、更新模式等方面对南京老城居住空间、商业办公空间、工业空间、道路基础设施的更新过程进行综述，最后总结了南京城市更新政策的演变过程。本章对老城更新过程的概述为以下各章的专项更新研究提供了整体的背景分析，也为专项更新的阶段划分提供了标准，使得本书的论述统一在一个完整的时间发展框架内。

接下去的各章分别对南京老城各类型空间更新进行研究，包括城市公共中心更新、历史城区更新、创新空间(工业空间)更新、传统商业中心(消费空间)更新、隐形商业空间(网络空间)更新等，这并不是传统的划分方法，而是对南京老城更新的实践特点的回应。另外，本书的研究不是面面俱到的论述,而是聚焦于各种更新类型的典型案例的描述和剖析,并尝试运用适当的理论方法进行分析。总的来说,本书不期望能够解决南京老城更新中的诸多问题,而是试图提供一个观察和思考南京城市更新的视角,使读者通过本书能够对老城更新有所感悟和思考,就已经达成本书的目的,如果能够再进一步对读者有所启发和借鉴,那就是出乎意料的喜悦了。

第3章关于城市公共中心更新的研究案例选择了大行宫地区一系列文化设施的更新,试图从空间生产的角度解读这一地区在近二十几年的更新中如何塑造南京老城的文化中心,呈现了城市更新过程中各种力量在这一关键地区的博弈,这一地区空间再生的结果甚至可以代表南京老城城市中心更新的典型缩影。这也是本书没有选择像新街口这样的商业中心作为公共中心更新案例的原因,在具有历史文化底蕴的老城更新中,政府的力量一直都是至关重要的,无论是政策方面,还是市场方面。

老城中历史城区的更新一直是各界关注的热点,南京尤其如此,在南京城南历史城区的保护和更新过程中,门东地区更新在时间和地段上都处于关键位置,第4章通过对门东地区更新过程的解析,从空间正义的角度论述门东地区更新过程空间再生引起的社会阶层变化、地段功能变化以及消费空间变化,并试图对老城更新过程中空间正义的建构提出一些建议。

但是对于夫子庙地区这样的传统商业空间,更新过程中的原真性问题是本书关注的重点,第5章围绕夫子庙地区更新过程中场所的地方性建构展开,从政府企业的主动建构过程和消费者的感知认同过程两个角度进行论述,探索总结传统商业中心更新中场所地方性的建构特征和机制。

老城更新的另一个热点是工业空间的更新,第6章选择三个南京老城的工业空间再利用的案例,代表了工业空间再生的不同模式。本书试图对通过工业空间更新过程中资本与空间之间关系的解析,探索总结老城工业空间更新的特征和机制。

互联网的发展极大地影响了城市消费空间和消费行为,在老城空间更新中也有显著的体现,第7章聚焦于互联网环境下老城隐形消费空间的生产和消费过程,重点分析隐形消费空间的分布特征和影响因素。这一部分内容的研究刚刚起步,在我国城镇化进入新阶段的背景下,这种新的消费空间再生方式应该引起更多的关注,希望本书在这方面的研究内容能够起到抛砖引玉的作用。

2　南京老城的更新

导言：南京老城更新 40 余年

　　南京，位于长江中下游，是一座有着 6 000 多年文明史、近 2 500 年建城史和累计达 450 年的建都史的著名古都，是中国四大古都之一，有"六朝古都""十朝都会"之称，是中华文明的重要发祥地之一，历史上长期是中国南方的政治文化中心，有厚重的文化底蕴和丰富的历史遗存。

　　南京是长三角地区的核心城市，经历了改革开放以来 40 余年的高速城市化阶段，总体来说，南京经济发展不断跃上新台阶，人口与城市规模快速增长，综合实力逐年提升，逐渐发展成为现代化的大都市。当前城市发展面临土地空间、环境、人口、能源资源方面的瓶颈约束和巨大压力，因而城市空间增长方式面临着由过去的"增量扩张"向"存量优化"转变的趋势，"城市更新"将成为城市建设的主导模式。南京老城也持续面临着城市扩张向城市存量发展转型的需求，其 40 余年的城市更新历程曲折丰富，具有一定的复杂性和代表性。南京是著名的古都和历史文化名城，南京老城空间类型多样，更新模式复杂，区别于一般的新城，具有其更新的独特性。在南京老城内，历史地段的保护更新与伴随城市扩张建设的更新并存，其更新历程对其他老城的发展研究具有借鉴作用。

　　伴随着快速城市化的发展，南京老城内的城市更新活动早期主要以扩张带动的城市更新为主。在城市发展带来巨大经济社会效益的同时，城市问题也日渐显著，特别是老城交织存在着结构性衰退、功能性衰退、物质性老化与高速发展失衡等问题。因此，新一轮以存量更新为主体的更新活动的展开需立足于对以往城市更新活动特征（政策、方法、机制等）及演变趋势的总结，科学预测，统筹安排，减少在新一轮的城市更新中走弯路，使老城在未来发展中稳步前进。

2.1　南京城市发展背景

2.1.1　国民经济发展情况

　　作为江苏省省会城市以及长三角重要的区域中心城市，南京经济自改革开放以来一直保持较高的发展速度。南京市国内生产总值（GDP）从 1980 年的 41.91 亿元，经过十年的发展，到 1990 年达到 176.52 亿元，约是 10 年前的 4 倍。1990 年代以后，市场经济逐渐建立并发展成熟，南京市总体经济迎来新的发展契机。国内生产总值（GDP）增长速度自 1996 年以后均保持在 10% 以上。2000 年，南京市国内生产总值达到 1 073.54 亿元，首次突破千亿元。自 2003 年开始，南京市 GDP 发展速度达到年均 20% 左右，2018 年，南京 GDP 达到 12 820.40 亿元，是 2000 年 GDP 的 12 倍左右，约是 1980 年 GDP 的 306 倍。南京市人均 GDP 也从

1980年的969元增长到2018年的186 125元,增长了约191倍。(表2-1)

40年间,南京市社会消费品零售总额、商业金融业产值、固定资产投资以及房地产投资均与城市GDP的增长呈正相关。经济的迅猛发展不仅使城市土地的需求量不断上升,也为老城改造和新区开发提供了强大的资金保证,客观上也为城市结构的调整创造了必要的条件。

表2-1 历年南京主要经济指标

主要经济指标	1978年	1980年	1990年	2000年	2010年	2013年	2018年
国内生产总值/亿元	33.96	41.91	176.52	1 073.54	5 198.20	8 199.49	12 820.40
第三产业增加值/亿元	6.44	8.49	63.23	524.11	2 692.49	4 476.87	7 825.37
第三产业比重/%	18.96	20.26	35.82	48.82	51.80	54.60	61.04
人均GDP/元	833	969	3 538	19 838	82 368	127 960	186 125

资料来源:《南京统计年鉴》(1978—2018年),南京市统计局网站。

2.1.2 产业结构

产业布局是城市物质形态演变的主要原因和促进城市发展的直接动因。产业是城市发展的根本内容,城市空间结构是城市产业的空间组织形式。合理的产业结构是城市发展的保证,产业结构调整可以给城市发展带来良机,从根本上对南京老城用地结构、空间结构产生重大的影响。

1980年、1990年、2000年第三产业增加值占GDP的比重分别为20.26%、35.82%和48.82%,到2018年南京第三产业比重达到61.04%。第三产业占GDP的比重逐年上升,产业结构正在逐步由"二、三、一"模式向"三、二、一"模式转变,对城市商业的发展和商业中心规模的扩大起到了很大的推动作用。这种产业结构的转变也显示出南京城市的功能由制造业中心向商品流通、生产服务中心转化。正是这种功能的演变要求城市空间用地结构的调整与扩展。

产业结构的调整与城市用地结构的调整有较明显的正相关性。从1978年到2013年间,南京老城的公共服务设施用地与第三产业总量基本保持同步增长,工业用地与第二产业总量保持同步下降。在1978年到2001年期间,是第三产业比重增加最快,第二产业比重下降最快的时期,主要是由于这时期社会主义市场经济体制的建立,土地有偿使用,房地产业的发展,大大推动了老城的更新改造。另外这一时期老城内"退二进三"速度加快,进一步促进老城用地结构的调整。(图2-1)

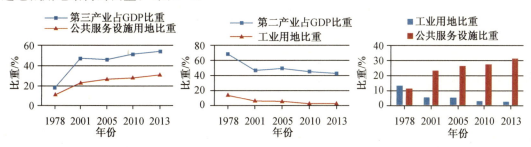

图2-1 南京经济发展与用地比重的变化

资料来源:笔者自绘

2.1.3 人口规模

作为南京市各种现代商贸科技服务功能的集中地,南京老城商贸服务设施的服务对象不仅包括来自南京市的居民,也包含周边城市的居民。作为发达省会城市以及长三角的区域中心城市,南京凭借其多元化、规模化的城市商业服务以及边界快速的交通条件吸引着众多外地消费者、旅游者,并为众多外来务工人员提供广泛的就业机会。

近年来尤其 21 世纪以后,南京新区发展速度加快,吸引越来越多的居民,老城人口增长趋势逐渐减缓。总的来看,南京老城仍然是南京市内拥有最完善高效服务体系、就业空间以及高质量教育资源的区域,加上市民的长期居住习惯及择居心理,南京老城目前仍然是最具有吸引力的地方,同时也是人口密度最大的地区。通过比较老城区 1986 年、1996 年和 2000 年、2010 年 4 个时期不同分区的人口密度情况,我们可以看出截至 2010 年南京老城的人口规模一直有增无减,到 2010 年部分片区已经突破 4 万人/km^2(表 2-2)。人口规模及人口密度的持续增长是南京老城公共服务设施用地持续增长,商业中心规模不断扩大的主要原因。目前,南京新街口、鼓楼、夫子庙一带仍然是南京人口分布最密集的地区。

表 2-2　南京老城人口密度变化(不含流动人口)

区名	1986 年		1996 年		2000 年		2010 年	
	人口/万人	密度/(人·km^{-2})	人口/万人	密度/(人·km^{-2})	人口/万人	密度/(人·km^{-2})	人口/万人	密度/(人·km^{-2})
玄武	21.50	12 286	25.20	14 400	26.1	14 925	30.5	29 439
白下(现已并入秦淮)	23.12	27 890	25.98	31 339	29.3	35 384	44.7	42 121
秦淮	18.37	28 392	18.67	28 856	17.8	27 439	17.5	38 013
鼓楼	35.77	20 747	43.41	25 180	48.0	27 821	60.1	34 032

资料来源:1986 年、1996 年、2000 年数据转引自黄治《旧城更新与新区发展互动关系研究》,2010 年数据来源于全国第六次人口普查。

自改革开放以来,南京的城市规模不断扩大。随着市郊区和郊县的迅速发展,人口和产业集聚程度的不断加强,南京于 2013 年调整了行政区划,将溧水、高淳撤县建区,将原属主城的六区并为四区。行政区划的调整加速了城乡一体化的发展,突破南京主城发展空间的瓶颈,实现主城区的发展资源优化配置、产业布局整合集聚、行政资源集约高效,促进历史文化名城的全面有效保护。新市区的居民经济的增长以及消费水平的提高,促进了新街口、湖南路、夫子庙、河西中心等重要商业中心的发展与繁荣。南京老城主要商业服务中心不仅服务于老城内部居民,南京老城以外的新市区、郊县居民也是其主要服务对象。

2.1.4 宏观政策

改革开放以前南京市区空间演变能够较好地遵循总体规划所确定的空间布局,主要原因在于计划经济体制时期国家自上而下集中力量投资、推动的结果。1978 年以后,国家经济体制发生重大变革,在土地有偿使用以及住房商品化的推动下,土地扩展在市场经济的引导下快速扩张,由此带来土地利用结构迅速调整与转变。

城市土地使用制度改革是城市空间重构与拓展的基石。可以认为土地出让速度影响着城市经济增长,从而带动了城市空间的扩展和城市内部用地结构的调整。在计划经济体制下,城市土地使用权的获得主要采取行政划拨和协议出让的使用制度。由于没有将土地的所有权和使用权分开,致使土地无偿占用,乱占、多占的情况屡禁不止,土地得不到优化利用,使用效率低下,造成土地资源的很大浪费,城市土地级差地租没有得到应有体现。这也是造成改革开放初期南京老城内空间结构混乱的主要原因。

1992年南京实行土地有偿使用和土地出让的拍卖、招标方式,政府通过地价来引导和安排城市各项功能用地,促进了城市土地利用集约化程度的提高,并使土地利用向着立体三维方向发展,土地利用率大幅提升。城市用地结构遵循级差地租理论,通过对土地性质和土地强度的严格控制,使不同类型的经济活动在城市空间上得到合理的重组,推动了城市的空间结构的变化。城市中心区商业空间快速扩展,工业区以及地价住宅区逐步向外围迁移,城市空间向外扩展的进程加快。

1990年代以后,随着住房商品化、市场化走向成熟,房地产开发已成为城市空间扩展最主要的动力。改革开放后的八九十年代由于城市建设的框架未真正突破老城,因此城市建设的重点主要集中在老城。自2000年以来,随着南京十运会的召开、新一轮总体规划的修编以及老城空间建设的饱和等因素,以住宅开发为导向,城市建设开始向毗邻老城的城市新区转移。1999年到2007年间,南京主城建设用地拓展66.4 km²,其中居住用地增加27.04 km²,占40%左右。居住用地的快速增长,成为城市扩展以及老城人口、功能向外疏散的主要动力。

2.2 南京老城更新阶段

2.2.1 改革开放后南京城市空间形态演变

改革开放以来,南京受政策、经济、社会等多个层面诸多因素的影响,城市形态发生了巨大的变化。城市扩展是一个动态的过程,因此要有一个动态性指标。在研究城市空间形态演变的阶段,大多数学者采用较为简便的定性的方法,这些方法或以城市平面形态或以城市发展背景等为判定依据,虽有一定的科学依据但是往往流于概念上比较。而定量的方法则需要大量的数据统计,且容易得出较为可靠的结果。因此,以各种统计数据为基础的数理分析研究方法开始应用于城市形态的研究中。国内外进行城市研究中,常常采用城市用地扩展系数来衡量城市扩展速度。一方面反映了城市在一定时期扩展速度的快慢,另一方面还可以衡量城市规模是否合理,是一个比较理想的动态性指标。这种方法易于采集数据及分析研究。其计算公式如下:

$$K = \frac{R_s}{R_p}$$

式中:K为城市用地扩展弹性系数;R_s为建成区面积增长率(%);R_p为建成区人口增长率(%)。

国际公认的K的合理阈值为1.12,当$K>1.12$时,城市用地规模扩展快;当$K=1.12$时,城市用地规模扩展较为合理,内涵增长与外涵增长相互协调;当$K<1.12$时,城市用地

规模扩展不足,以内涵增长为主[①]。

在进行南京城市空间形态的研究中,笔者借用了这一方法。根据历年城市统计年鉴及中国城市统计年鉴等资料得到1979年以来各年份南京市区建成区面积,并计算城市用地扩展速度。分析结果表明,1984年以来南京市区平均扩展系数为2.69,不仅远远大于国际公认的阈值1.12,也超出了2000—2010年中国城市平均值1.85,总体扩展速度较快,但在各个阶段又呈现过快或过慢的发展状态,建成区平均面积扩展速率也进一步验证了这一结果。通过分析可以看出,不同时期南京城市用地扩张系数呈现明显阶段性,呈现升—降—升的规律性变化,1992年到2001年,2002年到2009年,2010年至今,年均扩展系数>1.12(2013年由于南京区划调整,将原属市辖县的浦口区、六合区、溧水县、高淳县划归南京市,成为市辖区,因此出现建成区、人口数量、扩展率突变的特征)(图2-2)。据此,将1979年以来南京城市空间形态演变分为缓慢发展阶段(1979—1991年)、跳跃发展阶段(1992—2001年)、快速发展阶段(2002年以来)三个阶段。

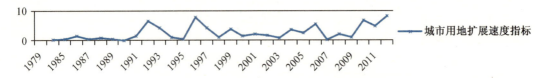

图2-2 南京各阶段建成区用地年均扩展系数

资料来源:根据《中国城市统计年鉴》(1979—2013年)统计绘制

2.2.2 南京老城空间形态变化

(1) 缓慢发展阶段(1979—1991年)

① 居住空间:这一时期,城市建设"重生产,轻生活"的思路得到改变,南京城市建设的重点开始转向解决市民居住问题,加大住宅建设的投资。1978年到1991年间,南京用于非生产性投资比例平均水平由过去的14.9%上升到35.7%。其中,住宅的投资比例平均水平从5.4%上升到18.6%。另外,由于这一时期大批下放青年及成建制单位回城,居住用地比例规模显著增长。

中华人民共和国成立初期,南京城市住房平均每人居住面积为4.83 m^2,1978年为5.03 m^2,1979年由于大量下放人员回宁进一步减少为4.7 m^2。由于住房紧张,全市共有无房户3.07万户,人均4 m^2 以下的拥挤不便户达到5.64万户,许多住户老少三代蜗居在一间陋室。为了能用最少的资金解决最多人的住房需求,最充分地利用老城已有的基础设施条件,当时的城市建设方针是"住宅建设老城区以改造为主,新市区以配套为主",因此,住宅建设主要集中在老城内的填平补齐。

由于全社会实行集体经济所有制,这一时期的住宅类型基本为集体宿舍和家属宿舍,以政府投资为主。1980年代上半叶首先选择老城内剩下的少量尚未开发的用地进行建设,如瑞金新村、后宰门小区等。之后,开始对老城区实施老城改造。1984年到1990年期间,全市

---

① 徐巨洲. 现实主义的城市土地利用与发展观[J]. 城市规划,1999,23(1):3-5.

累计改造(主要以老城改造为主)142.21万 m²,平均每年改造 20.32万 m²(表2-3)。至1991年年末,南京市人均住房面积已增至7.29 m²。

表2-3 历年南京市住宅改造面积　　　　　　　　　　　　　单位:万 m²

年份	1984	1985	1986	1987	1988	1989	1990	1991
施工面积	36.70	33.19	54.00	50.89	54.39	35.71	21.41	20.63
竣工面积	18.84	17.41	24.50	22.30	28.36	20.61	10.19	9.96

资料来源:笔者根据《南京统计年鉴》(1984—1991年)统计绘制。

② 商业空间:1980年代,国家经济建设全面恢复,市场经济开始复苏,南京市的商业发展再度恢复活力。1980年代中期,东南大学城市规划教研室在进行南京市中心区改建规划中,对南京全市29个商业中心的占地面积、营业面积、职工人数、营业额等数据,按等级模型计算出等级图,划定了三级商业中心体系(图2-3),这一时期城市商业中心结构以新街口为中心呈现单中心结构模式。新街口的首位度高达6.25,其商业建筑面积远远高于其他商业中心。

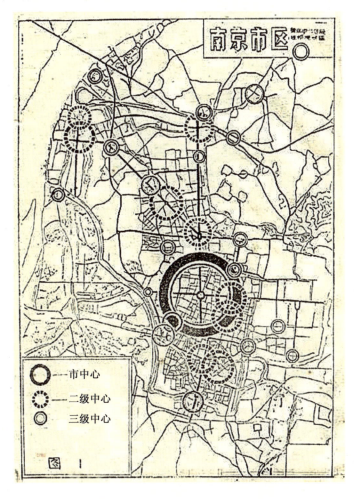

图2-3 1984年南京商业中心等级

资料来源:吴明伟,柯建民.试论城市中心综合改建规划[J].建筑学报,1985(9):40-47,84.

③ 工业空间：相比居住用地空间的剧烈变化。这一时期工业用地遵循以调整为中心的八字方针（调整、挖潜、革新、改造），将污染严重和威胁交通、安全的工厂和仓库，逐渐疏散到老城外或迁到门类相近的工业、仓库地带。老城内大部分规模较小的企业相继合并或搬迁，城市零散的用地空间布局得到一定程度的改善。但是，老城内工业密布，占地规模大、分布零散的总体布局并没有从根本上得到改善。

④ 道路交通空间：1980 年代，南京道路建设缓慢。道路广场用地 1978 年为 312 hm²，到 1991 年也仅为 366.93 hm²，十几年间道路广场用地仅增长 54.93 hm²，人均道路面积仅增长 0.02 m²。这一时期，道路建设主要集中在城市干道的建设，老城内部道路未形成网状结构。

（2）跳跃发展阶段（1992—2001 年）

① 居住空间：1992 年南方谈话后，我国逐步走上有中国特色的社会主义市场经济体制的轨道。南京与全国一样，掀起了投资热潮，房地产投资迅速上升。随着土地有偿使用制度和住宅商品化基本政策的实施，1992 年以后南京商品房投资剧增。特别是 1995 年《南京市深化住房制度改革方案》的出台，迅速推进了共有住房的出售，加速住宅建设的快速发展，房地产业再次上升一个台阶。这一时期住宅投资迅猛增长，十年间共计完成住宅投资 670.3 亿元，平均每年为 67 亿元。住宅年竣工面积大幅度提高，平均每年竣工面积超过 225 万 m²，共计竣工住宅 2 255 万 m²（图 2-4）。到 1997 年，南京市人均居住面积已基本达到全国平均水平。

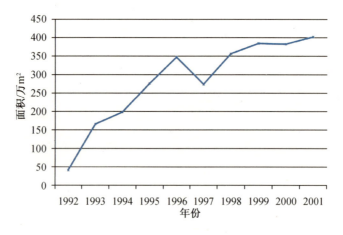

图 2-4　南京历年商品房竣工面积
资料来源：根据《南京统计年鉴》(1992—2001 年)统计绘制

② 商业空间：1990 年代，在市场化经济的推动下，老城商业发展迅速。传统的商业中心规模进一步发展壮大，新街口仍然保持较高的首位度，其商业设施规模较其他商业中心遥遥领先，城市商业中心结构仍然保持单中心结构模式。(图 2-5)

③ 工业空间：随着土地的有偿使用制度的实行和企业改革的深入，南京城区特别是老城区内工业"退二进三"速度加快，工业企业用地大部分化为住宅用地和第三产业用地。1990—1998 年间，老城内搬迁污染企业 141 家，腾出开发建设用地约 3 km²，其中用于住房房地产建设和第三产业的用地占 73%以上，用地结构发生较大变化。

④ 道路交通空间：1995 年，南京召开"第三届全国城市运动会"，借助这次机遇，实施城市建设"三年面貌大变"的计划，以道路建设为重点。为加快城市建设的进程，南京制定"以

地补路"政策,充分发挥市、区政府和房地产公司共同建设市政道路的积极性,加速了南京新的道路网形成。截至1999年年底,共有65个市政道路项目通过此政策得以实现,当时城市的基础设施瓶颈基本上得到克服。2000年此政策叫停,土地出让一律进入土地有形市场拍卖。经过十年的建设,道路面积增长4.4倍,南京市人均道路面积由1990年年底的4.5 m² 上升到8.51 m²,总体规划确定的"经五纬八"主城道路主骨架基本形成。

图 2-5　1995 年南京城市商业中心等级示意图
资料来源:孙世界. 南京城市中心结构形态演变与发展初探[D]. 南京:东南大学,1997.

(3) 快速发展阶段(2002 年以来)

南京现行城市总体规划 2001 年调整后,老城以内涵式发展为主,重点转向土地结构优化、第三产业完善与提高、轨道交通发展等方面。

① 居住空间:随着土地利用制度的深化改革,南京空间发展遵循级差地租理论。土地有偿使用制度的实施,导致城市土地因城市地价因素重新配置。城市中心区商业空间迅速增长,低价格住宅陆续外迁,老城内居住用地下降幅度较大,城市空间迅速向外扩展。

② 商业空间:在现行总体规划的指导下,城市建设重点转向新城,经过数十年的发展,河西新城 CBD 已逐渐形成,未来将形成与新街口并列的市级商业中心。另外,湖南路、夫子庙商业中心发展迅速,单中心商业结构模式正在向"一主多副"的结构转变。

③ 工业空间:随着工业"退二进三"政策的进一步落实,以及重点针对国有企业的"三联动"改革,老城内工业用地数量进一步缩减,截至 2010 年,老城工业比例仅占老城用地面积的 3% 左右。在逐步调整老城内不宜保留工业的基础上,工业企业改革重点转向自身升级,向都市型工业发展。

④ 道路交通空间:经过 1990 年代的道路建设,老城这一时期路网结构基本完成,主要以改造或增加主路为主,基本不改变骨架道路走向。另外,城市轨道交通建设取得重大突破,截至 2019 年 12 月,南京已开通地铁线路 10 条。

2010 年以后,以青奥会作为契机,南京老城加速了城市更新活动,主要建设集中于城市环境的综合整治、城市街道功能的完善、基础设施建设以及城市整体环境的提升等方面,南京老城逐渐进入微更新发展时期。

2.3　居住空间更新

2.3.1　数据来源

本书涉及的居住空间研究对象是指在研究南京市老城①范围内,以 1978 年到 2015 年之间建成的居住小区作为研究对象,共 526 个。居住小区的基本资料来源于百度房产及 365

---

① 以护城河、秦淮河、金川河对岸及玄武湖西南岸为界(护城河处以明城墙和城墙遗址为界),总面积约为 43 km²。

房产网站于 2015 年公布的数据信息。将整理后的各居住小区数据资料导入 ArcMap 操作软件平台,与 2015 年南京老城居住小区用地矢量图[①]上各小区用地的空间位置相链接。这样即把数据信息与空间信息对应起来,创建南京老城范围内居住小区(1978—2015 年)数据库,数据属性包括名称、竣工时间、建筑高度、开发主体、更新模式及用地面积[②]等信息。通过"南京老城范围内居住小区(1978—2015 年)数据库",可以得到各研究时间阶段内的居住小区建成数量、高度分布、空间分布等情况。

在建立数据库的基础上,应用核密度推定这一空间数据分析方法,对城市居住空间建设密度的空间分布规律进行研究。在 ArcGIS 中,核密度推定法计算的是研究对象周围特定研究半径范围内的图形密度,它可以针对点图形和线图形进行计算。从概念上看,针对点图形的核密度推定得到的是与每一个点要素相对应的一个平滑的弧形表面。这个表面在点的位置处密度值最大,随着离开点的距离越来越大,值逐渐减小。当离开点的距离为设定的半径时,值降为零。根据核密度分布的定义,可以在 ArcMap 操作软件中将南京市各阶段的居住小区分布图转化为居住空间建设密度分布图[③]。后文中商务办公、商业服务等更新信息数据库建立与分析和居住用地数据库方式相同,故不赘述。

2.3.2　居住用地规模变化

1978—2013 年间,居住用地变化呈现先增后减的波动现象,这与特定历史时期城市发展有很大关联。改革开放初期,由于"文革"下放人员大批返城以及成建制的单位回城,1979—1984 年间,南京城市建设的重点是解决市民的居住问题,住宅建设是重中之重。这一时期住宅建设主要以政府性投资为主,居住区的建设规模相对于 1990 年代的房地产开发规模还要大。到了 1990 年代,市场经济体制逐步建立,土地有偿使用,房地产业发展,住房商品化,南京市住宅竣工面积逐年增长。1978 年到 1994 年间,居住用地共增长 262.62 hm²,年均增幅为 16.42 hm²。居住用地占老城总用地的 39.87%,是改革开放以来用地比例最高的时期。21 世纪,随着城市建设重点转向新市区,老城内用地结构升级,居住用地建设在老城外围迅速展开。1999—2007 年间,南京主城向外拓展 66.4 km²,其中居住用地增加最明显,达到 27.03 km²,增幅为 65.53%,说明在这一时期,城市建设主要集中在老城以外的城市新区,随着河西地区及城南地区的发展逐渐完善,居住用地主要向外围拓展。

随着南京新区建设的力度加大,老城人口和功能的增长有减缓的趋势,但是综合来看,由于老城能够提供更加完善高效的服务体系、更多的就业机会,加上市民择居的心理惯性,老城仍然是南京目前最有吸引力的地方。虽然老城的土地投放价格远远超出城外,但老城的开发项目仍然是房地产开发商们的关注热点。正因为如此,南京老城的人口总量仍在持续增长,1978 年至 2010 年增长近 55 万人,虽然新区建设速度加快,老城人口增长速度较

---

①　根据百度地图小区位置信息在 2007 年南京地形图的基础上绘制各小区用地范围,形成南京老城居住小区用地矢量图。

②　用地面积为图＊＊中属性表窗口中 area 栏中的信息,由 ArcMap 软件命令生成,数值单位为 m²。

③　将居住小区分布图中的用地多边形图形转化为点图形,每个点都是原多边形的几何重心。在转化的过程中,保留每个图形的面积数据作为权重衡量的因素。通过 GIS 软件运算,得到居住空间的密度分布图,图中颜色越深的部分代表居住空间的密度越高,建设强度越强。

2001年以前有很大减缓,但老城范围内人口和功能仍在集聚(表2-4)。与此同时,老城用地结构正在不断升级转变,居住用地自1991年代开始持续减少(表2-5)。逐渐上升的人口与逐渐下降的居住用地正是造成老城人均居住用地面积持续下降的原因。

表2-4 南京老城人口变化

年份	人口/万人	人口密度/(万人·km^{-2})	增长率/%
1978	95.15	2.21	
1994	111.09	2.58	1.05
2001	131.01	3.05	2.56
2010	149.08	2.92	1.53

资料来源:1978年人口:《南京市城市总体规划(1980—2000)》,南京市规划局;
1994年人口:《南京市城市总体规划(1991—2010)》,南京市规划局;
2001年人口:《南京老城保护与更新规划 总体阶段说明书》,南京市规划局;
2010年人口:南京市第六次人口普查。

表2-5 南京老城居住用地规模

年份	1978	1991	2001	2010	2013
居住用地面积/hm²	1 451.88	1 714.50	1 614	1 572.70	1 482.39
居住增长面积/hm²	—	262.62	−100.50	−76.17	−90.40
年均增长率/%	—	1.13	−0.84	−0.92	−1.91

资料来源:根据历年南京老城用地现状统计绘制。

2.3.3 居住空间分布变化

(1) 更新发展阶段(1978—1991年)

这一时期的老城居住更新的特点是不均匀散布,居住用地过分向汉中路—中山东路以南的城南地区倾斜,而瑞金路以北地区以及清凉山以北沿明城墙遗址地带由于被大面积军事用地或大专院校占据,居住用地密度极低,总体来说,居住用地分布极度不均衡。到了1990年代初期,居住用地由最初的局部地块集聚向外明显扩散。从用地密度图可以看出(图2-6、图2-7),较1978年老城内用地密度显著增加,尤其是1978年居住用地空白的瑞金路以北地带。汉中路—中山东路以南地区居住用地密度有所疏解,其北部地区居住用地密度明显增大,从人口密度分布情况也反映出这一点,城南地区人口密度相较1978年下降至2.95万人/km²。

造成这一现象主要有两个方面原因:

① 人口激增:1978年开始,各地大批下放青年回城。据测算,1968—1978年间,南京下放人员约30万人,仅1979年回城的人数就达到16.8万人,造成老城人口急剧增加。人口的增加使得这一时期城市建设重点转向解决居民居住问题。住宅建设迅速在老城内展开,首先选择老城内剩下的尚未开发的用地进行建设,这部分用地主要集中在瑞金路、后宰门一带,如瑞金新村、后宰门小区等;其次是对老城区实施老城改造,拆一建多,造成居住用地的大规模增长。

② 军事用地锐减，小型工厂迁出或合并：根据南京市总体规划（1980—2000），市区内历史遗留军事单位较多，占地面积大。规划要求酌情迁出军事仓库以利于战备安全和城市建设。1990 年代初期，后宰门地区内的大部分军事用地迁出，主要转化为居住用地。与此同时，分散在居住区内的小规模工厂（主要集中在汉中路—中山东路以南的城南地区以及中山路北路沿线地带）被要求关停或迁出、合并，此类工业用地大部分也转化为居住用地。

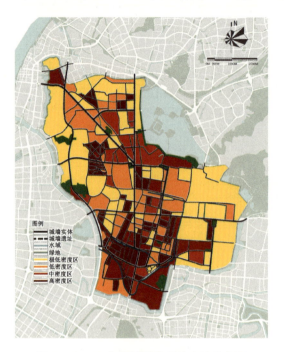 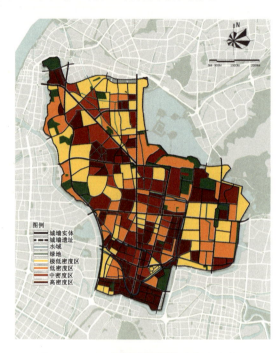

图 2-6　1978 年老城居住用地占比分布图　　　　　　图 2-7　1991 年老城居住用地占比分布图
资料来源：笔者自绘　　　　　　　　　　　　　　　资料来源：笔者自绘

（2）更新调整阶段（1992—2001 年）

这一时期居住用地更新的特点是整体不均衡。老城整体居住用地分层明显，空间分布的连续性较弱，老城南地区作为传统的居住区，居住用地及人口仍然是老城内最密集的地区。

在这一阶段，居住用地的空间分布正在逐渐分散，但均衡性有待进一步加强。对比 1980 年代发现，中山北路沿线地区居住密度大幅下降，老城城市中心区如新街口、湖南路、山西路、夫子庙等传统商业中心进一步发展壮大，其附近居住用地密度或减小或被其他商业、公共设施所置换。中低密度区的范围广泛，说明许多居住区的规模较小，面积不大，有与其他用地频繁穿插的情况。

这一阶段居住空间布局演变原因主要在于老城公共设施的变化。1980 年代老城公共设施主要以大规模的大专院校、体育设施以及商业用地为主，且布局较为集中，呈现一定规律分布。如大专院校、体育设施主要分布在汉中路以北，中山路以西的清凉山一带，占地集中，规模较大。商业服务设施则沿中山路、太平北路轴线分布。用地类型较单一，大型居住区内小型公共服务设施缺乏。1990 年代公共服务设施尤其是文化设施及社区商业的长足发展，逐渐稀释大规模的居住用地，使用地类型走向均衡化，多样化。

(3) 更新优化阶段(2002年以来)

分布均衡:老城居住用地整体上呈现空间分散布局的态势,空间分布的连续性较上一阶段有很大的提高,说明居住用地空间分布的均衡性有了明显的改善(图 2-8、图 2-9)。尤其是老城南地区,由于城市商业商务、公共服务设施等发展,老城中心地区的用地调整较大,居住用地被大量稀释,整体分布趋向均衡。

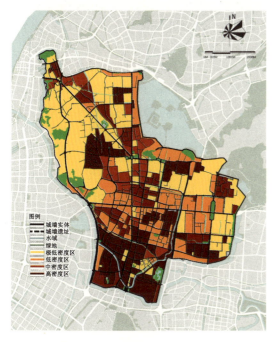

图 2-8 2001 年老城居住用地占比分布图
资料来源:笔者自绘

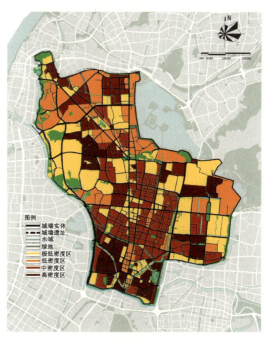

图 2-9 2013 年老城居住用地占比分布图
资料来源:笔者自绘

这一时期变化主要原因有以下两个方面:

① 新区发展迅速,居住用地向新区疏散:2001 年,南京市政府根据调整完成的城市总体规划提出的老城"做减法"、新区"做加法"的近期城市发展策略,提出了"一疏散、三集中"的发展战略,确定城市建设重点地区为"一城三区"。随着南京"一疏散、三集中""一城三区"空间战略的实施,使得南京的城市空间产生了突破性和决定性的巨变,改变了现代化建设重心与老城多年重叠的局面,南京老城将发展重点转向功能结构的优化、城市品质的提升、基础设施完善等。河西新城和新市区城市为城市建设发展的重心,其发展速度、空间规模、功能建设等加快,成为南京城市建成区的主要外延扩展区。1999 年到 2007 年间南京主城区居住用地面积增长 27.04 km^2,年均增幅达到 3.38 km^2。

② 公共设施分散化、多样化:2001 年到 2013 年间,公共服务设施发展迅速,年均增幅为 29.36 hm^2。公共设施布局向着中心集聚—面状扩散的态势发展,设施类型更加多样化。老城地区尤其是老城中心地区(新街口、老城南一带)居住用地被大量增加的公共服务设施置换。区域内用地类型呈多样化、分散化,用地结构更加合理。区域范围内居住用地空间分布的均衡性提高。

2.3.4 居住空间形态变化

改革开放前,南京老城内的居住建设多以 2~3 层的低层建筑为主。因此 1980 年代的居住建设也以原有居住用地更新为主,拆一建多。老城空间形态由原来的低层低密度转变为多层行列式的住区形式;90 年代开始,住宅建设仍以多层为主,局部出现少量小高层、高层住宅建设,主要分布在城南片区。2000 年以来,住宅建设数量上总体降低,但基本为小高层或高层,集中分布在靠近城墙的边缘地带以及城北片区的中央路、中山北路沿线。这是由于老城空间压力的客观条件和地价日益攀升的社会现实,除了居住更新空间分布上呈现由均衡分散向老城边缘地区集中外,更新的居住空间也越来越向着高容积、高密度的方向发展,以平衡高昂的土地使用成本和拆迁安置成本。新建的高层居住建筑逐渐成为老城内高层建筑群的重要组成部分,对城市的竖向空间形态及天际线轮廓都产生了十分重要的影响。

改革开放初期建筑高度有所提升,1980 年代以前的平房及二三层街巷住房普遍变成了五六层的条式住宅,建筑密度缩小,传统的建筑肌理被打破,取而代之是现代住区肌理,兵营式模式。另外,这一时期老城也出现少量高层住宅,多以点式为主。90 年代老城内住宅建筑高度有所提升,但整体变化不大,仍以多层住宅为主,部分为板式高层或点式高层住宅。建筑形式现代化,与传统住宅建筑风貌及肌理差异较大。随着建筑技术的进步,住宅建筑在建筑形式上走向多样化、精致化、国际化。建筑形式成为展现个人意志的重要手段,与古城传统的建筑风貌已大相径庭。与此同时,随着老城人口的增加,居住用地的减少,建筑高度逐年拔高,向着高层发展。(图 2-10 至图 2-13)

图 2-10　1978—1991 年老城住宅建设高度图　　　图 2-11　1992—2000 年老城住宅建设高度图
资料来源:笔者自绘　　　　　　　　　　　　　　　资料来源:笔者自绘

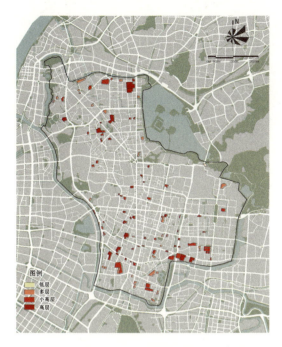
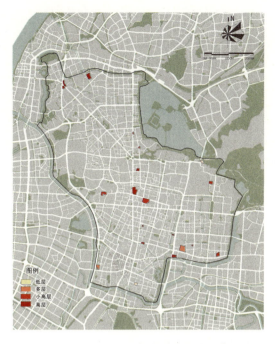

图 2-12　2001—2009 年老城住宅建设高度图
资料来源：笔者自绘

图 2-13　2010—2015 年老城住宅建设高度图
资料来源：笔者自绘

2.3.5　居住空间更新模式

对照 1978 年以及 1991 年的城市用地现状图，对新建的居住空间所更新的原用地性质进行分析，可以总结出三种模式。

(1)"居住—居住"

相比于其他用地，居住用地的更新改造需要面临拆迁成本高、周期长的困难以及拆迁户的安置问题。但对老城内建筑环境质量差的居住用地进行更新升级，不仅是提高城市土地利用率的有效途径，也是改善城市居民居住条件的客观需求。

在 1978 年后南京老城内所有新建的居住小区中，由原居住用地升级而来的所占比例最大，占到总量的 69.77%。改革开放初期，为了能用最少的资金解决最多人的住房需求，最大限度地利用老城已有的基础设施条件，严格按照"住宅建设按照老城改造和开发新区相结合，以老城改造为主"的建设方针进行。住宅建设迅速在老城内展开，除了少部分尚未开发的用地外，主要集中体现在对旧住宅区的拆一建多。90 年代开始，被更新升级的居住用地主要集中在城南地区及老城中北部，包括城南片区大量棚户区更新、历史地段住区更新及老城中北部的原单位大院形式的居住小区更新（图 2-14）。

(2)"工业—居住"

随着城市的发展，南京老城内的商业商务及中心服务功能不断集聚增强，原有工业用地的外迁成为必然趋势，居住用地增加很大程度上是由于该范围内散布的小规模工业被迁出或合并，用地置换为居住用地。在新建的居住空间中，有 14.26% 的用地来自对原工业用地的置换。这些用地在空间上分布较为集中，主要位于老城的北部中央门地区及东南部的光华门地区,这其中还包括一部分将原土地使用权归属于同一单位的工业用地及配套的居住用地作为一个整体,进行居住区的开发建设(图 2-15)。

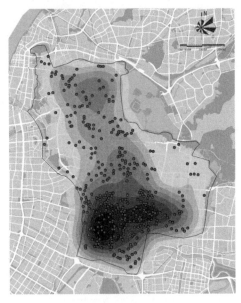

图 2-14　居住用地自更新项目分布
资料来源:笔者自绘

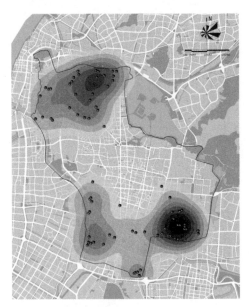

图 2-15　来自工业用地置换的项目分布
资料来源:笔者自绘

(3)"军事—居住"

除了城市更新过程中常见的居住用地升级、工业用地置换外,居住空间对军事用地的更新也较多,这与南京特殊的政治、文化地位有关。原南京军区(现东部战区)许多机关单位均位于南京老城内。改革开放后 50% 以上的军事用地被置换成居住用地。

另外,根据 1978 年以来的住宅建设信息,对新建小区的开发进行分析,可以发现开发主体主要有三种:单位自建、政府主导下的城市开发公司①、私人企业。改革开放初期,国家实施实物分房制度,住宅小区由政府统一投资建设,按需分房。1988 年国家推行住房制度改革,南京开始进行小范围试点,出现极个别私人投资建设的住宅小区,如虎踞北路 77 号小区、察哈尔路 67 号小区。1992 年,南京全面推行住房制度改革,住房进入商品化阶段,这一时期老城内的住房建设虽然仍以政府投资为主,但私人企业投资建设的住宅比例大幅增加,占到了总建设量的 20%。进入 21 世纪以来,住房全面商品化,私人投资成为老城内住房建设的主体。随着政府彻底取消实物分房制度,政府与单位逐渐淡出住房建设。同时,城市开发公司实施事业企业转轨,成为政府主导下的市场营利性单位,与私人开发商共同承担老城的商品房开发活动。(图 2-16)

2.3.6　更新特征总结

由于计划经济体制下"重生产,轻生活"的方针,中华人民共和国成立后的城市建设重点

---

① 包括南京各区房产局、城镇开发公司、南京市城镇开发总公司、市政建设等。

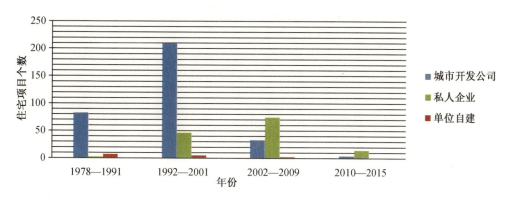

图 2-16 改革开放以来老城居住更新项目的开发主体变化
资料来源：笔者自绘

一直放在工业建设上，加上下放知青、干部回城，造成南京城住房极度紧张。改革开放后，政府首先将城市建设重点放在解决居民住房问题上，由政府投资建设大规模住宅小区，以解决住房"欠账"问题。1988年响应国家政策南京开始住房改革试点工作，并于1992年颁布《南京市住房制度改革实施方案》，逐步深入房改政策。20世纪初，城市中心高昂的地价以及政府疏散老城人口的政策导向，迫使城市居住中心向新城转移，老城更新转向土地结构优化。

阶段一：1978—1991年。改革开放初期，由于历史遗留问题，造成老城人口急剧增加，南京城市政策的重点集中在解决居民的住房问题，住宅建设是城市建设的重中之重。这一时期城市的经济水平有限，为了能用最少的资金解决最多人的住房需求，最大限度地利用老城已有的基础设施条件，住宅建设按照"老城改造和开发新区相结合，以老城改造为主"的政策方针在老城内迅速展开。首先选择老城内尚未建设的空地进行建设，主要集中在瑞金路、后宰门一带，如瑞金新村、后宰门小区等；其次是对老城区实施老城改造，拆一建多，老城内的居住用地规模迅速增加。这一时期的住宅建设基本由政府启动并投资建设，单个居住区的建设规模往往比较大。

阶段二：1992—2001年。房改试点工作的开展，住房建设打破政府投资建设的垄断，出现极个别私人公司投资建设的住宅小区。1992年，南京颁布《南京市住房制度改革实施方案》，逐步深入实施房改政策，到2000年完全"取消实物分房，实行货币化分房"。住房制度改革以及土地有偿使用政策实施，极大地推动了房地产业的发展，住房建设进入繁荣发展时期，私人投资建设比例大大增加。这一时期的住宅数量猛增，但开发规模普遍偏小，尤其以城市开发公司建设的住宅项目为主。这主要是因为市场经济体制还不完善以及政府企业资金的有限，在经济利益的驱使下，为规避大规模开发必须配建的公共建筑、绿化、停车等公共设施，开发商故意将建设规模控制在一定范围内。为了解决基础设施投入不足的问题，南京政府提出"以地补路"的政策，在极大地推动了道路建设的同时，也造成这一时期的住宅建设见缝插针、开发用地分布零散的特征。

阶段三：2002年以来。2001年南京第十一次党代会上，市委市政府对南京市总体规划（2001调整版）中提出的老城"做减法"、新区"做加法"近期城市发展策略给予肯定，并形成"一疏散，三集中"的发展战略（"一疏散"即疏散老城人口，"三集中"即建设向新区集中、工业向园区集中、大学向大学城集中），城市建设重点向"一城三区"（"一城"指河西新城，"三区"

指仙林、东山、江北新市区)转移,老城内转向用地结构优化。21世纪的头十年间,城市建设主要集中在新区,居住用地主要呈现向外围拓展的特征。老城内的居住建设速度有所减缓,但总体仍保持较高的增长速度。受市场经济因素的影响,这一时期的居住建设大多靠近老城边缘地带,以高层住区建设为主,以平衡土地开发的成本。

2010年南京获得青奥会的举办权,迎来了又一次重大的机遇,推动南京城市建设的高速发展,也加速了老城的城市更新活动。这时期的老城建设主要表现为环境的综合整治、基础设施建设等,居住建设数量锐减。主要是因为老城内可供更新的用地非常有限,加之城市中心地价高昂,即使是高强度的住宅建设也很难平衡开发的经济效益,这一方面迫使居住建设重心向新区扩展,老城内以公共空间优化为主;另一方面,城南的历史居住片区更新中出现了低层别墅建设,例如雅居乐长乐渡等。

2.4 商业办公空间更新

2.4.1 商业用地规模变化

1978—2013年间,南京老城商业用地呈现较明显的稳定增长。1978—1990年,商业用地的增长量较小,南京市商业处于恢复阶段;到了1990年代,在市场经济体制不断完善的背景下,老城商业进入了加速发展阶段。商业用地从1991年的236.13 hm² 增长到2001年的300.9 hm²,每年均增长率达到3.92%。进入21世纪以后,南京作为重要的区域中心城市,商业用地规模持续增长,到2013年已经达到423.69 hm²(表2-6)。伴随着老城人口的持续增长,人均商业金融用地呈现缓慢的增长趋势。说明商业金融用地的增长速率要高于人口的增长速率,这与21世纪后老城人口增长速率逐渐减缓也有一定的关系。

表2-6 南京老城商业用地规模

年份	1978	1991	2001	2010	2013
用地面积/hm²	—	236.13	300.9	376.53	423.69
增长面积/hm²	—	—	64.77	75.63	47.16
年均增长率/%			3.92	2.79	4.18
占总用地比例/%	—	5.49	7.0	8.76	9.86
占公共设施用地比例/%	—	24.9	26.28	31.36	31.13

资料来源:各年份土地利用现状资料。

2.4.2 商业空间分布变化

(1) 起步阶段(1979—1991年)

等级结构:三级商业中心体系

改革开放以后,经济体制由计划转向市场,国家经济建设全面恢复活力。1984年进行的南京市中心区综合改建规划中,对当时南京市29个商业中心进行了现状调查分析,根据一系列指标按照等级模型计算出等级图划定三级商业中心体系,一级、二级商业中心全部集中在老城,形成南京最完整、规模最大的商业网络。

空间结构:单中心结构

按照综合指标计算,新街口中心的首位度高达6.25,在集聚效应的推动下,各行业纷纷扩大在新街口的空间规模。新街口以新街口百货商场和中央商场两大骨干商场为核心,周围聚集了大量各级商业、服务设施,组成了高中低层次齐全以及集购物、文化、娱乐于一体的综合商业。这种综合性功能基础是山西路、夫子庙等其他功能相对单薄的中心所无法比拟的,并进一步促进了新街口商业中心的发展。其规模总量在老城商业体系中牢牢占据首位,与第二位的商业中心等级差距很大,因此这一时期,南京市包括老城商业中心体系实际上呈现明显的单中心结构(图2-3)。

空间分布:点式布局

这一时期商业主要集中在新街口、夫子庙以及山西路一带,商业中心之间各自独立,缺乏联系,其他地区商业设施过少。到1980年代中后期,商业逐渐沿主要道路如:中山南路、中山北路、太平南路分布,商业范围扩大。但各区内商业分布仍然稀少,商业密度低,覆盖范围小(图2-18、图2-19)。

(2)扩张阶段(1992—2001年)

等级结构:三级商业中心体系

与1980年代的商业中心等级结构相比,90年代商业中心体系没有发生大的转变。新街口首位度过高的现象仍在延续。各中心的商业规模均有较大幅度提高,其中以新街口和夫子庙的增幅最大。中央路、热河路、中华路的二级中心的功能地位有所下降(图2-5)。

空间结构:点-线扩展

1990年代体制的改革推动了各项事业的发展,商业中心规模随之不断扩大,用地范围向四周扩展。夫子庙、湖南路、中央门在十年中也发育形成了各具特色的商业副中心;十年前商业设施过度集中于新街口地区的状况有所改观。长江路随着文化艺术中心的建成,近代史博物馆的建设、毗卢寺的修复以及南京图书馆新馆等大型文化设施的选址定点,文化街的文化功能得到进一步加强。珠江路科技街经近十年的建设已初具规模。随着这些特色街区形成,逐渐将各商业中心串联起来,由此形成一些商业中心连接起来的现象。如:新街口—鼓楼;大行宫—太平南路;三山街—中华路。

空间分布:规模扩张

相较上阶段,用地规模有较大扩展,各区商业金融用地增长较快。老城内传统商业中心(新街口、鼓楼、山西路)商业金融用地规模明显增长,其他地区商业金融用地密度有所提高,分布范围扩大,尤其是鼓楼区,较上一阶段有较大提高(图2-19、图2-20)。

(3)优化阶段(2002年以来)

等级结构:四级商业中心体系

随着经济的迅猛增长,同时在现行规划的指导下,南京市商贸中心的服务功能有明显提升,老城作为商业服务业的中心地位进一步加强,根据发展基础和新时期的发展需求,在现行城市总体规划的指导下,南京市2005年编制了《南京市商业网点规划》,将南京市商业中心体系定为四级:市级商业中心、市级商业副中心、地区级商业中心、社区级商业中心。相较于上一时期,湖南路、夫子庙中心发展迅速,成为市级商业副中心,其辐射范围不再局限其周边地区,成为辐射全市的商业中心(表 2-7)。

表 2-7 南京现状商业中心等级体系

等级体系	商业中心名称			
市级商业中心	新街口、河西中心		老城内	新街口
			老城外	河西中心
市级商业副中心	湖南路、夫子庙、火车南站、东山、仙林、浦口		老城内	湖南路、夫子庙
			老城外	东山副城商业副中心
地区级商业中心	主城内	中央门、瑞金路、晓庄、热河路、中保、江东、河西南部、安德门、石门坎、孝陵卫	老城内	中央门、瑞金路、热河路
	主城外	东山老城、九龙湖、白象、青龙、板桥、大厂、雄州、永阳、淳溪等	老城外	晓庄、中保、安德门、东山老城、大厂、雄州、永阳、淳溪
社区级商业中心	按照 3 万人人口规模配置			

资料来源:牟与峰,孙伟,吴加伟.南京商业中心演化与布局研究[J].世界地理研究,2014,23(2):112-122.

空间结构:点-线-面(片区)

这一时期商业空间布局向着集聚与分散两个动态过程发展,形成点-线-面(片区)式发展。以新街口广场为中心的四个象限集中了新街口百货、中央商场、金陵饭店购物中心、大洋百货、东方商城、德基广场、苏宁电器等大规模零售商业,而商务办公则向着东、西两方向扩散,形成了大行宫和汉中路商务节点,电子快消产品则向着北面的珠江路轴线集聚,家电销售则向着南边的洪武路轴线集聚。其商业空间结构逐步由早期的沿路发展、单一中心模式,到后来的核心集中,再到现在的十字轴发展,形成了以新街口为中心,东西向沿中山东路和汉中路,南北向沿洪武路和中山北路沿线及其纵深发展形成的带状区域发展,范围大体东至长白街,西到上海路、莫愁路南达建邺路,北抵珠江路。与此同时大型商业企业的建设也迅速推动了三级商业中心发展,如老城东部的瑞金路商业中心快速发展得益于金润发超市的建立带动周边地段的发展,形成初具规模的商业街区;2008 年建立的水游城迅速推动三山街商业中心的发展,其商业规模扩展迅速。(图 2-17)

空间分布:密度增加

从这一阶段的商业金融用地空间分布来看,各区差异变化较大,但各区之间差异在缩小,整体密度有较大提高,社区商业基本覆盖整个老城区(图 2-20、图 2-21)。鼓楼、下关区(2013 年下关区并入鼓楼区)从用地规模上仍然保持领先地位,但增长率最小。原白下区(2013 年白下区并入秦淮区)这一阶段用地规模增长最快,达到 128.59 hm^2,仅次于鼓楼区、下关区,较上一阶段增幅达到 103%。其次是秦淮区,增长幅度为 56.96%。从各区商业金融用地占各区用地比例上看,原白下区商业金融用地占本区总用地比例最高,达到 12.21%;其次是秦淮区,为 9.26%。

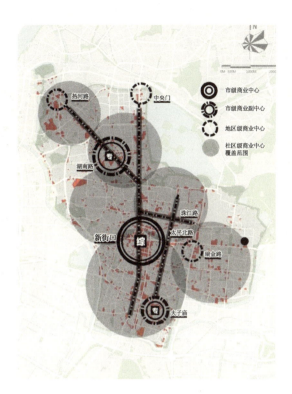

图 2-17 2010 年南京商业结构体系
资料来源：笔者自绘

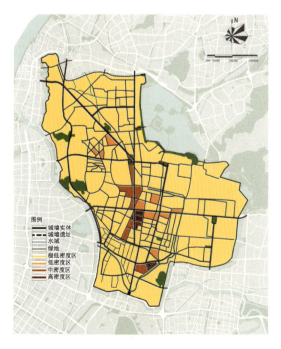

图 2-18 1978 年老城商业用地占比分布图
资料来源：笔者自绘

图 2-19 1991 年老城商业用地占比分布图
资料来源：笔者自绘

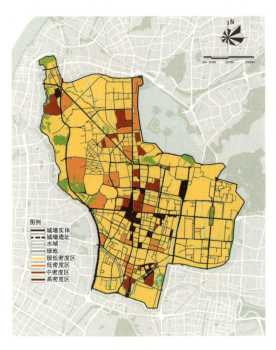
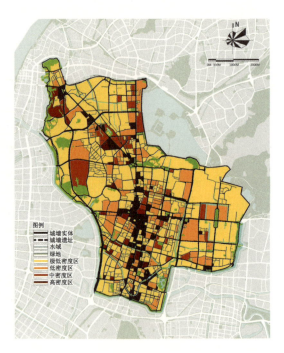

图 2-20　2001 年老城商业用地占比分布图
资料来源：笔者自绘

图 2-21　2013 年老城商业用地占比分布图
资料来源：笔者自绘

2.4.3　办公空间分布变化

1985 年以前，老城内的商务办公几乎处于停滞阶段，80 年代中后期开始，以各单位的自建办公楼为主，总体数量少，以零散状态存在于城市老城区内。这一时期的办公建设，以中山东路—汉中路为界，集中分布在南地块内。这主要是因为，南京老城南部地块城市发展基础较好，是原有的居住区集中地，因此较早地带动了商业的发展，为早期的商务办公建设提供了基础条件。

1990 年代开始，南京城市建设向现代化迈进，市中心地带商业、贸易、金融、办公等功能空间逐渐增加，形成了以新街口为重心，向外围扩散的更新空间分布。进入 21 世纪以来，商务办公大规模增加，以新街口、湖南路、鼓楼为核心，沿中山路、珠江路、汉中路等主要道路线性呈内聚式拓展。除了中心区及沿城市干道的商务高层更新外，此时城市边缘地带出现大量商务办公空间（图 2-22）。由于这一时期创意产业兴起以及工业遗产保护理念的出现，老城边缘的工业地段改造，多结合工业建筑改造为创意产业园。如中央路的创意中央产业园等。

总体上看，南京老城的商务办公空间以新街口地区为中心，中山路为主要拓展轴线，中山东路、汉中路、广州路、珠江路、北京东（西）路等为次要拓展轴，向城市外围辐射，并串联城市其他核心地区，如鼓楼、大行宫等城市次级中心区。形成这样空间布局模式的原因主要有三点：一是地价，中心区土地的升值带来了城市空间的高强度开发，使得居住功能被移至外围地区，取而代之的是商务商业等功能；二是可达性，沿城市主要道路分布体现了商务办公空间所必需的良好的可达性需求；三是区位，城市中心较好的商业居住基础为商务办公发展提供了先行条件。

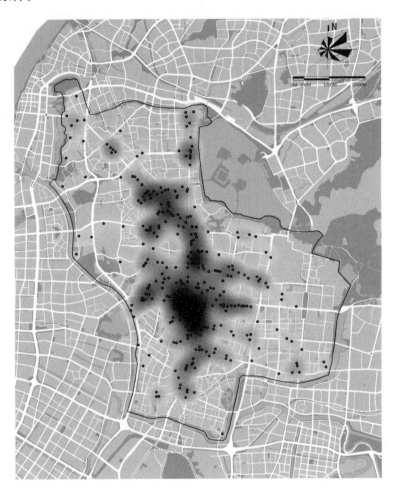

图 2-22　老城内商务办公空间分布
资料来源：笔者自绘

2.4.4　商业办公空间更新模式

（1）商业空间更新模式

通过比较 1978—2013 年南京老城土地利用现状图，可将商业金融用地的更新模式大致分为三种，分别是：居住用地置换、公共设施用地置换以及工业用地转化，其中，居住用地置换占主要部分。第一、二阶段，商业金融用地规模扩展较小，主要来自工业用地更新及居住用地置换。第三阶段，2001 年到 2013 年间增加的商业金融用地 60% 来自居住用地的释放，且分布存在一定规律。主要分布在老城中心新街口周边地区，并沿中山北路轴线布局，分布零散，面积较小。工业用地置换约占 18%，主要分布于龙蟠中路以东地区以及中央门附近。另外约有 14% 的用地来自其他公共设施的转换（表 2-8）。

表 2-8 2001—2013 年商业金融用地更新用地性质统计

其他用地转化商业统计				
原用地属性			总用地面积/hm²	比例/%
公共设施	合计		33.21	13.58
	其中	行政办公	13.78	5.64
		文化娱乐	9.73	3.98
		医疗卫生	0.74	0.30
		教育科研	8.96	3.66
工业			45.16	18.47
居住			149.31	61.06
市政公共设施			6.06	2.48
仓储用地			1.04	0.43
绿地			1.90	0.78
特殊用地			7.83	3.20

资料来源：笔者自绘。

(2) 商务办公更新模式

对照各阶段城市用地现状图，对新建的办公空间所更新的原用地性质进行分析，可以发现，商务办公用地的来源大致有 10 类（表 2-9），主要来源集中在居住、工业、公共建筑与军事用地四大类，以居住用地为主。

表 2-9 商务办公更新项目用地来源表（1979—2013 年）

原用地属性——现用地属性	总用地面积/hm²	占总项目数比例/%
居住——办公	86.56	48.25
工业——办公	37.22	20.75
公共建筑——办公	28.36	15.81
大专院校——办公	4.55	2.54
军事——办公	10.45	5.82
非市属机构——办公	0.67	0.37
对外交通——办公	0.55	0.31
市政设施——办公	4.78	2.66
仓库——办公	2.55	1.42
其他——办公	3.72	2.07

资料来源：笔者自绘。

① 居住——办公

第一、二阶段，商务办公用地规模扩展相对较小，主要来自工业、居住用地置换。一是改革开放前的老城内用地以低层居住与工业为主,此类用地更新相对容易。二是在 2001 年,政府提出"老城做减法,新城做加法",疏散老城人口,调整老城用地结构,大量居住用地被释放转化为商务办公用地。2001 年到 2015 年间增加的商务办公用地约 60% 来自居住用地的释放,且分布存在一定规律。主要分布在老城中心新街口周边地区,并沿中山路、中山东路—汉中路轴向拓展。(图 2-23)

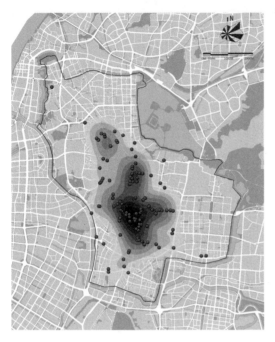 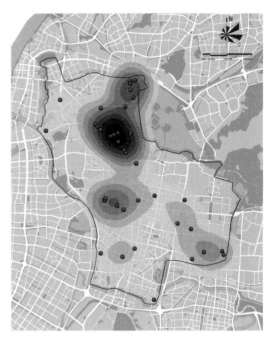

图 2-23　居住更新为办公空间分布　　　　　　　　图 2-24　工业更新为办公空间分布
资料来源:笔者自绘　　　　　　　　　　　　　　　资料来源:笔者自绘

② 工业——办公

随着老城内"退二进三"政策逐步推进,工业用地置换比例逐渐增高。改革开放以来,工业用地置换约占 12%,主要分布于中央门、中山北路两侧、龙蟠中路以东、瑞金路以南片区。2006 年南京出台《关于加快发展南京文化产业的意见》和《南京市文化产业发展"十一五"规划纲要》,创意产业发展获得政府的大力支持。与此同时,老城内剩余的工业用地更新趋势转向老厂房改造为创意产业园,这类产业园更新往往获得市(区)政府的政策与资金支持,由私人企业或与政府合作开发建设。例如,位于月牙湖西侧的创意东八区,通过市场化运作机制对园区进行统一的规划、改造、招商及运营管理。2006 年初,创意东八区一期在南京市经委、白下区政府的合力支持下,由市政府及南京顺天实业公司共同投资建设完成,其后二、三期建设则由南京垠坤投资实业有限公司独立开发。这类开发是对旧厂房进行保护性开发和运营,做到工业资源的再利用与价值的再创造,将这些建筑群体打造成适合城市产业与经济发展的都市型产业园区。(图 2-24)

③ 公共建筑——办公

商务办公建设中还有一个主要更新用地来源就是原有公共设施的更新与扩建。第一、二阶段,沿主要道路,大量零散的小型商业用地被置换为高强度开发的商务办公建筑;第三阶段,以新街口为核心的城市中心区,在原有商业综合体基础上扩建改建高层商务办公楼,极大地改变了老城中心区的城市风貌。

2.4.5　更新特征总结

改革开放初期,南京市的商业服务设施处于恢复和稳定发展阶段,数量少,规模小。1992年起,在我国进一步实施改革开放政策和市场经济体制不断完善的背景下,南京商业服务设施更新进入加速阶段,商业中心规模随之不断扩大,用地范围向四周扩展。城市商业中心体系由1980年代的聚点发展到90年代的散点式建设,最终形成商业节点拓展连片发展。

第一阶段(1978—1991年)。虽然国家提出改革开放政策,但由于计划经济体制刚刚转轨,城市建设仍由政府主导。这一时期的政府投资建设集中在住宅,商业设施建设少,规模小。这一时期,政府投资修复了夫子庙传统商业街。1983年建设的金陵饭店是第一个利用外资建设的项目,为城市建设提供了新的可能。以1985年的几栋银行高层办公楼建设为标志,老城内的商务办公空间更新正式开启。1985年以前,由于经济条件以及计划经济制度的限制,老城内没有真正意义上的商务空间。80年代中后期,银行、外贸等产业由于自身经济实力较强,自建自用办公楼。总体来说,这一时期的商务办公空间更新处于刚刚萌芽状态。

第二阶段(1992—2001年)。在这一时期,一批新的大型综合商场纷纷建成营业,如新街口地区的华联商场、金贸大厦、金鹰购物中心,中央门地区的南京商厦,太平南路的九龙商厦等;政府推动一批特色街建设,以政策优惠鼓励私人开发商投资建设,如珠江路科技一条街。此外,一批老牌的商场也几乎在同时改建扩建,增大了商业建筑面积,如新街口百货商场、中央商场等。根据南京市总体规划(1992—2010年),南京市开始了新街口中心区集中成片的大规模改造和开发,市中心地带商业、贸易、金融、办公和服务活动空间大规模增加。该阶段经济的高速发展对城市空间新的拓展方式具有强烈的需求,表现在商务办公空间的建设上,每年多栋高层商务建筑拔地而起。

第三阶段(2002年以来)。这一时期核心商业节点如新街口、大行宫、夫子庙等商业功能的进一步拓展,商业功能形成连片发展趋势。商业设施建设模式大致分为两类:一是中心区内由私企开发的街区式商业综合体;二是结合历史地段更新,以商业模式开发建设的传统风貌商业街区。这类商业街区由于其建设的敏感性,大多由政府主导控制,与私人开发商合作开发建设。进入21世纪后,高层商务建筑的开发建设依旧处于高速发展阶段。但同时由于政策导向新区的建设,商务办公空间除了在老城内集聚优化外,向老城外围空间拓展,形成新的商务办公核心。

2.5　工业空间更新

2.5.1　工业用地规模变化

1978—2013年间,南京老城工业用地变化呈现较大的下降趋势,这一变化与城市的经济结构发展过程是相符的。改革开放之前,工业的发展与布局是促进南京建成区内各项建设与规模发展的主要因素。到 1979 年,南京 116 km² 建成区内星罗棋布 946 家企业,平均密度为 8 家/km²,但各区差异极大,老城区密度大于新城区。1979 年,分布在南京六城区的工业用地达到 1 183 hm²,其中 50%左右分布在老城内,占老城总用地面积的 13.76%。

1990 年代由于老城工业"退二进三"的加速,工业用地由 1991 年 464.05 hm² 下降到 2001 年的 258 hm²,工业用地面积缩减 206.05 hm²,占老城用地面积的 6%左右,年均下降率达到 6.34%,是改革开放以来工业用地下降最快的时期。2001 年到 2013 年间,老城产业结构调整加速,第三产业比例逐年上升,伴随着一些科技产业、创意产业和都市工业的兴起,传统工业转型加快,到 2013 年仅余 114 hm²,仅占总用地面积的 2.65%左右,年均下降率为 4.69%(表 2-10)。伴随着工业用地的持续下降以及老城人口的持续增长,人均工业用地面积不可避免地呈现逐年下降的态势。从 1978 年的 6.21 m²/人下降至 2013 年的 0.73 m²/人。

表 2-10 南京老城工业用地规模(1978—2013 年)

年份	1978 年	1991 年	2001 年	2010 年	2013 年
用地面积/hm²	591.50	464.05	258	128.70	114
增长面积/hm²		−127.45	−206.05	−129.30	−14.70
年均下降率/%	1.35	6.34	5.57	3.81	
占总用地比例/%	13.76	10.79	6.00	2.99	2.65

资料来源:各年份土地利用现状资料。

2.5.2 工业空间分布变化

(1) 调整起步阶段(1978—1991 年)

1970 年代末至 80 年代初期南京老城工业布局分散,核心建成区内近千家工厂星罗棋布,分布在东、南、西、北、中,各区的差异明显。另外分布混乱,建成区,特别是老城区,工厂与工厂、工厂与住宅相互交错,既没有完整连片的住宅区,也没有完整连片的工厂区。如以商业中心的新街口广场为中心 500 m 范围内,既有印刷、服装,又有机械、玻璃、光学等工厂。老城区内工厂因用地紧张,生产各环节往往不能紧凑地安排在一起,见缝插针的现象严重(图 2-25、图 2-26)。

从各区的分布来看,秦淮区工业用地所占比例最高,达到 31.17%,其次是鼓楼、白下区。从工厂密度分布来看(表 2-11),也是秦淮区工厂密度最大,每平方千米就有 24 家工厂,其次是建邺区及白下区。从各区用地分布情况来看,仍然是秦淮区工业用地占本区用地比例最高,达到 37.9%,其次是鼓楼及白下。其中,鼓楼区及白下区工厂分布集中,工业企业规模较大,地块规整。秦淮及建邺区多为小规模工业企业,零散布局。

造成这一时期工业布局特点的主要原因在于缺乏完整的工业规划。中华人民共和国成立后南京从消费性城市转为生产型性市,工业成为城市发展的主力。城市大量利用小作坊街道、小厂为基础发展工业,由于当时不可能有统一的完整的工业发展规划,因而在城区发展工业的过程中很少注意到合理布局的问题。

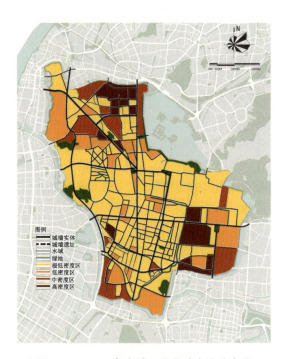

图 2-25 1978 年老城工业用地占比分布图
资料来源:笔者自绘

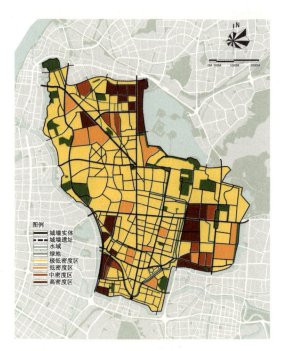

图 2-26 1990 年老城工业用地占比分布图
资料来源:笔者自绘

表 2-11 1978 年南京市建成区工厂密度

	分区	面积/km²	工厂密度/(家/km²)	工业用地/(万 m²/km²)
六城区	秦淮	5.60	24.6	37.9
	建邺	5.01	21.3	17.3
	白下	7.77	19.8	19.5
	玄武	14.07	6.4	12.9
	鼓楼	17.04	10.6	20.2
	下关	15.05	6.3	13.8
合计		64.54	11.83	18.34

资料来源:南京市城市总体规划(1981—2000 年)南京市规划局。

(2) 加速更新阶段(1992—2001 年)

到 1980 年代后期至 1990 年代初期,南京老城的工业用地主要分布在中央门、集庆门及瑞金路一带。相较上一时期,小规模散布在老城中尤其是新街口、城南地区的中小型企业已经消失,接近 1/4 的工业用地被释放出来。以 2001 年为例,从各区的分布来看,鼓楼区及白下区占地规模大,分布比较集中,秦淮区面积稍小,但工业企业数量较多,分布零散。这一时期工业用地面积总体上呈现较大的下降趋势,主要是小型工业企业搬迁、合并或倒闭置换出用地,但大规模占地集中的工业企业仍然存在(图 2-26、图 2-27)。

造成这一时期工业布局特点主要在于政府政策的引导。一是 1983 年南京市总体规划(1981—2001 年)对工业用地的调整,老城内工业发展以调整为中心,辅以革新、挖潜、改造的方针,将有严重污染和威胁交通、安全的工厂和仓库有计划地迁出老城,老城内用地规模小、分散在住区的中小型工厂(主要分布秦淮区、建邺区、玄武区内)逐渐迁出老城或以合并组成工业街坊形式解决。工业用地相对较为集中,对改革初期规模小、散布的面貌有较大的改善。二是1990年代后期老城"退二进三"的进程加快,工业用地大部分转化为住宅用地和其他第三产业用地(1990—1998年间,主城内搬迁污染企业141家,腾出开发建设用地约300 hm^2,其中用于住房房地产建设和第三产业建设的用地占73%),使用地结构发生了较大的转变。

(3) 优化更新阶段(2002年以来)

21世纪以后,经济速度增长加快,尤其是老城内土地利用结构调整加速,老城内工业较上一时期有大幅减少。工业用地在原有的基础上锐减,无工业用地增加,在老城内少量散布。主要区域仍然是鼓楼、原白下以及秦淮三个历史遗留区内,其中鼓楼区较其他两区用地下降幅度最大,2001年鼓楼的工业用地占整个老城的1/3,到了2013年鼓楼区的工业用地只占老城的1/5左右,但用地布局分散(图2-27、图2-28)。

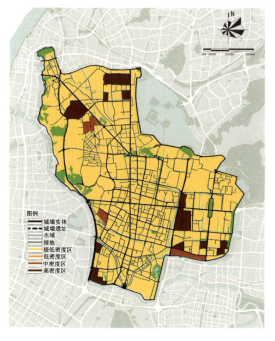

图2-27 2001年老城工业用地占比分布图
资料来源:笔者自绘

图2-28 2013年老城工业用地占比分布图
资料来源:笔者自绘

2013年原白下区工业用地占地规模最大,布局较其他两区集中,且以一类工业企业为主。秦淮区工业用地分布差异较大,中山路以西工业企业规模较大,占地集中,中山路以东规模小且分布零碎。截至2013年,老城中心地区已基本无大规模的工业企业,其布局对老城空间结构已无太大的影响。

2.5.3 工业空间更新总结

通过比较1978—2013年南京老城土地利用现状图,可将工业用地的更新模式大致分为三种,分别是:置换为居住用地、置换为公共设施用地以及工业用地升级,其中,置换为居住用地占主要部分。居住用地除自身更新升级外,很大一部分用地来自工业用地的置换,对比1978年与2001年老城用地图也可以看出,退出的工业用地主要被用于居住用地。老城中心区域,工业用地主要置换商业用地,且分布零散,面积较小。位于中央门、光华门、集庆门周边面积较大、分布较集中的工业用地大部分转换为商业服务业、公共管理以及居住用地。其中,以商业服务业设施规模最大,约占工业用地更新的40%,其次是公共管理与公共服务设施,约为30%(表2-12)。与此同时,随着工业产业结构的升级,老城一些企业转换为高新技术产业和都市型、楼宇型工业。这类用地转换主要发生在鼓楼区,如长江科技园、熊猫新兴软件园。

表2-12 2001—2013年老城工业用地更新后用地性质统计表

更新后用地属性			用地面积/hm²
军事用地			4.10
居住用地			75.70
公共管理与公共服务设施	合计		23.00
	其中	科研	14.70
		行政办公	3.18
		小学	2.03
		高等院校	1.51
		其他	1.58
商业服务业设施	合计		28.87
	其中	商办混合	9.18
		旅馆	12.25
		零售	3.06
		其他	4.38
交通设施			0.93
公共绿地			11.85

资料来源:根据各年用地现状图统计。

2.6 道路交通基础设施建设

2.6.1 道路用地规模变化

1978—2013年间,道路广场用地以及人均道路广场用地持续增长。1978年南京市老城区(六城区)道路广场面积为312 hm²,占建设用地的5.4%,到1985年,老城区(中片)道路广场面积为241.7 hm²,占建设用地的5%。这一时期城市道路建设缓慢。随着人口的激增,人均道路面积相比1979年以前反而下降。

1986年,城市建设以道路建设为重点,以老城改造突破口,重点拓建老城区四周的干道和东西走向的次干道,以及城郊接合部道路,使城市中心由新街口扩展到鼓楼一线。先后按规划建成城西、城东两条主干线,东西向干道拓建成5条干线,主要交叉口拓建环交广场、兴建立交桥,使南京道路等级标准大为提高,道路网得到改善和扩展。1986年末南京市区道路面积由1985年的431 hm²骤增到795 hm²,到1991年底,南京市区道路面积为962 hm²。

1990年代中期以后,南京市政府提出"一年初见成效,三年面貌大变"的奋斗目标,南京城市道路建设突飞猛进。1996年新建龙蟠路、沪宁高速公路南京连接线、中山南路南下。1999年底,市区27 km的内环线和"经五纬八"的主要道路均已建成。至2001年全市共有城市道路1 802 km,道路面积2 185 hm²,建成各类立交桥77座。其中老城内道路用地面积为496.16 hm²,而人均道路面积相比全市人均道路用地平均水平有一定差距,这主要是由于老城集聚全市大部分人口所致(表2-13)。

21世纪后,老城道路建设在原有的路网基础上进一步完善,其道路网络体系逐渐成熟,干路基本形成,重点建设城市支路,到2013年,老城道路用地面积增长至718 hm²,占总用地面积的16.7%,人均道路用地面积较上一个阶段也有很大的提升。

表2-13 南京老城道路广场用地规模(1978—2013年)

年份	1978	1991	2001	2005	2010	2013
道路广场用地面积/hm²	312	366.93	496.16	560.05	666.27	718
增长面积/hm²		54.93	129.23	63.89	106.22	51.73
人均道路广场用地面积/(m²/人)	3.28	3.30	3.79	4.46	4.47	4.57

资料来源:根据各年用地现状图统计。

2.6.2 城市路网结构演变

(1) 调整阶段(1978—1991年)

南京道路由于历史和自然条件的影响,形成南北向长、东西向短的格局。改革开放初期,南京市内贯通南北的主干道只有中央路、中山路、中山南路、中华路和中山北路。1975年编制的轮廓规划中提出要拓建两条南北向主干道来分流市中心的货运交通。1983年南京总体版规划提出南京路网"经三纬八"的构想。经过这两版规划的指导以及十几年的发展,到1990年年底,南京干道路网框架已基本拉开。其中"经三纬八"中"经三"完成城西、城东干道以及中山路—中华路生活性主干轴线。"纬八"中位于南京老城内道路除去经三路(新模范马路)之外也基本完成,南京道路等级标准大为提高,道路网得到改善和扩展。

比较1978年和1990年南京道路网结构可以看出(图2-29、图2-30),80年代道路建设主要集中在城市干道的建设,老城内道路逐步形成网状结构,尤其是太平北路以东以及老城南地区,但城市支路网的变化不大。老城中心地区新街口由于是城市商业中心,路网结构比较成熟,这一时期基本无太大变化。

1980年代,道路建设缓慢,老城内路网密度整体变化不大。据统计,这一时期六个城区(以这一时期与老城范围相差不大的六城区来间接反映老城的道路情况,六城区包括鼓楼区、玄武区、建邺区、秦淮区、白下区、下关区)干道总长度为88 km,密度仅为1.41 km/km²。同时,老城内部路网尤其是支路严重供给不足,各区密度分布极度不均衡,呈现围绕老城中心地区路网密度显著增高的现象。

图 2-29　1978 年南京老城现状路网
资料来源：笔者自绘

图 2-30　1990 年南京老城现状路网
资料来源：笔者自绘

从各区的路网分布来看，鼓楼区及白下区路网密度整体低于其他地区，且道路没有形成网络，城南及新街口周边地区路网密度最高，骨架道路网状结构基本形成。造成这一现象的主要原因在于，改革开放初期，白下区及鼓楼区集结大量大规模的工业用地、军事用地以及高校用地，地区用地地块划分粗放，且多数用地为封闭性很强的军事管理区或工业生产区，对城市空间有很强的自我限定和排他性，城市公共道路建设很难在其内部展开，因此这类区域内路网密度及完整度普遍较低。

(2) 更新阶段（1992—2001 年）

1990 年代后，南京城市道路建设发展迅速，主城道路面积增长近 4.4 倍，1995 年版总体规划提出的"经五纬八"主城道路主骨架基本形成，其中位于老城内道路均已建成。这一时期，老城道路建设主要集中在路网结构完善以及支路网加密上。老城中心区域随着商业建设的不断发展壮大，地块进一步细分，道路建设强度也随之增大；鼓楼、白下区由于这一阶段仍然存在大量工业、军事及高校用地，用地封闭性强，道路建设量仍然较小（图 2-30、图 2-31）。

相比 1980 年代，这一时期老城道路结构清晰，支路网密度显著增长。截至 2001 年，老城道路密度已达到国家标准下限，为 5.5 km/km²，其中，支路网密度为 3.38 km/km²，基本达标。相比之下，快速路、主次干道的路网密度均低于国家标准下限，各级道路系统之间缺乏过渡性连接设施，道路流量从低等级道路汇集到上一等级道路的过程缺乏缓冲，造成干道局部交通压力过大，处于超饱和状态，分流道路缺乏。

同时，老城人口、就业岗位和建筑量的高度集中，导致了老城社会经济活动功能更加集聚；伴随着机动车的高速增长和私家车使用率的大幅提高，居民出行的机动化水平较高，老城交通过于集中,支路网建设力度仍有待加强,据统计,2001年老城支路缺口在145～281 km之间(表2-14)。

表2-14 2001年南京老城各级道路长度以及密度

道路等级	道路长度/km	道路网密度/(km/km²)
快速路	16.27	0.36
主干道	30.71	0.69
次干道	47.87	1.07
支路	151.26	3.38
合计	246.11	5.50

资料来源:南京老城保护与更新规划 总体阶段说明书 2003年南京市规划局。

从各区空间分布来看,鼓楼区、下关区及白下区总用地规模最大,道路长度所占比例最大。秦淮区整体路网密度最高,其次是白下区,密度最低的是玄武区。鼓楼区、下关区内快速路比例最高,老城内3条快速路(虎踞路、龙蟠路、新模范马路),其中2条(虎踞路、新模范马路)穿越鼓楼、下关。各区主次干道密度均小于或接近国家标准下限,其中,秦淮区主干道路网密度最低,鼓楼区、下关区次干道路网密度最低。玄武区与秦淮区支路网密度分列最低与最高。

(3) 优化阶段(2002年以来)

由于南京老城道路网络的形成具有其历史的延续性,且受山、水及大单位、大院校的影响,基本没有新建道路的条件,因此这一时期在改造老城路网时,主要是以改造或增加部分支路为主,基本不改变骨架道路走向。在对老城道路网进行调整过程中基本保持快、主、次干道的布局不变,对支路网的布局进行了局部的调整或新增(图2-31、图2-32)。

2001年到2013年间,支路增长量最大,为59.31 km,占总道路增量的77.64%,其次是主干道。相比于2001年,各级道路密度均已达到国家标准,其中支路网密度甚至超出国家标准上限。老城路网结构经过十几年的建设已较为成熟,干路结构基本完善,路网密度基本达到国标要求。

这一阶段,老城内各分区各级道路密度均有大幅提高,其中秦淮区及白下区的支路网密度最大,白下及鼓楼、下关的次干道密度最高(表2-15)。相比2001年,玄武区及秦淮区的干道密度提升幅度最大,支路网密度鼓楼、下关区及玄武区提升最快。

表2-15 2011年南京老城各区各级道路网密度 单位:km/km²

	路网密度				
	快速路	主干道	次干道	支路	合计
鼓楼、下关	0.55	0.92	1.42	4.94	7.83
玄武	0.25	0.97	1.04	4.48	6.74
白下	0.32	1.01	1.56	6.45	9.34
秦淮	0.41	0.92	1.24	7.84	10.41
国标	0.4～0.5	0.8～1.2	1.2～1.4	3～4	5.4～7.1

资料来源:南京老城控制性详细规划(2011修编)。

秦淮区是整个老城区内支路密度最高的区域，远远超出国家标准，达到 7.84 km/km²。但是由于该区位于南京老城南历史城区内，存留众多的历史街巷，现状路幅宽度为 2～10 m 不等。这些街巷基本传承了历代古街巷的结构与形态，并受明城墙和内秦淮河河道走向的影响，街巷之间形成许多错位交叉和畸形路口，因此秦淮区内道路密度高，但主次干路密度较低、贯通性较差。

总体来说，这一阶段老城内各区内路网结构已基本完善，但路网结构不尽合理，城市交通量过度集中在主次干道上，支路网疏解交通流量的功能没有完全发挥出来。

图 2-31　2001 年南京老城现状路网
资料来源：笔者自绘

图 2-32　2013 年南京老城现状路网
资料来源：笔者自绘

2.6.3　道路空间更新总结

1978 年以来，老城内的道路广场用地以及人均道路广场用地呈现持续增长，是老城基础设施不断完善的过程。城市基础设施主要由政府承担实施，与城市政策密切相关。同时，各类大型节事的举办往往也会推动城市基础设施的建设。

改革开放初期，城市道路建设缓慢。1986 年，城市建设以道路建设为重点，作为老城改造的突破口。重点拓建老城区四周的干道和东西走向的次干道，以及城郊结合部道路，使城市中心由新街口扩展到鼓楼一线。先后按规划建成城西、城东两条主干线，东西向干道拓建成 5 条干线，主要交叉口拓建环交广场、兴建立交桥，如新街口环路扩建，中央门立交桥。这一时期南京道路等级标准大为提高，道路网得到改善和扩展。

1990 年代中期以后，南京市政府利用举办"三城会"的建设契机，提出"一年初见成效，三年面貌大变"的奋斗目标，南京城市道路建设突飞猛进。1996 年新建龙蟠路、沪宁高速公路南京连接线、中山南路南线。1999年年底,市区27 km的内环线和"经五纬八"的主要道路均已建成。

进入21世纪后,老城道路建设在原有的路网基础上进一步完善,其道路网络体系逐渐成熟,干路基本形成,重点建设城市支路。根据南京市2010—2030年总体规划,未来主城道路面积率约18%,老城道路用地面积将进一步提升,尤其是支路网密度逐步加大。

2.7 南京城市更新政策演变

2.7.1 阶段一:起步期

国家体制与制度的改革是决定城市发展方向的宏观背景,是城市建设发展的先决条件。改革开放以前,由于处于计划经济体制下,南京的城市建设由国家自上而下集中力量投资、推动,因而整体进程缓慢,并基本按照总体规划所确定的空间布局建设。1978年十一届三中全会提出将工作中心转移到经济建设上、实行改革开放。伴随着改革开放政策的推行,经济体制逐渐由计划经济转向市场经济,建设土地在市场经济的引导下快速扩张,带来了用地结构的调整与转变。同时城市规划的决策形式和实践方式也发生了深刻改变,在计划经济体制中,规划师虽然也有一定的思维判断及行动空间,但政府决策者几乎是唯一主体和决策主体,在社会主义市场经济体制中,经济组织的出现使决策过程和实践变得更加复杂。

(1) 政策法规

这一时期国家体制发生重大变革,相应的土地与住房制度也拉开了改革的序幕。中央与地方政府相应地实施了一系列的政策法规文件,如《关于要求批准南京市进行经济体制综合改革的报告》《关于在全国城镇分期分批推行住房制度改革的实施方案》《中华人民共和国城镇国有土地使用权出让和转让暂行条例》等,探索与指导制度改革进程。

1980年代初,在城市开始对经营性建设用地实行有偿有期限的使用,并通过市场竞价取得土地使用权。这一制度恢复了城市土地的商品属性,土地使用从无偿变为有偿。加之1984年国务院颁布的《城市规划条例》,其中第四十三条规定:根据城市规划确定的城市建设项目,应当纳入中长期的和年度的城市建设计划,并按照合理的建设程序组织实施。城市成片建设的地区,应当按照城市规划,实行综合开发,统一建设。这一时期,一批国有的房地产开发公司成立并快速进入城市建设领域中,尽管这些国企有着浓重的计划经济色彩,但是,它们很大程度上也代表着政府通过土地经营去筹集城市基础设施建设所需要的资金,并且承担建设了一大批基础设施及其他公共服务设施。

伴随着土地制度的改革,另一项与之密切关联的制度性改革,就是1988年国务院印发《关于在全国城镇分期分批推行住房制度改革的实施方案》,决定从1988年起,用三五年的时间,在全国城镇分期分批推开住房制度改革。由此,中国住房制度全面改革拉开序幕。这个方案中对城市建设的影响大致有两点,一是住房商品化,二是调整产业结构,开放房地产市场,发展房地产金融和房地产业。由此,从国家层面上确定了住房的商品化。同年,南京市政府组织房地产部门专家组成的全市房改工作班子开始工作,着手讨论、制定有关房改政策及方法,并在局部试点后向全市推开。住房制度改革有效地促进了居住条件的改善,也为90年代商品住宅建设的迅猛发展打下了制度基础。

总的来说,1980年代国家经济体制发生了重大转变,为城市建设带来了极大的推动力。城市建设由计划经济时期的国家绝对控制逐步在转变,市场力量开始出现在城市建设中。同时,这一时期尚处于刚刚转型阶段,一切有关制度改革的政策方针都还是探索状态,市场经济发展较改革开放前有很大的提升但仍处于较低水平,城市建设进程相对缓慢。

(2)重要规划

由于经济体制的巨大变革,社会经济发展获得了巨大的推动力。为了更好地指导城市经济发展与建设,1980年南京市组织力量开始编制《南京市城市总体规划(1981—2000年)》,明确城市性质、规模和布局,于1983年经国务院批准,成为第一部得到国家正式批准的具有法律意义的规划文件。1982年国务院颁布第一批历史文化名城文件,明确提出"历史文化名城"的概念,并提出要制定历史文化名城保护规划的要求。南京作为第一批历史文化名城,制定了1984年版《南京历史文化名城保护规划》。1984年,南京被纳入经济改革试点城市,为完善补充1983年总体规划的不足,对1983年版的《南京市城市总体规划(1981—2000年)》进行了修正调整,由强调控制的核心城市建设政策转向发展,并组织制定了一系列深入规划研究,如《南京工业布局调整规划》《南京主城区分区规划》《新街口—鼓楼市中心规划》等,以及夫子庙、鼓楼广场、新街口等重点地区的城市设计,以指导南京城市建设活动。

- 1984年版南京城市总体规划

这一版总体规划核心在于控制主城规模,包括城市人口规模和用地规模。规划布局上提出以圈层式城镇群体布局构架进行规划建设,以市区为主体,围绕市区由内向外,把市域分为各具功能有相互联系的5个圈层。规划认为这有利于改变当时市区功能布局混杂的状况,达到"城市要控制,事业要发展"的目的。

在总体规划的指导下,1983年南京市政府提出:"城市建设要实行改造老城区和开发新城区相结合,以改造老城区为主",并划定了40个老城改造片,同时把各项建设纳入全市统一开发的轨道。此时,一批国有的房地产开发公司成立并快速进入城市建设领域中,代表着政府通过土地经营去筹集城市基础设施建设所需要的资金,并且承担建设了一大批住宅、基础设施及其他公共服务设施的建设。

下放回城人员和困难群众的住房问题是当时突出的社会问题,为此政府投资建设大规模居住区,提升全市的居住水平。到1994年时,居住用地共增长262.62 hm^2,年均增幅为16.42 hm^2。居住用地占老城总用地的39.87%。交通道路建设也全力推进。1986年,全省第一座大型城市道路立交桥——中央门立交桥建成。1987年,进出城的16条"卡脖子"道路,经过5年的拓宽、新建、改建全面投入使用。1988年,东起中央路、西止山西路广场的湖南路拓宽工程竣工通车,成为联系中央路与中山北路的干道。

总的来说,1983年版的总体规划,对南京的城市建设起了重要的指导作用,城市建设重点集中在城市居住、工业发展、道路系统建设等层面。先后建成了瑞金北村、瑞金新村、后宰门、光华东街等一批住宅小区,完成了热河南路、城西干道、建宁路等的修建工程。这一时期的城市建设基本是按照总体规划的要求进行的。

然而这一版总体规划核心在于控制主城规模,包括城市人口规模和用地规模。然而事实上,由于下乡知青和下放居民的返城,市区人口在1985年就已经突破150万,远远超过规划预计人口。用地规模增长远远比不上人口增长,这一时期,虽然住宅建设火热进行,但人均居住面积反而降至4.7 m^{2}以下,甚至低于中华人民共和国成立初期水平。另外,总体规划提出的圈层式发展模式并未实现,城市发展重心依旧集中在老城内。住宅建设中规划提出老城区分片改造和新市区独立新建两种建设方式,但由于当时政府财政力量薄弱,住宅建设超过80%集中在老城区改造上。实际建设过程中,圈层式结构也不断被突破。改革开放带来的巨大经济活力,使得老城改造与城市扩张的速度与规模都超过了规划的设想,第二圈层的蔬菜、副食品基地和风景名胜保护区,一部分被城市用地蚕食,一部分则与外围城镇连片。

- 1984年版历史文化名城保护规划

规划总体布局是划定市区五片,外围四片文物古迹比较集中的重点保护区,以及一些分散的重点建筑群的保护范围,同时以明城墙、历代城壕和现代林荫大道为骨干,形成保护型绿化网络,连接各保护片区与建筑群,形成完整的保护体系。

南京市区内共划定了五片保护区,包括东部的钟山风景区、南部的雨花台纪念风景区、西部的石城风景区、北部的大江风貌区和中部的秦淮风光带,12片保护建筑群,分别是朝天宫、明故宫、鼓楼、瞻园、天王府、侵华日军南京大屠杀遇难同胞纪念馆、梅园新村、民国时期有代表性的公共建筑和住宅公馆以及渡江纪念碑、五台山体育馆和长江大桥。市区内的保护网络包括城墙、河道水系和道路街巷格局,并明确各个文物保护单位(简称文保单位)的保护范围与要求。

虽然是第一次编制的保护规划,但已经将名城保护的诸多元素考虑进保护体系中,成为南京改革开放以后城市建设活动中历史保护的依据。市区内划定的五片保护区均得到了一定程度的保护,最成功的当属夫子庙建筑群的建设。从1984年开始,市政府开始夫子庙建筑群的修复工作,包括恢复兴建文庙、贡院等古建筑群,结合改造充满市井气息的贡院街和贡院西街,修复和改造秦淮河的沿河景点。最终以贡院街、秦淮河及滨河绿带将西部的瞻园、东部的白鹭洲公园连成一片,建设成为有传统特色的市级文化、商业中心。

这一时期的城市建设中历史文化遗址的保护意识和措施都处于较低的水平,规划缺失对南京老城内的传统民居、古街巷格局以及地下遗址的关注。由于性质并未被定义为文物,又分散在老城各处,规划没有对其提出相应的保护要求,以致在近十年中拆毁过半,例如张府园小区建设中多次发现南唐护龙河驳岸遗址,却被直接毁弃;瑞金新村、后宰门小区等都在明故宫遗址范围内;光华园住宅区侵占了部分明城墙遗址;白鹭小区处于秦淮风光带保护范围内,原为明清民宅,却被全部拆除改为仿古建筑等等。

2.7.2 阶段二:发展期

1990年代开始,市场体制下的土地制度与住房制度改革逐渐深入,南京的经济进入飞速发展阶段,也带来了城市建设的巨大变化。经济体制的改革拉动了南京城市建设的高速发展,为了更好指导新形势下的城市建设,从1990年开始编制新版总体规划。然而由于政府政策失误以及开发商过度追求自身利益,这一时期出现了一系列突破规划的建设行为。正如吴良镛院士所说的:"计划经济向社会主义市场经济转型,城市建设的规模、速度、内容复杂程度史无前例,加上试行土地有偿使用后,有关法规条例的制定未能及时跟上,矛盾更为加剧,问题也空前"。因此90年代不仅仅是制度深入改革的10年,也是城市建设政策方针不断调整的10年。

(1) 政策法规

1990年代初,南京市正式实行土地有偿使用和土地出让的拍卖、招标方式,使得城市土地成为商品。这使得政府在加大城市建设力度的同时,有力地将市场力量也逐步引入城市建设中。考虑到当时城市建设中基础设施欠账较多,而政府财政、资源有限的情况,政府抓住土地制度改革的契机,提出"以路代房,以房补路""以地补路"的建设方针,大大拓宽了城市道路建设资金筹措渠道,城市基础设施建设得到了突飞猛进的增长,但同时,这些政策的出台也带来了开发用地分散、零星不成规模的问题。1995年,南京市以迎接第五届城运会为契机,提出以交通基础设施建设为突破口,以加快城市机车设施建设为主要目标,三年共投资200多亿元完成了道路、公用设施、住宅、防洪和城市环境等多方面项目。并且在道路建设上提出"一年初见成效,三年面貌大变"的奋斗目标,因此整个90年代是南京市城市道路建设突飞猛进的时期。1991年到2001年之间,南京市区道路广场增加面积达到13.33 km²,人均道路广场面积也从4.71 m²/人增加至7.02 m²/人。

1992年南京政府颁布《南京市住房制度改革实施方案》,标志着南京住宅建设中商品房出现,房地产业由此兴起,住房市场也开始出现多元化。伴随1995年《南京市深化住房制度改革方案》,1998年《南京市进一步深化住房制度改革的实施方案》的颁布,南京不断修正、调整住房制度。这一时期的南京市住宅竣工面积逐年递增,房地产开发的商品住宅面积占住宅总竣工面积的比例也逐年上升,房地产开发成为当时城市建设的主要动力。另一方面,住宅市场也随之出现分化,分别是以中低收入家庭为对象,具有社会保障性质的经济适用住房和以高收入家庭为对象的商品房。

总的来说,这一时期的土地与住房制度改革不断深入,城市经营性用地也由市场交到开发商和企业主手中,投资的多元化还促进了老城内商业、商务办公等高层建筑的开发与建设,导致高层建筑在空间上逐步改变了南京老城的三维空间形态。同时,政府由于土地有偿使用拓宽了资金筹措的渠道,大力推进了基础公用设施的建设。

(2) 重要规划

- 1991年版南京城市总体规划

1990年代修编的《南京市城市总体规划(1991—2010年)》提出构筑"城市规划区—都市圈—主城"的理念,总体上引导南京90年代中后期城市发展向新城拓展。

此次总体规划范围分为三个层次:城市规划区(市域)—都市圈—主城。规划要求优化主城用地结构,严格控制主城用地发展规模,总用地控制在绕城公路以内(约243 km²),其中规划城市建设用地约195 km²。居住用地略有增加,从现有的33 km²增加到约39.5 km²,占城市建设总用地的20%左右,人均居住用地指标保持在19 m²左右;公共设施用地增加约10 km²,以增强南京经济、文化中心城市功能为目标,加快主城公共设施的建设,形成由市中心区、1个副中心、7个地区中心及若干个居住区中心组成的公共活动中心体系;对主城内的工业用地调整以搬迁、转化和改造为主,不再新增工业用地。老城内各级公共活动中心、历史文化保护地段内的工厂要求尽快搬迁、改变用地性质。因此,90年代城区内的工业"退二进三"进程加快,工业企业用地调整大部分都转化为住宅用地和其他第三产业用地。

规划明确提出"城市建设的重点应有计划地逐步向外围城镇转移"以及"要集中建设河西新区,调整改造老城"的思路,这一思路也在国务院的批复文件中得到体现。但是实际上,1990年代南京城市发展并没有如规划预期的模式发展,新区的建设也没有成为城市建设的重点。这并不是规划出了问题,而是规划的实施缺乏政策的保障。在规划编制完成到国务院审批通过的几年内,南京掀起了一阵建设浪潮。城市建设没有依照规划实施,这也为批复后的总体规划的实施带来了困难。1993 年,《南京市人民政府工作报告》中提出"要在主城建设 100 栋高层建筑"的目标。2002 年,老城内 8 层以上的高层已达 956 栋,占主城建设总量的 80% 以上,这意味着实际建设过分集中在老城,主要是大拆大建的"老城区改造"。这也导致了河西新区开发无序,存在"多点、分散、规模小"的状况,因缺乏统一规划,居住用地建设零散,道路不畅,公共设施配建不足,并没有起到疏散老城人口和功能的作用。

相较于 1984 年版的总体规划,着重关注了老城改造中发展与保护的矛盾,将历史文化名城保护作为专门章节列入规划,建立完整的南京历史文化名城保护体系。包括中华路、御道街、中山路三条历代都城中轴线;明代四重城郭;民国时期形成的中山北路、中山路、中山东路以绿化分割的三块板道路形式和若干有代表性的环形广场;门东、门西、大百花巷、金沙井、南捕厅等民居的保护与修复。但由于上文提到的建设方针的失误,老城改造偏向地毯式的大拆大建,历史文化名城的保护工作,也很难落实。

- 1992 年版历史文化名城保护规划

随着南京城市建设的快速发展,老城与新区,现代化建设与历史保护等矛盾愈发突出,1984 年的保护规划已经不能满足历史保护的需求。1992 年修编的历史文化名城保护规划是在原有规划基础上做出的补充和完善。

规划在市区五片重点保护区的基础上增加了明城垣保护带,明确古都格局的保护要求,在文物古迹的保护中增加了"历史文化保护地段",对分散的市级以上文保单位划定保护范围和建设控制地带。考虑到 1984 年版历史保护规划中对传统民居的忽视,这一版明确提出建筑风格的保护。规划划定门东、门西、大百花巷、金沙井、南捕厅 5 片传统民居保护区;对民国时期有代表性的公共建筑和公馆区提出保护要求。从逸仙桥至中山门,沿中山东路两侧各 100 m,作为近代建筑环境协调区。

针对过去对传统民居和近代优秀建筑重视不够,在编制新版《南京历史文化名城保护规划》的基础上,对各历史地段编制了《门东地区详细改造规划》《中华路雨花路改建详细规划》《南京朝天宫地区保护更新规划》等一系列专题保护规划和专题研究,使得历史保护规划中的内容得以落实。但在实际实施过程中仍旧存在一定问题,由于没有作为单独的规划文件上报,使其缺乏应有的法定约束力,在城市开发热潮中被不断突破更改,如雨花台纪念风景区的南部大片土地被开发为宁南小区。老城道路建设方面通常只考虑交通需求,按新区标准扩宽改造,大大改变了传统街区街巷格局和尺度。

总的来说,这一阶段南京老城改造处于大拆大建模式,历史文化名城的保护工作很难落实。规划确定的历史文化保护地段、文物、古河道等,由于缺乏政策措施保障,在城市建设中多被损毁、蚕食或拆除。1995 年分区规划中提出主城建筑高度控制原则,在建设中也被突破,南京的古都风貌受到严重破坏。

2.7.3 阶段三:完善期

经过改革开放以来 20 年的建设与发展,市场经济体制逐步完善,市场力量成为城市建设中的主体力量,相应的建设开发活动受市场规律影响巨大。另一方面,土地与住房制度改革也基本完成,为城市建设提供了稳定的政策环境,城市建设进入飞速发展阶段,而老城内的建设与保护的矛盾日益突出。因此,政府通过2001年对总体规划的修编调整了城市建设方针的大方向,提出老城"做减法",新城"做加法",将城市建设重点引导至新区建设。

(1) 政策法规

2003年南京市出台了《关于进一步加快城市建设系统经济体制改革的实施意见》,掀起了新的城建改革高潮,而且其广度、深度都是空前的。这项政策的实施打破了政府垄断,建设市场全面开放,彻底改变了单一的政府投资模式,社会资本较大规模地参与到城建项目中,民营企业、外资企业、个人等新型投资主体的进入,使城建投资体制实现了多元化结构。截至2015年,南京全市社会固定资产投资总额达到5 265.55亿元,其中非国有经济(外资、私营、个体经济)3 194.66亿元,约占总量的60.7%。在非国有经济中,外资投资额约占12.9%,私营个体经济投资额约占49.5%。

(2) 重要规划

- 2001年南京市城市总体规划调整

2001年,在市委市政府的领导下,南京市适时启动《南京市城市总体规划(1991—2010年)》调整工作,规划基于南京著名古都的定位,提出了"老城做减法、新区做加法"的空间发展策略。同年,国务院正式批准江苏承办十运会,并确定南京为十运会的主赛场。结合十运会的筹办工作,在南京市第十一次党代会上,提出按照城市总体规划思路实施"一城三区"(即河西新城区、东山、仙林、江北三个新市区)、"一疏散三集中"(即疏散老城人口和功能、建设项目向新区集中、工业向工业园区集中、大学向大学城集中)战略。依据南京城市空间发展战略,政府将主场馆选取在河西新区,既满足赛事需求,又以大型体育设施建设带动新区建设,以求打开城市空间发展格局,加速"一城三区"战略目标的实现。

此时,老城的建设重点转向土地结构优化——改变原有工厂与居住混杂的布局,搬迁城内工厂为商教医等公共设施的增加提供可建设用地。同时老城城市建设速度有所减缓,但整体呈现上升趋势,城市发展逐步跳出老城,新市区成为城市发展的重心。

"一疏散"政策实施以来,南京老城实际居住人口逐年下降,建筑的建设总量仍在增加,建设类型包括居住、基础设施和公共服务类等,其中以后两种建设类型为主,南京老城内的用地结构发生了明显变化。其中,工业用地调整最为明显,2001年到2013年间,老城产业结构调整加速,第三产业比例逐年上升,伴随着一些科技产业、创意产业和都市工业正在兴起,传统工业转型加快。工业用地较2001年有大幅减少,到2013年仅114 hm^2,仅占总用地面积的2.65%左右。另外,结合老城环境整治,老城内大量的棚户区、脏乱差地区改造为公共服务设施。如鼓楼医院二期建设,省人民医院扩建工程等。可见,"一疏散"的城市建设策略,在一定程度上疏散了老城的人口,优化了老城的用地结构。

经过短暂十余年的发展,南京"一疏散、三集中""一城三区"空间战略的实施,使得南京的城市空间产生了突破性和决定性的巨变,改变了现代化建设重心与老城多年重叠的局面,南京老城将发展重点转向功能结构的优化、城市品质的提升、基础设施完善等。

- 2010年版南京城市总体规划

2010年,南京取得2014年青奥会申办权,南京迎来了又一次重大发展机遇。根据2010年版总体规划,南京城镇发展由"一城三区"转变为"一主三副",明确"多心开敞、轴向组团、拥江发展"的城市发展格局。而青奥会的筹办工作,正好为这一规划实施提供了契机。青奥会筹办的4年时间内,南京投资建设了各项专业体育场馆,还全力推进青奥村的建设,提升地区综合服务水平,这些工程项目基本都位于南京城市总体规划确定的空间发展格局上。而对于老城来说,青奥会的影响则更多在于环境整治。例如,紫金山—玄武湖公园建设,包括太阳宫立面改造与周边环境整治项目、太岗路地下通道、4号线地铁站、玄武湖东岸景观提升等等。明城墙保护及周边环境整治,原则上保证南京明城墙两侧15 m范围内没有建筑,现有建筑要拆除;15~30 m范围内原则上不允许新建建筑;30~50 m范围内新建建筑不得高于城墙,并加快将城墙沿线的工业、仓储用地置换为休闲文化和公共用地,以及一些城市绿带公园的建设等。

- 2002年版与2010年版历史文化名城保护规划

2001年南京城市总体规划调整,对南京的城市空间特色提出了"保护山水、发展城林、构筑系统、强化标志"的原则,市政府在加快老城环境整治和景观建设中也提出要"显山、露水、见城、现江"的原则。因此,2002年第三次编制保护规划按照城市整体格局划分城市风貌、历史文化保护区和文物古迹三个保护层次。但由于2000年后经济形势和社会环境面临前所未有的变化,而当时南京城市总体规划距1995年国务院批复时间还很短暂,不能进行全面修编,因此名城保护规划也只能进行局部的优化调整。

2002年版的历史文化名城保护规划偏于宏观的概念性描述,着重关注精品历史文化资源,而对大量存在的体现城市肌理、民众生活的具有普遍代表性的历史资源(如传统民居、历史街巷)等,缺乏足够重视。同时对保护的措施也不够具体,规划方法单一。这些都导致在应对现代化建设带来的冲击时稍显不足,在实施过程中往往迁就经济发展需求和当时的建设现状,致使保护工作做出妥协让步。其中最著名的就是2006年的老城南社会大讨论事件。这也直接促使了2007年最新一版《南京历史文化名城保护规划》修编工作的开展。

2007年,基于保护规划本身需要完善、保护规划理念思潮的变化、南京城市发展的新动向等,南京启动了历史文化名城保护规划修编工作。本次保护规划修编按照"全面保护、整体保护、积极保护"的总体原则,通过"全面普查、科学研究、理性评价",确定南京历史文化名城保护的内容和重点;建构了涵盖"整体格局和风貌、历史地段、古镇古村、文物古迹、非物质文化遗产"的全面的、多层次的保护内容框架;建立了"制定保护、登录保护和规划控制"三类保护方式构成的保护控制体系,实现对历史文化资源的应保尽保。

老城是南京历史文化的集中承载地,规划专门强调了对老城区的整体保护。严格控制老城新建建筑高度,重点控制玄武湖、紫金山和老城边缘的景观界面,严格控制景观视廊中的建设活动,以及对老城街巷格局的保护,确保历史街巷的走向、名称一般不变,原则上不得拓宽。规划还提出整体保护老城的具体措施:①疏散老城功能:以发展文化、商业、旅游、居住等功能为主。现有工业仓储等用地的更新改造优先用于文化旅游、公共服务、绿地广场的建设。②控制老城容量:控制老城人口容量和居住人口密度,控制新建住宅及开发强度,严格控制高层住宅。③优化老城交通系统:严格控制新建高架等大流量机动车通行道路,强化公交优先,优化出行结构。④改善老城市政设施以及健全老城防灾体系。

此版规划一方面更注重政策法规的保障,制定了"彰显古都风貌提升老城品质"相关政策文件以及《南京市历史文化名城保护条例》,另一方面更注重落实实施。除了指导编制了2011年版老城控制性详细规划、荷花塘历史文化街区保护规划等一批保护规划,规划提出根据历史资源价值高低、利用强度不同制定细化保护策略,制定历史文化资源保护制度。

2.7.4 政策与规划演进总结

不论是推行宏观制度改革的法律法规文件,还是落实到城市建设层面的政策方针,均对城市更新建设的方向、重点、方式方法起上层指导作用。因而政策的提出往往成为城市建设阶段的划分标志。同时,城市规划是一项政府行为,尽管受到市场经济下城市建设投资主体多元化的冲击,但是大量的城市基础设施建设还是由政府规划兴建的,因而规划对城市空间的推动和引导是不可忽略的。政策与规划事件的实施主体是中央与地方政府,虽然在总体规划与历史文化名城编制中有专业人员的参与,但从根本上来说,依旧是政府意志的体现,各阶段中更新实践也是城市政策在空间上的具体落实。(表2-16、表2-17)

除此之外,大型节事活动是城市政策有力实施的重要载体与契机。改革开放以来,在南京发展历程举办了三次大型体育赛事,均推动了南京的城市建设,包括体育设施建设、配套设施提升以及城市综合环境整治等。21世纪以前南京的城市建设基本以老城为核心,向4个方向蔓延式发展。1990年代借助三城会的契机,大力投资建设道路基础设施。这一时期的城市建设方针虽然经过几次调整,但南京老城的更新改造始终是南京城市建设的重点及热点。进入2000年以后,南京城市建设逐步跳出老城框架,重点建设新城,形成多中心发展的城市结构,因此借助十运会与青奥会的契机,完善多中心城市结构,拉动社会经济发展。(表2-18)

表2-16　南京各阶段政策事件特征分析与效果评价

	事件	时间	主体	方式	效果评价
阶段一	《关于要求批准南京市进行经济体制综合改革的报告》	1984年	中央政府:通过政策、法律指导全国的城市发展进程;间接参与城市更新活动	建立社会主义市场经济体制	体制与制度的改革是决定城市发展方向的宏观背景,是城市建设发展的先决条件
	《关于在全国城镇分期分批推行住房制度改革的实施方案》	1988年			
	《中华人民共和国城镇国有土地使用权出让和转让暂行条例》	1990年			
	《南京市城市总体规划(1981—2000年)》	1983年	中央政府:对城市规划方案的审查批准与监管;间接参与城市更新　地方政府:审批规划方案;提出城市建设方针　规划局及专家学者:参与总体规划的编制与讨论修改	城市建设方针:以改造老城区为主,全市统一开发　城市建设方向:住宅道路与公用事业　城市布局:圈层式结构;工业向外围搬迁;鼓楼—新街口为居住、商业核心	有效指导了80年代南京城市建设,重点在居住建设、工业调整与道路建设　建设过于集中在老城内,导致规划圈层结构被突破,规划思想未能完全实现
	"退二进三"产业转型	1990年			

续表 2-16

事件	时间	主体	方式	效果评价
阶段二				
《南京市住房制度改革实施方案》	1992年	地方政府：响应中央政府制度改革，通过法律法规文件指导城市发展进程	土地有偿使用，拓宽政府建设资金筹措渠道，实现城市土地重新配置；住房商品化，调整产业结构	基础设施建设迅速发展；地价引导下的土地开发提高了老城内土地利用集约化程度；房地产开发成为城市建设主导力量
"以路带房，以房补路"	1992年			
《南京市深化住房制度改革方案》	1995年			
"以地补路"	1995年			
《南京市进一步深化住房制度改革的实施方案》	1998年			
《南京市城市总体规划(1991—2010年)》	1995年	中央政府：审批、监管 地方政府：审批规划方案；提出城市建设方针 规划局及专家学者：参与总体规划的编制与讨论修改	城市建设方针：城市建设的重点应有计划地逐步向外围城镇转移；集中建设河西新区，调整改造旧城	由于规划批复的滞后性，实际建设严重偏离，致使规划后期难以落实。1990年代南京城市发展并没有按规划的模式发展，新区的建设也没有成为城市建设重点
阶段三				
2001年总体规划调整	2001年	中央政府：审批、监管 地方政府：审批规划方案；提出城市建设方针 规划局及专家学者：参与总体规划的编制与讨论修改	城市建设方针：一疏散三集中；一城三区；老城做减法、新区做加法	真正改变了现代化建设重心与老城多年重叠的局面；南京老城将发展重点转向功能结构的优化、城市品质的提升、基础设施完善
《南京市城市总体规划(2007—2020年)》	2013年			

资料来源：笔者自绘。

表 2-17 南京各阶段规划事件特征分析与效果评价

事件	时间	主体	方式	效果评价
阶段一				
《南京历史文化名城保护规划》1984年版	1984年	地方(区)政府：审批规划方案 规划从业人员：组织实施规划编制工作	划定市区五片，外围四片文物古迹比较集中的重点保护区	由于保护意识和措施处于较低水平，规划缺失对传统民居、古街巷格局等的关注，相应的保护要求缺失，以致在近十年中拆毁过半
《南京主城区分区规划》	1986年		新街口—鼓楼片区规划调整	总体规划的具体落实
《新街口—鼓楼市中心规划》			市中心三段式总体布局	

续表 2-17

	事件	时间	主体	方式	效果评价
阶段二	《南京历史文化名城保护规划》1992年版	1992年	地方(区)政府：审批规划方案 规划从业人员：组织实施规划编制工作	明确古都格局的保护要求； 历史文化保护地段：对分散的市级以上文保单位划定保护范围和建设控制地带； 强调对传统民居建筑风格的保护	这一阶段南京老城改造处于地毯式的大拆大建模式，历史文化名城的保护工作难以落实； 规划确定的文保地段、文物等，由于缺乏政策保障，在城市建设中不断被突破
	《门东地区详细改造规划》	1992年			
	《中华路雨花路改建详细规划》	1995年			
	《南京朝天宫地区保护更新规划》	1995年			
	《南京主城区分区规划》	1995年		新街口片区规划调整；特色街建设	总体规划的具体落实
阶段三	《南京历史文化名城保护规划》2002年版	2002年	地方政府：审批规划方案 规划从业人员：组织实施规划编制工作	划分城市风貌、历史文化保护区和文物古迹三个保护层次	2002年版保护规划只局部优化调整，直接导致实施中迁就经济发展而保护工作妥协让步
	《南京历史文化名城保护规划》2010年版	2013年		保护原则："整体保护"控制新建建筑高度、老城街巷格局的保护； 保护措施：疏散老城功能、控制老城容量、优化交通系统及完善市政	2006年的老城南社会大讨论事件就是保护与发展矛盾冲突的表现，也直接推进了新版保护规划的修编工作
	《南京主城区分区规划》调整	2001年			总体规划的具体落实

资料来源：笔者自绘。

表 2-18　南京各阶段大型节事特征分析与效果评价

	事件	时间	主体	方式	效果评价
阶段二	三城会	1991年筹建 1995年举办	地方政府：利用大型节事契机，提出相应的城市建设方针，推动城市建设	城市建设目标：一年初见成效，三年面貌大变 城市建设重点：以道路建设为重点	南京城市道路建设突飞猛进；先后实施多项道路的拓宽改造工程，改善了当时南京市的道路和交通状况
阶段三	十运会	2001年筹建 2005年举办	地方政府：利用大型节事契机，提出相应的城市建设方针，推动城市建设	结合总体规则调整，主场馆选址于河西，推动新城发展，疏散老城人口与功能	南京城市建设逐步跳出老城框架，结合体育设施建设发展新城； 老城环境综合整治以及基础设施进一步优化
	青奥会	2010年筹建 2014年举办		青奥村建设，完善多中心城市结构； 提升城市功能和品质	

资料来源：笔者自绘。

3 城市公共中心空间重塑：大行宫地区更新

导言：城市公共中心更新

我国经历了改革开放以来复杂而深刻的体制转型，正面临城市的发展转型与空间重构。在此背景之下，城市更新被植入了深刻的经济目标和政治目标，是城市发展的重要主题，城市老城的更新不仅涉及存量土地的物质转换和功能转型，更关系到老城的经济文化再生。

老城的衰退主要体现在结构性、功能性和物质性三个方面，城市公共中心的衰败在这几个方面都有表现，老城更新的重点之一就是重塑和复兴城市公共中心，包括商业商务中心、文化中心、体育活动中心等。通过公共中心的更新，重构城市功能，活化城市公共空间，复兴城市活力。

由于老城内通常集聚了大量的历史文化资源，老城公共中心更新中除了传统商业中心类型外，最为常见的是文化活动中心。商业中心的更新动力比较明显，市场经济的推动和消费市场的需求是商业中心更新的主要推动力，所以老城商业中心的更新主体一般是市场主体。而老城文化设施的更新由于其公益性一般是由政府主导，参与的主体比较多样，更新过程中涉及的经济利益、实惠利益和公共利益比较复杂，其表面上的物质更新仅仅作为手段，背后带来的社会文化置换与结构转型才是根本目的。

本章选取位于南京老城的大行宫地区作为研究对象，有以下几方面的原因：首先，该地区的资源特质和更新历程具有典型代表性。该地区拥有总统府遗址、国立美术馆旧址等历史遗产，在更新方面涉及大型文化设施、旅游街区、商务办公及公共空间的更新；其次，该地区是南京老城的重点地段，与城市结构密切相关；再次，该地区的文化项目涉及不同的更新模式，例如，南京图书馆是由政府主导进行更新，江宁织造博物馆在出让土地时是与营利性的商贸地块进行"捆绑"出让；最后，该地区与民众的生活密切相关，是整个南京市的公共文化中心，拥有市民广场和众多文化公共设施，对其更新的研究更具有价值。

3.1 南京中心区空间发展历程

1980年代改革开放政策的提出，为南京城市建设注入了新的活力，新街口、夫子庙以及山西路三个商业中心开始新一轮的城市建设。但由于计划经济体制刚刚转轨，城市建设仍由政府主导，投资建设集中在住宅，商业设施建设少，规模小。这一时期，政府投资修复了夫子庙传统商业街。1983年建设的金陵饭店是第一个利用外资建设的项目，为城市建设提供了新的可能。

1978年改革开放后，国家号召海外华侨归国投资以带动国内城市建设。新加坡华商陶欣伯得知这样的政策后，立即联系国家旅游局，希望在南京建造一家涉外旅游饭店。1979年，由国务院批准，金陵饭店项目成为当时全国首批六家大型旅游涉外饭店之一。当时国内还处于经济体制转轨初期，城市政策也以"控制大城市规模"为出发点，有很多声音反对饭店建设，建设需要的资金以及建成后的效益都有待考证。金陵饭店项目开始时，确实有遇上不小的资金问题。华商陶欣伯利用自己在国际上的影响，帮助市建委向香港汇丰银行借贷4 000万美元，自己投资800万美元，最终解决了项目运行资金的问题。这也是南京第一个利用外资建设的项目，为城市建设提供了新的可能。

1980年代初，南京的城市建设缓慢，虽为省会城市，但8层以上的建筑非常少。金陵饭店的建设一方面可以直接推动南京城市建设，改变了城市面貌；另一方面，几千万美元的项目投入，能促进南京旅游事业的发展，大大提升和推动南京的经济发展。出于这两方面的考虑，南京市建委联合南京市旅游事业服务公司积极筹备，全力推动项目进行。加之华商陶欣伯的投资与推动，金陵饭店于1980年正式开工，1983年开始营业。

现今的新街口已经是高楼林立，金陵饭店二期也已建设完成。而在金陵饭店选址之初，新街口地区虽然是南京最繁华的商业地段，但其西北角却是破旧低矮的摊贩市场棚户区。在此择地建设涉外饭店，能够带动拆除原本破旧杂乱的棚屋，既有利于改善新街口广场西北角的市容市貌，也推动了对汉中路这条主干道和低矮零乱的沿街建筑的改造，对改善新街口附近居住条件以及老城中心地区的更新改造均具有重要意义。因此，虽然当时政府还考虑了中山陵、莫愁湖等其他四块地址，这些选址的地面建设也相对容易，但为达到社会经济效益的最大化，最后仍然选择了在新街口地区建设金陵饭店。

进入1990年代后，新街口、湖南路、中央门等商业中心功能进一步增强，一批新的大型综合商场纷纷建成营业，如新街口地区的华联商场、金贸大厦、金鹰购物中心，中央门地区的南京商厦，太平南路的九龙商厦等。由于建筑技术的进步与市场需求，城市中心区的商业功能开始向商业商务功能综合转型，大量高层商务办公楼作为房地产开发的新模式投入建设，如鼓楼广场周边的邮政大厦、电信大楼等。与此同时，一批老牌的商场也在改建扩建，增大了商业建筑面积，如新街口百货商场、中央商场、湖南路商场等等。这一时期，政府以政策优惠鼓励私人开发商投资建设，私人开发商在商业办公的建设开发中承担了主要角色。开发商通过招标/拍卖/挂牌（简称招拍挂）从政府手中获得土地，自筹资金自建商业办公楼，其开发建设活动很大程度上不受政府控制。

除此之外，政府也开始推动开发一批文化设施，如长江路文化艺术中心的建造、毗卢寺的修复以及南京图书馆新馆等大型文化设施的选址定点。在这一阶段，文化等各类社会公共服务设施的项目实施主体依旧以政府为主，由政府负责项目的启动、投资及建设。

为拉动南京城市建设，南京市政府给予投资者大量政策优惠与支持。南京"政通人和"的投资环境，吸引了一批来华考察的投资者。1992年筹备的南京金鹰房产开发有限公司就是在这样的背景下成立并开始其在南京的建设历程。1993年，金鹰房产开发公司选中新街口西南角的一片旧居住区，从政府手中获得土地的使用权，正式开发建设金鹰国际商城。金鹰国际商城的建立一方面改变了新街口地区旧居住区与商业混布的现状，强化了新街口地区的商业核心功能；另一方面，它成为南京城市建设亟须的新标志，体现了改革开放的时代精神。

同时，伴随着国家体制改革，城市社会、经济、文化迅速发展。商业建筑的形式、功能布局以及商业业态也在不断丰富变化的居民消费需求下发生翻天覆地的变化。原有的商业建筑为适应新时期的需求，纷纷进行改造扩建或重新装修，如新街口地区的新百和中央百货两大商场于1992年同时开始改建扩建工程。

新百与中央百货都是在改革开放前已落成的百货商场，经过国家经济体制改革，共同经历了股份制改革与重组的过程。1993年新百成为南京的第一家上市公司，轰动一时。由于早期建设的百货商场的体量已经无法满足经济快速发展下现代商业的需求，加之企业由国营转向私营，其建设的自主性大大提高，因此两家百货商场都开启了更新改建项目。1996年，新百在原有6层百货商场的基础上扩建形成12层商业大楼。2005年，利用地铁一号线开通的契机，新百开发地下空间，形成面积达5 000 m^2 的大型休闲美食广场。2008年南京新百58层主楼封顶，标志着原有商业设施向竖向发展。同样，中央商场从1992年开始，几乎每隔4年就有扩建改建工程，至2000年时已建成超过5万 m^2 的规模。2004年，中央商场利用其东南侧原中华剧场和南京市杂技团的用地，改造建成地下2层，地上8层的大型商场。

新百与中央百货的改建扩建基本是在原有商业用地的基础上进行更新建设，这种由商业到商业的更新过程本身对城市功能结构并不造成直接的影响。但事实上，由于老城内日益高涨的地价，更新带来了建筑高度的不断突破以及商业空间品质的升级，从而不断强化新街口商业氛围，吸引更多商业投资开发项目进入。

21世纪以来，南京市中心区商业服务节点如新街口、夫子庙、湖南路等商业功能的进一步拓展，商业功能形成连片发展趋势。中心区商业开发模式由原本的百货商厦、特色街建设转向由私企开发的大型商业综合体，如新街口的德基广场、夫子庙地区的水游城、鼓楼片区的荔枝广场、凯瑟琳广场以及湖南路北侧的苏宁开发工程等。同时商务办公楼的开发进入爆发性增长时期，南京的高层建筑犹如雨后春笋般在老城范围内快速崛起，以新街口、湖南路、鼓楼为核心，沿中山路、珠江路、汉中路等主要道路线性呈内聚式拓展。而其在中心区的建设模式多为结合原有商业设施加建高层办公楼，如2008年新百主楼、2010年紫峰大厦等。

这一时期的文化设施建设逐渐引入私人投资，由原本的政府主导转向政府与私企合作开发模式。南京原国民政府"总统府"旧址在2002年后进行修缮和改造，成为现在的中国近代史博物馆。博物馆位于南京市中心区内一条东西向的道路长江路上。长江路因拥有许多诸如南京人民大会堂、江苏省美术馆、原江宁织造府旧址等优秀的文化历史建筑，在南京城市总体规划中被定位为"长江路文化街"。大行宫地区也因1912街区的建成以及南京图书馆新馆、江宁织造府、江苏省美术馆、六朝博物馆等一系列大型文化设施的建设，强化了其作为城市文化中心的地位。

各阶段中心区建设重要项目特征分析与效果评价，见表3-1所示。

表3-1 各阶段中心区建设重要项目特征分析与效果评价

	项目	时间	主体	方式	效果评价
阶段一	金陵饭店	1983年	地方政府：项目推动 外资银行（华侨）：投资建设	旧居住区的拆除重建	第一个利用外资建设项目，推动城市发展，改变城市风貌； 带动周边棚户区及汉中路沿线建筑更新改造

续表 3-1

	项目	时间	主体	方式	效果评价
阶段二	南京文化艺术中心	2000年	政府： 项目投资建设； 项目审核批准	旧居住区的拆除重建	随着文化艺术中心的建成，近代史博物馆的建设、毗卢寺的修复等，长江路文化街的文化功能得到进一步加强
	中央百货扩建	1992年	地方政府： 项目审核批准； 前期土地整理 私人开发商、国营单位： 项目启动、建设	依托原有商业设施扩建	大量百货商厦建设以及原有商业设施改造，改变了中心区低层商厦、沿街商铺的商业街形态，进一步强化了商业核心功能
	新百扩建	1992年			
	友谊广场	1992年			
	金鹰国际	1992年		旧居住区、公共设施拆除重建	
	东方商城	2000年			
	鼓楼电信新大楼	1999年	地方政府： 项目审核批准； 前期土地整理 机关单位： 项目启动、建设 市民： 通过人大会议反对高层建设	原有电信大楼扩建高层	90年代南京老城建设一度陷入混乱，高层建设突飞猛进，不顾周边景观及文物保护区的整体形象，破坏了风景名胜区及文物保护区的自然环境，更是堵塞了紫金山、玄武湖等重要的空间景观视线走廊
阶段三	1912街区	2004年	地方政府： 项目审核管理； 政策优惠 私人开发商： 投资建设	旧居住区拆除重建历史地段更新保护	1912主题街区开发提供了一种政府与开发商合作的商业开发模式，政府负责管理规范，并提供政策支持，企业负责街区的运营与商业开发
	图书馆新馆	2006年	地方政府： 项目投资建设； 项目审核批准	旧居住区拆除重建	大行宫地区1912街区的建成，南京图书馆新馆、江宁织造府、江苏省美术馆、六朝博物馆等一系列大型文化设施的建设，强化了其作为城市文化中心的地位
	江宁织造府	2009年	政府与私人开发商合作建设： 捆绑销售形式	原有公共设施更新	
	六朝博物馆	—		旧居住区拆除重建	
	紫峰大厦	2010年	地方政府： 项目审核批准； 前期土地整理 国有企业与私人开发商合作： 项目投资、建设	鼓楼百货商厦拆除重建 基础设施建设带来的商业办公更新	成为南京主城区的中心点及城市的制高点 紫峰大厦的新建，风格上和原有旧建筑有些抵触，造成传统建筑的视野和视廊不通畅，文化风貌受到一定程度的影响
	大洋百货	2002年	地方政府： 项目审核批准； 前期土地整理 私人开发商： 项目启动、建设	旧居住区、公共设施拆除重建	城市中心区商业设施呈现集聚与扩散两大发展动态 空间形态上，大量高层商务办公依托原有商业设施，向城市三维空间发展
	德基广场	2006年 2012年			
	1912街区	2004年			
	金鹰B座	2014年			

资料来源：笔者自绘。

3.2 大行宫地区空间变迁

在新街口、夫子庙以及山西路这些传统的商业中心之外,改革开放后南京还出现了以大行宫地区为代表的专门化中心。由于文化空间的自身特性,文化中心区的更新过程相比商业中心区也呈现出诸多独特之处,其发展阶段也会与城市中心区整体的发展历程有所不同。下文将具体解析大行宫地区的空间变迁过程(图3-1),分为更新探索期、发展准备期、发展完善期三个阶段。

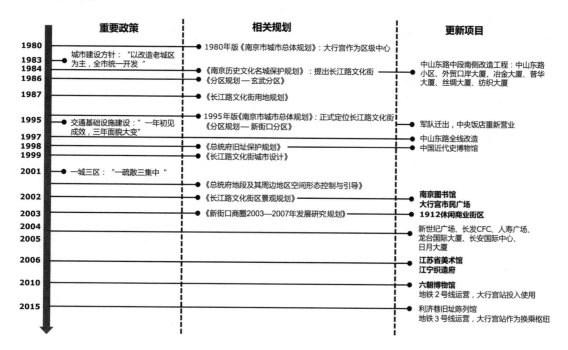

图3-1 大行宫地区空间变迁影响事件
资料来源:笔者自绘

3.2.1 阶段———更新探索期(1978—1991年)

随着城市持续发展,南京的老城出现了结构性、功能性衰退以及严重的物质性老化问题。就大行宫地区而言,大片陈旧、低矮的民居建筑撑满了整个街区,且由于总统府对面的大照壁的遮挡,部分民居藏在地块内侧,其建筑风貌与卫生状况堪忧,也存在安全隐患,有悖于城市的正常发展规律,已经到了需要更新改造的关键阶段。但由于城市更新经验和政策的缺乏,更新改造主要依靠国家投资完成,渠道单一、进度缓慢。政府在这一过程中进行了不少的尝试和探索。例如,1984年,市人民政府通过《关于一九八四年旧城开发小区的规划报告》,提出进行老城内23个小区的更新开发,并将大行宫范围内、中山东路中段南侧的地块作为示范项目进行老城改造,交由南京市城镇建设综合开发公司主导开发中山东路小区。方案沿路布置10幢商务高层,内部新建若干住宅楼。该工程标准高、耗资大,是南京市当时具有代表性的更新项目。

另一方面,由于大行宫地块兼具商业开发价值和文化价值,政府对该地块的功能定位也存在着不断探索和试错过程。1978年南京市规划局牵头组织编制《南京市城市总体规划》,将大行宫地区作为城市商业服务体系中的8个区级中心之一,1991年编制的《南京市城市总体规划(1991—2010年)》,在大行宫一带布置较多公共设施,并将长江路定位为文化街。

3.2.2 阶段二——发展准备期(1992—2002年)

1995年,南京市政府进行区划调整,次年开始实施以城市道路建设为重点的"一年初见成效,三年面貌大变"的城市建设方案。1997年,政府对中山东路进行全线改造,保持原路幅不变,缩短分隔带和非机动车道,拓宽机动车道,并增强景观性。对中山东路的改造进一步增加了大行宫地区的区位价值,也为之后的快速更新发展提供了支撑。

自南京市总体规划将长江路定位为文化街后,大行宫地区的文化价值也受到了政府和文化群体的高度重视。各级规划进一步强化长江路和大行宫的文化属性,这也间接影响了地区一批城市公共设施的更新开发。1998年,南京市政协、市规划局组织编制《总统府旧址保护规划设计》,在总统府旧址之上筹建中国近代史博物馆。南京市规划设计院于1999年和2002年分别编制了《长江路文化街城市设计》和《长江路文化街区景观规划》,规划对大行宫周边的土地利用进行了细化,并提出在核心广场东侧建设现代美术馆的设想。

2003年3月,由总统府旧址改建的中国近代史博物馆建设完成并对外开放。这一工程促进了地区的旅游经济,也为地区周边地段的更新提供了契机。2002年,江苏省政协主持编制《中国近代史遗址博物馆文化服务区规划》,将总统府西侧的配套地块打造成民国风格的休闲商业街区,命名为"1912",成为南京最具有知名度的消费场所之一。为解决总统府的人流疏散和地区停车问题,南京市建委于2003年对总统府南侧地块的民居、大照壁进行拆迁,并建设大行宫广场和地下停车场。同样在2002年,南京图书馆经过两次选址调整,终于落址在大行宫广场西侧并于2003年动工兴建。

3.2.3 阶段三——发展完善期(2003年以来)

与此同时,随着土地有偿使用制和住房商品化改革,我国房地产业在这一时期蓬勃发展,资本大量介入到城市建设之中,与政府结成"城市开发联盟",推动城市的老城更新。大行宫地区依托良好的商业基础和得天独厚的城市区位,成为政府和资本关注的焦点。1999年,白下区政府力图复兴太平南路商业街昔日的辉煌,提出商贸中心区的战略目标,确定在太平南路北段由大行宫路口至常府街发展黄金珠宝业。2003年,白下区编制的《新街口商圈2003—2007年发展研究规划》,确定了新街口"一圈二翼"的发展格局,大行宫地区作为新街口商圈的右翼,将打造成高标准、现代化的商贸商务中心,总体属于新街口CBD,又因为总统府、图书馆等文化项目而独具魅力。在2003—2005年,中山东路南侧的几处商务塔楼陆续兴建,包括新世纪广场、长发CFC、中国人寿广场等。

2006年后,大行宫地区的总体定位和空间结构基本成型,剩余的几个地块在文化因素的主导下逐次完成了更新,江苏省美术馆选址在大行宫广场东侧施工建设。同年,以红楼梦文化、云锦为主题的江宁织造博物馆项目开工建设,项目由浙江民营企业广厦集团投资,于2009年建成。江宁织造博物馆建成后由于展品及运营问题空关3年,2012年6月,市政府回购该项目并负责运营管理。2007年5月,南京圣和投资集团投资的汉府街地块经过项目性质的变更、产权的转让,最终建成展示南京六朝文化的六朝博物馆,项目于2014年8月竣工并开放。2014年,南京市人民政府增补大行宫地区南侧的"利济巷慰安所旧址"为市级文物保护单位,并作为侵华日军南京大屠杀遇难同胞纪念馆的分馆正式开放。

随着城市综合交通技术的发展,轨道交通的建设为大行宫地区增加了新的活力。南京地铁2、3号线分别于2010年和2015年开通运营,大行宫地铁站作为2、3号线换乘站点,对整个地区的空间结构进行了优化和整合,也进一步提高了地区的区位优势。

至此,大行宫地区的大部分地块完成了更新,曾经连绵成片的居住板块在更新过程中被重新划分街区尺度,在功能上逐渐置换为公共服务。文化和商务功能成为大行宫地段的核心职能。(图3-2)

3.2.4 大行宫地区更新中的文化项目

下文将介绍大行宫地区最主要的五个文化项目的空间更新过程,将五个项目分为三种模式进行剖析,并借"文化空间更新"这一脉络梳理出大行宫地区更新建设的典型特征,这些项目分别是:南京图书馆新馆、江苏省美术馆新馆、1912商业街区、江宁织造博物馆和六朝博物馆(图3-3)。

大行宫地区改革开放以来的更新历程伴随着大量文化项目的建设,各项目的实施过程可分为立项、开发和运营这三个阶段。立项阶段是开发项目征求政府主管单位的行政许可的过程,具体包括项目建议书审批、可行性研究、规划选址、土地预审等步骤,在城市文化空间生产中,政府具有项目建议书的审批权,是立项的核心决策者,而相关文化群体的诉求则往往成为立项的重要推动力。开发阶段包括资金筹集、委托规划设计、施工建设等步骤,一般在城市文化空间的开发初期,各方已经确定了项目功能定位和空间分配情况,这蕴含了空间生产的前景,并在设计施工环节得到具体落实,在这一过程中,各类资本作为生产的工具,以不同的形式作用于城市空间的塑造。运营阶段指为了确保项目能够可持续运作,而进行的有目标、有计划的管理工作,运营方应承担对功能单元的招商引资、项目整体的经济测算、人员设施管理等职能。在城市文化空间生产中,运营过程是与项目运营方与使用者建立联系的过程,使用者的评价和反馈是城市空间进行维护和再生产的核心依据和重要动因。

按照投资主体以及运营方式,可将大行宫地区的文化空间更新项目分为三类(表3-2):第一类是政府投资公益型,指在政府和文化群体利益强关联性作用下,由政府主导立项、投资开发、管理运营的公益服务型文化项目,南京图书馆与江苏省美术馆可归入这一类。第二类是消费型文化项目,指由市场(或政府)投资、市场运营的具有盈利能力的项目,包括商业文化街区、旅游文化区、文化艺术区等,1912街区可归入这一类。第三类是市场投资公益型,指在政府的引导和激励下,由市场资本投资,最后交由政府运营的非营利型文化项目,这类项目往往依托于相关文化群体强烈的空间诉求,江宁织造博物馆与六朝博物馆可归入这一类。下文将对这三类文化空间的更新以立项、开发和运营三阶段为纲进行具体解读。

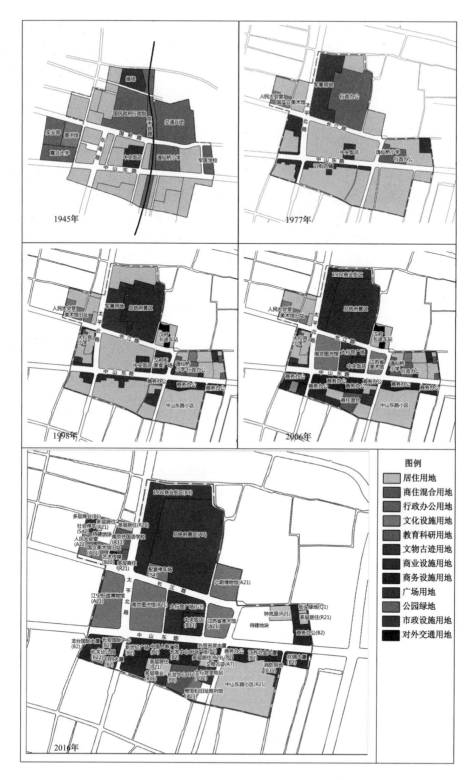

图 3-2 大行宫地区用地变迁
资料来源：笔者自绘

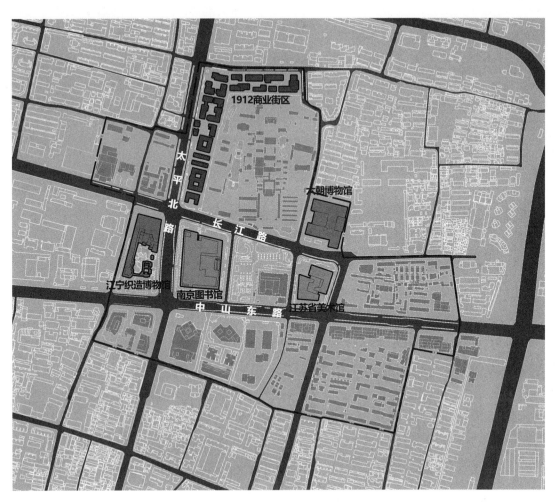

图 3-3　大行宫地区五个文化项目平面图

资料来源：笔者自绘

表 3-2　大行宫地区五个文化项目模式分类

	项目名称	立项阶段	开发阶段	运营阶段	所属类型
1	南京图书馆 江苏省美术馆	政府主导	政府投资型	公益型	政府投资公益型
2	1912商业街区	市场（或政府）主导	政府投资型	消费型	政府投资消费型
3	江宁织造博物馆 六朝博物馆	文化群体主导	市场投资型	公益型	市场投资公益型

资料来源：笔者自绘。

3.3　项目立项：城市政策的空间实现

在文化空间更新项目的立项阶段，参与生产的群体主要包括政府、文化群体等，最重要的影响因素是文化权力的大小和作用方式。城市文化空间的立项动因,一种情况是由于地区具有需要被保护、展示的文化资源,例如历史地段的改造开发、遗址博物馆的建设等,还有可能是由于地方群体、文化群体具有发展自身的空间需求,例如各市图书馆新馆的建设、文创艺术空间的建设等。

立项阶段涉及的一个关键博弈即是文化群体和政府的博弈,博弈双方——文化群体和政府的利益相关性和权力大小,决定了博弈的结果。而由于立项的最终决策者是政府,并且在国内大多数情况下,政治权力大于文化权力。因此,政府往往忽视文化群体的诉求,掌握着空间利益分配的主导权。这使得文化空间更新项目的立项成为政府实现其城市政策的一种手段。下面就以大行宫更新过程中的三类项目为例,具体阐述文化中心空间立项阶段的特点。

3.3.1 政府投资的公益型:政府主导下的空间拓展

随着国民经济的发展,民众对精神文化的需求日益增长,各项文化设施的职能不断拓展,陈旧落后的老馆普遍难以满足新时期的要求。1936年建成的南京图书馆(简称南图)的老馆位于珍珠河和成贤街之间,1947年、1958年陆续新建3层阅览室和5层书库,地块面积约7 000 m²,除去院落的停车空间和沿珍珠河的退让空间,建筑占地面积不超过3 000 m²,同时建筑存在着老旧破损、结构老化、消防不合规范等问题。江苏省美术馆老馆同建于1936年,年代久远、面积狭小,不足以藏纳相当数量的美术品。20世纪末期,两馆建设现代化新馆的诉求变得急迫而强烈。

作为地方群体、行业利益代表的图书馆人和美术馆人,通过对上级政府持续性的呼吁,最终实现了建设新馆的诉求。这种自下而上、逐级转达的呼吁由于与政府承担的文化职能和核心利益一致,更容易得到政府的支持和反馈。南图最初在1980年代后期向文化厅提出建设新馆的需求,1997年12月江苏省文化厅向政府正式递交立项申请,亦很快得到了批准,后由于选址的反复,2000年10月又提交新的立项申请并得到批复。与之相似,江苏省美术馆的馆长、省内若干知名美术家自80年代起就通过写信等方式提出诉求,2004年通过时任馆长宋玉麟的努力,江苏省美术馆新馆于年底正式立项。作为城市公益性文化设施,图书馆和美术馆在项目资金、土地使用上均采取政府划拨的方式。南图在立项后得到4亿元的资金划拨,江苏美术馆则是3亿元,资金申请划拨的过程均非常顺利。

> 美术馆的历任馆长,从改革开放初期就在呼吁建设一个和美术大省相衬的新馆,包括一些老的艺术家也在呼吁,给领导写信等。但那时全国有1/3的省份有省级美术馆,1/3的省份有馆但没有设备,还有三分之一的省份压根就没有美术馆,所以建设新馆的呼吁也一直没有落实。2004年我们的馆长宋玉麟,他后来到国画院当院长,也担任美术协会主席。他当时是第十届全国人大代表,因为这样一个身份,在他的推动下,省里的领导很重视这个事情,同时财力也具备了这个条件,江苏省美术馆新馆终于立项了。
>
> ——江苏省美术馆相关领导

南图新馆的建设极大拓展了空间容量,也延伸了建筑承载的文化职能。南图的建筑面积从原来的不到 20 000 m² 拓展到 78 000 m²,除去各办公和业务科室占据的面积外,还留有大量室内公共空间供读者自习、休憩。同时,图书馆的职能从单一的藏书、阅览延伸到藏、研、阅、借一体化,并辅以电子阅览及多媒体设备。2007 年南图新馆开放后,老馆作为储藏书库留置,用以保养在新馆下架的老旧书刊。与南图类似,江苏省美术馆通过新馆实现了功能的转型。民国兴建的美术老馆,性质类似于展览馆,并不具有收藏研究、公共教育等职能。新馆建成后,建筑面积从老馆的 10 000 m² 拓展到 25 000 m²,空间容量提高约 2 倍,承担了展示、收藏、公共教育、文化交流 4 项职能。而老馆则作为历史建筑保护,并于 2017 年 1 月维修加固后重新开放,在未来作为美术馆展览系统的一个组成部分,侧重布置小规模、精品化的展览。

在新馆的选址问题上,在新区还是老城区建设是一项争议。城市新区多位于城市的战略发展方向,承接中心城区产业及人口,与公共设施的选址具有一定的契合性。这种契合一方面由于大型公共设施占地面积大,对地块尺度、形状和朝向要求高,城市新区相对于老城区更容易满足设施对地块的要求。另一方面,政府多希望通过大型公共设施的建设带动新区的发展和城市活力空间的营造。对于南京来说,老城土地寸土寸金,空置土地更为稀少,在老城新建用地面积超过 30 000 m² 的公共设施,在空间、经济和社会层面困难重重。因此,南图和江苏省美术馆在新馆选址时最初都考虑过河西新城。

但相对的,城市新区是城市郊区化发展的产物,与老城区相比,远离中心城区居住人口,较难吸引到本地及旅游人群,导致公共设施服务效率低下。纵观国内美术馆的发展史,我们能发现其在使用上越发市民化的趋势,这就要求其与市民百姓的日常生活体验紧密结合在一起。在新时代美术馆的职能中,除了美术作品的展览展示、收藏研究外,还有一项重要的职能是对大众审美情趣的持续培养。在当前,中国民众与每月都会至少付费参观一次美术场所的巴黎市民相比,不具有欣赏美术作品的强烈自主性,这就要求公益美术馆尽可能降低参观的门槛,给市民"易于接近美术作品的机会"。一是通过政府给以足够补贴,促使美术馆免费开放,以降低市民参观的经济门槛;二是提高美术馆的可达性,将其布置在市民日常生活的范围内,降低交通可达门槛。此外,图书馆和美术馆的新馆均与老馆有联动使用要求,新馆建设不宜远离老馆。在两方面原因的作用下,图书、美术馆从业群体强烈坚持将新馆建于老城区,这促使两个新馆的选址最终落定。

> 目前很多城市都选择建在新区,不过我们提出来一定要建在市中心。举个例子,文化建筑中的大剧院,全国只有一家省级以上的大剧院是盈利的,它是上海大剧院。其中最主要的原因我认为就是地理位置比较好,它就在人民广场市政府的旁边,保持和群众的密切接触,让人有想进去看看的意愿。
>
> ——江苏省美术馆相关领导

在确定老城内具体的选址时,政府和图书馆、美术馆群体有着目标上的一致性,却因为核心利益的不同存在相异的关注点。图书馆、美术馆专业群体在考虑选址时,多从设施的功能使用角度出发,关注区位的可达性和文化属性,以及地块的大小、形状和高度限制条件,在合理限度内谋求尽可能优越的区位和尽量大的空间容量。政府则从经营城市的角度出发,关注区位在城市空间发展中的定位,并统筹考虑拆迁成本、实施可行性和项目间的协同。

南图新馆曾选址在进香河路的老虎桥监狱,这块地位于老南京南唐中轴线中段,富有文化气息，地块呈方整的矩形，1997年12月立项申请已通过。建设运作时，最初拟定将原址的监狱和司法厅搬迁，拆迁过半时，政府要求保留基地一角的司法厅宿舍，这使得新馆可利用面积变成L形，且失去了最佳的采光位置。与此同时，位于大行宫总统府西侧的1912项目启动，需要将当时的部队宿舍搬迁。在权衡利弊后，南图、部队和政府进行了协商，采取三家联动的方式，将部队宿舍搬到老虎桥，南图新馆换到总统府南侧的矩形地块。南图新馆因此获得了更优质的区位和利用率更高的地块，但相较于老虎桥 35 000 m^2 的用地面积，新地块缩减到 25 000 m^2（图3-4）。与南图相似，美术馆新馆曾考虑建设在老馆北侧或老馆街对面，后受制于高额的拆迁成本和地价，与省政府协调后确定在大行宫广场东侧。

从政府的角度看，两个新馆的选址与区域的规划定位、大行宫地区的开发限制有密切关联。长江路自1984年《南京历史文化名城保护规划》被定位为"长江路文化街"后，30年来定位不断得到发展和强化，从未更改，新馆立项时期的时任市委书记更是大力促成这一构想，这为图书馆和美术馆的选址提供了合理性空间。另一方面，总统府南侧地块存在严格的高度控制，容积率的限制和较高的地租共同提高了资本入驻的门槛，因此建设大型公共设施成为契合土地发展条件的最优选择。南京市政府曾考虑到美术馆新馆选址地的优质区位，于2000年左右对现状建筑进行拆迁并考虑商业出让，但受限于土地开发的条件，地块闲置了4年，最终于2004年批复美术馆立项。

> 南京图书馆的选址，其实和长江路、中山东路的规划定位有着密切的关系。当时南京市倡导打造"长江路文化一条街"，希望将长江路打造成像北京长安路那样的街道，想法很好。
>
> ——南京图书馆相关领导

> 美术馆这块地其实很早就已经拆迁完成了，政府觉得这块区位非常好，将其作为储备用地，准备挂牌出售，但是因为这块地的限制也比较大，也很难作为地产开发，所以很长一段时间都是空置的。在这一期间，区政府为了避免浪费，就于此建设了汉府美食广场，是一个临时建筑，经营了两三年后拆掉。
>
> ——江苏省美术馆相关领导

3.3.2 政府投资的消费型：政府意志下的空间更新

与政府出让土地、开发商投资建设的常规方式不同，1912商业街区的更新是一种典型的政府主导模式，政府参与并主导了立项、设计、开发的空间生产全过程。在1998年江苏省政协主持、东南大学建筑学院编制的《南京中国近代史博物馆规划设计》中，江苏省政协决定将总统府的范围扩大，将其西侧的L形地块收回产权，建设博物馆的文化服务区，包括位于街角的通史馆、服务游客的辅助商业用房。该立项决策的做出，一方面考虑到结合城市重要景区的观光旅游进行商业开发，另一方面也出于政府对近代特色风貌进行探索性保护及利用，以提升城市形象和特征的战略意图。2002年，江苏省政协再次委托东南大学建筑研究所编制《中国近代史遗址博物馆文化服务区规划设计》，对街区的空间结构、建筑拆改留情况、形态和风格做了详细的设计，进而指导完成实施（图3-5）。

在1912街区生产的整个过程中，时任江苏省政协主席曹克明主导了各个阶段的重大决

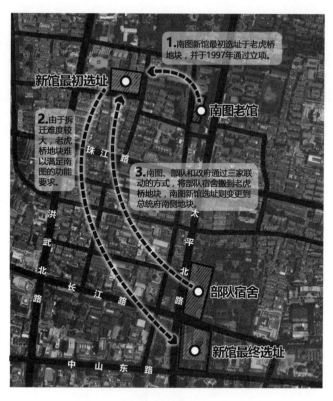

图 3-4　南京图书馆选址变迁示意图
资料来源：笔者自绘

策。在立项阶段，他认为中国近代史博物馆附近需要有提供配套服务的地方，做出了将 L 形地块进行商业建设的决策。在开发阶段，他明确提出这块地"不能高，建成民国风"。从建成的效果看，在大行宫这处城市黄金地段能控制形成低容积率、低层高的商业街区，政府意志起到了决定性作用。

> 当时的政协主席是曹克明同志，他来主导并决策做这件事，把总统府周边 L 形做配套服务开发，名字叫作中国近代史遗址博物馆文化服务区，供游客逛完总统府后，买点纪念品、吃点东西，政府来投资建设。在设计和建设的各个环节，曹主席的作用都是非常大的。
>
> ——1912 街区主要设计者杨志疆老师

> 地段西北角的那块地，原来叫板桥新村，之前是东南大学教授的宿舍区。它更早之前是国民党官员的居住区，等国民党的人到台湾去了后，国家收回土地在用。当时在设计时，这块地拆还是不拆有比较大的争论。如果不拆，这些房子在功能使用上会存在较大问题，因为房子是砖混结构的建筑。同时，如果不拆而使用这些建筑，那些出去的人的后代回来，可能会在产权问题上扯皮。所以最后还是决定拆掉。
>
> ——1912 街区主要设计者杨志疆老师

由于地段情况的复杂，1912 街区在拆迁和项目推进的过程中存在多处困难和争论，但在政

图 3-5　2002 年《中国近代史遗址博物馆文化服务区规划设计》平面图
资料来源：《中国近代史遗址博物馆文化服务区规划设计》项目组

府强有力的推动作用下，所有问题都迎刃而解。自 1998 年《南京中国近代史博物馆规划设计》完成后，政府前后投入近 6 亿元对总统府周边建筑进行维修和拆迁。2002 年的详细设计完成后，江苏省政协开始组织 L 形地块内的拆迁和建设。在当时，地块南侧有约 2.8 hm² 土地属于部队权属，该部队级别较高，交涉难度很大。政府多次出面与部队协商，最终将其宿舍迁至老虎桥地块。之后，地块首先进行南侧和东侧地块的拆迁，保留两幢别墅和两组红砖建筑，于 2004 年建设完成一期工程，同年年底开放。一期项目开建的同时，政府组织对权属情况复杂的北侧地块进行拆迁，对于西北角几幢民国建筑，政府和设计单位在拆改留问题上产生过争论，最终在政府的统筹考虑下决定全部拆迁新建。此后，街区于 2005 年、2006 年先后完成二期、三期的建设，实现了地段更新目标（图 3-6）。在更新过程中，由于政府的主导与协调，很多审批手续同步甚至滞后于项目建设进度，这大大加速了项目推进的效率。

3.3.3　市场投资的公益型：文化诉求推动的公共空间生产

南京是中国著名古都之一，具有悠久的历史和深厚的文化底蕴。两千年以来，朝代不断

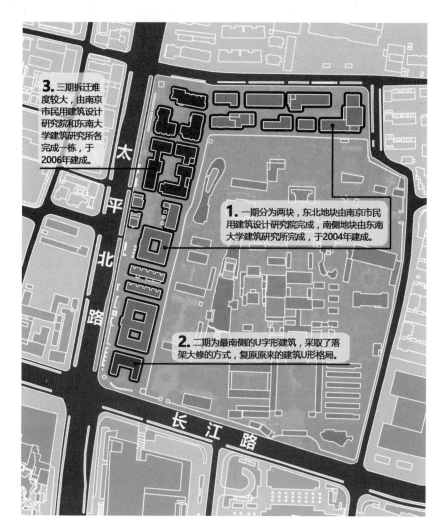

图 3-6　1912 商业街区分期建设示意图
资料来源：笔者自绘

更替，多样的历史信息在这片空间上叠加，很多历史信息变得难以辨认和感知，有待考证和展示。大行宫区域经历过六朝、民国的建都，在清代作为江宁织造府，与六朝文化和红楼梦文化有着密不可分的联系，是南京最具有历史内涵的地块之一。但中华人民共和国成立以来，大行宫附近以行政和居住功能为主，其特色价值难以被人认知。芒福德认为："我们如果要鉴别城市，那就必须追溯其发展历史。"为了考证大行宫的历史，更好地理解城市的内涵，并将城市的特色价值向外界展示，相关的六朝考古学者和红学家群体，在这块土地上与权力和资本进行了激烈的空间争夺。

南京的江宁织造府是曹雪芹的诞生地和第二故乡，被很多"曹学""红学"研究者视为曹雪芹的根、《红楼梦》之源。著名红学研究者周汝昌先生于 1953 年出版的《红楼梦新证》中，考证得出江宁织造府在大行宫一带。从此，以周汝昌先生为代表的红学家们便开始呼吁相关部门，在大行宫地区建设与曹雪芹和《红楼梦》有关的建筑，供市民参观瞻仰。1958 年，周汝昌在《雨花》杂志发表《曹雪芹与江苏》一文中，明确提出了在大行宫兴建曹雪芹纪念馆的构想。1975年,南京大学红学研究者吴新雷在《红楼梦新证》的启发下,结合文献资料进行实地考察,将江宁织造府的西园范围,精确定位到大行宫小学附近。大行宫小学一度成为红学家的"朝圣之地"。

> 希望南京能在曹雪芹的诞生地大行宫建立一座纪念馆,到那时,全世界将会像瞻仰莎士比亚故居那样,对伟大文学家曹雪芹的故乡南京表示敬慕之忱。
> ——著名红学家周汝昌,来源:《开谈说红楼——访红学家周汝昌》,1983年

> 1983年纪念曹雪芹逝世220周年学术讨论会的一个议程,就是去看大行宫遗址。11月底的一个下午,天已经很冷了,吴新雷拿着大喇叭,带着200多名红学家,浩浩荡荡,来到大行宫小学一带参观。大伙情绪很高,都说要到曹雪芹家里去看看。
> ——来源:《南都周刊》,2009年

红学家通过研究得出西园遗址在大行宫小学一带,却苦于没有证据支持,直到1984年的考古发掘,为验证这一谜题提供了历史机遇。1984年8月,大行宫小学东南角的市幼教馆施工时,挖出一批假山石。在当时,南京刚成为全国第一批历史文化名城,正在全市开展文物普查行动,玄武区更是在普查时强调要调查曹家的文物。得益于这股保护文物的东风,大行宫地区挖出的这批假山石得到了市文物局、各级领导的重视,两位副市长亲自到现场勘查,决定暂定在此建房,立刻进行详细地挖掘鉴定。在新一轮考古挖掘之后,这块地又出土清代染料、黄蜡、残瓷碗底等文物,为江宁行宫遗址的定位提供了有力的依据,也使得红学家群体对建设曹雪芹纪念馆的诉求变得更加强烈。1985年11月,江苏省红学会会长组织包括周汝昌在内的23位文化名人联名签名,向文化部、省委和市委建议在大行宫地区建立曹雪芹故居纪念馆。同一时期,玄武区政协也向政府上交过关于曹雪芹纪念馆的提案。

虽然红学家们的诉求诚恳而迫切,也获得了部分文化部门的支持,但由于缺乏资金筹集的渠道,项目一直缺乏实质性的进展,更一度陷入"流产"的境地。1986年4月,玄武区文管委向市政府提议在该遗址处建设2层古典式楼房,楼上作文物展览室。这项造价约6万元的工程,因为"今年无此项专款"而无疾而终。1994年,南京市更是一度出让了大行宫片区约7.6万m^2的土地给仁恒集团,用作商务地产开发,出让的范围刚好将江宁织造署遗址囊括其中,项目一旦成为定论,曹雪芹纪念馆的设想将会化为泡影。在这一关头,江苏省红学家群体再次奔走呼吁,与权力和资本结成的"联盟"进行了新一轮的斡旋。在文化人的据理力争之下,政府将已拍卖出去的土地收回,商务区建设被终止。

在项目前景未卜时,另一重要的文化群体——南京市古都学会从保护云锦的角度介入,使其有了新的发展。这家于1984年成立的协会,挂靠在南京市文物局,以"开展对南京古都的学术研究"为己任。2000年左右,学会进行领导换届,新任会长希望将南京云锦申报世界非物质遗产,曹家江宁织造府时期,正是云锦兴盛期。2001年9月,南京古都学会邀请京中16位专家举行咨询会,专家一致认为应恢复"江宁织造府",成立"中国南京云锦博物馆"。大行宫遗址的文化内涵由此获得了延伸。

另一方面,红学家群体在这一时期通过向政府高层去信表达文化诉求,并获得高层的肯定答复,这成为项目的又一重要推力。2000年12月,红学研究者严中先生在周汝昌先生的鼓励下,给江泽民同志去信,希望能"在大行宫给曹雪芹一席之地,辟建曹雪芹故居"。之后,

江泽民就曹雪芹故居给南京市市长做过指示,要求把曹雪芹、红楼梦遗址保护好。这一系列举措使得项目终于有了突破性进展。2002年3月,南京市召开关于恢复江宁织造府有关问题的会议,会上商议通过由曹雪芹故居纪念馆、红楼梦文学馆、云锦艺术馆构成的三馆一体的方案,项目终于得到立项。可以说,红学家群体付出长达20年的孜孜努力,通过与南京市古都学会寻求利益上的共同点,构成文化空间生产的合力,最终说服政府完成文化空间的实践①。

六朝博物馆的诞生与江宁织造博物馆有诸多相似之处,同样饱含着六朝考古学者对遗址探索的学术热忱以及将历史遗址进行保护展示的信念,这需要从学界对六朝建康(今南京)城的探索说起。在公元229年至589年,先后有6个朝代在建康定都,建康城成为中国南部的政治、经济和文化中心,具有相当的影响力。但随着隋朝灭陈,对建康城"平荡耕垦",宫室和城池受到严重破坏,携带的历史信息随之湮灭。加上改朝换代带来的城池屡新屡毁,使得南京的地下土层呈现"叠压型"的特征,六朝文化层被埋没在最底层,难以被全面挖掘和探索。这两方面原因,使得六朝建康城的城池确切范围无从知晓,成为六朝学术界一直苦苦探索的谜题②。根据民国著名学者朱偰在《金陵古迹图考》的观点,六朝学者一度认为六朝宫城(又称台城)在东南大学和成贤街地区附近,但一直缺乏考古验证的契机③。

2000年以来,南京老城更新的步伐加快,这为六朝建康城的考古发掘带来了机遇。发掘过程分为2个阶段,2001年起,以王志高先生为首的南京考古学者依据朱偰的观点,在成贤街附近的7个工地④进行为期一年的考古发掘,结果均没有发现与六朝建康宫城相关的遗址。于是,考古学者否定了朱偰的旧说,参考更早期的史迹资料,推测宫城位置在大行宫及民国总统府周围,并再次进行了第二阶段的考古发掘。2002—2007年,考古学者对地区内的南京图书馆新馆、江苏省美术馆新馆、长发大厦等20多个工地进行考古发掘,先后发现了高等级道路、城墙、木桥等六朝时期重要建筑遗存。据此,六朝宫城的大致范围得到确认,为六朝文化的研究考证写上了浓墨重彩的一笔。值得一提的是,2个阶段的考古发掘均没有政策保护,也缺乏相关部门的支持,王志高先生等考古学者完全凭借个人的不懈努力和信念,通过和数家建设单位多次沟通协商,才争取到了考古挖掘的宝贵机会。

> 南京关于地下考古的法规是2001年出台的,但法规出台之后,成贤街附近的地块进行开发建设时,没有一家单位按照法规执行。一方面是因为法规的施行需要磨合期,另一方面是大部分项目很早就拿了地,并得到规划局的批准,项目建设是完全合法的,所以考古法规对此没有效力。我们完全凭借个人的信仰和努力,走访成贤街的建设工地,一家一家说服来进行考古挖掘的。
>
> ——南京师范大学王志高老师

---

① 严中.千呼万唤始出来:江宁织造博物馆诞生记[J].曹雪芹研究,2016(4):172-182.
② 叶斌,刘正平,宣莹.六朝古都的现代表现形式:略论六朝建康城考古发掘与城市设计的关系[J].城市规划,2011(8):49-54.
③ 王志高.六朝建康城遗址考古发掘的回顾与展望[J].南京晓庄学院学报,2008,24(1):54-58.
④ 第一阶段的7个工地为:进香河东侧老虎桥监狱工地、成贤街43号大院工地、成贤街东星汉大厦工地、成贤街东东南大学成园工地、北京东路南东南大学校园北部科技楼工地、成贤街东南浮桥工地及珍珠河东侧、珠江路北侧的华能城市花园工地。

令人遗憾的是,在这些遗址的处理方式上,除了南图新馆采取了原貌复原展示外,其余大部分遗址都为新建设让路,并未在城市空间中留下六朝文化的历史标识,令南京文博界痛心不已。随着考古挖掘的深入,社会各界对加强六朝历史资源保护利用的呼声日益高涨,建设六朝博物馆的愿望也愈发强烈,省、市政协会议上,多次有关于六朝文化保护的提案①。

对于遗址的处理,我们最希望采取原址保护的方式。对于现场不具备保护条件的,我们将考古遗迹整体截取,移交到博物馆进行展示。所谓的不具备条件,就是文物保护部门没办法说服建设单位修改方案,给遗址留出一席之地。大行宫地区的多个工地均属于这一情况,实在遗憾。南京图书馆新馆则属于第三种情况,当时这里也发掘出六朝遗迹,但由于图书馆属于省文化厅管理,与我们文物部门存在不小的鸿沟。他们不容易理解考古挖掘的意义,我们也没法进行原址保护,因此我们采取按考古发掘的原貌进行复原展示的方式,这也是一种不得已的办法。

——南京师范大学王志高老师

六朝古都,十朝都会,南京为后人留下了极为丰厚的历史遗产。但是,如今我们能看见的大多是明代以及民国时期的历史遗存,而六朝文化遗迹,除了书本,也只能在郊外寻觅一些散落的石刻。南京到目前为止已发现了30多处比较重要的六朝遗址、遗存,但因为没有地方可以集中展示,往往在考古工作完成后就会将其掩埋,继而被一座座高楼大厦取代。这是很让人心痛的。

——南京市政协委员杨新华,来源:《现代快报》,2010年

总统府西侧的汉府街地块的考古发掘为这一文化诉求带来了契机。2007年5月,南京圣和投资集团拿下南京汉府地块,2007年7月起,南京市考古学者对原汉府街车站工地进行3个阶段的考古发掘,发现这块地是六朝建康都城宫城的东城墙遗址,是当前唯一留存的面积较大的六朝遗址。这一发现激起了重大反响,2008年12月,长期关注六朝遗址发掘的南京文博界"三老"——东南大学建筑系潘谷西教授、南京大学历史系蒋赞初教授、原南京博物院院长梁白泉研究员,联名向市政府提出《关于在汉府街六朝考古遗址内设计"六朝建康都城考古展示中心"的建议》,提出在遗址处建设博物馆,展示历年来在建康都城范围内的各项重要发现,成为六朝文化的展示窗口、历史记忆的空间载体。该项建议得到了南京市政府主要领导的高度重视,在联合投资方、文物部门召开咨询会后,各方在建设六朝博物馆的事项上达成一致,六朝博物馆得以立项。

3.4　项目开发:多元主体的话语博弈

在文化空间更新项目的开发阶段,政府、开发商、文化群体、设计者和占有者都或多或少地参与到这一环节,共同完成资本的整合,以资本来塑造空间。不同类型的项目中,各主体之间凭借其持有的资本展开合作与博弈,形成了不同的开发模式。

在大行宫地区,由政府投资的文化项目中,政府与开发商结盟,其中开发商提供金融资

---

① 例如,2005年的江苏省政协九届三次会议,汤惠生提出"加强南京古代残损石刻艺术品保护与利用的建议"(第0723号)。徐湖平等5人提出"关于建立南京六朝石刻艺术馆的建议"(第0342号)。

本,借助政府的政策和权力支持,力图实现资本增殖,政府则利用开发商的投资,解决地区建设发展资金短缺的问题,尤其是功能衰败、亟须更新的旧城。而对于某些投资回报率低的文化项目,如民营博物馆等,政府与开发商则往往通过博弈协商出共同获益的模式,例如政府通过将文化项目与商业项目捆绑出让、提供足量的商业面积补偿等方式,以保障开发商的投资利润回收,从而推动项目的生产。

3.4.1 政府投资公益型:重点地段的空间限制与争夺

大行宫作为六朝宫城遗址的重点埋藏区,长期以来受到南京六朝考古学者的重视。大行宫地块的每一处新建工地,几乎都在考古学者的要求下进行过地下发掘。如果勘测出文化遗址,地块的空间性质和用途会受到影响,这为图书馆、美术馆的建设增加了限制条件。在2003年南图新馆施工挖掘时,发现地下有六朝后宫建筑遗址,在3位知名专家的联名要求下,图书馆在负一层过道大厅对遗址进行原貌展示,这一举措占据了南图宝贵的空间,但由于巧妙结合了地区的历史底蕴和新馆的现代文明,在建成后获得外界的一致认可,被认为是"神来之笔"。在南图新馆建设的同一时期,南侧几个工地陆续发掘出六朝遗址,总面积逾万平方米,这进一步增加了地区的建设敏感性。江苏省美术馆则在选址落定之初,一度受到南京文物保护专家的反对,文保专家考虑到地下可能有六朝遗址,建议地块"尽量少建或不建"。

> 在美术馆选址论证时,南京博物院的梁白全等文保专家,考虑到地下可能有六朝遗址,主张老城里尽可能少建,这块地也最好不要建设,或者尽可能建得矮一些。
> ——江苏省美术馆相关领导

南京图书馆、江苏省美术馆的新馆与北侧的总统府仅一街之隔,在高度上受制于总统府的保护需求,又由于高度的具体限制数据缺乏科学理性而产生了弹性空间。两馆于不同的时期,在建筑高度的问题上,与政府、规划部门产生过一番激烈的争论。2003年的玄武区控规对南图新馆地块的限高是35 m,这在图书馆人眼里是一个"尴尬的高度"。最后通过与各级政府的协调,新馆共建8层,实际建成高度为41 m,仅在第八层的局部进行了退让,突破了控规的要求。2002年底,随着中国近代史博物馆的建成,南京市规划局委托东南大学编制《南京总统府地段及其周边地区的空间形态控制与引导》,规划基于总统府内4条轴线的视线分析,重点提出了对周边建筑的控高要求,其中对美术馆新馆地块的控高要求是24 m,但实际上,美术馆新馆最初得到的限高要求是19 m,这与美术馆人的方案设想大相径庭。在经过了争取、妥协和数次方案修改后,美术馆以降低层高的代价将新馆建到了24 m,但这也导致在使用时出现了明显的问题。

> 给美术馆的限高是19 m,专家希望站在总统府的子超楼那边,看不到任何建筑,但实际上中山东路南侧的高层已经立项开建了,专家希望的这一点是很难做到的。19 m与我们原定的方案差异很大,后来我们在高度上进行了一些争取和妥协,最后确定为24 m,后来在使用中发现,我们的二楼三楼层高偏低,只有3.5 m,而美术馆最新的建筑规范要求展厅不得低于4.5 m。
> ——江苏省美术馆相关领导

在方案设计遴选时,两馆都遵循"形式服从功能"的原则,将保障功能布局灵活、合理作为优先满足条件。江苏省美术馆新馆在方案征集环节采取国际招标，德国 KSP 的方案在最初不被看好的情况下一举夺魁，主要原因就在于其内部空间方正，功能布局在后期易于调整，是一个"可以教化的子女"（齐康院士在方案评审时所述）。南图新馆的方案招标进行了两轮，在第一轮的概念设计之后，第二轮的详细设计采取了公众投票的方式，将入围方案在南京博物院集中展示，南京市建筑设计院的方案被市民票选为优胜方案（图 3-7）。与江苏省美术馆新馆的方案类似，该方案的优点在于"功能布局合理，对空间的利用充分，造型简洁大气"（图 3-8）。

图 3-7　南京图书馆新馆实景

资料来源：笔者自摄

图 3-8　江苏省美术馆新馆实景

资料来源：笔者自摄

另外,从设计建设的过程中不难看出两馆群体对空间寸土必争的态度。江苏省美术馆新馆的地块面积为 10 300 m^2,设计建筑面积达 30 000 m^2,为了最大限度地利用土地,新馆将建筑空间边界尽可能地贴近用地红线,其建筑红线和用地红线最窄的地方仅相隔 0.5 m。同时,为了避让可能存在的六朝遗址,新馆经过专家测算,决定在西北角退让出广场。可见,此处每一寸地皮的利用都经过了精确的计算和考量。

3.4.2 政府投资消费型:政府主导下的空间意图实现

在 1912 街区的开发设计环节,政府同样起到了决定性作用。作为非专业人士,政府主要通过指定设计团队、设定控制要素、干预设计过程来实现其设想的空间意图。2002 年项目启动之初,江苏省政协委托南京市民用建筑设计研究院完成整个街区的设计,后来又邀请东南大学建筑研究所参与进来,与前者分地块完成 1912 街区的一期工程。一期建成后,省政协对东南大学建筑研究所设计的南侧街区表示了认可,并将二、三期交给东大团队主导设计。

在形态控制层面,政府、总统府和设计方均参与到设计协商和决策中。省政协出于对总统府形态风貌的尊重和协调,明确提出将地块打造成低矮的、民国风格的商业街区,这一点也与总统府方和设计方达成了共识。在新建街区与总统府的关系上,总统府方从园林遗址保护的角度出发,强调总统府外围的一圈围墙不能够拆除,也否定了设计方提出的"将围墙进行通透化改造,使新建街区借总统府内部的绿"的设想。空间格局上,设计方提出采取院落式格局,与总统府的建筑空间模式相协调,并保留原有建筑的近人尺度与中西合璧的人文特色。具体到风格问题,设计方与政府就"立面的传统与创新"进行了多次沟通和探讨,最终协调采用相对传统古典的民国风,但在局部山墙面和砖砌细节上进行创新(图 3-9)。

图 3-9 1912 商业街区实景

资料来源:笔者自摄

街区建筑的风格探索是一个关键的问题,我们力争在整体控制的前提下产生变化。一方面,政府要求得比较严,不能做太新的东西,我也避免做拼拼凑凑的东西。所以经过几轮与政府的沟通和方案的反复,我们决定做一个相对古典的东西,但是在古典的基础上也要求有创新,我就尝试砖块不同的搭建方式,利用材料本身的真实性,希望能做出丰富的花样来。

——1912街区主要设计者杨志疆老师

政府动用各方面的权力资源,参与并干预设计过程,最终促使1912街区达到其理想中的空间形态。但与此同时,政府在一些建设决策上会具有不合理性。例如,在停车问题上,项目一期开发时,出于经费和多方面的考虑,省政协提出不建设地下空间,利用南侧大行宫广场的地下空间解决停车问题,并在街区北侧规划了非机动车停车库。事实证明,这是一个存在问题的决策。

三期建了两层地下停车场,能停150辆车,加上一期的一个内院,街区总共能承载180辆车,这是远远不够的。政府对停车也进行了疏导,太平北路在晚上七点之后允许临时停车,街区东北侧的产业园、南图的地下停车库都可以承载一部分停车量,同时,因为酒吧消费群体的特殊性,他们尽量不开车前往。

——1912集团相关领导

另一方面,政府在开发过程中关注的重点集中在形态风貌层面,在业态功能的定位和策划上存在着明显的忽视。1912街区的建设和策划运营几乎分为独立的2个阶段,2002年完成的《中国近代史遗址博物馆文化服务区规划》,对于街区具体的功能定位、业态、服务人群,只有一个模糊的说法,在街区一期建设完成时,这数幢民国府衙式建筑的具体用途仍未有定论。2004年,政府通过招标找到东方三采公司做"二房东",东方三采公司经过长达一年的摸索,通过反复的调查、研究和详尽的业态策划,才明确了1912酒吧街的定位。这种"建设先行、定位缺失"的模式使得设计过程脱离了商业经营者的需求,导致了日后使用上的多种问题,例如空调机位和油烟管道缺乏、商业单元面积过大、交通物流动线不合理等。实际上,1912街区在投入使用之后,内部做了大量的改造和调整,以适应商业使用的要求。还有一些问题属于开发建设的硬伤,例如各幢建筑的地下室相互独立、难以利用,由于产权和运营权的分离,运营方没有主导街区形态的权力,也难以说服政府完成街区的整体改造。

在运营的过程中发现了很多问题,部分问题通过后期改造得以解决,例如房子后续增设外挂式空调位,加建排烟道,二层新加钢挂式消防通道,虽然满足了要求,但导致了外观上的不美观。还有一部分问题是先天性的,例如地下室的问题。1912街区共21幢房子,除了4幢保留的外,其余都有地下室,但却是相互独立的。目前,如何利用这些地下室的空间是一个很大的难题,很多功能不允许设置在地下室,消费者也大多不愿意去地下室这种压抑的空间,所以现在地下室出现了很多空置情况。而且,地下室的产权不是我们自己的,我们没有权力去改造,政府也不愿意投入更多的财力和精力去做这种事情。

——1912集团相关领导

3.4.3 市场投资公益型:多方合作下的文化空间生产

在21世纪初,全国约有2 400个博物馆,基本上均为国有。随着社会经济的发展,国有博物馆难以满足日益丰富多样的文化需求,民营博物馆成为一条有实践前景的发展之路。作为南京新兴的民营博物馆(后来纳入政府统一管理运营),江宁织造博物馆和六朝博物馆在生产合作模式、资金筹集等方面,进行了诸多尝试和探索。江宁织造博物馆在立项之后,交由玄武区政府通过市场化运作筹集资金建设。2002年,玄武区政府经过调查测算和反复研究,决定将大行宫地块和用作商业开发的邓府巷地块捆绑在一起挂牌招商,以保证企业的投资回报。在没有得到南京企业的回应后,时任玄武区区长陆冰亲自带队去香港、杭州招商,以文化产业的理想发展蓝图打动了浙江广厦集团。2003年5月,广厦集团以6.2亿元得到两块地的项目开发权,随即负责完成地块的拆迁、设计、投资开发全过程,并希望通过开发销售8 000 m² 门面商业房实现资金的平衡,进一步实现民资主导运营。

> 这一块四面临街,相对独立,经调查测算,光是拆迁费用近1.7亿,再加上建三个馆的投资,至少要花三个亿,还无法算上史料征集等软件方面的投资,企业要算经济账,如何做到投资回报?后来我们就决定用捆绑式运作的方式。
> ——时任玄武区区长陆冰,来源:《南都周刊》,2009年

与江宁织造博物馆的"捆绑式"开发模式不同,六朝博物馆的投资方南京圣和药业集团有限公司,与政府协商采取了"分蛋糕"的生产模式,开发过程更是经历了相当的波折。六朝博物馆地块最初是汉府街长途车站,2007年,随着地块交通功能的外迁,政府考虑将这块邻接总统府、区位条件得天独厚的地出让,用作商业开发[①]。同年5月,圣和集团以3.8亿元的高价拿下了地块。集团董事长对项目的品质和影响力有着较高的追求,希望打造一个"与1912形式不同的圣和文化广场",曾邀请过同济大学、清华大学等设计团队进行过一轮方案征集,但并没有采纳这些方案。与此同时,六朝考古学者与圣和集团进行协商沟通,对地块进行细致地考古挖掘并发掘出珍贵的六朝文物。出于南京文博专家的强烈要求[②],圣和集团、政府和文物局召开了项目咨询会,会上圣和集团出于某些因素的考虑,同意将这块地的一部分作为博物馆。作为补偿,南京市政府领导明确提出,将该地块应收取的土地出让金中扣除建设博物馆用地部分。与政府达成协议后,圣和集团着手完成六朝博物馆项目的整体设计与开发。项目的空间被分配为两部分,六朝博物馆仅占据约1/3的建筑面积,建设完成后由圣和集团移交给政府博物馆进行运营管理。剩下的2/3面积属于圣和集团,用作"圣和府邸"精品酒店和配套设施的开发。

圣和集团拿到地一段时间后,可能在资金运作上比较紧张,能够用于建设的资金有限,这块地的面积又很大,于是他们主动配合考古挖掘,希望借此达成两件事:一个是希望借考古发掘的时间延长项目的周期,以此缓解项目开发资金的压力。

---

① 根据当年南京国土局的土地出让公告,这块地实际出让面积为1.3万 m²,规划用地性质为商业及办公,容积率一栏写着"以市规划项目审批小组审定的方案为准"。地块内分为A、B两个板块,靠近总统府的A区限高12 m,B区限高18 m。

② 如上文所述,东南大学建筑系潘谷西教授、南京大学历史系蒋赞初教授、原南京博物院院长梁白泉研究员,联名向市政府提出《关于在汉府街六朝考古遗址内设计"六朝建康都城考古展示中心"的建议》。

另外就是企业觉得拿的地面积太大了,借考古的名义,让了一部分地块给政府,这里面可能和政府也有一些利益纠葛。最后这个地块一半以上作为博物馆交还给了政府,圣和的土地出让金也少交了一部分。

——项目开发相关人员

在两个博物馆的设计阶段,不同的参与主体从各自的利益出发,对博物馆的形式和功能提出了符合自身期待的设想,由于各主体话语权力的不同,两个博物馆的设计过程形成了不同的局面。在江宁织造博物馆开发之初,南京市委书记亲自邀请建筑大师吴良镛先生主持设计,吴良镛先生是南京人,希望借此机会为家乡及《红楼梦》"金陵学派"做出社会贡献。吴先生接受任务以后,查阅红学资料,登门拜访专家,到全国各地考察红楼建筑①,对项目保持着极其认真的态度。广厦集团最初设想建设 8 000 m² 的门面房出售,以平衡项目的投资,该设想遭到了吴良镛的否定。还有红学家建议,在博物馆一侧建设一条供旅游商业发展、经营红楼文化产业的宁荣街,也因吴良镛认为"搞得太过于商业气"而否决。在空间设计方面,吴良镛提出了核桃模式和盆景模式,意图在博物馆内部设置园林水台,在第四稿中,为了做足盆景园林特色(图 3-10),博物馆的部分展厅被安排在了地下,"地下一层的费用相当于地面两三层",使得博物馆的成本从预算的 3 亿提高到了 7 亿元。综合考虑之后,广厦集团最终接受了方案。可以看出,在江宁织造博物馆的设计过程中,设计方对方案的空间配置具有较大的话语权,并得到了政府的支持,资本方在空间配置上进行了一定的妥协,并从与之捆绑的商业项目中获得补偿。

图 3-10　江宁织造博物馆实景
资料来源:笔者自摄

六朝博物馆的设计过程则呈现另一种局面。博物馆建馆文件批复后,圣和集团出于对项目品质的追求,赴美邀请到美国贝氏建筑设计公司贝建中先生主持设计。在项目的咨询会上,文物部门的专家提出建筑应具有六朝的文化符号和风格,并强调要进行六朝遗址的原

---

① 谢海涛. 江宁织造府复建背后:官商学历经 25 年利益博弈[N].南都周刊,2009-02-15(005).

貌展示。但从建成效果看，方案对于内部展示空间的处理尚属可圈可点，外立面看起来"完全不像是一个博物馆"（图3-11），也缺乏六朝文化元素的表达。实际上，六朝博物馆的4～6层均属于圣和府邸酒店，整体也确是按照酒店的形式来设计。在设计阶段，开发商通过利益协商与政府结成了牢固的联盟，在设计控制方面起到了决定性的作用，设计方也只是在开发商的要求限制之下完成设计，成为开发商空间意图的实践者。文物部门作为"弱势群体"，提出的相关建议大多没有被采纳。

图 3-11　六朝博物馆实景

资料来源：笔者自摄

3.5　项目运营：利益诉求的动态平衡

城市文化项目的运营主体一般由政府或者开发商承担，这主要取决于项目是否有自负盈亏的能力。能够自负盈亏、在运营过程中实现经济盈利的项目可称为消费型文化项目，而不能实现经济盈利的项目则可称为公益型文化项目。

显而易见的是，公益型文化项目由于缺乏"自我造血"能力，难以在市场中找到愿意买单的运营方，所以运营管理主要交由政府相关部门承担，例如由政府进行全额拨款的南京图书馆、江苏省美术馆等文化事业单位。消费型文化项目由于有利可图，能够吸引到企业团队接手，再进一步统筹策划项目的业态格局、店铺招商、活动企划，实现经济盈利，典型的例子包括大行宫地区的1912街区商业文化空间、旅游文化区，还包括从事生产活动的文化项目，如文创产业园、艺术文化区等。

运营的过程也伴随着空间维护的过程，文化空间在使用中被优化、改造来服务于运营主体的意志和利益，消费型文化空间强调文化符号的加工、运用以创造更多的消费需求，公益型文化空间则强调政府的公共服务职能，并在潜移默化中践行政府对群众的教育和规训职责。在这一过程中，政府和开发商从自身利益出发承担起不同的责任，并且根据实际情况做出调整，最终实现包括艺术团体、使用者在内的各方利益的平衡。

3.5.1　政府投资公益型：新型服务关系的建立

在更新改造的过程中，老城空间通过生产和配置形成新的空间结构，也引起社会关系的变动。南京图书馆、江苏省美术馆所占据的空间从居住功能变化为公共服务功能，过去的以邻里社交为纽带的居民社会网络随之转变为以公益服务为核心的社会服务网络。从两馆的空间配置来看，这种新的社会服务关系建立在充足的使用者空间和以"服务"为本质的布局理念上。以南图新馆为例，新馆共分9层，除最顶层作为行政办公外，其余层均为"书"和"读者"的空间。图书馆通过对阅览室的定位细化，划分出少儿阅览室、文献阅览区、古籍阅览区等，本质上是将"书"和"读者"进行分类匹配，以提高服务的效率。在首层，南图布置综合功能和遗址展示，进一步提高了场馆空间的丰富性，优化了服务质量。近年来，南图更将注意力转向读者的需求，组织"你选书、我买单"的淘风采活动，确立了根据读者的阅读需求进行书目采购的新服务模式。总之，在以"服务为本"的理念下，南图在地区建立起一种新型公益服务关系。这种以使用者为主导的公益服务关系一旦建立，便会产生持续性的人群和活动，南图的日接待量位全国前列，每日前来自习和阅览的人群络绎不绝。

> 南图正在搞一个淘风采活动。我们图书馆以前的藏书基本是由工作人员选购的，但这样可能会忽视读者的需求。所以这个活动，就是同意读者在南图一楼的惠风书堂以及两家指定的书店，借阅自己喜欢的书刊，图书馆会为此买单，然后读者阅读完毕就将它们还到南图，我们就将这些书作为馆藏书目收藏，这样等于是读者按自己的需求进行了书刊的采购，只要这些书单册码洋不超过100元，并且不超过馆藏书目单册收纳的上限就行。这个活动是我们去内蒙古图书馆调研学习到的。活动进行8个月下来，一共采购了503万元码洋的书目。
>
> ——南图相关领导

另一方面，两馆作为政府直属机构，既需要为政府提供必要的服务，又常常作为政府意志在民间的代理人。例如，南图自2009年起连续8年参与到省"两会"服务，从2011年起每季度定期开展法治讲座，宣传社会主义法治理念，每年举办省纪委机关指导的"江苏廉洁文化周"等。为了将政府的意志持续地传达给民众，南图需要对使用者进行规训，以维持与市民的良性服务关系。例如，南图通过对房间进行分门别类的划分，对桌椅设施进行合乎规章的配置来塑造不同空间的社会关系和活动。虽然对读者没有门槛限制，但南图对读者的行为活动有着诸多硬性要求，例如禁止奔跑、喧哗，禁止自行携带书目等，以此来保障服务关系的稳定有序。

南图和江苏省美术馆在行使服务教化职能的同时，需要政府长期的经济投入支撑。两馆作为全额拨款事业单位，财政完全由上级政府管理。江苏省美术馆的划拨费用每年约5 000万，包括各专项资金、场馆运营费用和行政经费三大块。其中场馆运营费每平方米500元，总共1 500万，活动专项经费500万，收藏经费1 000万，剩下的为编制人员工资。在收益上，两馆作为公益性事业单位，常年免费开放，除去设置必要的零售服务功能外，其他营利性业态均不受到政策支持和允许。江苏省美术馆的部分展厅会对外租赁。但总的来说，两馆缺乏收入渠道，政府的财政拨款是两馆收入的主要来源。

>   我们是公益性的事业单位,本身是非营利性质的。一方面政策不支持我们盈利,另一方面我们也没有渠道盈利,连发票也没有。现在说是要发展文创,但具体的细则没有出来,不过我们也会考虑增加一些必要的服务功能比如餐饮、咖啡厅等等。
>
>   ——江苏省美术馆相关领导
>
>   图书馆引入的一些咖啡店,主要目的是为读者提供一些必要的公共服务,但说实话一般的品牌店不愿意进来,因为这里的人群构成以学生、老年人为主,消费需求低,利润空间非常有限。
>
>   ——南图相关领导

3.5.2 政府投资消费型:政府与运营商的互动合作

1912街区一期建成后,政府在全国范围组织招投标出让营业权,共吸引了20余家企业参与。投标包括报价和策划定位2个环节,东方三采公司在报价部分不是最占优的,但在策划定位部分打动了政府,获得了不少加分。其提议的"1912"案名由于契合南京的民国文化,象征着中华民族的历史新纪元,最终也成为街区的命名。这种以特殊年份命名的方式在国内开辟了新思路,随着1912街区的成功,"1865""1933"等一批效仿者相继筹备开张。东方三采公司最终斥资3亿多元取得5年经营权,每年向政协上交约4 000万的管理经费。至此,在政府的授权下,运营商成为街区的"代理管理者",需要对街区的发展和招商引资做出细致的安排,通过租金收入平衡运营支出,进一步实现盈利。

>   我们公司组建自己的企划团队来进行策划,在命名一事上,虽然也有向社会征集,请专家出主意,但1912的案名其实是由我们的领导想出来的。当时其他单位有取"总统客厅""总统花苑"之类的,有的像住宅楼盘,有的商业味太浓,政府比较认可我们的策划。取得经营权后,我们与政府签了5年的合同,之后二三期建成后又签了5年,等于将一期合同延长至7年,到期后再继续签新一轮合同。
>
>   ——1912集团相关领导

运营的过程并非一帆风顺,由于定位的不准确和管理经验的缺乏,1912街区在初期经营时遇到了很大的困难。最初,策划团队将1912街区定位为综合商业区,引入零售、时尚餐饮、酒吧等业态,力图吸引以年轻人为主体的小资消费群体。但从2005至2006年上半年的营业额看,1912街区的经营状况很差,随之出现商铺招租难、空铺现象。在这一时期,东方集团一方面向政府寻求帮助,获得租金和税收上的政策支持,以求平稳渡过瓶颈,另一方面,通过细致的市场调查研究,抓住了"南京夜生活远远落后于北上广等一线城市"的契机,将街区定位调整为主打南京夜生活的"酒吧街"。2006年下半年起,街区将时尚酒吧作为主力业态引入,陆续对经营不善的业态进行置换,使得整个街区的酒吧数量占据50%。这一调整彻底激发了街区夜间的活力,街区的经营步入正轨并在2010年达到效益的峰值,"京有三里屯,沪有新天地,宁有1912"的说法享誉全国。直至2012年,随着南京酒吧需求结构的变化,1912街区又一次进行业态调整,将占据半壁江山的酒吧减少至20%,取消大型公务餐饮,引入小规模化、休闲时尚类的餐饮和店铺,将过去的酒吧街改造为文商旅结合、适合闲逛的综合街区,这丰富了街区的功能业态,改变了街区白天无人问津的局面,同时与政府近年来大力支持文创产业的政策相契合。可以说,1912街区在不断的探索中,抓住了市场需求和政府政策的结合点,走向一条高效、可持续的发展路径。(表3-3)

表3-3 1912商业街区功能变化示意表

时间	2004—2006年	2006年下半年—2011年	2012年以来
定位	综合商业街区	酒吧街	文商旅综合街区
业态	零售、时尚餐饮、酒吧等	大力引入酒吧;酒吧数量占50%	酒吧减少50%,剩下14家;引入更多餐饮、文创产业;店铺小规模、精品化

资料来源:笔者自绘。

各级政府为了实现1912街区的健康发展、提升品牌效应,以协助者和监督者的双重身份参与到街区的运营中。在1912经营初期遇到困难时,玄武区政府对街区的税收给予了"三减、两免六"的政策,即营业前三年税收全免,后两年免除60%,此举无疑帮助街区渡过了初期的难关。在街区发展步入正轨后,玄武区政府积极推广1912品牌,组织申报各项荣誉。例如,在2008年向商务部步行街管委会申请"中国著名特色商业街"等。政府这些"雪中送炭"和"锦上添花"的举措,是扩大1912街区影响力的重要推力。另一方面,为避免街区的酒吧娱乐场所出现灰色地带,长效落实街区的治安管理,玄武区政府设立"南京1912综合治理办公室",对街区的秩序进行管理和维护,引导街区走向健康良性发展的道路。

作为运营商,1912集团除了承担街区的招商引租、秩序管理等必要职能外,更重要的是通过活动策划、宣传引导等方式,提高1912街区的品牌效应,成为街区与潜在消费者的沟通桥梁。一方面,1912集团通过线上和线下相结合的方式宣传,不定期举办各类吸引年轻群体、凸显街区文化和品位的活动,例如"当1912遇上米兰"的米兰世博会主题活动、电子音乐&极限运动挑战赛、万圣节夜体验派对等。同时,1912街区愈发注重与总统府的旅游资源一体化。其依托总统府的吸引力,通过增加捆绑宣传、视觉空间引导等方式,力求将总统府游客转化为潜在的消费群体。例如,总统府在其宣传导览页中附赠1912街区餐饮优惠券,吸引游客前往消费,并在总统府门口和景区地图上设立引导指示。又如,街区建议政协将总统府的北门开放,与1912街区建立更紧密的空间联系。通过一系列的举措,1912街区表现出其强大的吸引力,街区平常日客流量约8 000人,节日高峰日客流量可达4万~5万人,全年营业额超过4亿元,为地区带来了巨大的经济效益。

> 总统府开园时间是8:30,一般的散客会在9~10点来,游览完毕后就到了午餐时间,而大行宫这片餐饮服务设施不完善,所以1912能满足游客餐饮消费的需求。同时,总统府缺乏停车功能,很多人会将车停到1912附近,这样也增加了消费者接触1912的机会。
> ——1912集团相关领导

> 我认为1912街区成功的关键在于"天时、地利、人和"。项目有位于城市优质区位的"地利",同时适逢南京中心体系尚不完善、时尚酒吧业态零散的"天时",而

政府与运营商对文化的准确把握和运用,创造性地推出融传统文化、时尚品位于一体的新型空间产品,则是最重要的"人和"。

——1912街区主要设计者杨志疆老师

3.5.3 市场投资公益型:多重困难下的运营主体转移

民营博物馆在运营过程中,由于缺乏足够的收益渠道,如何实现收支平衡是一个颇为棘手的问题。江宁织造博物馆一年的运营成本约2 000万元,靠门票的收入微不足道,时任馆长徐湖平曾考虑过多种自发"造血"的盈利方案,例如开设针对不同消费层次和菜系的"红楼宴"等,但始终难以承担数额庞大的支出。

另一个运营难题便是展品的筹集。由于体制的原因,民营博物馆不能挪用省市博物院的展品,只能向社会各界进行征集或购买。六朝博物馆由于直接由文广新局管理,其展示的六朝文物大部分来自南京市博物馆。江宁织造博物馆则没有这么容易,在诞生之初,徐湖平馆长为了筹集展品可谓费尽心思,动用个人资源向南京民间文物界征集,但仍然收效甚微。直到博物馆被政府回购后,南京市派出专家到日本、韩国两个民营博物馆考察,收购了清代江宁织造府生产的清代服饰,再向云锦研究所征集了若干云锦,最终才"填满了原来的空壳子"。

江宁织造博物馆聘请的第一任的院长徐湖平是原来南京博物院的院长,南京博物院是省级大院,展品超过40万件,有90%的展品都在库房里,平时展出的不到10%。徐院长退休后被聘请来当织造府的院长。却苦于没有展品。虽然能向体制内的博物院借展,但毕竟不是长久之策。后来博物馆征集了很多云锦展示和销售,但是真正有价值的展品并不多。

——南京市城市规划编研研究中心刘正平总工程师

我是江苏省民间收藏协会会长,我在动员会员,把最精美的玉器拿出来,打造通灵宝玉馆。我还让一个收藏家把云锦贡献出来,给我们展出,他已答应了。有一次,博物馆想买一件据说曹雪芹用过的书箱,对方开价一个亿,让人哭笑不得。

——江宁织造博物馆馆长徐湖平,来源:《南都周刊》,2009年

由于这两方面的困难,江宁织造博物馆于2009年建成后,空关3年。经过馆方与政府的多次谈判协调,2012年6月,南京市政府以5.98亿元的价格回购江宁织造博物馆,从此,江宁织造博物馆成为公立博物馆,由南京市文广新局承担管理运营工作,博物馆的财政收支完全由上级部门管理。同时,为了彻底解决新成立博物馆办公人员的编制问题,南京市文广新局于2014年成立南京博物总馆,并对下属7个博物馆进行统筹管理,江宁织造博物馆和六朝博物馆彻底被纳入了政府体制内。

从两个博物馆的空间配置结果来看,商业功能占据了很大的部分。从具体的空间生产过程来说,这是实现民资运营、资金平衡的必要方式,从地区发展的角度来说,这是基地进行旅游开发、区位商业价值增加的必然结果。江宁织造府在一、二层设置红楼茶馆、旗袍商店、大观园文创售卖商店,三、四层则计划作为红楼主题高端餐饮。六朝博物馆则与圣和府邸精品酒店共同"占据"一栋建筑,博物馆的入口设置在面向主要人流的长江路上,精品酒店的入口位于西侧的东箭街巷道。除去酒店外,博物馆在一层设置有咖啡厅、礼品售卖点等。这些

商业业态作为博物馆的辅助功能,一方面满足游客的旅游购物需求,同时也为整个大行宫地区提供必要的配套设施,增加空间的可停留性与多样性。

另一方面,由"私"转"公"后,两个博物馆承担了更多的社会公共服务职能。江宁织造博物馆运营部门的一个主要任务,就是结合各式展览的主题,定期策划相应的公益社会活动,服务于游客及生活在南京的广大市民。例如,邀请专业老师免费指导手工艺制作、暑假公益课程等,这些活动使得博物馆的公益服务属性凸显,与地方大众的日常生活建立起全时段、全阶段的关联。

> 我们的活动分为两部分,一部分是结合展览的主题策划社交活动,例如结合最近的鸡年贺岁展,举办针对不同年龄人群的手工创意、动手参与类活动,活动包括纸画、香包、花灯制作等等,有时候会请一些专业的老师教大家制作,通过这样的方式倡导市民"将文物带回家"。这些活动可以通过微信公众号报名,我们有名额限制,基本上都会满额。另一部分就是一些常态化的社交活动,比如冬令营、夏令营,暑期公益课程,"5·18"博物馆日等等。我们去年一共组织了47场社交活动。这些都是立足于博物馆的四大常设展厅,包括织造、红楼梦、旗袍、云锦四部分。
>
> ——江宁织造博物馆相关领导

3.6 基于空间生产视角的文化空间更新解析

3.6.1 基于空间生产的分析框架

(1) 空间生产理论简述

空间生产理论由法国马克思主义思想家亨利·列斐伏尔创立,其主要观点为:空间在资本主义社会已经转变成了商品,对资本主义生产的分析必须从"空间中的生产"转向"空间本身的生产"。其次,剩余价值规律影响着城市空间的发展,资本的投资是以获利为原则,它引导着城市空间发展的区位选择。再者,劳动力再生产的方式对空间的形态和分布差异起着决定性的作用,如公共设施,特别是文化、体育、教育、卫生等设施的分布,明显有利于资本主义社会结构体系的延续。此外,他建构了以"空间实践""空间的表征"及"表征的空间"为要素的三元一体理论框架,以检验社会空间的主要特征[①]。其中,"空间实践"指代空间性的生产,既包括人类各种物质实践活动及其行为本身,也包括此类行为和实践的结果。"空间的表征"指认知性的概念空间,它是主导任何社会或生产方式的空间,这种空间被社会精英阶层构想成为建筑设计与城市规划。"表征的空间"是亲历性的生活空间,即精神的虚构物如代码、符号、绘画及空间性的话语,反映了人的真实生活体验,为"空间实践"提供崭新意义和想象。

在列斐伏尔之后,不同背景的学者从不同角度对他的理论体系进行完善和拓展,以福柯、布尔迪厄和吉登斯为代表。福柯致力于研究知识与权力的空间化,他把空间与个体的关系作为研究的重点,即从政治的角度来探析权力是如何借助空间发挥作用,而空间又是如何开展自身特有的权利实践。布尔迪厄的贡献是厘清地理空间和社会空间的关联,并对阶级

---

① 张一兵.社会批判理论纪事(第一辑)[M].北京:中央编译出版社,2006.

与空间复杂关系做了一些探究,他认为,空间中的事物必须按一定图式进行结构化实践才能得以显示。吉登斯则把时间和空间作为其理论核心,致力于研究社会关系在时空延伸上的构成方式,由此提出了许多空间性的概念,如场所、脱域、在场可得性等。此外,新城市社会学派在传统城市社会学的基础上进行了空间转向,更加关注空间、阶级、性别与种族歧视等元素,对空间生产理论的完善做出了巨大的贡献,代表人物为曼努尔·卡斯特。他运用结构马克思主义来分析城市社会,他认为社会结构的表现就是城市空间,社会结构又是由经济、政治和意识形态系统组成。在此基础上,卡斯特提出了"流动空间"的概念,认为流动支配了经济、政治与象征生活,流动空间是社会实践的物质基础。

新马克思主义社会学家大卫·哈维深受列斐伏尔的影响,研究资本与城市化的关系,提出了著名的"资本的三重循环"理论。他认为,资本在追求增殖的过程中,会出现三重循环过程,第一重循环来自资本对于一般性生产资料和消费资料的投入,即马克思的资本理论中对工业资本生产过程的阐述。在第一重循环中,由于过度积累、利润率持续降低、剩余价值缺乏其他投资渠道等原因,资本会转向对城市建成环境的投入,包括生产性和消费性的物质环境投入,这是资本的第二重循环。资本的第三重循环是资本向社会性花费(卫生、教育、福利等方面)的投入,其目的在于提高劳动力的整体素质,最终服务于资本的高效增殖。资本的三重循环理论解释了资本在当代的运作与流动方式,具有较为深远的影响。

国内学术界对空间生产的研究较晚,1990年代才开始涉及空间生产理论。2000年,国内的学者开始系统翻译外国学者的著作,并且有了自己的学术观点,如包亚明的《现代性与空间的生产》、胡大平翻译大卫·哈维的《希望的空间》、孙江的《"空间生产"——从马克思到当代》等。总的来说,国内关于空间生产的理论和实证研究都较为薄弱,目前还处在引进和初步应用的起步阶段。

(2) 文化中心空间更新过程中的核心要素

在城市文化中心空间更新过程中,利益、资本、权力这三者贯穿始终,构成了空间生产的核心要素。其中各方利益是促成更新的推动力,而更新过程即是各主体凭借各自权力进行博弈的进程,最后多重资本的运作在空间生产中实现了增殖。

• 利益

利益是个体或集体为了生存、发展、享受所必需的资源和条件,在城市空间再生的背景下,各参与主体的利益需求与利益作用机制逐渐受到更多的关注,其原因在于,解决各主体的利益诉求是城市空间生产的根本目的,而城市空间再生的本质,是对城市的稀缺土地资源进行再分配的过程,这一过程需要遵循一套能够规范利益主体行为的政策、法律等规则。通过这样一套规则,能够尽可能让各群体的利益诉求与城市空间再生的目标达成一致,从而实现最优化的资源配置方案。

在城市空间生产的过程中,各主体的利益需求是动态而非一成不变的,各主体的利益相互作用,就形成了利益需求结构,这一结构所表现出的多样性、抽象性、隐蔽性能够在城市空间生产项目中找到明确的表现形态及实现途径。要更好地理解城市空间生产的目的、过程和运作机制,首先需要明确各参与主体的利益需求结构(图3-12)。在本章所讨论的城市文化空间生产中,利益需求主体主要包括以下几类:政府、开发商、文化群体、设计者、持有者、使用者。由于利益层次的多样性和复杂性,各主体都可以由若干次级利益主体构成。譬如,在城市再生中,政府其实是一个体量庞大、需求多元的群体,从横向结构上看,与更新项目直接相关的政府部门包括国土局、建委、房产局、城管局、园林局等十多个,从纵向体系来看,省、市、区的多级管理部门也以不同的方式干预了更新的过程。另一方面,与项目相关的领导、官员又往往存在私人利益。因此,政府不应简单地视为单一利益主体,而可以划分为地方政府的整体利益、政府部门的部门利益和行政官员的个体利益。又如,文化群体对文化空间的诉求往往是文化空间生产的重要动因,但不同的文化群体关注的对象不同,利益也存在差异,因此文化群体之间也可能形成不同的利益次群体。

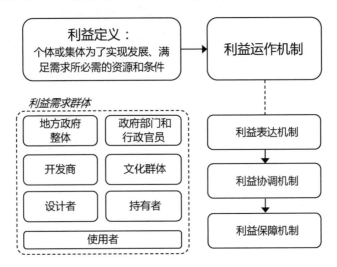

图 3-12 利益运作机制示意图

资料来源:笔者自绘

- 资本

"资本"的概念随着人类的生产实践在不断进行演变,最早的经济学家将资本同货币等同看待,认为资本只有货币这一种形式,亚当·斯密对资本的定义进行了修正,他认为资本是为资本家提供收入的积累,其本质作用在于增殖并实现利润回报,马克思从一个更深入的视角研究资本,将资本的概念从生产资料外拓到生产关系,他认为,资本是市场中追求增殖的社会关系力量,是一种带来剩余价值的价值,生产要素纳入这种社会关系中,才能够成为资本。在马克思之后,更多的思想家将资本视为理解社会生产本质的核心因素,对马克思的资本理论进行拓展和完善。可以明确的是,资本的内涵不仅仅是货币或者货币持有者这么简单,在国内关于资本与空间生产的研究中,"资本"往往与货币画上等号,多用来指代拥有大量财务资源的开发商、投资公司等,这种语境被大众广泛接受,但却容易忽略城市中其他可以作为资本的潜在要素,是一种狭义的定义。

法国社会学家布尔迪厄从象征支配视角解读马克思的资本理论,进一步拓展了资本的范围,将资本定义为一种行动者的社会实践工具。他认为,现代社会至少存在三种形式的资本:首先是经济资本,它是指以货币为单位、以财产权为制度形式的财务资源;其次是文化资本,是指以作品、历史、精神、价值观等抽象要素为符号的文化资源;最后是社会资本,它基于个体或团体之间的社会网络和信任,是人们在社会网络中所处的位置带来的资源[①]。可以看

---

① 布尔迪厄. 文化资本与社会炼金术[M]. 包亚明,译. 上海:上海人民出版社,1997.

出,资本指的是对某种资产的占有关系,并进一步表现为某种资源实体,比如货币、文化知识实体、人际关系等,这个实体可以以工具的形式为生产实践服务,并进一步实现资本的积累、增殖和循环。

我们再将目光从普遍性社会生产移向城市空间生产,列斐伏尔认为,现代城市建设不是一个单纯的技术过程,而是资本利用城市空间实现再生产的过程,它的运行逻辑在于,资本家为了追求更多剩余价值,不断地探索资本新的流通转化形式,选择将过剩的资本投向了对城市建成环境的投资,从而为生产、流通和消费创造出更完善的物质环境,在大卫·哈维眼中,这正是资本进行三级循环的必经路径。

需要指出的是,参与城市空间生产的资本不仅仅包括财务资金,还包括其他被一定主体所占有的、具有流通性的、能够实现积累和增殖的工具性生产要素,这也是本书对资本的定义。在城市空间的生产中,资本的核心目的是实现增殖、获取利润,而实现这一目的的表现方式为:资本作为工具参与到城市物质环境的建设中,通过高品质房地产商品的生产、售卖、运作,使得各方生产主体从商品本身和商品为周边地区带来的附加值中获益,各种非经济资本在这一过程中得到变现,并与经济资本一同实现增殖。空间生产中参与的资本形式众多,在本书所探讨的城市文化空间生产范畴内,资本的存在形式除了金融资本外,主要包括城市文化资本、城市土地资本和技术资本。(图 3-13)

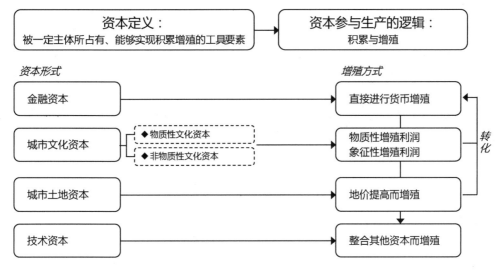

图 3-13 资本运作机制示意图

资料来源:笔者自绘

• 权力

在西方学者的定义中,"权力"被理解为一种能够影响他者的能力。一些学者认为,权力是一种能做出产生约束效果的决策的社会能力,还有学者则将权力定义为一个行为群体影响其他行为群体的态度和行为的能力,福柯在这些研究的基础上,更是强调了权力在城市空间中"无处不在",在他看来,学校、工厂、监狱等城市空间中纪律的实施和控制,就是现代权力规训群众的典型运作方式。

从这些解释中可知,权力并不等同于权力机构,从广义上看,它是指存在于各类关系中的、能够对他者产生影响、约束、控制等效果的能力,权力的主体既可以是个人,也可以是群体,还可以是政策或文件,当权力与政治、社会和经济等不同领域结合时,便成为政治权力、社会权力、经济权力。我们通常语境下讨论的权力,主要指由政府行政职权产生的政治权力,本书探讨的权力则包括能对城市空间生产造成影响的各种权力集合。

关于权力的来源路径,西方学者主要有契约学说和阶级斗争学说两种解释体系,契约学说体系的代表人物有洛克、孟德斯鸠、卢梭等,他们认为人生而平等,每个人都有追求自己利益、参与竞争的权力,在此基础上发展出"主权在民"的思想,其观点包括国家权力属于人民,政府官员只是代表人民履行权力,"三权分立"学说则进一步提出了一种国家政体以避免权力滥用。另一种对权力来源的解释源于马克思和恩格斯的阶级斗争学说,他们认为各种社会集团为争夺利益产生了无尽的冲突,为了避免冲突造成巨大的破坏,就需要有一种凌驾于社会之上的力量来调和矛盾,这就产生了国家权力。本书从城市演化发展的角度认为,任何在城市空间中生活的个体均具有使用城市空间和提出诉求的权力,但能在城市空间生产过程中发挥影响力的关键,在于权力主体在生产关系中的地位、话语权及对资本的占据情况。(图 3-14)

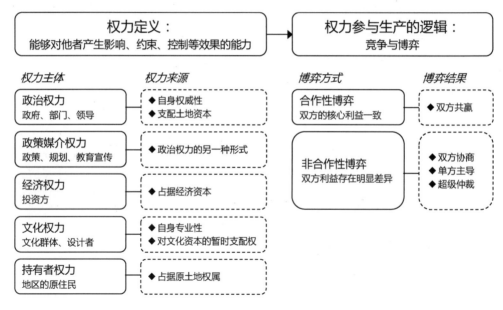

图 3-14　权力运作机制示意图
资料来源:笔者自绘

(3) 利益、资本、权力与城市文化空间生产的关系

城市文化空间具有多种生产类型,在某一具体的生产实践中,群体、利益、资本、权力形成特定的关联对应关系,并以不同的运作逻辑贯穿于城市文化空间生产的各个阶段。首先,各群体依托各自的利益诉求,对空间生产提出了符合自身利益的期望,构成空间生产要解决的问题的总和,它不仅直接关系到项目立项的动因,更深刻地影响到后续开发、运营过程中的利益分配期望。其次,作为生产工具的各项资本被不同的群体所占有,它们在开发、运营阶段以不同的形式作用于城市空间的塑造。最后,各群体依托自身的地位、影响力和对资本的支配关系,产生了不同形式的权力,当各阶段存在利益分配冲突时,各权力主体通过博弈

的形式谋求自身利益的最大化,博弈的最终结果即是空间生产的结果。(图 3-15)

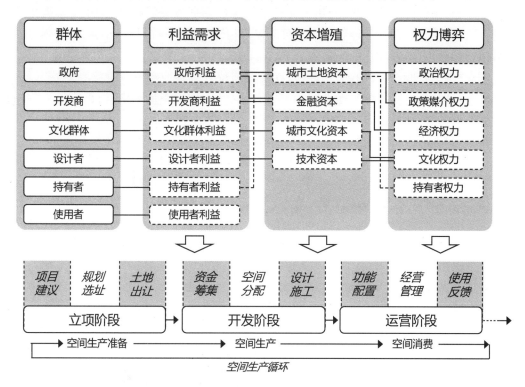

图 3-15 各要素与城市文化空间生产的关系示意图
资料来源:笔者自绘

空间生产的机制复杂,不同类型文化空间的生产过程差异较大。下文将首先分析在生产的不同阶段,分别存在哪些参与群体,并重点剖析影响各阶段中利益、资本、权力等核心要素扮演的角色。

在立项阶段,参与生产的群体主要包括政府、文化群体、权属持有者,最重要的影响因素是文化权力的大小和作用方式。如上文所述,城市文化空间的立项动因,一种情况是由于地区具有需要被保护、展示的文化资源,例如历史地段的改造开发、遗址博物馆的建设等,还有可能是由于地方群体、文化群体具有发展自身的空间需求,例如各市图书馆新馆的建设、文创艺术空间的建设等。由于立项的最终决策者是政府,所以在不考虑投资主体介入的情况下,这里涉及的一个关键博弈即是文化群体和政府的博弈,博弈双方——文化群体和政府的利益相关性和权力大小,则决定了博弈的结果。一种顺利的情况下,博弈双方的利益具有较高的关联性,即文化群体的诉求与政府的职能或经营城市的目标相一致,博弈则倾向于以合作的方式进展。在国内,省市级图书馆、美术馆、博物馆的建设既是各使用群体的需求,又属于政府提供文化事业服务的职能范畴内,所以立项进展相对比较顺利。在另一种情况下,博弈双方的利益关联性较低,文化群体对特定文化空间的需求并不位于政府的发展计划之列,政府倾向于将土地或资金用于开发更具有经济价值的项目,此时,项目的立项进展就取决于双方的权力大小。在国内大多数情况下,政治权力大于文化权力,政府或无视文化群体的诉求,或表面上与文化群体协商,实则掌握了空间利益分配的主导权。而文化群体则通过诉诸更上级权力、寻求社会舆论支持、与同行各界联名提议等方式来与政府斡旋,对于某些历史街区的开发,文化群体还可以借助《历史文化街区保护管理政策》等制度化条文来强化自身权力的合法性,当文化权力发展到足以与政治权力相抗衡时,项目利益分配的天平则倾向于文化群体,他们所诉求的文化空间立项的可能性就增大了。

在开发阶段,政府、开发商、文化群体、设计者和持有者都或多或少地参与到这一环节,共同完成资本的整合,以资本来塑造空间,在前文提到四种资本形态中,最重要的影响因素是金融资本的来源,这有三方面原因。第一,文化项目大多具有投资高、直接收益效率低的特点,因此社会上的金融资本缺乏参与的积极性,政府也难以独立承担高昂的投资费用,导致很多项目空有美好的构想,却易陷入"难产"的局面。第二,金融资本的持有者具有法律意义上的项目产权,可以主导开发设计过程,并进一步制定运营阶段的规则。第三,文化空间的生产消费中蕴含着资本增殖的过程,其中各类资本的增殖最终都转化为金融资本的增殖,获取经济利润和垄断地租也是文化空间生产的核心目的之一。不同项目中金融资本的来源渠道多样,本书将其区分为来源于政府和来源于市场两种情况。由政府投资的文化项目大多在城市发展中具有重要的战略意义,它们多是城市的公益服务设施,符合政府为城市提供公共物品的一般规律。随着房地产市场向社会资本开放,更多的文化项目的投资主体由政府转交由市场,形成了一种更广泛的政府与开发商的结盟模式。在这种模式中,开发商提供金融资本,借助政府的政策和权力支持,力图实现资本增殖,政府则利用开发商的投资,解决地区建设发展资金短缺的问题,尤其是功能衰败、亟须更新的老城。对于某些投资回报率低的文化项目,如民营博物馆、文化公园,政府与开发商往往通过博弈协商出共同获益的模式,例如政府通过将文化项目与商业项目捆绑出让、提供足量的商业面积补偿等方式,以保障开发商的投资利润回收,从而推动项目的生产。

在运营阶段,运营主体一般由政府或者开发商承担,这主要取决于项目是否有自负盈亏的能力。本书将能够自负盈亏、在运营过程中实现经济盈利的项目称为消费型文化项目,将不能实现经济盈利的项目称为公益型文化项目。显而易见的是,公益型文化项目由于缺乏"自我造血"能力,难以在市场中找到愿意买单的运营方,所以运营管理主要交由政府相关部门承担,例如由政府进行全额拨款的省市级图书馆、博物馆等文化事业单位。消费型文化项目由于有利可图,能够吸引到企业团队接手,再进一步统筹策划项目的业态格局、店铺招商、活动企划,实现经济盈利,典型的例子包括商业文化空间、旅游文化区,还包括从事生产活动的文化项目,如文创产业园、艺术文化区等。运营的过程也伴随着空间维护的过程,文化空间在使用中被优化、改造用来服务于运营主体的意志和利益,消费型文化空间强调文化符号的加工、运用以创造更多的消费需求,公益型文化空间则强调政府的公共服务职能。

3.6.2 多元利益的推动力

大行宫地区的文化中心空间生产主要涉及各级政府、开发商、文化群体、设计者和使用者的利益诉求,多元诉求构成了文化中心区空间生产的核心推动力。

(1) 政府的利益诉求

参与生产过程的政府部门包括:江苏省政协、江苏省文化厅、南京市人民政府、南京市规划局、玄武区人民政府等。大行宫地区的文化空间,由于项目类型、产权主体和所属辖区的不同,由不同的政府主体操作管理,在各空间生产、运营的不同阶段,不同政府主体各司其职,相互之间存在合作、交接的关系,但由于各级政府的行使职能、核心利益不同,不同政府主体的关注点存在差异,我们将政府的利益分为三个层次。

第一个层次是作为政府整体的共同利益,这可从外部压力和内在需求两方面来解释。外部压力上,区域城市间的竞争压力使得地方政府希望利用文化空间塑造"文化南京"的形象,提升区域影响力,其一引导旅游产业吸引人流,再者促使资本流在全球化的浪潮中能够扎根于本地。内在需求方面,主要来自地方和文化的诉求,大行宫地区深厚的文化底蕴和优越的区位条件,使得相关文化群体希望借助权力在此地争取到一方文化表达的土地,同时政府也有出让土地获得财政税收的经济需求。内外动因的推拉效应构成了政府整体进行生产的核心驱动力。第二个层次是部门利益,各部门在共同利益的基础上,有自身的侧重关注点,例如,江苏省文化厅出于自身职能要求和打造"文化大省"的目标,更关注南京图书馆、江苏省美术馆的新馆建设,并在其中起到了重要推动作用,玄武区政府则更关注文化空间生产对于自身在全市范围内的竞争力和经济水平的提高。第三个层次是行政官员的利益,其中既有与政府和部门利益相一致的部分,又有服务于自身发展和政绩需求的部分,在多数情况下,政府领导的意志和决策能对生产的走向产生较大的影响。

在城市更新中,政府凭借自身较大的政治权力,极力推动城市土地的出让和建设开发,并从中谋求自身经济、社会利益的实现,在这一过程中,开发商、设计方都不可避免地成为政府的空间实践工具。同时,政府作为城市公共利益的维护者,也需要协调各方群体的利益,通过制定相应政策、直接发布命令等方式为社会、文化群体提供利益实现的渠道。

(2) 开发商的利益诉求

参与大行宫地区文化中心空间生产的开发商主要是从事地产开发的企业,这些企业有的具有多年地产开发的经验(如浙江广厦集团),有的正进行产业的拓展和转型(如圣和药业集团、东方集团)。从开发商参与文化空间生产的原因上看,其大多具有一定的文化情结[①],但最主要的原因在于"看中地区旅游文化产业的发展前景,满足自身发展与转型的战略需求",这具体表现在两方面:一方面他们通过投资文化产业来促进资本增殖,从而直接获得高额的经济利益,另一方面,他们希望通过具有公益性质的文化项目取得社会效益,提升企业形象,与政府和社会建立起一种信任关系,进而降低日后投资的市场风险。

开发商作为金融资本的持有者,通过投入资金直接推动了项目的开发建设进程,在生产、运营的不同阶段,他们不断谋求更多的空间利益分配,特别是能产生商业经济价值的空间,以获取额外的经济利益成果。

(3) 文化群体的利益诉求

文化群体作为另一股重要的力量,参与到大行宫地区的空间生产过程,与政府和开发商形成相互制约的关系。他们是地区文化资本的"代言人",能够站在较高的层面看待文化资源的价值,并为地区文化谋取保留、利用、展示的空间,从而促进文化的研究、传播和交流行为,最终实现地方文化的保护与发展。这不仅符合他们的学术追求,也与南京市乃至全国人

---

① 例如,浙江广厦集团董事局主席楼忠福先生在采访中表示,玄武区的山水城林、历史文化让人动心,"这是一个难得的文化项目加上一个难得的文化区长"。

民的文化利益相关。参与大行宫地区文化空间生产的文化群体有如下几类：代表红楼梦文化利益的红学家群体、代表六朝文化利益的考古学者群体、文化事业群体（南京图书馆群体和江苏省美术馆群体）、部分项目的设计者。需要指出的是，部分文化群体虽然隶属于政府部门，但与政府领导的官僚作风不同，他们的核心利益是文化价值能否被发掘和展现，而并非空间生产给自己的仕途或经济上带来何种好处，因此可认为他们代表的是文化群体的利益。

文化群体的利益诉求同样是文化空间生产的重要推动力，但这种推动力往往呈现为间接的作用方式，且依赖于完善的利益表达机制，通过文化群体诉诸上级的决策部门来重视文化的权益来实现。在利益表达机制缺失的情况下，文化群体在利益受损后只能通过寻求社会舆论、寻求同行支持、越级上访甚至采取不正当的方式来表达利益诉求，这对个体而言具有较高的表达成本。

（4）设计者的利益诉求

设计者除了要求工作报酬外，更希望借助设计实现自身的职业理想。大行宫地区的文化项目具有空间容量大、资源条件丰富、文化意义较强的特征，给设计者提供了发挥的空间，也容易激发设计者的责任感。例如，江宁织造博物馆的设计者吴良镛先生曾表示："希望把江宁织造博物馆这件事做好，为家乡做点贡献，推动《红楼梦》'金陵学派'在世界叫响"。

设计者凭借对技术资本的持有，能够将抽象的资本整合为具体的产品，推动项目从概念发展为方案。同时，为了实现自身的职业理想，他们趋向于在甲方的意图和自身的理想间找到一个平衡点，这为设计者的工作增加了更多的挑战性。

（5）使用者的利益诉求

大行宫地区的空间使用者有两部分，第一部分是空间的初级使用者，他们是执行文化项目运营工作的群体，包括图书馆、美术馆、博物馆的管理办公人员、1912集团的运营团队等，在执行运营的过程中，他们享有空间产品带来的价值，并从中获得事业上成就感和经济利益。第二部分是空间的次级使用者，他们是文化项目的最终服务对象，包括游客和地区市民，对于游客而言，大行宫作为城市文化中心，是南京的重要旅游目的地，他们希望在此体验到具有南京特色的空间产品，此外，地区的整体风貌、绿化景观、配套服务也是关注的重点，对于市民而言，大行宫是一处城市生活中心，他们希望在此享受优质的公共服务，体验具有活力的现代城市生活。使用者的诉求通过各类反馈渠道回馈给空间的持有者和运营者，成为空间维护和再生产的重要推动力。

在明晰各群体的构成和利益关系之后，下文进一步从两条线索来分析地区文化空间的生产机制：一条线索是各主体的实践行为与博弈机制，另一条线索是各资本的运作与增殖机制。

3.6.3 各方主体的博弈方式

在城市文化中心更新的准备、立项、开发、运营各阶段，各主体出于自身的利益诉求，对城市稀缺的空间资源产生相互竞争关系，这导致了各主体间的博弈局面。在理想的情况下，各主体间的利益诉求建立起强关联性，博弈双方通过合作性博弈的方式，最终实现共赢；当主体的利益关联性较弱时，博弈双方依托自身的权力进行对抗，他们或让渡掉各自的一部分利益,形成协商合作关系;或某一方占据了绝对主导地位,对另一方进行控制和支配;又或者,双方一直处于僵持状态,空间生产被迫陷入停滞期,直到双方的利益诉求或权力关系发生变化。(图 3-16)

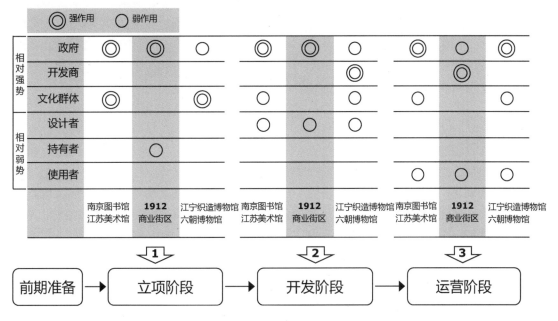

图 3-16 大行宫地区文化空间生产机制
资料来源:笔者自绘

(1)前期准备阶段

老城更新的目的是通过项目的建设促进地区完成结构性的优化调整。在前期准备阶段,政府需要持续关注各个地区的资源条件和发展潜力,对空间进行准确定位,以制订合理高效的开发计划,这一行为具体表现为政府编制与实施规划政策。政府借助技术精英的力量,编制具有合法权力的政策文件,这一系列政策和规划成为政府权力的延伸,首先为地区制定了"游戏规则",使地区发展处于可控的范畴内,在此基础之上,政府进一步协调保护与开发的关系,为金融资本的入驻寻求空间,为文化群体的诉求谋取权益。

就大行宫地区而言,其作为长江路的重要构成部分,见证了古都南京的沧桑变迁,集聚了大量文化资源和历史事件,具有不可替代的文化特征。同时,大行宫地区亦具有良好的商业区位,是南京老牌商业街太平南路的北端口,又位于南京商务中心新街口的辐射范围。文化属性和商业属性并重,使得这个地区的商业发展和文化保护进行了激烈的博弈,政府也从两个角度制定了相应的规划政策。

一方面,南京市政府依托南京市规划局和各设计单位,通过一系列长江路文化街的规划文件,为大行宫地区的文化发展建立了引导性的框架。1984 年的《南京历史文化名城保护规划》首次提出建设"长江路文化街"的构想,1987 年南京市规划设计院据此编制了《长江路文化街用地规划》,2002 年南京市规划设计院再次编制了《长江路文化街区景观规划》,这几版规划均提出保护长江路街道两侧的民国建筑和整体风貌,要求新建建筑的形式与旧建筑相协调,并将大行宫地区作为长江路文化街的东部节点重点打造。这一系列规划强调了大行宫地区的文化定位,为历史资源的保护提供了支持,也为之后南京图书馆新馆、江苏省美术馆等项目的选址落成提供了合理依据。

另一方面,政府也非常重视大行宫地区在南京市商业中心体系中承担的作用。1999年,白下区政府提出由大行宫路口至常府街大力发展黄金珠宝业,2003年,白下区编制的《新街口商圈 2003—2007 年发展研究规划》,确定了新街口"一圈二翼"的发展格局,大行宫地区作为新街口商圈的右翼,将打造成高标准、现代化的商贸商务中心。这些规划间接促成了 2002 年起,大行宫地区南侧的一批商务塔楼的兴建,高度最高可达 250 m。这些塔楼虽然使得地区兼具时代活力和历史韵味,但其高度与北侧低矮的文化设施形成明显反差,也与总统府的保护要求有所冲突,使得地方群众和部分专家对塔楼高度产生了怀疑。据此,南京市规划局于 2003 年初,以总统府为保护对象,委托东南大学建筑学院完成《南京总统府及其周边地段形态控制与引导》。规划从总统府景区内部的视线要求出发,对景区周边的建设高度进行控制,该规划对地区文化项目的生产造成了重要影响。

总的来说,在文化空间生产之前,政府首先对土地进行潜力评估,并制定翔实的规划政策为地区的发展建立起宏观引导框架,为后续的生产过程做准备,逐步促成大行宫地区完成从居住片区到文化商业板块的功能置换。在这一过程中,政府亦满足了自身谋求各项 GDP、实现城市综合增长的需求。

(2)立项阶段

在各文化项目的立项阶段,主要参与者包括政府、相关文化群体和原土地权属持有者,由于大行宫地区的空间生产属于自上而下的更新行为,政府和文化群体的作用更为关键,两者的利益相关性和权力作用大小决定了空间生产的前景。在 5 个文化项目中,1912 商业街区的立项完全由政府主导,江苏省政协在建设中国近代史博物馆后,以独到的眼光看准了 1912 地块依托总统府的优越区位和发展文化消费空间的潜力,希望将这块土地打造为能够带来城市影响力的文化商业项目,在这一强作用下,尽管街区现状具有军队、学校等复杂权属关系,但通过政府牵头进行协商工作,街区的立项、拆迁工作都很顺利地完成。

其余 4 个项目,政府和文化群体都以不同的姿态和行为参与到了生产过程,两者间的博弈使得项目立项充满了众多变数。相较之下,南京图书馆和江苏省美术馆的新馆立项更为顺利,这主要有三方面原因,第一,两馆文化群体的诉求与政府利益具有强相关性,两馆自1980 年代开始呼吁建设新馆,目的在于完成设备更新和空间拓建,而政府作为城市公共服务的提供者,也应承担满足城市文化事业发展的职能,并希望塑造"文化南京"的形象,两者的利益和目标具有一致性。第二,两馆文化群体作为"体制内"事业人员,具有完善的利益表达渠道,也因为一些官方身份具有一定的政治权力。建设新馆的诉求产生后,首先向江苏省文化厅提出请求,再通过省文化厅向政府递交立项申请,利益诉求通过这样的方式,不仅仅是为了让信息能够准确、便捷地传达给决策者,更是在逐级传达的过程中完成了权力的积累,使得下级单位的权力依附于上级部门的权力,从而影响到决策者。另一方面,两馆的馆长多在体制内承担较高的职位,具有一定的话语权,从而对立项产生积极推动影响,例如,在 2004 年,江苏省美术馆的宋玉麟馆长同时担任第十届全国人大代表,在他的持续推动下,江苏省美术馆新馆最终得以立项。第三,与六朝博物馆和江宁织造博物馆相比,南京图书馆和江苏省美术馆的新馆立项遵循的逻辑是"先明确建不建,再确定在哪儿建",在选址环节具有一定的弹性,这使得项目对土地资本的要求没有那么苛刻,政府可以有更多的余地对城市土地进行统筹安排。在实际的选址博弈中,两馆文化群体的要求很明确,他们希望新馆建在老城内区位良好的地方,最好离旧馆距离较近,并且地块能够满足功能面积要求,政府则从具有建设可行性的土地中筛选,与两馆群体进行合作性协商,最终因为大行宫地区的文化定位与新馆的文化属性具有契合性,且区位优良,遂选定馆址,并提供建设资金。

如果说南京图书馆、江苏省美术馆的新馆立项中,地方政府和文化群体是一种合作性博弈的话,那么江宁织造博物馆、六朝博物馆的立项中,两者的关系就是对抗性博弈。这一博弈的核心矛盾是:对于城市中一块商业价值和文化价值兼备的土地,究竟是做商业开发还是做文化展示。就政府而言,推动商业开发的可行性和经济效益都远高于进行文化展示,在实际过程中也可看到,江宁织造博物馆地块曾在1994年被出让给地产商进行商务开发,六朝博物馆地块在发掘出遗址之前,亦先被规划为商业酒店用地,但另一方面,由于大行宫地区有高度限制要求,这两块地的容积率有天然的屏障,这限制了商业开发的动力,否则商务大楼或许早已从两块土地上拔地而起。另一方面,对于地区的红学群体和六朝文化群体来说,这两块地的价值却远不是经济利益所能衡量的,江宁织造府旧址是研究、展示曹雪芹文化的理想场所,六朝博物馆是能进行六朝城墙展示的唯一文化遗产,因此,他们迫切地希望政府能够认识到城市文化遗产的宝贵价值,提供土地资本和金融资本,进行遗址博物馆的打造。两相矛盾的利益诉求下,决定项目前景的关键在于双方的博弈。

就江宁织造博物馆而言,自1958年起,红学家们便多次倡议在江宁织造府旧址建设曹雪芹纪念馆,他们通过联署签名、给市政府写信等方式多次表达自己的诉求,但这对于政府决策的影响却微乎其微,1994年,市政府将这块地出让给地产开发商,遇到这一情况,文化群体立刻四处游说,借助社会舆论对政府和开发商施压,最终使得地产开发终止,连开发商都承认"晓得下面是曹雪芹的家,不好随便弄,怕成为千古罪人"。但是,文化群体虽然能够凭借文化权力,利用公众舆论和同行支持来否决商业开发的提议,但他们缺乏对土地资本和金融资本的占有,自身的权力也始终未能撼动政治权力的主导地位,这块地也一直处于胶着状态。真正的转机来自两方面的合力,其一是在2001年前后,另一方更具权力的文化群体——南京古都学会,从"云锦保护"的角度介入,提出了三馆一体的博物馆方案,与红学群体形成合作推动关系,其二,红学家群体直接向时任中央领导去信,借助最高级权力来对博物馆项目的立项做指示,在这两方面共同作用之下,文化权力不但强化了自身的影响力,还通过说服最高级政治权力来对地方政治权力进行超级仲裁,从而促使江宁织造博物馆最终获得立项批准。

对于六朝博物馆而言,促使项目立项的一个关键因素是六朝遗址的挖掘,而这一行为也由于文化权力的弱势而历经曲折。2001年起,以王志高先生为首的六朝考古学者为了探寻南京六朝宫城的位置和格局,开始对成贤街一带的新建工地进行考古发掘。在这一过程中,考古法规的缺失①使得考古学者缺乏其他权力的支持,需要自发与建设工地沟通以获得考古机会,同时,虽然考古群体隶属于南京市文物局,却并未得到文物局的全力支持,为了克服建

---

① 考古法规缺失有两个原因。第一个原因是划分范围偏差,在2001年,南京考古学界对六朝台城的范围认知还停留在民国朱偰先生的《金陵古迹图考》上,认为台城的中心在成贤街老虎桥监狱,出台的地下考古法规,也仅适用于成贤街一带。但经过考古实践后发现,台城的确切位置应在大行宫,原来法规的范围需要调整,新法规在2007年左右才重新通过。第二个原因是法规生效具有滞后性。很多正在施工的项目,在法规出台几年前就拿了地,并得到规划局的批准,项目建设是完全合法的,所以考古法规对此没有约束效力。

设方对考古过程的阻挠,考古群体甚至采取了非正常手段[①]以争取更多的考古空间和周期。经历了探索发掘的阵痛期,当位于六朝博物馆地块的宫城遗址出土后,文博界三老通过联名写信的方式与政府博弈,依托自身较大的文化权力,多方位阐释这处遗址的价值。与江宁织造博物馆不同的是,这块遗址具有实体形态,保护价值较高,也受到了社会各界和部分领导的重视,这使得地方政府必须考虑到自身应承担的历史保护义务,因此,政府与文化群体的利益关系从二元对立变成了具有一定的相关性,加上文化权力持续的推动影响,促使政府与文化群体达成合作关系,将原来出让给圣和集团的商业地块改变性质,用作遗址博物馆的开发。从两个博物馆的立项结果来看,文化群体最终起到了主导作用,但就过程而言,文化群体的权力最初一直处于弱势地位,他们通过持续地表达诉求、说服政府以寻求双方利益的一致性、寻求社会舆论和同僚支持、寻求上级权力仲裁等手段,最终扭转了博弈局面,让政府成为妥协的那一方。

（3）开发阶段

在开发阶段,项目的参与群体涉及政府、开发商、文化群体和设计者,他们通过持有影响生产的各类资本,将土地资本、金融资本、文化资本和技术资本投入到空间生产中,促成项目的开发生产,并凭借对各自资本的占有关系产生大小不同的权力,参与博弈并影响空间利益的分配。

在存量更新的背景下,老城空间的更新需要经过翔实的土地潜力分析和大量的资金支持,土地资本和金融资本成为老城空间生产的关键要素。大行宫地区的空间生产遵循的是一种自上而下的逻辑,政府和开发商共同垄断了土地资本和金融资本,从而在开发阶段处于相对强势的地位。我们首先来考察政府的作用,5个项目可以分为2种情形,在南京图书馆、江苏省美术馆、1912商业街区的开发中,政府不仅提供了土地资本,将老城土地的更新利用与项目的开发融合在一起,更直接提供了金融资本用于项目开发,其中的原因在于:南京图书馆和江苏省美术馆属于事业型文化单位,建设两馆是江苏省文化厅和江苏省人民政府的义务所在,而1912商业街区则具有较大的经济开发价值,也是江苏省政协推广城市影响力的重要战略,因此,政府有责任也有经济能力去为这3个项目的开发买单。并且,由于政府在这一阶段掌握了主导权,更是可以借助政策权力来提高项目开发的效率,例如,在1912商业街区的开发中,江苏省政协动用自身对政策和资源的支配能力,大大加速了拆迁征地、项目审批等冗杂程序。与上述相反,江宁织造博物馆和六朝博物馆则属于另一种情形,一方面,它们属于文化群体推动下立项的项目,政府属于一种"被动合作"的姿态,另一方面,项目最终交由玄武区政府和南京市政府来主持开发工作,政府缺乏投资的动力和能力,因此,两个博物馆的金融资本只有通过市场运作的方式来提供。

由于江宁织造博物馆和六朝博物馆并不具有盈利能力,开发商难以从项目本身获得实质经济利润,地方政府为了吸引外部金融资本介入,需要与开发商就利益分配问题进行博弈与协商,最后形成了土地捆绑出让、地块切蛋糕2种方式。江宁织造博物馆在招商引资阶段,玄武区区长亲自出马邀请浙江广厦集团参与投资,经过协商,决定将博物馆地块和邓府巷商业地块捆绑在一起出让给开发商。六朝博物馆则是在政府与圣和集团的多次谈判下,以将项目2/3的空间用作酒店开发为条件,交由圣和集团投资开发整个项目。政府为了让

---

① 例如报警、阻挡挖掘机工作等。

开发商"有利可图",尽可能为其创造优越的投资条件和政策环境,并将额外的商业空间作为博弈的筹码和利益补偿,最终与开发商达成共识,合力完成地区的空间开发。

文化群体和设计者依托对文化资本和技术资本的支配关系参与到开发过程,与政府和开发商形成的"城市增长联盟"相比,他们总体来说属于相对弱势的一方。就文化群体而言,他们处于弱势地位的根本原因是对资本的占据程度不充分,直接原因是相关文化保护政策法规的缺失。文化群体虽然能凭借自身的专业性成为文化资本的代言人,但由于他们并未在实质上占有文化资本,因此缺乏能与政府和开发商相抗衡的筹码,能够依靠的只有自身的影响力和相关政策法规权力的支持,在国内部分文化保护政策不完善或者滞后的情况下,文化群体只能通过劝说、寻求舆论支持、需求利益一致等间接的方式来寻求与政府和开发商的合作,从而实践自己的意图。就技术资本的持有者——设计者而言,他们依据设计合同与委托方进行合作,其"乙方"的身份表明,他与委托方是一种服务与被服务的契约关系,"甲方"的话语权高于"乙方"的设计理想,设计者只能通过设计产品本身来说服委托方,试图寻求委托方的认可来实践自己的设计理想,但同时存在着被终止服务关系、被替代的风险。

从上文分析可知,政府和开发商在权力上属于相对强势群体,从法律意义上看,他们持有的土地资本和金融资本在开发过程中转化为项目的权属,赋予他们决策项目性质和建设形态的权利。但另一方面,相对弱势的文化群体和设计者为了实现自己的空间意图,也会积极参与到空间开发中的利益分配过程,他们虽然不能强势主导博弈的结果,但可通过自身的文化专业性引导、建议政府与开发商,或者通过自身的权力寻求社会同僚或相关部门的支持,促使文化资源具有更多向城市展示的窗口。由于这一博弈过程实际上是对有限的空间资源进行非此即彼的争夺,在很多情况下类似于经济学意义上的"零和博弈",对抗性较强,最终的结果同样取决于双方权力的制衡关系。

六朝博物馆和江宁织造博物馆存在相似的博弈局面,却由于各方原因导致了迥异的结果。在六朝博物馆的设计过程中,南京文物部门对建筑外观有很多的富有文化情调的设想,但该项目的4～6层均属于酒店功能,如果按照文物部门的建议实施,会与酒店的功能使用产生冲突。此时,圣和集团已经与南京市政府达成了牢固的协议关系,在他们的意志坚持下,文物部门势单力薄,很难影响到项目开发的决策,项目最终按照酒店的样式设计,文化群体的利益被忽视。而在江宁织造博物馆的设计过程中,开发商希望增加更多的商业空间,设计者吴良镛先生则希望做一个纯粹的博物馆,在这个局面下,吴良镛先生和红学家达成目标上的一致,从各自的专业角度试图说服生产主体,吴良镛先生更是依托自己在学术界的权威性和学者的文化情怀,首先取得了地方政府的支持,再通过政府进一步与开发商协商,最终开发商成了妥协的那一方,博物馆由此增加了文化空间的容量,并实现了江宁织造府园林场景的再现。

从1912商业街区和六朝博物馆的开发过程中,我们还能看到设计者所发挥的作用和局限。文化空间的设计过程,可以看作是设计者凭借技术力量,将金融资本、土地资本和文化资本进行信息整合和加工塑造的过程,高明的设计者能够在现有的资本条件限制下,塑造出统筹各方利益、实现资本高效增殖的优秀空间产品,但这一行为建立在设计者与委托方的绝对信任关系,也难以脱离空间利益分配的大框架。在1912商业街区的生产中,主要设计者凭借自身对民国文化的独到理解,将街区风格塑造成特色彰显、统一中带有变化的样式,这"非常符合政府的期待",也获得了政府的绝对信任。但是对于街区是否需要地下停车空间这一问题,由于涉及高昂的建设成本,政府没有听取专业建议,最终街区的一期并未建设地下停车场,带来了后续的交通问题。在六朝博物馆的外观形态设计上,贝建中团队虽然有丰富的文化建筑经验,能够打造出赏心悦目的博物展览空间,也难以调和酒店和文化共存这一结构性矛盾,最终博物馆的立面按照开发商的要求设计成酒店的样式,被文化群体认为"不像一个博物馆"。

另外,不同文化群体虽然在价值观上具有相似性,容易沟通和协作,但倘若涉及空间利益的冲突,相互之间也会存在竞争性博弈。例如,南图新馆在开发建设时,也发掘出六朝遗迹。在外人看来,考古部门和文化事业部门同属于文化机构,对于遗址的利用问题应当很容易协调,但实际上,图书馆隶属省文化厅管理,和考古部门不属于同一个系统,双方对于文化遗产的理解也存在一定的隔阂。但双方都从各自的利益出发,希望能够占据容量更大、区位更好的城市空间。在相关法规缺失的情况下,双方的权力博弈达成妥协的结果,最终,南京图书馆出土的这片六朝遗址采取原貌复原的方式进行展示,被安置在图书馆内一处不太容易注意到的角落。

(4) 运营阶段

一般来说,项目运营的关注重点是经济上的可行性,能够实现经济盈利的消费型文化项目,通常由市场作为运营成本的买单者,而不能自负盈亏的公益型文化项目,则只能由政府通过经费划拨的方式为运营提供资金。在具体的运营操作层面,项目的产权所有者能够决定项目的运营方式,在经济可行的前提下,他们通常会聘请专业运营团队作为项目运营的执行者。运营执行者在这一过程中承担了双重角色,首先,他们作为空间产品的初级使用者,在运营行为中享受到空间产品带来的符合其利益的经济或社会价值。其次,他们应行使项目的运营职能,对空间进行深入地功能细化、业态布局和活动策划,为空间次级使用者——广义上的消费群体,提供专业的服务。另外,如果项目的产权方在经济运作层面不可持续,那么会出现项目权属的整体转移。

就大行宫地区的文化项目而言,项目的运营分为3种情况。南京图书馆和江苏省美术馆属于公益型文化事业项目,在开发完成后,政府将经营权交给两馆的文化群体,自己定期为项目提供运营经费,文化群体则成为项目运营的具体执行者,他们在空间产品的格局框架下,确定每一处空间的具体使用功能,筹划主题文化展览,与市民建立起公共服务关系。

对于具有经济盈利能力的项目,运营的经济买单者和执行者往往都由更精通消费时代游戏规则的市场方来承担,项目的权属所有方则可通过出让经营权获利。1912商业街区即属于这种情况,江苏省政协在完成了1912街区的开发工作后,通过招投标的方式出让营业权,招标的评分取决于各企业对街区的设想和策划方案的优劣。之后,东方集团凭借优秀的策划方案中标并成为运营的执行者,其与省政协就利益分配和合作事项达成了共识,双方以一种合作关系共同完成1912街区的运营工作。具体来说,东方集团负责进行业态策划、招商引资,并结合使用反馈对街区进行优化改造,最终准确确立了街区"时尚酒吧街"的定位并大获成功,而省政协和玄武区政府则在街区发展初期遇到瓶颈时,给予税收减免的政策帮助并进行宣传推广。在两方的通力合作下,项目实现了一轮又一轮的资本增殖,省政协获得每年数千万的出让经费,东方集团则在租金上赚取足量的利润,并利用这些资金进行1912品牌的宣传与扩张。

江宁织造博物馆和六朝博物馆属于第三种情况,它们由市场投资开发,开发商具有项目的产权,但由于博物馆项目无法在运营中实现自负盈亏,同时还依赖于大量展品的投入,开发商无论从经济上和权力上都难以维系项目的良性运作,遂经过协商,将博物馆的产权转交给政府,由政府提供运作资金,并进一步成立南京市博物总馆,来执行两馆的具体运营操作。

  项目运营的过程也是空间消费的过程,良性的空间消费应立足于对空间使用者需求的准确把握。在这一过程中,运营者不光要满足使用者已呈现匮乏态的需求,更应当积极地引导需求、创造需求。举例来说,南京图书馆和江苏省美术馆不光要满足市民自习、阅览、观展的基本需求,更通过前瞻性、高水平的主题展览和针对不同年龄段的特色活动来引导和培育市民的审美情趣。又如,1912 商业街区在运营方的策划下,通过酒吧街的打造丰富了南京匮乏的夜生活,更通过将民国文化与时尚购物相结合,塑造出别致的新奇体验,从而创造出更多的消费需求,带来更大的经济效益。对于使用者来说,他们由此享受到空间生产带来的诸多价值,并通过反馈渠道向项目权属者、经营者提出优化建议,从而引导空间的维护与再生产。

3.6.4　多重资本的增殖路径

  在大行宫地区的文化中心空间生产过程中,金融、文化、土地、技术资本相互联合,作为生产工具参与到各个项目的空间塑造过程,最终实现积累与增殖,成为多元利益诉求的实现成果。其中,地区的文化资本不仅是各项目立项的动因,也串联起了其余各资本,在生产和增殖环节起到了关键性作用,下文便以"文化资本对空间的塑造"为主要脉络进行阐述资本的运作逻辑。

  布尔迪厄认为,城市文化资本具有不同的存在形式:身体化形态和客体形态,身体化形态的城市文化资本是一种非物质要素,指城市文化资本具有的文化功能和核心文化价值[①]。它是城市漫长历史过程中的实践集合体,通过长期以来地方群体的参与和投入实现积累。在大行宫地区,"红学"、六朝文化和民国文化属于这一形态的文化资本,它们在学者的眼中具有较大的文化价值,但是停留在宽泛的文化概念上,并没有具体的形态。当它们经过物化,成为客体形态的文化资本后,原来抽象的文化概念便转化为具有象征意义的物质载体。江宁织造府遗址和六朝宫城遗址的发掘、依托总统府建设文化服务区就属于这一过程,它使得红学文化、六朝文化和民国文化与具体的空间区位捆绑在一起,具有了开发生产的潜力。在此基础上,各主体通过空间生产过程建造博物馆或商业街区,进一步将文化资本的价值具现化,为文化资本的增殖提供了途径。

  文化资本对文化空间的塑造存在两方面运作机制,第一,随着我国从生产型社会向消费型社会转变,空间不仅仅作为各类消费活动的物质载体,更成为商品本身被消费。列斐伏尔认为:"空间像其他商品一样既能被生产,也能被消费,空间也成为消费对象,如同工厂或工场里的机器、原料和劳动力一样。"在消费空间的生产中,文化逐渐成为一种重要的动力。符号化的文化不仅能够塑造亦真亦幻的消费空间,更能成为创造消费需求的媒介。第二,现代人越来越注重空间的可体验性,文化被符号化之后,往往被塑造成引人瞩目的空间形象,具有鲜明的特色,这种新奇、可辨识的视觉效果对使用者具有巨大的吸引力,满足了人们瞬

---

① 布尔迪厄. 文化资本与社会炼金术[M]. 包亚明,译. 上海:上海人民出版社,1997.

间脱离现实,探寻穿越时空或异域风情的体验需求。因此,文化资本成为增加空间附加值的重要因素,为空间产品收获经济、社会效益提供保障。

这样的运作机制离不开技术资本、金融资本和土地资本的共同参与。金融资本为整个生产行为提供资金支持,从而使拆迁、设计、建造的一系列工程有了经济上的可行性;土地资本为文化项目生产提供空间载体,土地区位的优劣直接影响到空间产品的增殖潜力,同时,土地资本也是部分实体文化资本的物质承载对象;技术资本则提供了将抽象的文化资本转化为符号化的、可体验的文化元素的手段,并结合其余3种资本的实际情况和可利用条件进行统筹加工和整合,是空间产品加工的最后一环。在4种资本的联合作用下,城市文化空间完成了由抽象到具象、由资本到产品的加工过程。

就大行宫地区的具体文化项目而言,消费型的1912街区和公益型的两博物馆出于利益类型、服务对象等方面的不同,在运作机制上存在一定的差异。

1912商业街区为实现运营商的经济盈利,遵循的是一种消费空间的生产逻辑。在文化资本的利用上,其将南京的代表性近现代历史文化——民国文化作为消费空间塑造的重要主题,之所以选择这个主题,一方面由于南京民国文化在人们记忆中保持着朦胧感和亲切感,符号化之后,这种精致、引人遐思的空间场景能够满足城市小资及中产阶级的精神需求,从而促进消费。另一方面,1912商业街区依托总统府民国遗址而建,基地内存有民国时期的官员住宅,其土地资本所固有的民国特征使得抽象的文化能够找到载体以进行包装和表达。在具体的塑造环节,技术资本作为一种统筹各资本的工具,在考虑金融资本的预算限制下,将身体化的南京民国文化资本与特定土地资本相融合,依托总统府的风貌氛围,对历史传统空间进行空间生产,塑造成具有民国情怀的、符号化的消费型空间文化产品。

资本对街区的塑造是通过两个阶段来完成的,第一个阶段是街区的设计生产阶段,土地资本和金融资本的持有者——省政协和技术资本的持有者——设计方立足于对城市消费需求的准确把握,极具远见地赋予消费空间以民国文化形式和内涵,使空间本身成为最具有吸引力的"商品",街区以坡屋顶、拱券、青砖等民国建筑符号和玻璃、钢材等现代建筑材料,将民国风情、西方情趣和现代审美有机地结合在一起,坐落其中的老的联排住宅具有亲和的尺度和良好的比例关系,构成了酝酿空间体验的绝佳容器,从而实现各类资本的融合与积累。第二个阶段是在运营阶段,运营商出于消费使用的具体功能需求,再次联同技术资本对街区进行维护与再加工。东方集团取得经营权后,在政府建设的21幢民国风建筑的基础上,通过导入新型业态、塑造消费景观、策划主题活动3个方面来增加经济盈利。第一,东方集团通过细致的策划研究,将1912街区定位为集餐饮、酒吧、文创售卖为一体的文化商业街,据此引进新型业态。第二,根据功能使用的需求,对街区进行建筑局部改造,并布置景观小品,完成了空间的物质性再生产。第三,东方集团不定期筹办吸引年轻消费群体的互动节目、表演、派对等,并结合新媒体对1912街区的品牌进行宣传。在两个阶段的综合作用下,1912街区成功营造出特色彰显的消费氛围,地区的整体活力得到了激发。

与1912商业街区不同,江宁织造博物馆和六朝博物馆主要承担文化资源的研究、展示与宣传职能,在资本的运作上,首先要强调文化原真性和展示教育功能,在此基础上,设计方运用富有创新的设计手法,对昔日的文化意象和场景进行想象、还原与再创作,意图带给使用者感同身受的体验,重塑地区的遗址文化精神。

就六朝博物馆而言,其文化资本依附于土地资本之上,两种资本在技术精英的操作下联合完成对空间的塑造。具体来说,六朝博物馆将本地出土的六朝城墙遗址作为核心展区,通过"原址保护"的方式,将长约 20 m 的六朝建康城东城墙作为"根基",通过安置玻璃保护罩、覆盖玻璃通道等手法,让参观者能够近距离观察欣赏。在博物馆的其他展厅,技术资本的持有方——贝建中团队将贝氏建筑光影、贝氏建筑几何与六朝文化展示巧妙地结合起来,将展厅空间本身塑造为象征六朝文化、体验性强的展览场所。例如,六朝博物馆的"六朝人杰"展厅,通过立体切割的手法将六朝"石头城"元素抽象为几何巨石状的分展厅结构,与六朝文人崇尚自然的情怀找到契合点,给展览空间以曲折变化的空间体验和丰富的历史层次感,这些手法为参观者营造出步入昔日六朝帝都的别样体验。

与六朝博物馆相似,江宁织造博物馆的文化资本也依托于特定的土地资本,博物馆坐落在江宁织造府旧址上建设,但不同的是,江宁织造博物馆没有可直接利用的历史遗址。于是,设计者在核心空间的设计上运用了"场所还原"的方式,参考大量历史文献,对江宁织造府原址的形态格局进行合理联想,结合建筑物的室外中庭,打造了一处"位于城市大厦中的园林盆景"。园林自南向北层层升起,象征着南京的自然山水格局,并在特定的位置复原了《江宁行宫图》中记录的萱瑞堂、楝亭、织署戏台等。可以说,江宁织造府遗址样貌的模糊性给设计者留下了足够的想象与创作空间,设计者通过高度凝练的手法,将江宁织造府的文化场景和南京山水园林特征融合在一起,创造出一幅具有文化内涵的"动态立轴山水画"。可以看出,两个博物馆均将空间自身塑造为想象中的文化场所,与参观者的精神期待达成共鸣,博物馆亦从"空间内的展览"转型为"空间本身的展览",这也是在各方资本的综合作用下实现的。

由此可见,多重资本通过联合运作完成了对大行宫地区文化空间的塑造,也揭示了各类资本的增殖路径(图 3-17)。

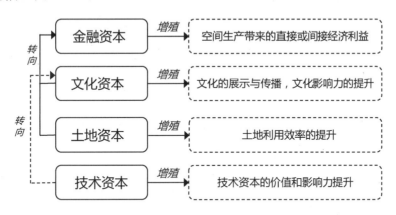

图 3-17　多重资本的增殖路径

资料来源:笔者自绘

金融资本的增殖体现在文化空间带来的直接或间接的经济利益上,对于 1912 商业街区来说,自建成以来,街区的营业额逐年增长,铺面租金不断提升,产权方和运营方从中获取超过建设成本的高额利润。对于博物馆来说,其本身的非营利性质决定了金融资本的增殖路径是一种间接的形式,具体表现为:依托博物馆塑造的文化氛围,将相关的服务空间赋予较高的附加值,并促进旅游参观者进行消费,例如,江宁织造博物馆在三、四层设置以红楼文化为主题的高端餐饮,六朝博物馆在相邻的空间安置圣和府邸精品酒店,均是获取额外经济利润的手段。

文化资本的增殖直接体现为文化的展示与传播。首先,它伴随着文化资本从抽象的身体化形态向具象的物质实体的内部转换过程,当内部转化完成后,文化资本开始向外部展示与传播,提高其在所处的文化场域中的影响力,让更多的社会群体能够认知与接受,从而使得该文化在区域中具有更大的相对竞争力和价值影响。

土地资本的增殖直接体现为土地利用效率的提升,具体表现为两个方面,第一,城市土地在各种机制、制度和利益的作用下,土地强度得到尽可能地提升,并且趋向于集约化发展,从而获得更大的可利用空间容量;第二,在空间更新的强作用力下,过去闲置和低效利用的土地得到整治和盘活,进一步激发了土地运作的活力,这些都使得土地资本的价值实现超额提升。

文化资本和土地资本在实现增殖的过程中,会进一步产生向金融资本的形态转向。就文化资本而言,其具有"化腐朽为神奇"的魅力,通过挖掘空间潜在的内涵价值,塑造出具有唯一性的空间产品,从而产生垄断性的区位优势,获取各种垄断利润。就土地资本而言,土地效率的提高会促进地区的区位价值提高,从而以地价升值的形式实现土地资本向金融资本的转换,从而使空间权属的所有者获得高额的经济回报,政府作为城市土地的垄断者也从中受益。

技术资本的增殖存在两个方面,对于资本的持有者——设计者来说,通过生产优秀的空间产品,使得技术资本的价值和影响力都得到提升。例如,1912街区的设计者在街区获得成功之后,又相继被邀请参与其他地区的1912产品设计,在这一过程中,技术资本的价值受到更多的重视,其利益诉求亦得到进一步实现。另一方面,对于空间产品的权属所有者来说,技术资本透过生产过程,最终附着于文化空间产品上,实现向文化资本的形态转向,最终借助文化资本的增殖实现各项利润的获取。

当空间商品获得成功时,资本会继续加速"生产—消费—增殖—再生产"的循环。为了确保新的空间商品在消费环节不出现问题,投资方会利用品牌的影响力,沿用已获得市场肯定的成熟模式,进行空间产品的复制。以1912街区为例,自2007年以来,1912集团陆续在扬州、无锡、苏州、南京百家湖等地区建设新型的"1912",实现了消费空间的扩张和品牌延伸。在该过程中,投资方沿用"1912"这一文化资本品牌,继续聘请南京1912街区的设计团队操刀开发,选取具有地域历史记忆的土地资本,并投入大量增殖获得的金融资本,实现文化、技术、土地、金融资本的新一轮融合,在现有成熟模式基础上进行模块化生产。值得肯定的是,这些空间产品并非对南京的1912街区进行简单的复制,而是与各自地方的文化找到了契合点。例如,扬州的1912以灰砖灰瓦的园林形态作为表征,无锡的1912则更有现代气息。至此,"1912"已将原定的民国风情内涵进行了无限外延,使得品牌跨越了时代和地域,与不同文化环境进行融合。

4 历史城区空间复兴:门东地区更新

导言:历史文化城区的保护与更新

目前,我国仍处在城镇化快速发展时期。据统计,截至 2017 年底,我国城镇化率达到 58.52%,城镇常住人口达到了 8.13 亿。2002—2016 年,全国城市建成区面积从 2.59 万 km² 扩大到 5.43 万 km²,增加了约 109.7%。城市规模的快速扩张引发了诸多空间和社会问题。一方面,高速城市化使得城市旧区功能过度集聚,原有基础配套设施已无法满足市民的需求,需要进行更新。另一方面,在资本的冲击下,以历史城区为代表的老城面临着拆迁重建的危机。

历史城区往往由于物质空间的衰败、基础设施的落后成为城市更新的首选地段,也是历史保护与城市发展矛盾的主要爆发地。一方面是历史文化保护与城市开发之间的矛盾,另一方面是老城城市更新可能引发的社会空间变动,导致原有城市社区解体并重构的过程,从而引发的社会公平问题。本章内容聚焦于历史城区的更新过程,解析历史城区更新过程中的空间正义问题,并试图提出空间正义的建构策略。本章的最终目的在于,通过构建空间生产正义性评述的框架,为学者们评价历史城区的更新过程和更新绩效提供一种新的视角。

南京城南历史城区是南京三片历史城区之一,具备极高的历史文化、社会情感、商业经济、城市功能及空间艺术价值。同时,该地区历来是南京的传统居住区,是目前南京居住密度最高的区域之一。随着南京城市的快速扩张以及老城南物质空间的不断衰败,2000 年以来,这里成为南京市政府重点改造的片区之一。然而,由于社会各界对于这一片区的改造方式并没有达成一致,由此也引发了多次社会讨论事件。

门东地区是城南历史城区的重要组成部分,改革开放尤其是 21 世纪以来,以政府和开发商为主导的老城改造、棚户区改造等城市更新实践先后在此区域展开。然而,伴随着复杂的利益争夺和力量博弈,老城改造在推动城市空间快速更新的同时出现了历史文化被破坏、原居民被边缘化、空间绅士化等社会正义问题。门东地区由此成为城市建设的敏感地区,更新工作在各种争议中曲折推进。随着 2013 年老门东商业街区、长乐渡住区的建设完成,门东地区的空间属性、社会属性发生了极大的改变。通过对门东地区空间生产过程中典型事件的梳理,探究影响历史城区更新实践进展和效果的深层次原因,从而为门东的再更新提供经验和教训。

4.1 南京城南历史城区保护与更新

4.1.1 南京城南地区更新历程

(1) 改革开放前的初步尝试阶段

城南历史城区的城市空间定型于明代,中华人民共和国成立前,该片区的城市更新活动进展较慢,基本维持着明代的空间格局。中华人民共和国成立至改革开放,城南历史城区发生了第一轮城市更新活动。

1958—1960 年期间制定的《南京地区区域规划》提出以"为生产服务作为指导思想,配合工业'大跃进',在城内外增辟了大量的工业和建设用地"的建设方针。在这一方针的指导下,城南地区的建设与更新活动主要为未建设空间的开发利用,建设了一批工厂。

1961—1964 年编制的《缩减调整规划》,要求更加务实的在老城区集约化建设,在后来相当长的一段时间内,控制用地、节约用地和调节城市发展成为南京城市规划的主线。

1975 年《南京城市轮廓规划》提出"改造老城区,充实配套新城区,控制发展近郊工业区,重点发展远郊城镇",该版本规划最可取之处是规划了如今的城东、城西干道,成为分担全市南北向交通的主要道路之一。

(2) 改革开放到 20 世纪末大规模探索阶段

城南历史城区真正意义上较大规模城市更新活动始于改革开放。1976 年,停滞多年的城市规划和建设工作开始恢复,南京市规划局于 1983 年编制了南京市第一版城市总体规划。1984 年第一版历史文化名城保护规划编制完成,成为 1980 年代城市建设活动中老城南保护与更新的依据,在该版总体规划的指导下,南京市于 1981—1985 年期间进行了规模较大的城市建设。一方面严格控制老城内工业的发展,将不适宜在城市生产的工厂外迁。这一时期的历史文化保护意识和措施都处于较低的水平,加之规划缺失对南京老城内的传统民居、古街巷格局等的关注没有具体相应的保护要求,以致在近十年中拆毁过半。如张府园小区建设中多次发现南唐护龙河驳岸遗址,却被直接毁弃;瑞金新村、后宰门小区等都在明故宫遗址范围内;光华园住宅区侵占了部分明城墙遗址;白鹭小区处于秦淮风光带保护范围内,原为明清民宅,却被全部拆除改为仿古建筑;等等。

随着老城更新的快速推进,老城南地区在基本填补完城建欠账的同时,也面临着人口快速增长,内部交通压力较大等问题。为缓解交通压力以及"三城会"对城市建设的推动,政府集中力量进行城市基础设施建设,延伸中山南路,拆除中华路两侧历史建筑,使门东地区的更新改造呈现出由东向西、由北向南的趋势。随后开发的木匠营小区、江宁路花园等多层住宅小区,极大程度上破坏了门东地区的传统风貌。唯有中华门城堡、明城墙遗址沿线及中部地区因人口稠密,又有众多历史遗迹、文保单位,大量传统民居才得以留存,并基本保留着明清街道的传统风貌格局。这一时期政府重点修复了一批文保单位,如总统府、明故宫等,将其中不相干的单位搬迁,利用历史建筑遗址,以功能更新的模式修建博物馆、公园等,作为城市公共服务设施的一个核心节点。而老城南的更新与保护建设主要集中在门东地区旧居住区的拆除重建。然而由于对历史住区与街道保护意识的缺失,此时的门东地区更新,并没有作为历史保护进行保护更新。

(3) 21世纪以来多主体参与的更新阶段

2000年,为解决老城建设与保护的矛盾,提出"建新城,保老城",制定了《南京历史文化名城保护规划》和《老城保护与更新规划》。然而这并没有止住南京老城南改造的步伐,随着城市建设的加快,南京成立"双拆"指挥部专门负责违法建筑与危破房屋的拆迁,掀起了老城新一轮的更新改造活动。这一时期的重点改造对象转向包括南捕厅、门东门西在内的老城南地区。城南片区的大规模拆建行为受到专家学者的质疑以及当地居民的强烈反对,更新与保护的矛盾日趋白热化。

2000—2010年期间,老城南地区前后共5次陷入"危改"风波。2001年,南京市提出"一疏散三集中"的城市建设方针,老城南地区由于居住密度大而成为人口疏散的重点地区。2002年,为了迎接十运会,南京市启动了"229计划",老城南的拆迁改造是其中的一项重点项目。2003年,老城南成为南京市"三房改造计划"的重点地区。2006年,南京市提出"建设新城南"的目标,矛头直指老城南老旧住区改造。2009年,为了减小金融危机的影响,对老城南实施"一线三片"的改造,一线是指内秦淮河后五华里沿线,三片是指南捕厅片区,以蒋寿山故居为核心的门东片区,以胡家花园为核心的门西片区。

2006年,由于老城内颜料坊、南门老街等地区的强拆,引发了社会的广泛关注。吴良镛、罗哲文等16位专家学者,联名上书《关于保留南京历史旧城区的紧急呼吁》,恳请国务院和建设部立刻叫停南京老城南的拆迁行为,引发了一场包括新闻媒体、专家学者、政府及市民在内的社会讨论事件。虽然得到社会的广泛关注,温家宝总理的批示以及建设部莅临南京听取有关专家对老城改造的建议,也仅仅是将南京老城南的拆迁活动暂缓,并没有彻底停止。听证活动后形成了《关于南京历史文化名城保护规划及实施对策的调研报告》,总结出关于历史文化名城保护管理实施策略,"镶牙式"保护更新理念被提出,并得到专家学者的基本认同。2008年,南京江南八区的老城改造工作启动,号称按"镶牙式"保护原则和规模拆迁、规模建设的方式实施的危旧房改造工作,其中69%涉及南京老城南地区。然而这次的改造又一次引来了专家的质疑。从"南捕厅三期""秦淮河西段""安品街地块开发"等项目来看,事实是除了极个别省市级文物保护单位之外,根本没有留下一处明清古民居。2009年,梁白泉等29位专家学者在《南京历史文化名城保护告急》中具名呼吁,"如果不立即采取行动,金陵古城将在几个月内被彻底拆光"。在总理批复下,住建部、国家文物局联合调查组再次来宁。这次讨论的关注点主要在于保护的标准,并形成《南京老城南历史城区保护与整治城市设计》,提出"小规模""院落式""全谱式"的保护整治原则。2010年,南京成立"南京城南历史街区保护与复兴有限公司"专门负责城南改造建设,如老门东历史街区项目。自此南京老城南保护的规划实施均由政府统一运作(表4-1)。

除了下文将详细论述的门东地区更新外,南捕厅街区的更新也是城南地区更新过程中的一个典型案例。南捕厅地区曾经是南京繁荣的商业中心、社会名流的聚居地。民国《首都计划》的实施,导致商业中心逐渐北移,新街口成为城市新的商业中心。相应的城南地区开始衰落,逐渐转变为以居住功能为主的区域。中华人民共和国成立后,原本一家一户的居住格局被分割成多户居住的大杂院,随着人口增加,私搭乱建现象丛生,生存条件不断恶化,南捕厅地区彻底成为老城内的"贫民窟"。

表4-1　南京老城南两次社会讨论

事件	起因	影响	成果	成效
2006年第一次社会讨论	颜料坊等地的老城改造拆除行为	社会广泛关注 国务院批复 调查组来宁座谈	《关于南京历史文化名城保护规划及实施对策的调研报告》 "镶牙式"更新理念	政府以"镶牙式"开展新一轮拆迁活动 引发第二轮社会讨论
2009年第二次社会讨论	新一轮的老城改造拆除行为	社会广泛关注 国务院批复 调查组来宁座谈	《南京老城南历史城区保护与整治城市设计》 "全谱式"更新理念	成立专门公司负责城南更新改造,但争议依旧存在

资料来源:笔者根据相关资料整理。

21世纪,市政府提出"建新城,保老城"的城市建设方针,掀起了老城新一轮的更新改造活动。南捕厅地区虽然在中华人民共和国成立后人居环境逐渐恶化,但其明清民居穿堂式建筑风格保存完好。片区内还有省级文保单位——甘熙故居,但由于历史原因,部分屋舍被侵占。因此,政府从2001年开始对甘熙故居进行抢救性修缮,也就是项目的一期工程,但由于条件所限,周边环境尚未得到改善。2002年,南京市政府开始筹划南捕厅历史街区,并编制了《南捕厅街区历史风貌保护与更新详细规划》,规划范围东起中山南路,西至红土桥路,北靠建邺路,南至升州路。

2006年甘熙故居被评为国家级文保单位,二期工程也随之开展,主要是对甘熙故居整体性修缮以及扩建,建成熙南里商业街区。为了解决改造的资金平衡问题,2006年政府修改了南捕厅地区的控制性详细规划,将用地性质更改为一类居住、商业、办公、娱乐、金融、酒店用地。虽然将原有传统民居全部移除,以新的仿古商业街取代的做法也受到了一定的争议,但由于前两期工程主要还是针对的是文保单位的修缮与扩建,拆迁量与建设量都较小,并没有引起社会的巨大反应(图4-1)。

图4-1　南捕厅街区更新后的实景
资料来源:笔者自摄

2009年,南京市政府提出为旧房改造计划,直接推动了南捕厅地区改造的三期、四期工程开始。尤其是四期改造的1、2、3号地块,由于不符合地块内历史建筑超过60%的要求,在规划中仅被定义为"历史风貌区",评定标准的降低,为地区的大拆大建提供了可乘之机。虽然南捕厅地区最初提出"镶牙式"改造,即保留有价值的古建筑,拔除一些没有价值的建筑,用肌理再造的方式编织进一些复修建筑。但事实上,在建设过程中,除了规划提出必须保留的几栋建筑未拆除外,其他民居全部拆除。复修的历史建筑也只是建筑形式的仿古,三期工程甚至定义为高档别墅。加之老城南其他片区的改造拆除行为,同年,梁白泉等29位专家学者在《南京历史文化名城保护告急》中具名呼吁,"如果不立即采取行动,金陵古城将在几个月内被彻底拆光"。尽管有国务院批示,住建部与文物局来宁视察,明确要求停止老城南的拆迁改造行为,三期的别墅工程在没有规划许可的情况下依旧悄悄建成。四期工程因没有具体的规划而暂时被搁置。2011年,南京老城南历史城区保护规划提出"整体保护"的更新理念,要求对尚未拆除的老宅、老厂房进行评估,保留或予以改造,对原居民考虑回迁,并鼓励开展文化休闲等经营服务。自四期拆迁工程解冻以来,拆迁工作依然是原地迁出,并不考虑居民回迁,直至今日,成效也有待考证(表4-2)。

表4-2 南捕厅历史街区更新模式总结

	时间	开发主体	参与主体	更新模式	效果评价
一期	2001—2002年	南京城建历史文化街区开发有限责任公司① 一方面,其由事业单位转化而来,实施的更新项目反映的是政府意志;另一方面,作为以营利为目的的企业,更新过程中同样追求市场利益最大化	政府 开发商(政府主导下的) 专业规划人员	建筑维修	修缮甘熙宅第,对外开放,做南京民俗博物馆
二期	2006—2009年		政府 开发商(政府主导下的) 专业规划人员	修缮及扩建	对甘熙宅第修缮扩建,按原貌复建 街区内其他用地拆除重建仿古建筑,建成商业街区
三期	2009—2012年		政府 开发商(政府主导下的) 专业规划人员 其他领域专家(文物保护) 社区居民	"镶牙式"	在政府、专家、市民利益博弈的过程中,迅速建成仿古别墅区,以既成事实应对"拆保争议" 原有民居拆除殆尽,原居民全部迁出,社会历史信息被全部抹去

资料来源:笔者根据相关资料整理。

4.1.2 历史城区的价值

(1)历史文化遗产价值

老城南是南京发展的重要起源地,此外城区内历史文化遗产留存丰富,主要以明清南京最为鼎盛时期的特色文化与建筑为主,包括有4处历史文化街区、7处历史风貌区在内的近30处历史地段。据统计,该地区有145处各级文保单位,98条历史街巷。老城南历史城区

---

① 南京城建历史文化街区开发有限责任公司成立于2006年6月,是由南京市城建集团全额出资的房地产开发企业,是由南京市建委的事业单位发展而来的。

始建于六朝,自东吴以来便是繁华的商业区和大族聚居之地,明代以后老城南地区成为文人集聚、商贾云集之地。

同时,老城南在历史长期的发展过程中也形成了各具特色的非物质文化遗产,其中包括南京白局、南京云锦、秦淮灯会、扎花灯、剪纸等市井文化,还有以府学文庙为核心的儒学文化、以名人雅士为主导的名士文化,这些非物质文化有着鲜活的生命力,对这些非物质文化的保护和利用是历史城区活力复兴的重要内容。

(2) 社会情感价值

老城南见证了南京2 000多年的发展历史,被称为南京的"根魂"。老城南作为南京城传统文化的重要物质空间载体,秦淮灯会、白局非物质文化遗产皆生长于此。老城南的明城墙、夫子庙、秦淮河、传统民居等遗存也是南京的重要历史地标。

(3) 空间艺术价值

城南历史城区的街巷从东吴时期形成肌理,于明初基本定型,一直延续至今。早期的城区内部街巷尺度宜人,建筑肌理丰富,具有较好的空间美感。

自六朝以来,老城南便是商业及居住最发达的地区,南唐时期,商业功能逐步向内秦淮河两岸集中。明清时期,内秦淮河两岸逐渐发展成民居、商业、手工业的集中区,有"十里秦淮、金粉之地"之称。整个城南功能分区明确,手工业、商业主要聚集在御街两侧及内秦淮河两岸,三山街附近为重要的商业中心,门东、门西地区主要作为居住区。清末以前城南地区一直是重要的城市发展区。清末以后,城市的商业中心向新街口地区转移,门东门西仍为居住为主的区域城区至今保留多处传统民居,省级、市级文保单位众多,历史建筑丰富,多为清朝中晚期至中华人民共和国成立之前建造,街巷肌理清晰,现状虽颇为破旧,但总体上仍不失为南京现存典型江南民居风格的代表。

(4) 商业经济价值

中华人民共和国成立后,随着中山南路、升州路、长乐路、集庆路等城市主要道路的开通与拓宽,以及新街口地区商业中心的成长,老城南地区的经济发展模式逐渐由传统手工业向为周边地区服务的现代商业进行转变。随着21世纪以来地铁1、3号线的相继开通,城南历史城区内部进行了更大规模开发建设,商业价值再次凸显,夫子庙、老门东地区已经成为南京主城的重要旅游景点。

4.2 门东地区的更新过程

4.2.1 改革开放前的门东地区

门东地区位于南京城南箍桶巷一带,因地处中华门以东而得名,北起长乐路、南抵明城墙,这里自古就是江南富庶之地,具有众多物质文化遗产和非物质文化遗产。

早在三国时期,门东地区为东吴丹阳郡,东吴将领吕范在此驻军,军队的驻扎与生活促使形成了街巷式的基本布局形态,门东街区地理区位与街区风貌开始有了雏形。发展至东晋、南北朝时期,由于移民人口的迁入,门东地区成为当时的上流阶层集聚之地,街区居住环境优雅,空间形态也相对有序,同时这种人口的集聚推动了商业的发展,在秦淮河两岸出现了较为繁华的商市。元代丝织业的发展进一步推动了门东地区商业的发展,丝绸纺织户的集聚,使得地区出现了生产功能。

到了明朝,朱元璋定都南京,修建明城墙,将南京城划为三块而治:西北军营、东部皇宫、南部居住,南部自此形成了居民聚集的"老城南",这一时期中华门与秦淮河沿线成为经济中心,是重要的商贸和手工业的集散地,呈现一派繁华的景象。清末以后,门东、门西等城南地区逐渐发展为以居住为主的区域,集中体现南京老城南传统民居风貌。民国时期,由于南京城市中心的北移,门东的商贸功能和人居环境逐渐走向衰落,但所幸整体空间格局得以保存。

中华人民共和国成立后门东地区虽然处于百废待兴的状态,但由于其已经不再是城市发展的重点地段,因此充当起了"城建保障"的角色,集聚了大量居住人口。这一时期的门东地区采用"填补式"的建设方式,对明城墙沿线的荒地、菜地进行了开发,建造了高密度的低层住宅。此外,门东地区也出现了少量工业企业,如南京色织厂等。至改革开放时期,门东地区"填补式"的城市建设基本完成。

4.2.2 以改善居住条件为目标的物质性更新阶段

改革开放至 90 年代初,在南京城市快速发展的同时,老城逐渐出现了功能性衰退、结构性衰退及物质性老化等问题。就门东地区而言,地区内部以清朝末期的低层居住建筑为主,中华人民共和国成立以后为了满足人民群众急迫的居住需求,大量外来人群在此居住,导致其内部的人口密度极高,加之对建筑的保养、维护滞后,使得低质量的民居建筑撑满了整个街区,城市面貌急需改善。另一方面,南京市政府在 80 年代后期在老城南实施了较多的更新项目,例如 1984 年,南京市建委组织进行了南唐御街的风貌整治项目,即中华路两侧建筑的整治及新建工程。同年,南京市政府开始进行夫子庙、学宫和贡院的重建工作,并着手修复秦淮河两岸河厅河房。

在上述背景下,紧邻中华门、夫子庙的门东地区成为展示城市形象的重点改造地区。在政府的主导下,长乐路成为南京市政府主打的四条住宅街道之一,建设了大批多层条状住宅,如小西湖小区、水佐营、木匠营、饮虹小区等(图 4-2)。由于该时期是南京城市更新的起步阶段,缺乏保护老城的意识与经验,对城市肌理产生了较大的破坏。这一时期的更新项目往往采用推倒重建的方式进行,虽然这一模式带来了一定的社会争议,但由于更新周期短、见效快,因此被政府部门广泛采用,也成为门东地区 1990 年代乃至 21 世纪初的首选更新方式。

1990 年代是老城南地区老城改造及交通基础设施快速推进的时期,先后贯通了集庆路,拓宽了长乐路、中山南路等城市干道,奠定了老城南地区的交通骨架。门东地区在 1992 年版的《南京历史文化名城保护规划》中被定义为南京老城五片传统民居保护区之一。这意味着门东地区的历史价值、文化价值已经得到了一定的认可与彰显。然而令人遗憾的是,1993 年开始的"老城区改造"对这一地区的传统机构民居进行"蚕食"。先后建设了秦淮花园小区、长乐花园、转龙车小区、大油坊巷小区等居住小区。随着居住密度的再次提高,门东地区内部面临着严重的交通拥堵及出行不便问题,改善内部道路设施成为紧迫的需求。因此,在政府的主导下,先后进行了箍桶巷、马道街、江宁路的拓宽,分别由原先的 13 m 拓宽至 20～30 m,并开通了公交线路,解决内部居民的出行不便问题。

总的来说,门东地区改革开放以来的更新项目依然以改善居住条件的物质性更新为主,

图 4-2 门东地区主要居住小区及历史街区分布示意图
资料来源:笔者自绘

然而却对该地区的街区形态、街区风貌产生了极大的影响,大批传统建筑被毁。至 20 世纪末,门东地区已完成更新的建设用地占比接近 40%。

4.2.3 多主体参与的曲折更新阶段

改革开放后的 20 年是门东地区快速发展,也是代价沉重的 20 年,政府主导、市场参与的"推土机"式的更新模式给门东地区带来了许多问题。20 世纪末的国际金融危机对南京的经济发展产生了较大冲击,老城改造成为缓解经济下行压力、促进经济发展的可靠选择。由于秦淮区自身发展腹地的限制,挖掘老城南地区的存量空间成为区政府实施老城改造的必然选择。这一时期,更多的来自民间、学术界、媒体的力量介入,对门东地区的发展起到了不可忽视的作用。

(1) 更新探索:商业开发尝试

为了探索保护与再开发的途径和新模式,南京市规划局联合东南大学于 1999 年 8 月开展了"南京市中华门门东门西地区保护与更新综合规划"的课题研究。在详细调研的基础上,东南大学课题组于 2000 年完成了《中华门门东地区调查分析及传统风貌保护与整治构想》(以下简称《保护与整治构想》),对门东地区的开发建设提出了初步构想(图 4-3)。但由于缺乏相应的配套政策支持,该构想的实施难度较大。

2000 年年底,为了开展门东地区的更新工作,受秦淮区政府的委托,南京市规划局在《保护与整治构想》的基础上,组织了门东地区老城改造规划设计方案招标,规划区占地面积约 92 hm²,规划用地 69.31 hm²,实际可用地 43 hm²。在参加投标的 5 家设计单位中,东南大学城市规划设计研究院提出的设计方案最终中标(图 4-4)。设计单位通过建立门东地区的经济运作模型,在满足开发商 10%～20% 利润率的前提下,得出该地区的建设容积率应控制在1.2～1.3,拆建比应控制在 1.5～1.7。在此基础上,将门东地区划分为传统民居风貌再现区、民居风貌协调区、改造开发区和旧房出新整治区等四大分区,分别运用保留出新整治、保护性更新和全面改造开发等三种更新方式。该方案虽然因为过于强调商业开发而招致一定的质疑,但至少已经将保护传统街区的理念融入设计方案中,若在商业地产开发的同时开展剩余街区的保护工作,不失为一种老城改造新模式的有益尝试。但政府当时并没有用该片区的历史建筑保护的专项财政支持,因此该方案没有实施。

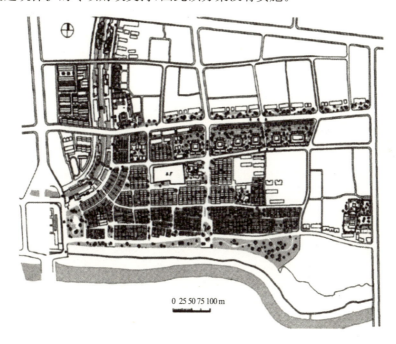

图 4-3　《整治构想》规划方案总平面

资料来源:祝莹. 历史风貌地段保护规划的经济性研究:以南京门东地区为例[J]. 华中建筑,2005,23(4):110-112.

图 4-4　2001 年门东地区老城改造规划设计总平面及效果图

资料来源:胡恒. 庶民的胜利:浅析 2001—2010 年南京老门东的三次规划方案[J]. 新建筑,2017(5):144-147.

(2) 理念变革：镶牙式更新

2002年，南京市被确定为十运会的举办城市，政府加快了"一城三区"的建设步伐，老城地区的更新改造成为全市的重点项目之一。但也正因为十运会对城市文化形象及基础设施改善的需求更为紧迫，加之南京市博物馆馆长梁白泉等19位南京学者呼吁尽快停止破坏性的"老城改造"行为，建立南京古城保护区的不懈努力，门东地区以"三条营"为核心的传统街区被暂时保留了下来。

门东地区的又一次空间变革发生在2005年，随着"十一五"规划的实施，以及地铁1号线的通车，优越的交通区位与破败的街区环境形成鲜明的对比，门东地区再次被政府提上了更新议程。由于2001年门东地区的规划设计的实施效果并不理想，加上学术界对于门东地区的历史价值有了更进一步的认识，反对"推平式"更新模式的呼声此起彼伏。受秦淮区政府的委托，南京市规划局于2005年组织专家进行了"南京城南老城区历史街区调查研究（门东地块）"，并由南京大学建筑研究所设计团队于2006年完成《南京门东"南门老街"复兴规划》（简称《复兴规划》）（图4-5）的编制工作。

图4-5 《南京门东"南门老街"复兴规划》总平面图
资料来源：南京门东"南门老街"复兴规划社会意见征询稿

2006年是老城南社会讨论事件最激烈的一年，以南捕厅为代表的多处传统街区相继被拆除，这一举动引发了强烈的社会反响。同年8月，以吴良镛为代表的16位著名学者联名上书国务院，请求停止老城南的拆迁行为。在这样的背景下，《复兴规划》中所提出的"城市肌理再造"及"镶牙式"更新理念颇具新意，在老城南处于更新迷茫期时被社会各界寄予厚望,期待它能为解决复杂的老城更新问题提出新的办法。然而遗憾的是,2007年雅居乐房地产公司花7亿元拍下南门老街的"黄金地段",即紧邻明城墙、中华门、内秦淮河5.9 hm² 建设用地,并将该地块的用地性质由休闲旅游、会展、商业改为高档居住及商业用地。由于开发商要求"净地"出让,政府于2008年开始将地块内的建筑悉数拆除,导致了原先《复兴规划》中的"镶牙式"传统肌理再造更新理念又成为简单的"推平式"模式。

门东以及熙南里地区在实际施工过程中的做法再一次引发了社会的质疑和反对,这也使得专家们不再相信"镶牙式"改造理念,转而重新开始提倡"整体保护"的更新理念。

(3) 整体保护:渐进式更新

2009年,为了转移金融危机对城市经济发展的影响,南京市开始实施"一线三片",即内秦淮河后五华里沿线、南捕厅片区、以蒋寿山故居为核心的门东片区、以胡家花园为核心的门西片区的危旧房改造计划。新一轮"危改"再一次引发了极为强烈的社会反响,专家学者及媒体的介入使得中央再次关注到南京老城的拆迁行为。媒体的介入将居民的呼声传播扩散,引起了社会各界的关注,越来越多的专家学者等参与到门东更新中来,给大拆大建的方式巨大的阻力。最终,在国务院的干预下停止了老城南的拆迁行为。

2006年和2009年两次"危改"引发了社会各界的对老城改造的质疑,老城改造进入了僵持和停滞阶段。为了打破这一僵局,2009年年底南京市政府提出坚持"整体保护、有机更新、政府主导、慎用市场"的方针,加强历史文化名城保护力度。在此背景下,南京市规划局在2010年4月进行了老城南历史城区城市设计的招投标工作。清华大学设计团队于2010年11月完成《南京老城南历史城区保护规划与城市设计》的编制工作并通过了专家论证(图4-6),同时,《南京历史文化名城保护条例》①12月1日起正式实施,这意味着老城南的保护与更新进入了法律程序,南京向"大拆大建"告别。

> 经过这几年的发展,南京市的各界人士好像一下子都开始反对我们做的工作,不管做什么都要进行反对,所以我们邀请了清华大学的教授团队给我们做规划、出点子,希望能带来一些能让大家都接受的新理念、新思路。
> ——时任南京市规划编制研究中心主任刘正平

新一轮的《南京老城南历史城区保护规划与城市设计》(简称《保护规划》),以2006年《南京门东"南门老街"复兴规划》为蓝本,延续保护历史与文化的基本策略。其中的开放性功能、建筑街巷的小尺度与传统形态都延续下来。此外,《保护规划》的设计单位提出了不少具有创新性和共识性的新观点、新理念。例如在更新模式方面,《保护规划》提出要以院落为单位,实行"小规模""逐院式""全谱式"的更新;对于门东地区已经拆除的地块,规划提出将依据1937年、1951年的历史地图进行肌理复原;将箍桶巷的宽度由现在的30 m压缩到原先的13 m。

> 以前的箍桶巷太宽了,不符合历史上老城南的街巷尺度,所以我们先对箍桶巷进行改造,在原来的道路上修建一排古建筑,尽可能地去恢复它以前的样子。
> ——时任南京市规划编制研究中心主任刘正平

---

① 该条例第三条明确指出:历史文化名城的保护应当遵循"政府主导、统筹规划、整体保护、合理利用"的原则,正确处理经济社会发展和历史文化遗产保护的关系,维护历史文化遗产的真实性和完整性,保持、延续历史文化名城的传统格局和风貌。

图 4-6　门东地区城市设计总平面图
资料来源：《南京老城南历史城区保护规划与城市设计》

在资金运作方面，《保护规划》提出改变以往资金就地平衡、就区平衡的旧模式，由政府在全市范围内进行平衡。为了将这一理念落到实处，一方面，南京市政府成立了纯国资的操作平台，即南京城南历史街区保护与复兴有限公司，全面负责城南地区历史保护与更新工作。另一方面，成立历史街区和历史建筑专家委员会，对老城南地区的保护与开发项目进行全面的监督、审查。

> 以前老城南的拆迁安置工作都需要区政府自己来解决，这就带来很大的财政压力，最后就变成高容积率开发或者高地价，后来经过市、区政府的统筹，决定在全市范围内实行经济平衡策略，这从根本上解决了财政压力的问题，也给历史街区的健康发展提供了足够的保障。
> ——时任南京市规划编制研究中心主任刘正平

随着《南京历史文化名城保护规划（2010—2020年）》《南京历史文化名城保护条例》《南京老城南历史城区保护规划与城市设计》等规划和法规的颁布，明确了"政府主导"和"整体保护"的指导地位，门东地区的总体定位和更新思路逐渐明晰起来，保护与更新工作也逐渐走上了正轨。

有了上位规划的依据后，南京市规划局于2013年先后组织编制并公示了《南京门东三条营历史文化街区保护规划》《大油坊巷历史风貌区保护规划》《双塘园历史风貌区保护规划》等规划，为门东地区的保护与更新工作提供指导与依据。

2011年雅居乐长乐渡住宅项目开始动工，并于2014年开始对外销售。2011年老门东商业街区项目开工，一期箍桶巷示范街于2013年9月正式对外开放，此后又开放了三条营历史文化街区和双塘园历史风貌区的部分地段。

公众参与是历史城区更新与保护的重要环节,此前社会公众对于老城南地区的改造多数仅停留在抗议反对层面,缺乏足够的渠道去真正地参与到街区的更新实践中。2015年7月,南京市规划局、秦淮区政府、南京市城市规划协会和南京市历史文化名城研究会联合发起了小西湖片区的改造实践活动,邀请了南京大学、东南大学、南京工业大学建筑学院的48名研究生,在导师的指导下,完成5套改造设计方案,为小西湖片区的改造提供新的思路,这也是社会力量参与门东地区保护与更新的积极尝试。

此外,轨道交通的发展为门东地区注入了新的活力,南京地铁3号线于2015年建成通车,武定门站的设立进一步改善了门东的交通条件,提升了地区的区位优势。

4.3 市场主导的居住空间更新

1994年分税制改革的实施对地方政府的财政收入造成了较大的冲击。随着1998年城市房地产行业的改革,土地出让金成为政府新的收入来源,再加上耕地占用税、建筑业税、房地产税等与土地有关的税收,形成了所谓"土地财政"。土地财政运作周期短、收入高的特点能够显著缓解城市政府的资金困难,这也正是大多数城市在经济困难时期极力推动老城更新的重要原因,长乐渡地块的开发项目正是在这样的背景下产生的,本书将选取长乐渡地块为代表分析门东地区市场主导下居住空间更新的过程。

南京门东长乐渡地块项目位于城南历史城区核心地段,紧靠中华门和内秦淮河,地块西侧以内秦淮河为界,南靠明城墙,北抵马道街,东临三条营历史文化街区,用地面积5.99 hm^2(图4-7),规划用地性质为商业、文化娱乐、住宅混合用地。该项目于2007年通过招拍挂形式完成土地出让,2013年底开始对外公开销售,成为南京老城内仅有的高端房地产项目。

4.3.1 出让——土地财政驱动下的空间扩张

由于长乐渡地块受到《南京老城保护与更新规划》《南京门东"南门老街"复兴规划》的限制,需要保护的建筑较多,在加之高密度居住人口带来的极高安置费用,起初并未有过多的开发商愿意涉足该地块。为了提高该地块的出让价值,实现资金的就地平衡,政府在土地出让时将该地块的用地性质由《复兴规划》中的休闲旅游、会展、商业调整为商业、文化娱乐、住宅混合用地,这意味着长乐渡地块将能够建设高档别墅。这些别墅建成后,平均售价在4万～5万元/m^2,这就能很好地实现资金的就地平衡,政府也能从中获得不菲的收益。

最终,雅居乐房地产开发有限公司联合南京秦淮区商业网点房地产开发公司通过招拍挂的形式,以7亿元的底价竞得了长乐渡地块,成交楼面价达到11 745元/m^2,成为2007年的南京"地王"。

4.3.2 开发——国有资本、民营资本联合开发

秦淮区商业网点房地产开发公司成立于1994年,是由南京市秦淮区国有资产经营中心

图 4-7　长乐渡地块区位图
资料来源：笔者自绘

控股的国有企业，主要从事房地产开发、建筑材料、装饰材料销售等活动。成立以来先后参与了老城南历史城区内枫秦居、白鹭小区、长乐花园等居住区的开发建设，2008 年又与特易购广东投资香港有限公司联手拿下颜料坊地块，在老城区内的房地产开发领域具有一定的经验，与政府形成了良好的互利互惠的合作关系。采用与国有企业联合开发的模式一方面减轻了地产开发商的资金压力，另一方面，基于国有企业与政府间的良好关系，也更易于雅居乐公司与政府展开沟通和合作。

　　由于长乐渡地块的特殊性，注定其不会是一个简单的纯商业、居住开发项目，必须得承担起一定的文化复兴与传承老城南人文精神的责任，因此政府在一定程度上限制着开发商的建设自由度。例如出让协议中明确要求"必须按照《南京历史文化名城保护规划》及市政府规划项目审批小组审查同意的保护方案的要求妥善处理好保护与复兴的关系。规划建筑退让规划道路、地界以及建筑间距等依据保护方案深化后具体确定，待依法批准后按方案执行"。由于当时老城南并没有受到专家、社会认可的保护规划，这就意味着项目实际运转过程中存在极大不确定性，项目周期也会无限期拉长。

　　果不其然，两房地产开发商在如愿拿下长乐渡地块后，项目的进展却并不顺利。该地块在出让协议中明确要求"净地"出让，政府便在 2008 年启动了地块的拆迁进程，但由于地块内涉及多处历史建筑，拆迁行为受到文物保护者、本地居民、相关学者的强烈反对，并再次上书国务院，2009 年 8 月拆迁中止，长乐渡项目也进入 2 年的停滞期。

4.3.3 设计及建造——遗憾中找回历史记忆

事情的转机发生在2010年,随着《南京老城南历史城区保护规划与城市设计》的公布,长乐渡项目作为老城南地区保护与复兴项目试点工程开始实施。开发商邀请南京市园林规划设计院有限责任公司,在《保护规划》的基础上进行项目的深化设计。

长乐渡地块在设计建造的过程中,对历史文化体现出了足够的尊重与传承。首先在街区肌理层面,设计方以1951年的地籍图为依据,划分建筑组团和组织交通系统。其次梳理街巷系统,保留原有的大井巷、大荷花巷、小荷花巷等主要街巷格局,并严格控制街巷宽度。再次,建筑色彩的选择延续传统的粉墙黛瓦和青砖黑瓦,其中商业建筑以粉墙黛瓦为主,居住建筑以青砖黑瓦为主,辅以粉墙、木板墙等传统建筑模式。此外,建筑高度整体控制在9 m以下,建筑檐口控制在7 m以下。最后,设计方根据实际情况,对保留的9处历史建筑进行了修缮、修复,其中剪子巷10号、35号作为文保建筑和三普建筑(第三次文物普查建筑),按原有做法恢复为砖木结构。其余几栋由于基地整体开挖及使用功能的需要,改为混凝土框架结构。营造舒适的内部空间,并同时保证建筑风貌不变,内部通过包木柱等做法恢复其原貌。

> 在复建长乐会馆时,我们把尚有利用价值的砖瓦木材都编了号,以便于再利用到建筑当中,增加会馆的历史厚重感。对原址的测绘非常精确,以保证更为接近原建筑。每一根柱子的选材、安放位置、窗格的雕花、回廊的尺寸和进深、马头墙的砖雕、屋顶方砖的铺设、地砖的拼花……每一个细节,每一项工艺,都要有多年经验的高级工匠来完成。(作者注:长乐会馆即原剪子巷10号)
> ——苏州香山古建园林工程有限公司张建忠(资料来源:和讯网2013年12月新闻报道)

4.4 政府主导下的消费空间生产

老门东商业街区是以三条营历史文化街区为核心,此外还包含双塘园历史风貌区及金陵美术馆(原南京色织厂)地块。其中三条营历史文化街区东至双塘园路,西至上江考棚路,南至明城墙,北至三条营及蒋寿山故居,街区总面积4.84 hm²(图4-8)。非物质文化遗产丰富,主要有南京云锦、扎花灯等传统手艺,白局等传统曲艺,上江考棚、芥子园等地名,省级文保单位1处。双塘园历史风貌区北至剪子巷,西至上江考棚,南至三条营,东至转龙巷,街区总面积6.98 hm²,现有区级文保单位1处,历史建筑5处。

老门东商业街区在保留历史建筑和文保单位的基础上,将南京色织厂厂房改建成"一院两馆",即南京书画院、金陵美术馆、老城南记忆馆等,引入艺术家工作室、民宿式客栈、休闲商业、文化娱乐等业态,成为集文化、休闲、旅游为一体,继夫子庙、熙南里之后的又一处文化型商业街区。

4.4.1 更新之前——空间衰退、风貌破坏

老门东地区的空间变革始于民国时期,受民国时期城市的发展中心逐渐向东、向北迁移的影响,城市中的上流社会逐渐离开老城南而在城北、城东居住,老门东地区则开始涌入大

图 4-8 老门东商业街区区位图
资料来源：笔者自绘

量的贫困人群，人群结构发生了显著变化。人口的变化使得老门东地区的商业建筑、居住建筑遭到破坏和年久失修，老门东的物质空间逐渐走向了衰败（图 4-9）。

改革开放前，由于城市的主旋律是"重生产、轻生活"，这一时期政府用于改善居住条件的投入十分低，直接用于住宅建设的投资只占到总投资的 5%，住宅建设投资不足加上下放的 30 万知青返城，南京老城内的住房供需失衡。人口的大量增加，使得人们不得不对房屋进行改建和加建。

改革开放后，城市建设思想出现了转变，建设重点开始转向住宅建设。一方面政府采用"拆一建多"的方式在老门东周边建设了大量居住小区，另一方面进行公房私有化改造，老门东地区较多的公房以极低的价格出售给当时的住户，另一部分继续由房管局对外出租。由于这些房屋的出租价格非常低，政府维修资金十分短缺，加上住户的低收入特征，老门东地区的建筑质量进一步衰败。1990 年代以来，为了解决人口过多带来的居住问题，部分居民将老宅拆除并插建了部分两三层的水泥楼房，甚至出现了五六层的多层住宅，这使得老门东地区整体物质空间衰败的同时，街区风貌也被极大地破坏了。

我们接手设计项目后进行了一轮调查，发现三条营地区的房屋质量很差，包括里面的文保单位以及南大、清华提出的一些风貌较好的建筑，其实质量也很差，从居住的角度而言是不太适宜的。此外，街区里面的违建、搭建情况也很严重，风貌并不是很好，现在城墙上也能隐隐约约看到以前居民搭建的房屋的痕迹。

——老门东商业街区设计师长江都市王畅

图 4-9　更新前的老门东

资料来源：老门东商业街区管委会

4.4.2　更新之中——政府主导、摸索前进

老门东商业街区于 2011 年开始建设，2013 年首先开放了箍桶巷示范街，2015 年主体工程一期建成并向公众开放。一期工程以箍桶巷为界分东西两个地块，西侧地块由南京市园林规划设计院有限责任公司设计，主要业态为休闲餐饮娱乐；东侧地块由南京长江都市建筑设计股份有限公司设计，主要业态为文创体验。主体工程二期于 2016 年、2017 年陆续开放，主要业态为商业、休闲、文创。

由于 2007 年长乐渡地块以招拍挂的形式出让后引发了强烈的社会反响，市场主导开发的模式被社会各界所诟病。因此，在老门东商业街区的改造工作中，政府在资金运作和更新方式上尝试了一些新的理念和路径。

首先在资金运作上，项目过程中的拆迁安置费、项目设计及建造费用由政府全额出资，通过南部新城的建设对老门东进行资金补贴，不再交给市场。南京城南历史街区保护与复兴有限公司作为主要建设单位全面负责老门东商业街区的设计、建设、运营工作。其次，在项目更新方式上不再采取一味的"推平式"拆迁，而是在保护规划的基础上，由设计单位再次甄选具有保留价值的建筑予以改造，对于没有保留价值的建筑再以插建或新建的方式来更新。

> 我们接手这个项目时的甲方是南京城南历史街区保护与复兴有限公司，相当于区里进行开发，对项目资金进行兜底。
>
> ——老门东商业街区设计师长江都市王畅

> 以前老城南的更新叫作"拆迁"，后来在老门东的更新过程中，使用了"腾迁"一词，一个字的差异实际上反映了更新理念上的转变。由于没有了资金压力，政府也不再急于完成老门东的更新，可以慢下来细细地完成这项工作。
>
> ——时任南京市规划编制研究中心主任刘正平

(1) 街区更新的初步尝试

在保护资金到位的情况下,城南历史街区保护与复兴有限公司首先选取箍桶巷作为启动区和示范项目进行更新。这样做一方面是因为其余地块的腾迁安置工作尚未完成,另一方面也是为了积累改造经验,为后期的大面积更新做准备。2011年12月,南京市规划局牵头完成了《城南历史城区门东箍桶巷示范片区保护与复兴设计方案》的编制并进行了公示(图4-10),随后城南历史街区保护与复兴有限公司便开始了项目的建设工作。

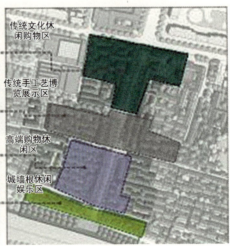

图4-10　箍桶巷改造总平面及功能分区图

资料来源:《城南历史城区门东箍桶巷示范片区保护与复兴设计方案》批前公示

此次方案的最大特色是用"传统肌理织补"的手法,将箍桶巷由原先的20～30 m缩窄为15 m,并适当安排水系和绿化景观,保证5.5 m宽的连续传统尺度步行空间。并将其从北至南划分为传统文化休闲购物区、传统手工艺博览展示区、高端购物休闲区、城墙根休闲娱乐区等四大区域。

此外,城南历史街区保护与复兴有限公司在箍桶巷建设期间,便积极筹办2013年的秦淮灯会(2013年2月6日至2月27日),并将箍桶巷作为灯会主展区之一首次对公众开放。灯会的成功举办向社会展示了老门东更新的阶段性成果,总体上取得了良好的社会反响,社会各界对于老门东的改造模式和理念也基本持肯定态度,这为老门东的全面改造奠定了良好的基础。

(2) 街区开发的进一步探索

在箍桶巷示范项目取得成功后,城南历史街区保护与复兴有限公司启动了门东核心地区的更新工作。不同于门西、南捕厅等历史地段,老门东商业街区内未更新地段的面积其实已经很小,因此公司在街区内居民的迁移问题上持"自愿迁移、鼓励迁移"的态度。此外,在街区的发展定位上,公司延续清华大学《保护规划》的建议,将其作为商业旅游开发用地,并于2012年邀请南京市园林规划设计院有限责任公司设计及南京长江都市建筑设计股份有限公司进行街区的深化设计。

由于老门东商业街区的更新工作依然是一种探索,存在极大的不确定性。首先是功能配置和品牌入驻的不确定性;其次是居住型建筑的内部空间和商业运营所需空间的不确定性;再次是建筑风貌的不确定性;最后是设计自由度的不确定性。在深化设计的过程中,城南历史街区保护与复兴有限公司较强的执行力和决策力确保了整个设计过程的流畅度和设计思路的统一性。

首先,在功能配置上,城南历史街区保护与复兴有限公司和门东历史街区管理有限公司在项目初期便进行了功能业态的策划和品牌商家的招商工作,根据招商进度及时调整设计方案。以德云社地块为例,虽然德云社的引入是有一定机缘和巧合的,但公司在设计初期便基于三条营东侧地块文创体验片区的定位,在其中策划了一处演艺场所,只不过当时并未明确未来会引进什么品牌。在德云社成功引入之后,设计单位根据现代观演建筑的需求,及时调整了设计方案,但观演建筑的体量相较于传统民居尺度依旧是偏大的,因此设计推进过程中也招来一些专家的反对。为此,设计单位采用化解建筑形体、建筑屋面,控制建筑高度的手法,使其在视觉上与周边民居尺度建筑相统一。同时在公司的协调下,使修改后的方案在历经多次论证后最终得以实施。

> 老门东商业运营策划做得还是比较好的,为什么这么说呢,他们最开始就已经确定好了一些业态的具体位置,比如里面就出现2~3家客栈,出现演艺场所。当然德云社进来是有点机缘的,但当时已经设想会有一个演艺场所,这样就避免街区内部出现同类型竞争,让业态更加多样化。
>
> ——老门东商业街区设计师长江都市王畅

其次,由于三条营历史街区内的文保单位、历史建筑、风貌建筑的用地面积占比将近60%(图4-11),采用拆除重建的方式显然不合适。因此,设计单位在甄别完每一栋建筑之

图4-11　三条营历史文化街区建筑综合评价图
资料来源:三条营历史文化街区保护规划

后,对保存较好的建筑采用保留修缮的方式;对质量较差的历史建筑则采用落架大修的方式去复原建筑的原本形态;对于风貌不协调、质量又差的建筑则采用插建的方式进行肌理织补。在这样的更新理念下,三条营街区的街区肌理、建筑尺度基本上延续了传统民居的特点。因此在商业适应建筑还是建筑适应商业的问题上,除了城墙沿线的部分演艺建筑,设计单位及建设公司选择了前者。

> 从三条营到边营建筑尺度基本按照原尺度来,这一点上其实是商业来适应建筑;从边营到城墙保护线范围内,新建了一些满足演出、餐饮需求的较大尺度的新建筑,但对建筑屋顶、建筑立面做了消解处理。
> ——老门东商业街区设计师长江都市王畅

再次,在建筑风貌的选择问题上也存在过分歧。长期以来,在老城南的建筑修复中,一些传统建筑的修复方式并不被市民和专家所接受,修复后的老建筑像苏州、像皖南,缺少南京本地特色,但对于地道南京味的房子到底是怎样的,并没有官方的解答。在老门东商业街区的建设过程中,在到底是采用"粉墙黛瓦马头墙"还是"青砖小瓦马头墙"的建筑风貌的问题上,建设方、专家内部也产生过分歧,最终选取了青砖黑瓦作为老门东商业街区建筑主色调。与此同时,2014年南京市规划局、城南历史街区保护与复兴有限公司、东南大学三方合作,以城南现存明清建筑为线索,联合编制了《南京城南历史城区传统老建筑保护与修缮技术图集》,作为今后老建筑修缮的参考标准。

最后,在方案深化设计自由度层面,城南历史街区保护与复兴有限公司体现出了较好的包容性。更新后的老门东商业街区以明清时期传统民居建筑为主要风格,但也存在例如花迹酒店这样"另类"的建筑风格。花迹酒店位于三条营及中营之间,改造以前作为社区的办公用房,是1970年代至80年代建设的红砖房(图4-12)。这三栋红砖房最初仅有最南侧一栋建筑,且未在《保护规划》中被定义为保护建筑。项目进展过程中,设计单位提出将其保

图4-12 花迹酒店
资料来源:笔者自摄

留改造为民国风格的二层小楼,并在原建筑北侧加建两栋,形成院落式的建筑群。公司对于这一想法进行了肯定,并结合原先的功能策划方案,将其作为客栈进行品牌招商工作。

> 花迹酒店所在地段的红砖房未被列入前几轮保护建筑名单中,我们在实际改造中进行了一些新的尝试,保留了一栋又加建了两栋,对门窗门套做了改造,加入一些民国风格,甲方也持支持态度。这房子最开始便和甲方确定做客栈用地,这样的改变增加了建筑多样性,对于商业而言只有好处不会有坏处,同时也增加了街区的标识性,如果这么大一片街区都是一样的建筑,那就变成在一样的房子里做不同的事。
> ——老门东商业街区设计师长江都市王畅

4.4.3 更新之后——引入品牌、开放运营

(1) 品牌引入策略

2012年,南京门东历史街区管理有限公司正式成立,全面负责街区的管理与运营工作。

区别于南京1912街区、1865产业园"先更新、后招商"的运营策略,老门东商业街区在更新设计的过程中就已经开始注重街区的功能策划及招商工作,并根据入驻品牌的空间需求及时进行方案调整。接近于"私人订制"化的招商策略,加上老门东的历史文化积淀,门东管理公司顺利引入了诸如德云社、金陵戏院、先锋书店、星巴克、豆花庄等知名品牌(图4-13),此类商家的入驻在增加街区知名度的同时使管理公司实现了最初的盈利。对于历史文化街区所必需的艺术家工作室、设计师工作室等,则在相对较偏的位置用较低的租金来吸引其入驻。

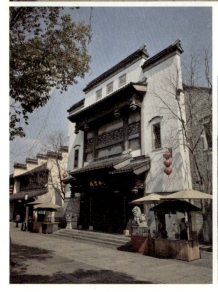

图4-13 先锋书店(左上)、德云社(左下)、金陵美术馆(右上)、星巴克(右下)实景

资料来源:笔者自摄

街区运营在租金方面也做了控制,比如创业区、工作室区在比较偏的位置,租

金就比较低。这类业态不太容易产生经济效益,但必须是要有的。

——老门东商业街区设计师长江都市王畅

门东管理公司在品牌入驻上也设有一定的门槛和限制,商家在入驻前需要提交相应的发展规划并由管理公司进行审核,这在一定程度上保证了业态的合理性。此外,管理公司也通过各种渠道引入各类地方文化品牌,例如 2014 年老门东"中华老字号"品牌消费集聚区正式挂牌,引入了蒋有记、绿柳居、韩复兴、鸡鸣汤包等南京老字号品牌,并于 2017 年在街区内成立老字号博物馆。

(2) 品牌宣传及活动策划

如今老门东已成为南京主城内又一处新的旅游休闲景点,虽然老门东商业街区在建设和运营的过程中并没有进行大规模的官方宣传,其影响力的扩大更多的也是基于市民、游客的口碑相传,但它的成功改造却并非偶然。首先,老门东商业街区是老城南地区继熙南里之后的又一处商业开发项目,社会各界对它一直保持着较高的关注度。不同于熙南里的更新模式,老门东还原肌理、保护历史建筑的做法赢得了大部分专家、市民的肯定,这是老门东街区的"先天优势"。其次,由于夫子庙商业街区在定位和招商上呈现低端化、失控化的趋势,游客甚至是本地居民逐渐对其失去了兴趣,这促使较多的游客选择老门东作为旅游目的地,客观上提升了老门东的影响力。

在活动策划方面,老门东商业街区以自身为主体设定固定的文化活动日,包括每月第一个周六的创意集市、每年的秦淮灯会、新年跨年晚会和春节民俗活动等。遗憾的是,虽然街区方面有与周边景点合作举办活动的想法,但由于与夫子庙、1865 创意园在业态上差别较大,现阶段无法直接将他们的活动直接嫁接到老门东。

(3) 公众开放性策略

老门东商业街区的独特区位和资金来源,决定了其必须要为社会公众提供公益性公共空间。因此,老门东商业街区在运营过程中采用全面开放的策略,所有空间均为免费开放。在业态选取上,也以中高端餐饮、娱乐、文化休闲为主,辅以部分低端业态,从而迎合大部分人群的消费能力和需求。总体而言,老门东商业街区接待的对象以中上阶层消费人群为主,但也不排斥底层阶层的人群,这一定程度上反映了政府和国有企业在街区运营上"经营性"和"公益性"的平衡策略。

4.5 基于空间正义视角的历史城区更新解析

4.5.1 历史城区的空间生产

(1) 多样化的空间生产类型

按照大卫·哈维的资本循环理论,资本次级循环的重点是由"向一般生产资料和消费资料利润性生产"的投入转向"基础设施和城市环境"的投入,这也是我国现阶段资本作用于城市空间生产的主要模式。受全球消费文化盛行的影响,越来越多的城市政府在这一时期以国际化、现代化为目标,打着"城市复兴"的名号进行了大规模的老城更新行动。

历史城区作为一个城市中人群构成最为复杂、用地功能最为多元、空间生产价值最为显著的地区,客观上也需要对自身功能进行不断的置换来适应资本的可持续发展,其功能也由居住、生产功能为主,向居住、商业、文化等复合功能进行转变,由此也产生了各种类型的空间生产实践。

在空间生产过程中,按照资本投入的主体及使用方式的不同,可划分为政府投资公益型、政府投资消费型、市场投资消费型、市场投资公益型等;按照更新前后用地功能变化来划分,可分为居住改商业、居住改居住、工业改居住、工业改文化休闲等类型。无论哪种类型的城市空间生产实践,均是各个参与主体差异化利益诉求下通过博弈来争夺空间资源的过程。

（2）多层面的空间生产动力

通过对空间生产经典理论的解读,本书认为资本、权力和阶层是历史城区空间生产的三大主导力量。下面将对资本、权力、阶层如何作用于城市空间生产过程进行解析。

首先,资本是影响历史城区空间生产的重要力量。它根据其增殖的需要不断地突破空间壁垒、征服和占用空间。在哈维创建的资本三重循环理论中,对资本的循环增殖方式做出如下解释:在第一次循环中,资本主要流向工业商品的生产领域;为了解决第一次循环中过度积累的问题,资本大量流向城市建成环境的建设领域,包括生产性建成环境和消费性建成环境,从而展开第二次循环;资本在第三次循环时,重点流向公共服务、社会消费及科技研发领域。城市化的快速推进是资本第二次循环的直接作用结果,表现为城市中各种住宅、商业、大型基础设施等项目的建设对城市空间的重塑。

其次,权力是主导历史城区空间生产的另一大重要力量。空间是权力的隐喻和象征,空间的生成和延展渗透着权力的逻辑,空间是权力关系的构筑物。在空间生产研究领域,权力不仅仅是社会控制的工具,同时也是社会生产的工具。在社会生产方面,权力强调在非零和博弈的情况下为各行动者创造出更多的权力,以共同合作来达成集体目标。这意味着,城市空间的生产过程是各行动者之间通过互相博弈与合作,最终实现各方利益最大化的过程。但由于在具体博弈过程中,城市居民权力与资本权力、政府权力的严重不对等,导致空间生产的收益往往大量地被政府、开发商所获取。

最后,阶层也是参与历史城区空间生产的重要力量。根据列斐伏尔等学者的论述,空间的生产也是社会关系的生产与再生产。阶层关系作为当代社会最为重要和复杂的社会关系,各阶层之间的冲突与博弈是影响城市空间布局的重要因素。这体现在不同的社会阶层,在对城市空间的占用和使用上的话语权是不平等的,社会底层阶层由于缺乏相应的阶级资源,无法享有城市优质空间的使用权,反而受到空间的限制,被排挤到城市的边缘空间和劣势空间。中上阶层则利用自己的经济实力,占用和控制着城市的优质空间,并以此体现出自身的社会地位和阶层身份。这在老城改造中体现得尤为明显,大量社会底层人士被安置于城市边缘地区,原地块在更新为高档住区、商业场所后,被具有一定经济实力的人士所占据。这样的空间生产过程导致了"绅士化"现象的出现,完成城市空间和社会关系的双重重构。

（3）差异化的主体利益需求

城市空间的生产过程可以归纳为各利益群体通过有限资源的分配来实现自己的既定目标,争取自身空间利益的过程。这一过程中,各主体的利益需求是动态而非一成不变的,要更好地理解城市空间生产的目的、过程和运作机制,首先需要明确各参与主体及其利益需求。在本书中,参与主体主要包括以下几类:以政府为代表的权力力量;以开发商为代表的资本力量;以原居民、专业群体、本地精英、使用者为代表的阶层力量。

- 权力——政府

1990年代以前,由于提供城市福利和改善生活环境是当时城市更新的主要目标,因此,政府充当着"福利提供者"的角色。90年代末,受金融危机及分税制改革的影响,政府财政收入出现了阶段性的短缺,迫使政府做出多样化的融资措施。此时,邀请私人资金进入城市更新领域进行房地产开发不但能减少政府的公共支出,还可以获得可观的土地出让金,成为城市政府的普遍选择。此时的城市政府俨然成为城市的"经营者"。

此外,具体到历史城区的空间生产过程中,不同层级的政府对于历史城区的价值认知是存在偏差的。中央政府看重的是历史城区是历史文化名城的重要组成部分,代表着一个城市的文化气质;地方政府则将历史城区看作展示城市形象的"文化窗口",并将其作为文化资本来获取持续性的收益。因此,对于地方政府而言,他们一方面想通过历史城区的空间生产改善城市环境、提升人居环境,同时考虑历史文化的保护与传承,为城市居民提供公共福利;另一方面也希望通过开发建设获得经济收益,增加财政收入。

- 资本——开发商

资本积累与增殖的内在逻辑决定了其追求剩余价值的本性,因此,获取持续性的经济收益是其参与空间生产的根本目的。

参与历史城区空间生产的资本包括金融资本、城市土地资本、文化资本、技术资本等类型,其中金融资本、文化资本的影响较大。金融资本主要是指以房地产公司为代表的各类开发公司、投融资公司等。在城市更新的过程中,政府一般充当项目的主导方和推动方,当开发商可以从更新项目中获得较大的利润时,他们便会积极地投入资金。此外,历史城区丰厚的文化底蕴是其区别于城市其他片区的显著特征,当开发商获取历史城区中土地的开发权后,便将这种优势转化为自身的文化资本,用于提升地区的品牌影响力,从而获得更多的收益。

- 阶层

在本书研究的历史城区的空间生产中,按照参与阶段的不同,将阶层分为以下几类:在空间生产过程中主要存在以低收入的原居民为代表的社会底层阶层,拥有专业知识和专业技术的精英阶层,以及在空间生产完成后主要存在以中高收入的使用者和消费者为代表的中上阶层。

① 原居民

原居民是空间生产的主体之一,是最直接的利益相关者。原居民的利益需求随着更新方式的变化而变换,当地区进行房屋拆迁造成原居民的生存利益和财产利益受损时,原居民希望获取最大化的拆迁补偿,包括经济补偿和更好的住房条件等;当地区基于现状进行空间改造时,原居民则希望借此改善自己的居住环境、获得由更新项目提供的就业机会或优质公共服务。无论属于哪种情况,原居民群体多以个体的身份参与到地区空间生产过程中,去争取自身的空间使用权益。

② 使用者

使用者是空间生产的直接获益对象,根据使用者与空间的关系,可以将其分为初级使用者和次级使用者。初级使用者一般为更新之后用地的持有者和经营者,他们既需要服务于次级使用者,也需要从经营、服务中获得相应的经济或其他方面的回报。次级使用者是空间生产的最终受益者,也是城市空间的切身体验者。对于使用者而言,舒适的建成环境、良好的景观环境、浓厚的文化氛围、完善的配套设施是他们的诉求,也是吸引其来此进行活动、消费的前提。

③ 文化精英

在我国现阶段的城市更新过程中,公众参与的程度往往较低,这一方面源于政府、开发商掌握着极大的话语权,另一方面也源于公众专业知识及参与手段的缺乏。与此同时,历史城区的更新相较于其他普通地区更为敏感,涉及的人群也更为广泛,必须要有足够的公众参与度才能确保实现空间生产的公平与正义。在这样的背景下,文化精英便成为政府与民众之间的"沟通媒介",他们一方面向居民提供专业的知识、告诉居民规划的合理性、向居民注入情感记忆等;另一方面,他们也以地区代言人的身份,向政府、开发商提出自己的保护利用设想,从而影响地区的空间生产行为。对于文化精英们而言,保留及弘扬地区文化是他们最大的利益诉求。

④ 专家学者

专家学者主要包括规划方案设计师、规划方案审批者等。由于历史城区的复杂性,设计者需要用自己的专业知识去充分挖掘地区的历史背景和文化内涵,并编制符合地区发展要求的更新方案。更新方案的审批者则需要审核编制的方案是否确定了合理的保护目标和原则,编制方案中确定的保护对象和内容是否符合保护的基本要求等。对于他们而言,实现自己的设计理想、通过制定规划方案维护公共利益以及获取相应的设计报酬是其主要的利益诉求。

(4) 多方面的主体利益博弈

城市空间的表征其实是参与城市空间生产的各种力量相互博弈、妥协并最终达成一致后的结果。在历史城区的空间生产过程中,权力、资本、阶层围绕着空间利益这一主题,在多个层面展开博弈。下文将从经济发展与文化提升、历史保护与改善民生、依赖政府财政与引入开发商资本等层面来分析历史城区更新过程中各个主体争夺空间利益的博弈过程。

• 经济发展与文化提升的博弈

城市经济发展与文化提升的博弈,反映的是追求经济发展的城市政府与倡导地方文化传承与发扬的文化精英阶层之间的利益博弈。

随着中国城市的产业结构普遍由"二、三、一"向"三、二、一"转变,城市性质也从生产型城市向消费型、服务型城市转变,以历史城区为代表的原城市建成区日益成为重要的消费中心,这使得历史城区必然成为资本改造的对象。值得关注的是,历史城区与城市普通地区最大的差异是其文化本底。在商品经济的规律中,越是独特的资源越能够吸引资本投入其中进行生产,但生产越多的东西又渐渐消耗着这种独特性。这导致城市政府在引入开发商进行城市开发、获取经济收益、实现经济发展的同时,客观上却任由开发商将城市文化本底作为资本增殖的本钱,使得原有的文化特色逐渐被同化。

然而,对于文人墨客、文化学者等文化精英、专家学者阶层而言,研究地区的文化资源并将其展示给社会公众,是他们的利益诉求,客观上也是他们的使命所在。因此,当地方政府为了追求经济发展而与开发商合谋、过度消耗公共文化资源的做法,是他们无法接受的。进而,文化精英和专家学者们会联合原居民、上级政府共同构成"保护联盟",与城市政府及开发商展开对话与博弈。

• 历史保护与改善民生的博弈

历史城区保护与改善民生的博弈,反映的是实施历史文化保护的城市政府与迫切需要改善居住条件的原居民阶层之间的博弈。

历史城区是城市中文保单位、历史建筑等历史资源最为集中的区域，是体现城市文化底蕴的重要片区，对片区内的历史街区、历史建筑等进行有效的保护是社会各界的共同要求。然而，不可否认的是，历史城区的物质环境正处在不断衰败的过程中，亟须通过片区更新提升城市风貌、改善生活环境。尤其是历史城区中大片的传统民居，其建筑质量普遍较差，市政基础设施不够完善，居民的生活条件也远远落后于周边区域。也正因如此，历史城区的保护工作从一开始就是与改善民生的使命紧密联系在一起的。然而，历史城区保护工作和改善民生的工作围绕着维修主体和维修资金等问题充满着矛盾与博弈。

一方面是维修实施主体的矛盾。历史城区的保护工作难以推进的一个重要原因在于产权十分复杂，按照《中华人民共和国文物保护法》的相关规定，文保单位等历史建筑通常采用"谁使用、谁管理、谁维护"的方式，这意味着历史城区中大量的私有产权建筑维护工作应该由居民承担。而问题在于，一旦民居建筑被定义为文保单位或者历史建筑时，便会有大量的维护限制和要求，居民自发性的维护工作在技术上和方式上通常无法达到文物保护及维护的要求。此时，居民出于改善居住条件而进行的住房加建、建筑加固等行为都会被限制。然而，若政府参与维修工作，且出资占比远大于居民出资时，便会导致产权划分等问题。

另一方面是维修资金的博弈。历史建筑尤其是文保单位的维护修缮所需的资金通常较大，因此仅仅依靠居民承担维修费用是不太现实的，这就需要政府进行相应的投资。以南京为例，2010年公布的《南京历史文化名城保护条例》中提出："承担历史建筑维护、修缮费用确有困难的，所有人、使用人、管理人可以向所在区、县房产行政主管部分申请补贴。"这一条例的推出被认为是解决历史建筑保护难题的有效路径。然而，南京市政府每年用于文物维护的专项资金极为有限，政府专项资金的缺乏，使得保护条例无法落实。

因此，在居民自发的修缮行为被限制而政府专项资金又十分缺乏的情况下，便出现了文物保护工作停滞且居民生活条件又无法改善的局面，这也是历史城区内的居民在去留问题上存在差异化想法的重要因素。

- 依赖政府财政与引入开发商资本的博弈

依赖政府财政与引入开发商的博弈，一方面是城市政府与资本之间的博弈，另一方面，当引入资本时，又存在着引入社会资本还是国有资本的博弈。

以南京城南历史城区为例，在经历1970年代至80年代人口剧增的阶段后，老城南地区的房屋产权归属、人员构成等变得极为复杂，使得政府在实施改造的过程中需要巨大的经济投入。据报道，政府在对门东地区蒋寿山故居进行修缮时，仅针对其中居住的50多户居民的安置补偿花费就达到近1亿元。因此，历史城区的更新工作仅仅依靠政府财政拨款显然是难以为继的。

当经济支出与收益方面的不平衡时，政府并不愿意对历史街区进行纯福利性质的改造，而更愿意引入资本的力量进行市场化的运作，从而缓解街区保护与开发的资金压力。然而，开发商终归是以盈利为目的的，也会为了争取更多的利益而向政府提出要求，例如提高地块开发的容积率，选取容易获利的地段先行开发等。此时，政府一方面会采取诸如限定容积率、建筑风貌、建筑高度等手段将地块开发的控制权掌握在自己手中，以保证地块的开发符合地区的整体发展战略。另一方面，当地块内的资金就地平衡难度太大或者地块开发要兼顾社会公益时，政府也会引入国有资本，采用国有资本独资开发或与社会资本进行联合开发的模式,确保地段内能有持续的资金投入。

4.5.2 空间正义视角的历史城区更新

(1) 空间正义理论在历史城区更新中的适用性

在空间生产的博弈中,权力、资本、阶层三者力量和话语权的不平衡导致了社会分层加速、内城空间绅士化、底层阶层被边缘化等不公平现象的出现,这是空间生产运作的核心回路,也是空间正义成为空间生产价值追求的现实基础。

历史城区的空间生产过程很好地体现了这一回路。首先,历史城区是一个城市最重要的组成部分,往往也是经历多次空间生产后的结果,在物质空间、文化资源、社会关系等方面比城市其他地区更加多样化,参与的主体也更加多元化;其次,历史城区已经成为当下老城内重要的空间生产场所,政府、资本、中上阶层利用好自身的资源优势控制着空间生产的进程;最后,由于普通居民缺乏维护自身权利的有力手段,只能通过当钉子户等非正义的极端手段来表达对资本、权力的抗议,进而引发了严重的社会矛盾。空间正义理论能够为我们解读这些现象提供新的视角。因此,以空间正义作为切入点来分析历史城区具有较好的适用性。

(2) 正义性评判的原则及要素

众多学者都认为空间正义并不是一个恒定值,我们很难用一个量化的指标去衡量历史城区的空间生产是否正义。此外,我们也无法忽略权力和资本在空间资源支配权和分配权上的先天优势,忽略社会中上阶层在财富、地位和社会名望上的优势,而只关注社会弱势群体的空间利益来谈空间正义,因为这容易掉入平均主义的陷阱。因此,我们需要提炼出评判空间生产正义性的具体原则和底线要求,以运用于具体的空间实践案例。

本书借鉴罗尔斯正义论"平等性""差异性"的核心理念,城市权利"城市的权利""差异的权利"的核心理念以及新马克思主义学者空间生产理念,总结出以下3个评判历史城区空间生产正义与否的基本原则及7个评价要素,并将其与空间生产的3个阶段进行对应(图4-14)。

• 公平性原则

从罗尔斯的社会正义论到新马克思主义学者的空间正义论,学者们对于空间正义的内涵及表现形式有了越来越深入的研究,然而对于公平的追求始终是正义论的核心价值观,因此公平性原则是空间生产正义性评价的最重要的原则。

本书所研究的公平性反映的是空间生产前提及过程的正义。其中,前提正义体现为政府维护社会公共利益的层面,这其中就包含了政府角色及立场是否公平。政府主导制定的城市公共政策是否以维护公共利益为目的以及执行过程是否保持独立性。过程正义体现为各个主体是否能够公平地参与空间生产以及主体间的对话渠道是否畅通。

• 包容性原则

简·雅各布斯认为,城市最根本的特征是人的活动,正是人作为主体的公共生活,使街道等公共空间成为城市中最有活力的"器官"。现代城市中消费文化的盛行模糊了人及事物之间的多样化差异,渐渐消除了生活中各种事物的独有特征。然而,正是多样化的日常生活,在满足人们差异化的物质、精神需求的同时,既创造了多样化的城市文化、民风民俗,又塑造了多样化的空间组合,使街区空间变得灵活而不凌乱。

图 4-14 空间生产阶段、空间正义原则及空间正义评价要素的联系示意图

资料来源:笔者自绘

本书所研究的包容性反映的是空间生产过程的正义。包容性本质上反映的是历史城区对于不同文化、不同阶层及其生活方式的"非排斥性",即不同文化、人群在历史城区空间生产的过程中都有融入街区、改造街区的机会。

- 差异性原则

哈维认为:"现实的空间生产是一种'差异性'和'同一性'的统一",因此城市空间的生产既不是一个均质化生产的过程,也不是一个无序生产的过程,差异是城市空间生产和再生产的重要特征。此外,城市空间生产和再生产的差异化,决定了空间正义的差异化。空间正义的产生来源于人们对于空间生产过程中差异化的生产过程、成果分配的主观感受,尤其当人们处于不同的空间位置、拥有不同的空间利益需求时,对于空间权益、空间权利的分配和实现程度会产生不对等的感受,从而催生了人们尤其是弱势群体对于空间生产正义的追求。

本书所研究的差异性反映的是空间生产分配的正义。差异性本质上反映的是主体差异化的利益需求与城市公共资源差异化供给的关系,其正义性体现在两个方面。①政府及开发商是否在不侵犯任何阶层利益的前提下针对不同阶层在消费、居住、文化等方面的差异化需求,提供差异化的空间及服务;②当城市公共资源供给无法满足所有阶层的需求时,是否保障了最小受惠者的最大利益。

基于以上认识,本章构建出下图所示的以空间生产、空间正义、评判原则为核心的历史城区空间生产评述思路(图 4-15)。

4.5.3 基于公平性原则的历史城区更新评述

(1) 城市政府角色

改革开放后,中央与地方政府分权化、经济发展市场化和经济全球化等要素导致了政府出现企业化倾向。在这样的语境下,城市成为一个巨大的企业,城市政府成为运作企业生产的经理人。政府的企业化使其在城市建设的过程中,会去追求政治和经济的双重利益,中国城市的发展因而呈现出强烈的政府主导、逐利色彩浓厚的特征。此外,不同城市政府之间也

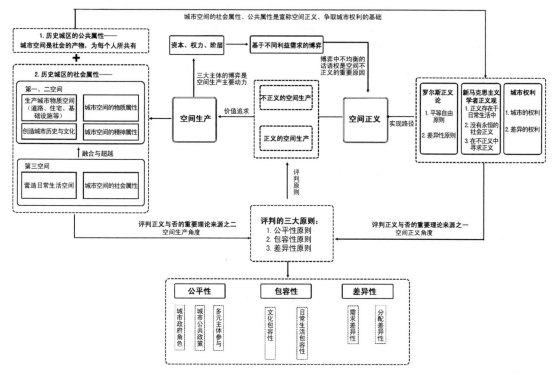

图 4-15　历史城区空间生产正义性评述框架图

资料来源：笔者自绘

存在着利益的竞争，留住外来资本、发展本地经济成为城市政府的重要工作。随之而来的便是政府突破自己市场监督者的角色，成为为资本扫除体制、规则壁垒的先锋，不断地为资本提供所需的生产资料和政策环境。

毫无疑问，在门东地区的空间生产过程中，资本扮演了极其重要的角色。首先是 1990 年代末至 21 世纪初，以房地产开发商为代表的社会资本活跃在门东地区，在长乐路沿线建设了大批居住小区。

此后，随着社会各界对历史城区的关注度日益提升，加上各类保护规划的颁布，门东地区的价值不再局限于土地价值，其本身的文化价值成为重要的开发资本。这一方面导致了地产开发商与社会力量围绕文化保护展开了激烈的对抗，另一方面也使得街区内的项目开发限制变多、开发难度变大、开发周期变长，社会资本难以像 20 世纪末那样随意操纵空间生产，以进行快速的复制和积累。

以上诸多因素导致社会资本逐渐退出门东地区转而由国有资本进行接手。2010 年成立的南京城南历史街区保护与复兴有限公司一方面成为政府的代言开发商，另一方面也保持着经济独立，为政府提供资金支持，从而实现权力与资本的结合。国有资本的介入对于历史街区的保护也有积极的作用，即改变了长期以来经济就地平衡的做法，客观上为实现街区的完整性保护提供了经济基础。总体来看，从 1990 年代末社会资本占主导地位，到 2007 年长乐渡地块社会资本与国有资本的联合开发，再到 2013 年老门东商业街区由国有资本主导开发，这一系列变化反映了门东地区社会资本开发意愿的减弱和国有资本的强势介入。

由于城市土地资源的稀缺性,政府会对更新项目的经济效益、社会效益进行综合考虑,以确保城市更新可以实现多重收益。具体而言,首先是通过推动地区的基础设施建设、改善地区城市环境、提升人居环境等,实现良好的社会反响和社会效益;其次是通过开发建设,获得可观的经济收益,这一方面是来自高昂的土地出让金,另一方面来自长期持续性的税收收入及对相关地区的带动作用;最后是项目本身要符合政府的预期设想,即符合地区的发展定位、发展目标等。因此,政府在正式出让土地前,往往对地区的发展有了一定的设想和规划,并提前进行招商工作,与有意向的开发商进行充分的沟通。在某些复杂地块政府甚至会引入国有开发企业,从而保证土地的顺利拍卖且能够实现政府对项目的预期设想。

然而,在市场经济条件下,政府致力于为资本进入门东地区铲除各种限制,并最终与资本形成"更新联盟",实现对空间资源的垄断控制。当城市居民与开发商出现利益纠纷时,政府往往会动用自身的行政权力来维护开发商利益,以保证两者的长期合作。这样一种集运动员和裁判员于一身的做法,进一步降低原居民和社会力量直接参与街区更新的可能性,最终导致街区原有社会关系网络的瓦解。

(2) 城市公共政策

- 城市规划的价值游移

19世纪末,城市规划作为一种解决公共交通、公共住房、公共卫生等城市发展问题的技术工具出现在西方资本主义国家。此后,随着资本的发展与扩张,城市规划逐渐成为政府和资本运作自身权力的基础,被赋予了极强的政治色彩。

从我国的发展来看,中华人民共和国成立后至改革开放期间,城市规划更多的是作为国民经济计划的延伸和具体化,本质上是一种落实计划经济的技术手段,并不属于调节社会利益的公共政策范畴。改革开放后,随着社会资本的日益活跃,社会利益分配出现了严重的不公平现象,城市规划作为引导城市空间发展方向、调节公共资源布局分配的重要手段,因而具有了公共政策属性。因此对于城市规划公平性的评价一方面为城市规划制定过程中的公众意愿的体现程度,另一方面为城市规划作为代表公共利益的公共政策维护社会公平所做出的调整和努力。在门东地区的城市更新活动中,城市规划起着极为重要的约束和引导作用。具体可分为宏观层面的城市规划、中观层面的片区规划和微观层面的地段规划。

对门东地区的空间更新实践产生较大影响的宏观层面的城市规划主要为历版《南京历史文化名城保护规划》,它是确定整体保护与开发理念的纲领性规划。截至目前,南京共制定过4版保护规划,其中1984年的保护规划是南京被评定为历史文化名城之后的规划成果,实现了从无到有的突破,保护的重点是老城地区,整体上是一次保护老城的有益尝试,由于此时的老城更新速度较慢,老城保护与更新的矛盾并不突出,因此该版本保护规划中并未提出明确的保护老城南传统民居的要求。在第二版历史文化名城保护规划制定时,已经有学者意识到老城南的传统民居有被毁于老城更新浪潮中的危机,但在保护规划中依然未直接提出保护老城南传统民居的构想或建议。对老城南乃至门东地区的建设产生较大影响的是2002年、2010年版的保护规划,其中2002年版的保护规划将城南传统民居列入保护范围,不仅要求保护具有历史价值的文保单位,也要保护传统的民居建筑。然而保护规划的出台并未能阻止老城南地区的更新行动,众多的历史街区先后被拆除。为了应对老城的拆迁危机,2010年版的保护规划提出"全面保护、整体保护、积极保护"的原则,并正式划定了南京城南历史城区,这是老城南地区的保护工作的重要成果,也是历史文化保护工作者制止资本侵占历史资源、保护南京文化记忆所做的重要努力。

中观层面的城市规划包括《南京老城保护与更新规划(2003)》《南京老城控制性详细规划(2006)》《南京老城控制性详细规划(2011)》等，它们是确定片区发展目标、用地性质、产业布局的重要规划，也是直接应对老城保护与更新矛盾时形成的规划成果。

2003年版的《南京老城保护与更新规划》是对南京老城更新活动的系统梳理，该规划将门东地区划定为历史文化保护区，要求整体保护街巷格局、尺度、绿化以及街巷两侧建筑界面。保护与更新规划的颁布是保护门东乃至老城南地区整体格局的有益尝试，然而遗憾的是，同年，90%的南京老城已被改造[①]。

2006年是南京老城保护与更新矛盾最突出的时期，因此2006年版的控规更能反映当时政府在老城保护和更新方面的思路与想法。该版规划一方面意识到门东、门西等老城内未改造的居住片区需要进行建筑特色和风貌的保护，另一方面也希望在当时的开发体制下获得一定的经济回报。因此，该规划在"保护优先"的前提下，鼓励在城南地区建设兼容传统风格、底层高品质、满足现代生活需求的新型住宅，这是2007年门东长乐渡地块进行住宅开发的重要的政策引导，也反映出政府想通过城南地区的开发获得一定的经济回报。

微观层面的城市规划包括《门东地区旧城改造规划设计(2001)》《南京门东南门老街复兴规划研究(2006)》《南京老城南历史城区保护与整治城市设计(2011)》《城南门东长乐渡地块修建性详细规划与策划性方案批前公示(2011)》等，它们是指导门东地区更新和建设的重要依据，也是对街区形态产生直接影响的重要因素。

2001年《门东地区旧城改造规划设计》从经济平衡的角度入手，较为理性地划分了住宅开发和历史街区保护的范围，然而由于历史街区保护的难度和投入极大，开发商仅挑选了容易开发的居住用地进行住宅开发，导致规划的目标并未完全实现。

2006年《南京门东南门老街复兴规划研究》在2001年《门东地区旧城改造规划设计》的基础上首次提出了整体保护、"镶牙式"更新的概念，获得了较好的社会反响。但由于熙南里、长乐渡地块对于"镶牙式"概念的曲解和误用，使得规划的核心理念未得到落实。

2011版《南京老城南历史城区保护与整治城市设计》是为了应对老城南地区日益激烈的保护与更新争议而形成的规划成果。相较于之前的各版保护规划，此次规划的最大意义在于提出了"小规模""院落式""全谱式"的更新理念，并进行了微观层面的设计引导，这是对于2000年以来老城南地区疯狂拆迁行为的有力纠正。因此，该版规划得到了社会各界的广泛好评，也是社会各个群体利益最大化的合理体现。

从2001年《门东地区旧城改造规划设计》中强调商业开发与历史保护并存的概念，到2006年《南京门东南门老街复兴规划研究》强调整体保护和"镶牙式"更新的理念，再到2011年《城南门东长乐渡地块修建性详细规划与策划性方案批前公示》和《南京老城南历史城区保护与整治城市设计》中强调整体保护、渐进更新的理念。城市规划本身是在不断地进步和改善的，也始终是维护社会公平的有力保障。然而，由于每个阶段所处的城市发展环境和城市发展目标不尽相同，城市规划在制定和具体实施过程中存在着或多或少的价值游移(图4-16)，影响着城市规划维护公共利益的成果。

[①] 胡毅，张京祥. 中国城市住区更新的解读与重构：走向空间正义的空间产生[M]. 北京：中国建筑工业出版社，2015.

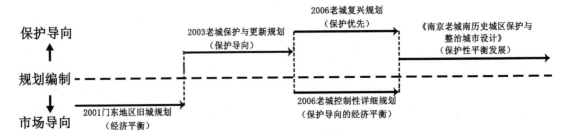

图 4-16 城市规划价值游移示意图
资料来源：笔者自绘

- 拆迁补偿和安置政策

门东地区引起社会争议的拆迁行动集中在 2007 年以后，因此，本书主要对 2007 版《南京市征地房屋拆迁补偿安置办法》指导下的拆迁安置行为做出解读。南京市 2007 版的拆迁安置办法是在国务院 2001 年颁布的《城市房屋拆迁管理条例》（简称《老条例》）框架下制定的，沿袭了《老条例》中存在的显著问题。

首先在拆迁目的方面，《老条例》中规定只要是满足城市规划的需要，便可以进行拆迁。因此，开发商只要取得了项目的建设许可证，便可以向政府申请拆迁许可对居民的房屋进行拆迁或者要求以"净地"出让的方式由政府部门负责拆迁，这就导致了商业利益主导下的拆迁行为异常活跃。

其次在强制拆迁方面，政府可以对不能达成拆迁补偿协议的住户出具《强制拆迁裁决书》，若住户没有申请行政复议或行政诉讼，政府便可以进行强制拆迁。实际上，政府往往迫于净地出让的期限压力，便会调用行政权力来加快拆迁速度，导致侵犯被拆迁人利益的事件出现。此外，南京市拆迁条例规定，行政复议期间，拆迁工作不暂停，这也往往导致复议结果没出来，房屋却已被拆迁的现象出现。

最后在价格评估方面，《老条例》和南京市房屋拆迁补偿条例采用政府定价的方法，评估机构和评估价格均由政府选定和拟定，这使得居民获得的拆迁补偿往往远低于同区位的商品房价格，只能选购偏远地区的安置房，形成"低补低安"的局面。在 2007—2009 年门东地区的拆迁工作中，居民获得货币补偿价格在 6 000 多元，而同期类似区位的商品房价格在 12 000 元左右。

2011 年，新修订的《国有土地上房屋征收与补偿条例》（简称《新条例》）正式取代称《老条例》，成为指导历史城区内房屋拆迁补偿与居民安置工作的重要标准，也是保障居民合法权利的重要法律标准。相比于《老条例》，《新条例》在维护社会公平公正方面有了长足的进步，例如：①将公共利益拆迁与商业利益拆迁彻底区分开；②实行先补偿后搬迁，在房屋使用权和土地使用权的征收程序未完成前，不得拆迁；③房屋的征收补偿金不低于周边类似房屋的市场价等。

虽然《新条例》一定程度上维护了被拆迁人的利益，然而，由于拆迁行动的决定权和最终解释权仍旧掌握在地方政府手中，导致在房屋拆迁的具体行动中，存在着由于概念界定不清、条例实施不到位等造成的不公平现象。例如条例中将危旧房改造纳入城市公共利益范畴，而事实上如果危旧房片区被改造为商业片区，那么这部分利益并不属于典型的公共利益,这就容易导致政府滥用公共利益的概念而盲目开展城市更新实践。此外,在先补偿后拆迁方面,如果保障性房源建设滞后,居民们的临时过渡期将会被无限期延长。以门东地区的拆迁安置为例,保障性住房房源不到位,使得居民们等待了四五年的时间才有了新的住房。

作为保障城市居民合法利益的重要公共政策,拆迁条例需要根据现实中出现的新问题不断地进行优化。本书认为,条例中可以进一步明确公共利益的范畴,并在具体实施中加以甄别。此外可以考虑增加"保障性住房房源未到位时,不得进行拆迁"等规定,以避免发生居民过渡时间过长等现实问题,最大限度地保障被拆迁人的权益,维护社会公平。

(3) 更新主体参与

• 参与力量不平衡的博弈

话语权是空间生产过程中各参与主体行使自身权力的重要媒介,具体而言政府通过各种政策文件、官方媒体等行使自身的行政权力,使居民产生需要为城市建设牺牲自身利益的不合理观念;资本则通过各类广告、宣传,向居民灌输商品经济的优势性、商业街区的便利性;居民则在利益博弈中完全处于下风,对于权力和资本的强势介入,显得心有余而力不足。

在这种力量极度失衡的博弈中,门东地区被开发商、中上阶层所占据,而长期居住于此的原居民则被安置到城市郊区等城市边缘地带。尤其是在长乐渡地块的开发过程中,为了追求资金就地平衡,开发商将地块建设为高档的别墅区。由于别墅区属于私人领域,本质上是抵制外来人群接近和进入的,因而在空间和人群构成上均形成了断裂带,导致了"形似而神离"的现象。力量参与的不平衡导致了居民角色的转变,他们从空间生产的参与者变为了空间生产的抵抗者。

• 公众参与流于形式

门东地区作为城市的公共资源,居住在此的居民理应有权利决定自己的街区是否进行更新,而不是作为被更新的对象临时被告知。然而,事实上原居民所能参与的空间生产过程局限在信息告知和征询意见层面,并不能真正地参与到街区更新的具体实践中。参与权的不充分使得原居民只能依靠本地的专家学者、本地精英、新闻媒体等去转达他们的利益需求,然而当项目进入落地阶段时,专家学者们的力量同样显得微薄无力,最终导致了原居民被排斥在更新运作体系之外。

公众参与无法落实到位有多方面的原因,首先是项目周期往往十分紧凑,加上居民们往往因缺乏专业知识导致意见零碎且缺乏代表性,因此在效率优先的前提下无法将每一个居民的意见纳入规划成果中。其次,代表公众利益的本地精英、专家学者、新闻媒体等往往是基于自身的文化情感而支持原居民的抗议行动,但他们并非居住在此的原居民且无法参与具体规划的编制工作,往往只能批判和反对政府的疯狂拆迁行为,但无法为地区的更新提出实质性的建议。因此,往往也存在这样的一种声音:"说大家都会说,反对大家也都会反对,让专家们居住到那里他们肯定也不会愿意。但具体要怎么做?怎么去更新?没人提得出来。"最后是因为城市规划编制和执行过程中,由于信息获取渠道及信息量的不对等,导致公众参与的具体领域不明确,公众参与效率低下。一般而言,城市规划工作可分为立项、编制、审批和执行 4 大阶段。明确每一个阶段公众参与的重点和深度,是真正落实公众参与政策的关键。

• 反馈机制的不完善

正常来讲,当居民合法权益受侵犯时,他们可以采用法律诉讼等合理合法的方式向政府部门提出意见并寻求解决方案。然而,按照目前的拆迁补偿条例,政府往往会给城市更新冠以"公共利益"的名义,对于居民房屋的征收便属于合法行为,因而当居民执意反对时,政府机构甚至可以通过申请强制执行的方法完成土地征收。面对这样的情境,个别居民可能通过不正当的方式来引起社会的关注,以试图获得政府和开发商的快速回应,最终导致合理的利益诉求演变为非理性的表达。

从门东地区的案例中我们可以发现,政府和开发商在街区开发的利益博弈中占据着绝对的话语权,普通居民则因为分散的居民力量无法形成一股合力,难以与其展开力量平等基础上的对话协商。而如果采取全体居民共同参与协商的方式,千差万别的个人意见会使得决策制定的效率极大下降。因此,既要考虑大多数居民的共同利益,又要兼顾决策制定、项目实施的效率,就必须要建立一个能代表居民利益的组织团体。

4.5.4 基于包容性原则的历史城区更新评述

(1) 文化多样性

城市空间的精神属性赋予了其独特的文化基因,也是其独特于城市其他地区的重要标识。在城市空间生产的过程中,我们必须意识到:首先,文化没有高低优劣之分,不能为了资本的扩张就去磨灭一些资本眼中低利用价值文化;其次,文化具有在地性,各类"飞地文化"的集聚并不能提升地区的文化积淀,反而会变得不伦不类。

在快速发展的新时代,大量资本的介入极大提升了街区更新的速度,也提升了文化迭代更新的速度,使得街区内的建筑、文化、人群变得更加多样化。因此,街区的更新并不是要拒绝新元素的融入,街区的保护也并不是要完全维持原样,进行博物馆式的保护,而是需要在正确认识、对待本土文化的基础上用更加包容的态度去接纳多样化的文化。

- 多元文化的汇聚

当资本投入到历史城区的空间生产中时,并非简单地运用标准化、规模化的工业生产模式,而是敏锐地察觉到街区内的文化积淀是提升资本增殖效率和消费吸引力的有效手段,从而将街区的文化差异性转化为自身文化资本。

门东商业街区的空间设计、功能策划和招商是在其"城市怀旧和深度旅游的人文游憩中心"的总体定位上同步展开的。开发商在引入商家时通过设置相应的门槛来保证街区的人文气息,主要体现在以下三个方面。第一个方面,引进例如剪纸、竹刻、提线木偶等民俗手工艺,以及南京白局、金陵刻经等展现老城南或南京本地文化的品牌。第二个方面,不排斥现代消费文化,以达到迎合中产阶级消费需求的目的。因此,开发商引入了较多传统老字号品牌和走复古怀旧风格的商业品牌,其中最重要的原则是需要符合老门东的文化氛围,同时能够提升老门东的文化影响力。第三个方面,从充分利用街区商业价值的角度出发,用相对较低的租金吸引设计师工作室、文创培训等机构的入驻。

除了引入多样化的文化品牌,引导人们去认知文化和宣传文化也是管理方的重要工作。一方面,老门东商业街区设立了诸如蒋寿山故居博物馆、老字号博物馆、老城南记忆馆等静态的展示与宣传场所,以及诸如德云社、金陵戏院等文化演出的场所。另一方面,通过举办每周一次的创意集市,以及秦淮灯会、新年晚会等节庆活动,从而调动整个社会文化群体的积极性,提升街区的文化吸引力。

如果说,对于"老字号"等异类文化的追求是出于资本逐利的本能,那么对于街区中本土文化的挖掘,则是出于设计师的职业理想和道德追求。在门东地区,民国风格的花迹酒店的前身是一栋 1970 年至 80 年代的红砖房,"两馆一院"的前身是南京色织厂厂房。一开始,由于项目周期十分紧张,开发商建议将它们拆除重建以加快项目进展。但在设计师的说服下,两处非文保建筑得以保留并重生,使工业文化、民国文化得以在街区中延续下去。

- 对市井文化的曲解

2013 年 9 月箍桶巷开街时,一幅展现老南京繁华的市井生活的"南都繁会图"展现在世人面前,预示着门东地区步入了历史发展的新阶段。它展现了明朝时期秦淮河两岸商业兴盛、市井气息浓厚的繁华景象,生动反映了蕴藏于当代门东物质空间衰败背后的文化本底。由此可见,市井文化是门东乃至整个老城南的文化之根。

市井文化背后的运作逻辑实际上是街区居民之间的人际网络关系,当这种网络被消解或者人们不处于这种网络关系之内时,往往就无法体会到这种文化,也就不会对街区存在情感上的依赖。市井文化的这种特征,是较多年纪偏大的原居民不愿意离开破旧的老街区,以及外来人员无法真切体会老城南文化的重要原因。

随着门东地区更新的逐渐完成,原有的物质空间几乎被商业建筑完全取代,原有的社区人群随之被迁走,进而原有的人际网络关系也全部瓦解。当门东地区的消费文化战胜市井文化,资本赢得了最后的胜利,文化原真性最重要的一环被打破,市井文化被符号化了。在老门东,我们随处可见各种各样的雕塑,这些雕塑展示了门东地区原有的日常生活,资本通过重现街区的集体记忆,以试图引发公众的情感共鸣。然而,这种将市井文化简化为民俗文化符号的做法,只是为资本化的消费空间打上了"传统文化"的标签,从而使自己有别于常规的模块化复制品,以便生产出更多的价值。

诚然,老门东的管理方可以通过举办各种文创类活动来增加地区的文艺气息,也可以通过引入大量其他地区的非物质文化遗产和文化活动来提升老门东的文化氛围、游客的文化体验,然而,它们不是门东原有的文化,而只是资本为了迎合消费阶层所采取的促销手段。

(2) 日常生活及人群多样性

老城南地区的门东、门西、南捕厅等地段有着相似的空间肌理、功能业态,是老南京人日常生活最真实的体现。可以说,老城南居民的日常生活是围绕着星罗棋布的小街小巷展开的,街边的一棵树、街头的一口井、墙角的一张椅子、沿街的理发店,街角的馄饨店是居民们驻足停留的场所,也是他们日常生活的真实写照。正是在开放的空间氛围中,催生了大量的从事小商品生意和手工业的人群。

- 日常生活缺失的历史文化街区

当门东地区完成商业化以及高端住宅开发后,原有的充满烟火气息的日常生活逐渐消逝了,取而代之的是传统建筑外壳下的快节奏的消费生活、娱乐生活。资本的投入,专家的知识纵使可以还原历史街巷的肌理,但承载日常生活的场所却无法轻易复制。

三条营历史文化街区是老门东商业街区的核心部分,也是老城南四处历史文化街区之一。2013 年公布的《南京门东三条营历史文化街区保护规划》,将街区定位为:"以居住功能为主,兼顾博览展示、文化旅游、休闲娱乐、服务配套等功能的明清传统民居类的历史文化街区,是城南历史城区的重要组成"。从保护规划中可以看出,保护规划是想要保留原有的居住功能及原居民的,但在项目实施的过程中,却又走上了商业化开发的老路。

我们不得不反思,这样的商业街区还是历史文化街区吗?根据 2010 年版的《历史文化街区保护管理办法》,历史文化街区的设立条件,三条营应该属于历史文化街区。然而,在2015年住建部和国家文物局联合公布的首批中国历史文化街区名单中,南京市仅梅园新村历史文化街区和颐和路历史文化街区入选,诸如夫子庙、南捕厅、三条营等知名度很高的街区却并未入选。两者的差异在于前者在保留物质空间、历史环境等要素的同时,保留了原有的日常生活,而后者更像是经过功能置换的商业街区。

因此,我们需要换一个视角来看待保护及延续历史文化街区中日常生活的重要性。在城市遗产保护领域,学者们提出了"世间遗产"的概念。世间遗产由日本奈良的一个福利组织首先提出的,他们认为,普通居民生活中的日常空间和普通风景都应该属于城市遗产,它们构成了城市遗产的真实环境背景,堪称城市遗产的原型或雏形。虽然也有学者质疑,世间遗产的提出会使得城市遗产的保护有"泛遗产化"之嫌,但它所反映的是多元、包容、公平的社会价值观。

从世间遗产的角度,我们可以发现在门东地区的保护与开发中,由于居民的日常生活并没有被提升到文化遗产的高度,因此政府、开发商并不需要向对待文保单位、历史建筑那样对其进行针对性的保护,从而被有意无意地忽略了。

- 原居民缺失的历史文化街区

原居民是街区日常生活开展的行为主体,想要保护日常生活的多样性就必须要保留相当数量的原居民群体,但在例如熙南里、老门东、长乐渡等已更新的老城南地段,均没有采用保留原居民的做法,这包含居民情感和经济两个层面的原因。

首先,街区内的原住民群体在离开和留下的问题上存在着多样的观点。根据《南京晨报》记者2010年12月对老城南地区居民做的采访,居民主要有以下几种观点:①拥有产权的居民尤其是祖祖辈辈生活在此的老年人,他们出于对老城南的感情愿意留在此地,也愿意自己出钱对房屋进行修缮;②一部分居民由于经济条件的限制,无力承担修缮费用,因此他们希望政府修缮后回迁到此地,从而能够继续享受便利的医疗、教育资源;③也有一部分1970年代和80年代被分配到此地的知青,他们并没有太多的老城南情结,出于改善生活条件的考虑,他们愿意迁至城市其他区域,但希望能得到合理的安置,获得更多的住房面积。

其次,门东地区的更新过程中,虽然政府部门、规划部门以及专家学者等对于是否保留原居民的问题有过一定的探讨,但一方面由于地区内的人口密度极大,在政府配套政策不完善的情况下,会面临保留谁以及保留多少原居民等现实问题,使得整体回迁甚至部分回迁的难度非常大;另一方面,街区内老龄化现象严重,居民整体收入水平较低,如何复兴经济也将会成为居民回迁后的挑战。因此,城南历史街区保护与复兴有限公司最终投入巨大的开发资金,采取了将居民整体迁移并由自己独立经营的更新方式,从而回避了上述难题。

4.5.5 基于差异性原则的历史城区更新评述

(1) 空间差异的普遍性

空间正义强调差异性是因为城市中的差异是客观存在的,我们无法脱离差异来谈正义。完全均等的分配也并不等于正义,如果忽视有些人在经济、地位上的优势来谈公平显然是不合适的,这容易掉进平均主义的陷阱。

正视城市空间生产过程中的差异性,能够为地区的发展带来诸多积极的影响。首先,在城市空间生产的过程中,多元化的参与主体造就了多样化的需求。同一主体在不同阶段也会产生不同的实际需求。资本为了满足不同主体差异化、多样化的需求,对城市进行大规模的投资,从而促进城市的快速发展,这也是空间生产最根本的动力。其次,正是由于社会主体间在经济、政治、社会地位等方面存在着落差,才调动了人们的积极性,不断通过自身的努力改善自己的生活条件和社会地位,为城市的发展提供内在的竞争力和推动力,不断地激发城市及地区的活力。最后,差异的存在提供了对话和合作的可能。城市,尤其是历史城区,差异性的存在使其成为多元主体和多元文化碰撞和交融的中心,是最具开发潜力和活力的地区。

空间生产中的差异性在带来城市发展动力的同时,也可能促使城市空间的破碎和分离,加速社会阶层的分化。首先,主体之间尤其是不同阶层之间需求的差异性,注定多元主体之间会存在着价值诉求和利益冲突,这种冲突有时甚至会演变为难以协调的社会矛盾。其次,在实际的地区更新过程中,政府和开发商往往无法兼顾每一方的利益和需求。由于社会中上阶层在获取财富和资源的能力、机会上具有较大的优势,使得不同阶层之间的差距会越来越大。随之而来的便是社会阶层分化的加速、城市空间的隔离以及原居民的身份认同危机等不正义现象。

正因为差异性具有两面性,对于空间生产正义的追求并不是要去消除这种差异性,而是需要通过政策的引导(如针对弱势群体的保障制度)使这种阶层间的差异不会对彼此造成利益上的侵害,努力实现"和而不同"的理想状态。

(2)主体需求的差异性

在门东地区的空间生产过程中,不同的主体会存在着差异化的利益诉求,政府和开发商则为这些群体提供相应的实体空间。由于不同主体的社会地位、经济能力等方面的差异,对于实体空间的获取存在着极大的差异性,因此,主体的需求在改变空间功能的同时,更新后的空间也在改变着他们的立场和角色。

主体之一:原居民(从空间生产的合作者到空间生产的抵抗者)

原居民是门东地区空间生产的切身利益相关者,希望能够获得更好的居住环境的同时维持相对低廉的生活成本,并像原先一样享受便捷的城市公共服务。然而,随着更新的推进,他们的角色却逐渐从改革开放初期城市更新的配合者转变为如今"推平式"更新的反抗者。在门东地区的案例中,居民面对权力、资本的强势介入,虽然通过媒体、中央政府等渠道获得了阶段性的"胜利",但却依旧无法抵抗他们对空间的操纵,最终还是难逃被拆迁的命运。

此外,当门东地区的知名度和旅游产业高速发展的同时,我们不得不注意到,目前来旅游、参观、消费的人群大多是外来游客及周边地区的中青年消费者。原居民由于经济原因和居住地原因,几乎无法享受到街区环境、物质空间的改善所带来的现实利益。这样的结局并没有实现"危旧房改造"立项时,改善民生的目标。因为如果仅仅通过将原居民搬迁至安置房来改善他们的居住条件,显然忽视了他们为了享受相同公共服务所需要花费的时间和金钱成本,最终也只是在城市郊区建立了一个"高质量"的"贫困区"。

> 搬进保障房,最大的好处是多了个抽水马桶,但是生活条件远不止居住条件这一项。在老城区,他们开小店、摆小摊、打零工可以维持生计,迁到偏远地段,就业、出行、购物还有子女教育都成了新问题。住房条件改善了,区位优势消失了,这样做很可能在消灭了一个贫民区的同时,又制造了一个新的贫困区。一个温情的城

市,不应该让送奶工、卖报者或保洁员在凌晨花一两个小时进城,来为这座城市服务。

——南京市作家协会副主席薛冰(资料来源:中国文物报2013年11月新闻报道)

主体之二:专家学者、文化精英(从地区代言人到空间正义的维护者)

专家学者和文化精英等人群,希望能保护地区的历史环境,充分发掘街区内历史建筑、人文要素的价值,将街区建设成为展示并弘扬老城南文化的空间载体。长期以来,他们通过自身在文化知识、空间设计上的专业性,扮演着地区代言人的身份,向政府提出自己的意见和建议,从而间接地参与地区的空间生产。

权力、资本合谋下的空间生产不断突破正义的底线,普通居民的合法权益和合理需求被不断地侵犯,在这样的背景下,专家学者和文化精英们通过自己的资源网络联合相关的社会力量,甚至是借助于中央政府,形成了反抗非正义空间生产的联盟,成为倡导空间正义、追求公平发展的有力群体。也正是由于他们的不懈努力,门东地区在建设过程中复原了原有的空间肌理和院落,一定程度上保留了街区的历史记忆。

主体之三:使用者(从空间生产边缘人群到最终受益者和支持者)

门东地区空间生产后的使用者主要包括以下三类:一是有一定经济实力、社会地位的富裕阶层,希望通过购买高档的住区,获得舒适的居住环境并体现自身的社会地位;二是中产阶级的消费者,希望能在商业街区中获得较好的消费体验和消费环境,并愿意多付相应的金钱成本;三是商铺的租用者,希望利用门东地区的文化氛围和商业机遇获得更高的商业利润,并愿意为此付出相对高昂的租金。这三类人群分别在居住空间、消费空间和经营空间等层面享受着街区更新带来的诸多利益。

在消费空间方面,老门东商业街区的更新进行了较为完善合理的功能策划,配置了餐饮、商业、娱乐休闲、艺术设计、公益展演等多样化的功能,并通过定期举办不同主题的活动,保证了街区的吸引力。笔者在对老门东商业街区进行了实地调研的过程中,通过访谈街区内的游客,得知他们对于老门东消费设施的满意度普遍较高。在经营方面,由于老门东的商业定位和夫子庙等传统商业街区有着较大的差异,更能满足中上阶层的消费需求,自其2013年开街以来,知名度和影响力不断提升。因此,商家也愿意投入更多的租金,获得的经济收益也比其他地区有一定的提升。

老门东这两年变化也很快,开放的范围也比一开始大了很多,文化氛围更加浓了。以前来这边停车要到江宁路那边,现在停车也变方便了,可以停到这里的地下车库。

——笔者访谈游客之一

我和朋友喜欢来老门东的星巴克聊天、学习,感觉这边的环境要比新街口的好很多,更加有文化氛围。

——笔者访谈游客之一

这边的租金相比夫子庙要贵一点,大概贵了三分之一,不过现在老门东这边的生意相对来讲要好很多,毕竟店面的文化氛围要比夫子庙更浓厚,总的来说收入比之前在夫子庙那边多。

——笔者访谈店主之一

空间利益的差异化诉求驱动着资本进行有针对的空间生产,当门东地区的空间性质由底层阶层占据的居住空间转变为中上阶层占据的居住、商业、文化空间时,街区内的使用者也随之发生了根本性的变化。在更新前,街区内的主要使用者包含拥有产权的原居民、低收入的外来打工者等。更新后,实际的使用者变为中上阶层的购房者、各类商家、艺术家、中上阶层的消费者等。这类人群原先并非街区更新的主要利益相关者,但伴随着街区的中产阶级化,他们凭借自身的经济优势,逐渐成为历史街区空间生产的最终使用者和受益者,原居民则被排除在外,成为受益最小甚至利益受损的群体。

从如今更新后的结果来看,不同主体的需求实现度存在着极大的差异。政府和开发商通过创造现代化的消费空间满足了中上阶层的消费需求;专家学者、文化精英则通过参与、监督规划的制定与实施而实现了保护街区遗产、弘扬地区文化的诉求;原居民群体却因为被安置到城市边缘地区而难以享受城市公共资源,成为最大的利益受损者。

(3)利益分配差异性

在承认不同主体之间的需求差异是客观存在的情况下,如果在满足富裕阶层需求的同时,能惠及弱势群体或者至少不侵犯弱势群体的利益,那这样的更新过程便可以认定为是正义的。然而,在门东地区的更新中,高档住区、商业街区的建设并没有给原居民带来直接的收益,甚至因为将他们排挤到城市边缘地区而侵犯了他们公平获得就业机会、公平享受公共资源的权利。因此,分配的差异性主要是为了应对弱势群体在争取自身利益和获取城市公共资源方面由于自身能力的不足而导致的社会公平问题,其实施主体应当是城市政府。

- 弱势群体的利益诉求

在历史城区的空间生产中,弱势群体是指那些由于缺乏话语权,而难以平等地参与到空间生产过程以及在空间利益分配时获得的收益较少较难的群体。具体到门东地区,指的是在更新过程中直接利益相关的且话语权、参与权较弱的原居民群体。正如前文所言,原居民的利益一方面希望能借助街区条件的改善获得更好的就业机会和更优质的公共服务;另一方面,如果需要搬迁则希望能获得最大化的拆迁补偿和更好的住房条件。但在具体的实施过程中,原居民这两方面的利益需求并没有得到最大力度的保障。

- 不到位的安置补偿

在老门东商业街区的拆迁安置工作中,该片区的拆迁工作于2009年正式展开,当时拆迁办口头承诺两年半左右可以拿到经济适用房,且安置房位于秦淮区内的佳营南路地段,较好的区位加上政府一定的过渡期补贴,使得多数居民也自愿进行搬迁。然而,由于佳营南路片区的拆迁工作进展缓慢,直到2011年才开工建设,使得安置房的交付时间被严重滞后。部分居民因等待时间过长,而挑选了位于城市郊区的四大保障房片区的房源,从而在享受优质公共服务方面的利益被侵犯。

资本的价值不是凭空创造的,利益和价值的交换来源于社会价值的牺牲[①]。据学者调研,南京市的拆迁安置过渡期一般为1～2年,这也符合拆迁工作人员给出的时间承诺。然而不可控因素导致交房时间延期2～3年,这一期间,政府和原居民都付出了较大的社会成本和心理成本。从政府方面而言,延迟交房期间,政府不仅需要多支出居民的临时安置费用(安家过渡费由每月300元增加到600元),还需要在消解社会冲突方面进行支出。对于原居民而言,他们

---

① 胡毅,张京祥. 中国城市住区更新的解读与重构:走向空间正义的空间产生[M]. 北京:中国建筑工业出版社,2015.

不仅需要花费更多的生活成本(600元的补贴远不够租房费用),而且需要花费极大的心理成本。尤其是当老门东商业街区建成开街时,固定住所的缺乏和巨大的心理落差使得原居民们产生了被城市边缘化和被排斥的心理负担,而这些成本是资本不会考虑和关注的。

> 现在建成的老门东就是我们原来的家,(老门东)房子已经建成,该招商的招商,郭德纲的德云社现在已经进驻,相声也讲起来了,台湾美食街也进驻,我们还是在外面流离失所。
> ——某拆迁安置户(资料来源:江苏广播网2013年11月新闻报道)

- 不均等的就业机会

根据公开资料查询,门东地区原居民主要被安置在秦淮区佳营南路和郊区的板桥、岱山等四大保障房片区。这些安置小区内部的日常生活服务设施、住房内部硬件设施和小区配套设施水平相比以前均有了明显改善,居民对此的满意度也总体较高。然而,硬件设施的改善并不能掩盖社会关系网络瓦解的事实,而伴随着社会网络关系的瓦解,原居民们的就业机会和收入来源也受到根本性的破坏。

当门东地区的物质空间逐渐衰败的时候,有一定经济实力的产权人很多已经搬出门东,将房屋出租给外来打工者等低收入人群。其余留在街区的人群一方面因为经济原因无法搬迁,另一方面也是因为依托原有的社会网络关系,可以通过非正规的就业赚取一定的经济收益。然而搬到安置区后,这种社会网络关系被打破,非正规就业的机会也随之消失。此外,随着通勤距离和通勤成本的增加,原居民们更愿意选择就近重新就业,然而安置区的就业机会相对有限,这也就导致了高失业率、高贫困率等情况的出现,据研究,南京四大保障房片区内再就业或失业的人群比例达到29%[①]。上述的多种因素导致原居民群体与社会其他阶层的接触、交流机会变少,客观上侵犯了他们公平参与社会就业竞争的权利。

- 不合理的更新收益分配

卡斯特尔认为:"城市是集体消费的主要场所,政府需要为医疗、教育、基础设施等集体消费品的建设提供支持"。由此可见,城市集体消费品作为一种公共产品,具备显著的福利性质,应当为全体市民所共同且公平的享有。然而,在街区更新完成后,城市资源的分配和利用却出现了诸多的不公平现象。

首先,随着资本从原本的投资工业产品向投资城市空间的转变,医疗、教育等具备明显福利性质的公共产品也逐渐地被社会中上阶层所掌控,他们享受了更多的物质特权,更好的经济发展机会以及更便利的公共服务。这样一种公共资源向优势阶层集聚而边缘地区公共资源相对短缺的现象,使得原本就需要依靠公共交通进入城市主城的街区原居民,更加难以享受相同待遇的社会公共福利或者需要付出更多的时间和金钱成本。

其次,在共享街区更新收益方面,门东地区的更新被政府和开发商以经济收益作为首要衡量标准,而忽视原居民的利益。原居民由于整体迁出,其实并没有享受到更新带来的直接收益,更新带来的收益被政府、开发商及商家所占取。

最后,在街区内部的公共空间使用方面,目前门东地区的公共空间主要集中在秦淮河沿

---

① 胡毅,张京祥. 中国城市住区更新的解读与重构:走向空间正义的空间产生[M]. 北京:中国建筑工业出版社,2015.

线滨水空间、老门东商业街区内部小广场和城墙沿线绿地公园。然而,普通民众难以把它们作为一个日常生活的交流场所来使用,这有两个方面的原因,首先这些公共空间都邻近或包含于商业用地内,本质上是作为商业空间的附属空间而存在的;其次,在老门东、长乐渡地块整体拆迁后,此地的居住人口数量极大减少和居住群体类型也发生了极大的变化,原有社交网络已经瓦解,再加上周边小区的居民受制于街区的完全商业化,几乎不会选择来到此处的公共空间进行日常活动。因此,从根本上来讲,此处的公共空间其实是为特定的中产阶级消费人群服务的,普通市民能介入的空间和可介入的深度都是极其有限的,更新后的空间本身就造就了"文化歧视",产生了阶层隔离的现象。

4.6 老城空间再生产中的空间正义建构

没有绝对的空间正义,我们很难用一个量化的指标去衡量旧城空间生产过程是否正义,空间正义的概念阐述和评价必然是在具体的城市社会现实背景下,针对城市空间生产过程的现实问题。在老城空间再生产的过程中,权力、资本、阶层是推进空间生产进程的三大力量,当三者失衡的时候,空间生产便会出现异化,使城市空间逐渐呈现出权力化和资本化的特征。在这一过程中,政府、市场、阶层等空间主体扮演着不同的角色,政府的价值导向对于平等性原则至关重要,市场对于物质空间的生产的重要性不言而喻,也是地理性差异的主要相关者,而各个阶层的人群面对的是空间再生产过程中的社会冲突,包容性就成了解决这一问题的关键(图4-17)。

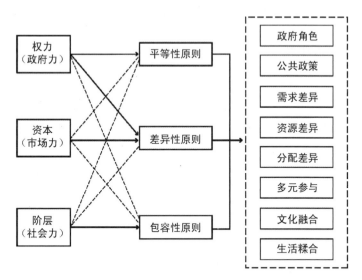

图 4-17 老城更新过程中的空间正义建构
资料来源:笔者自绘

4.6.1 平等性建构:权利保障

平等是赋予和保障人们享受各种基本权利的平等地位,在城市空间生产的语境下,平等性原则强调的是空间生产领域机会分布的均等、公民平等享有一切空间资源和产品的权益，以及民众对空间形态的平等的支配权。平等性原则是空间正义最重要的原则，政府在维护社会公共利益、保障公民平等享受公共服务和社会福利、制定合理公正的公共政策等方面负有主要责任。需要指出的是，平等不等于平均，平等是指机会的均等，包括参与空间生产过程的机会均等，平等的价值导向中包含了差异的要素，而差异性是平等性的另一种形式。

(1) 政府角色的回归

随着改革开放后中央与地方政府分权化、经济发展市场化和经济全球化等因素的影响，政府出现了企业化倾向，中国城市的发展因而呈现出强烈的政府主导但同时逐利色彩浓厚的特征。随之而来的便是政府不断地为商业资本提供所需的生产资料和政策环境，而忽视了自己代表公共利益的角色。在老城更新中，政府需要摆正位置，做好市场监督者、社会福利供给者的角色，保证公平的社会环境。

(2) 公共政策的保证

在更新的起始阶段，政府需要基于其公信力和权威性，通过制定城市规划、拆迁补偿和安置条例等城市公共政策承担起维护公共利益的重要职责，在老城空间再生产的参与主体、功能安排、投资模式、空间分配和运营等方面充分考虑基本公共服务的均等、各群体利益的均衡、资本介入的管控，并针对弱势群体制定合理的空间补偿机制。在当前我国城市化的背景下，保障流动人口享受城市公共服务、基本城市福利的城市权利也是实现空间正义的重要方面。

4.6.2 差异性建构：效率引导

差异性是人类社会的重要特征，也是城市社会活力的重要源泉和社会发展的重要动力，正义的概念中内含着差异的内容，即所得与所付相称的就是正义，不相称就是不正义。空间正义来源于人们对于差异化的空间生产过程和空间分配过程的主观感受，尤其当人们处于不同的个人立场、空间视角、利益需求时，对于空间权益和空间成果的实现和分配会产生不同的期望和感受，从而催生促进生产效率提升和保障差异补偿的相关路径。

(1) 需求差异——真实的多样化

在老城空间生产的过程中，不同群体的需求因时因地而异，每个人所能负担的需求成本也各不相同，真实的需求具有多样性。这种多样性一方面能够调动人们的积极性，不断通过自身的努力改善自己的生活条件和社会地位，另一方面也有助于政府和市场进行差异化的空间生产，为不同人群提供差异化的消费空间，从而提高空间生产的效率。

(2) 资源差异——话语权的均衡

不同群体所占有的资源具有差异性，包括经济资源、社会资源和个人能力资源等。资源占有决定个人（群体）在老城更新过程中的话语权，话语权的合理分配能够保证资源有效地发挥作用。但在经济资本主导的时代，这种话语权的分配最后往往屈从于市场资本的强势而失衡，例如在老城历史街区更新的过程中，原有居民由于话语权的弱势，不同程度面临被驱离的困境，这就需要政府出面平衡各群体的诉求，在保证基本公平的前提下，追求空间生产的效率。

(3) 分配差异——不正义的矫正

在承认不同群体之间的需求差异是客观存在的情况下，如果在满足强势群体（资源占有多)需求的同时,能够保证弱势群体(资源占有少)的利益,那么这样的更新过程便可以认定为是正义的。然而,在实际的老城空间生产的过程中,弱势群体的居住权、消费权往往被"侵犯"了。在强调市场在资源配置中起决定作用的同时,政府就需要发挥其调控作用,在空间分配上倾向于弱势群体,来弥补由于资源占有差异导致的空间分配不公平,这是对空间生产不正义的矫正。

4.6.3 包容性建构:和谐开放

包容性反映的是城市对不同阶层、不同文化、不同生活方式的非排斥性,是城市多样性的重要保证。城市空间再生产过程中,原真性、开放性和流动性一直是相互影响的要素,原真性是城市文化特色延续性的关键,而开放性和流动性是城市空间进化的推动力。在城市更新中,包容性的目的是促进不同人群、不同文化都有融入城市再生产过程的机会。

(1) 基于博弈的多元主体参与

政府、开发商、原居民等群体都有参与到老城空间再生产的权利。在多方力量博弈的过程中,政府通过各种政策文件、行政权力推动老城更新,并保证基本的公平公正;开发商则通过经济资本参与空间生产过程,获取利润;居民则在利益博弈中处于下风,对于权力和资本的强势介入,显得心有余而力不足,需要政府的救济。

(2) 基于原真性的多源文化融合

老城空间的精神属性赋予了其独特的文化基因,在老城空间生产的过程中,面临着本土文化消失和全球文化侵入的问题,表现为地域原真性与全球开放性的矛盾。文化具有在地性,各类外来文化符号的集聚并不能提升地区的文化积淀,反而会使得老城变得不伦不类。老城更新并不是要拒绝新文化的融入,而是需要在正确认识、保持本土文化原真性的基础上用更加包容的态度去接纳多样化的文化,避免其成为资本获取剩余价值和超额利润的促销手段,而是成为地域文化延续发展的推动因素。

(3) 基于开放的多样生活糅合

多元群体的日常生活体现的是老城街区的多重使用价值。在老城更新中,资本通过街区功能的置换,来实现自身的积累与增殖,在这一过程中,开放性成为街区功能空间重构能否成功的关键因素,基本原则是对多元城市生活的尊重,对不同人群的接纳,这就要求老城更新模式的多样性和灵活性,而不是单一地将居住功能变为商业功能或将低档次的居住功能变为高档次的居住功能。比如由于社会需求的存在和社区文化的发展,进城务工人员集聚的城中村使得他们在空间和生活上从城市的客体变成城市的主体,城中村的存在就具有一定的合理性和必要性,拆除重建城中村成为不正义的空间生产行为。

5 传统商业中心的地方性建构:夫子庙地区更新

导言:城市传统商业中心更新

城市传统商业中心既是消费行为的主要场所,也是城市记忆的物质载体。既有其街区肌理、建筑风格、景观风貌、历史文物等物质空间带来的固有价值,同时也有其基于城市记忆和地方文化的情感价值。对传统商业中心的不断再利用与开发既是城市更新的必然路径也是其空间价值的资本增殖的常见选择,而在这个更新过程中城市传统商业中心的地方性也在被不断重构。如何平衡经济发展和文化保护的诉求,如何看待地方性的重构并对传统商业中心的资源进行积极利用都是需要讨论的重点议题。

南京夫子庙历史街区就是这样一处典型的传统商业中心。随着改革开放的快速进程和南京城市营销的成功,夫子庙迅速被裹入全球化的浪潮,其原有功能被替代,空间表征被不断改造与重塑,逐渐走上旅游化、观光化的道路。它一方面见证着城市随着经济全球化的地方性消弭,另一方面也作为空间生产的工具参与着全球资本对城市地方性的营销,夫子庙的地方性在不断地更新活动中被重新建构。

本章将梳理南京典型传统商业中心夫子庙更新改造的过程,揭示夫子庙街区在其经历的多个阶段中都表现出的不同地方性特征,并试图回答以下问题:夫子庙是如何成为今天的状态的?在其更新的不同阶段都展现出了怎样的地方性,以及分别是由哪些动力机制主导的?空间使用者如何评价夫子庙的地方性?生产者和消费者的地方性观点有什么异同?

通过讨论夫子庙地方建构的内在动因与机制来阐释城市传统商业中心更新过程中变化的地方性,同时基于对夫子庙街区当前更新结果的使用者感知评价来对城市传统商业中心更新中的文化原真性、全球化等价值取向进行重新讨论。为后续的更新实践着眼地方生活,打造蕴涵丰富情感与地方特质的城市空间提供经验与教训。

5.1 夫子庙地区的更新历程

夫子庙商业中心位于南京内城的城南地区、秦淮河畔,是秦淮风光中最具精华的部分,也是充满活力的历史文化街区。街区北至建康路,东邻平江府路,南临琵琶街,西靠四福巷,总用地面积约 20 hm²。以夫子庙建筑为中心,由孔庙、学宫、江南贡院等组合而成,主要街道包括贡院街、贡院西街、东市、西市及其周边区域。

作为南京地方文化的重要组成部分,夫子庙经历了漫长的发展、建设和改造过程。其起源最早可以追溯到东晋时期,六朝时初现繁荣,而后经过隋唐、宋、元、明、清数代发展,经过数次变迁后逐渐衰落。1980 年代后才逐渐恢复了"庙市街景"合一的风貌。夫子庙作为历代南京文化活动、民俗活动、商业活动的重要空间,长时间以来已经成为市民文化的重要组成部分,每年的秦淮灯会吸引众多游客来领略金陵文化。同时夫子庙街区位于南京城市更新的核心区段,近年来其街区的空间范围、形态、功能不断变化,对居民集体记忆和地方性认知也产生着影响。

5.1.1 改革开放前的夫子庙

1912年元旦,随着辛亥革命的炮火,孙中山在南京就任中华民国临时大总统。仅过3个月孙中山辞职,临时政府北迁。1913年北洋军先抢后烧,南京城遭到洗劫,到处焦土。1924年直系军阀再次纵兵掠城,城南商铺、民居被抢掠。

在这一过程中,南京开始了缓慢的现代城市建设。1918年拆除闲置多年的贡院,改造为商肆,使夫子庙地区的商业空间扩大,更趋繁荣。当年秦淮河两岸皆河房,商家临河两面开门窗。两岸商肆,桨声灯影,其醉人之处正在于此,这种十里秦淮的繁荣商市景象保持到20世纪中叶。1929年,在新编制的《首都计划》指导下,南京的城市建设逐渐有序,道路沿线的商业与居民区发展非常快,太平路、三山街沿街现代商铺成片崛起,夫子庙的商业发展也进一步繁荣。

日寇侵占南京后,对城内历史文化遗产进行了严重破坏。因为在夫子庙大成殿中发现抗日宣传图,丧心病狂的日寇将夫子庙大成殿、奎星阁、得月台、思乐亭等建筑群全部焚毁,仅余一座聚星亭,对夫子庙街区的物质空间造成了不可逆转的损毁。

中华人民共和国成立后,市规划部门在1947年《南京都市计划大纲》的基础上,于1956年尾绘出了《南京市城市初步规划草图(初稿)》,规划明确南京的城市定位已从消费城市转变为生产城市(同时也导致了这一时期历史保护意识的匮乏和管理的粗放)。城市中心地区依据现实,提出不将行政、商业和文化活动中心分散布置的方案。就是在此轮规划中,夫子庙被定位为传统的商业、娱乐中心。永安商场曾是南京最重要的商场之一,人民游乐场、小剧场和小吃店,直到"文革"前仍是南京市民最喜爱的休闲娱乐场所。

在这一时期,夫子庙的历史建筑损毁,街区历史风貌遭到破坏,文化特征逐渐消退,但商业逐渐繁荣,成为南京市民重要的商业、娱乐中心。而这一时期的商市特征也成为众多南京市民的地方记忆。

5.1.2 探索期:历史街区重建的曲折探索(1983—2000年)

1983年11月,国务院批复通过《南京市城市总体规划》,并指出南京是著名古都,明确了南京新的城市定位,即先是全国以及世界的"著名古都"然后才是"江苏省的政治、经济、文化中心",因此城市发展建设应当以历史文化名城为基点。

在新一轮总体规划的要求下,南京自1984年起对老城区进行改造,同年编制《南京历史文化名城保护规划》,以十里秦淮两岸的人文资源建设秦淮风光带。重建后的夫子庙,建筑面积5万 m^2,钢筋混凝土结构,由潘谷西、钟训正等先生主持修复或重建孔庙建筑群——大成殿、聚星亭、魁光阁及东市、西市等的规划设计。

作为南京市的重点项目,夫子庙的复建得到了相当大的关注。1984年1月,时任市长检查夫子庙规划建设工作,要求两年内夫子庙地区城市建设有明显改观。1985年1月,秦淮区委、区政府做出《加快夫子庙重点建设,逐步建成商业文化中心的决定》。这期间,得到了国家旅游总局拨款650万元的支持,市领导及市城乡部门的现场办公关注和全国专家学者的研究讨论。1989年江南贡院历史陈列馆正式开馆,这是全国第一个反映古代科举考试的陈列馆。

从1984年到1990年,用了6年时间,秦淮区按照中国传统建筑形制恢复重建了文庙、学宫和贡院等古建筑群,并对贡院街和贡院西街实施改造。"青砖小瓦马头墙,回廊挂落花格窗",依据明清两代建筑特点,修复了秦淮河两岸河厅河房,打造旅游文化商业街。按照历史上的庙会格局对东市、西市两条街道进行复建。建成后的夫子庙古建筑群的规划建设荣获国家城乡建设委"优秀设计优质工程二等奖"、江苏省"优秀设计奖"。1994年1月1日,夫子庙地区实施步行街管理。

与此同时,夫子庙地区的商贸建设得到了进一步的蓬勃发展。夫子庙青年商场于1982年开始筹建,夫子庙地下商业街于1990年开业,是当时华东最大的地下商业街区,夫子庙小商品市场也是当时同类市场中的全国翘楚。

1998年1月2日,夫子庙旅游实业发展股份有限公司成立。该公司由晚晴楼、夫子庙展览馆、秦淮人家宾馆、夫子庙人民游乐场、秦淮区国有资产经营中心共同发起,总股本3 320万元(表5-1)。

表5-1 夫子庙主要更新举措(1983—2000年)

年份	主要举措	具体内容
1984	开始复建	市政府《加快夫子庙重点建设,逐步建成商业文化中心的决定》
1989	大型工程	完成泛光工程;江南贡院历史陈列馆建成
1990	建筑复建	古建筑群建设完毕,恢复明清特色,修复河房
1990	商贸发展	地下商业步行街开业
1994	步行街成型	主要街道和广场建设完成,实行步行街管理
1998	企业化经营	夫子庙旅游实业发展股份有限公司成立

资料来源:笔者自绘。

这一时期的夫子庙,借着改革开放和南京城市化建设的东风进行了集中快速的发展重建。自1983年规划设计、分期分批实施的夫子庙地区的改造初见成效,物质空间初步复建,商业经营更加繁荣使其商业娱乐中心的地位开始恢复。

但这一阶段中,对历史文化遗产保护意义的认识和保护措施都还处于较低水平,且已出现城市改造与历史文化遗产保护严重冲突的情况。夫子庙地区开发过分强调商业环境,造成"商业包围历史"的状况,连闻名遐迩的乌衣巷也被改造的面目全非。复建中主要关注建筑群和物质空间,没有考虑文化引导。文庙、学宫等科举文化建筑与东市、西市的庙会格局混杂,此时期的夫子庙缺乏明确定位。

同时,当时的某些城市管理者怀揣着一个"国际化大都市"的梦想,急于改变城市现状以显示政绩。其造成的直接影响就是夫子庙地区"商气"过重,并且在开发重建过程中政府承担了大量贷款,为后期的更新和管理埋下了隐患。

5.1.3 稳步期:"文教"转型目标下的景区升级(2001—2011年)

2001年1月,南京夫子庙被国家旅游局命名为全国首批4A级旅游景区。进入21世纪的南京,历史街区的保护终于提上议事日程,得到了有关方面的足够重视,并明确了明故宫遗址区、朝天宫古建筑群、夫子庙传统文化商业区等十片历史文化保护区。政府的观念开始有了转变。同时,在旅游产业兴起的大背景下,夫子庙街区吸引游客、带动地区经济收入的城市名片职能也得到了重视,开始了一系列的景区扩容升级工程(表5-2)。

> 到2005年、2006年左右的时候,当时区政府就比较重视了,觉得还是要以休闲、旅游、度假,这类文化旅游为主,就可能要把商贸的一部分商气,把它要逐渐的淡化,要提升夫子庙地区的文气。
> ——夫子庙文化旅游集团有限公司 管理人员

表5-2 夫子庙主要更新举措(2001—2011年)

年份	主要举措	具体内容
2001	景区建设	评为4A级景区;瞻园商城开建,永安商场新楼开业,大力推进商贸设施建设
2002	景区建设,商贸发展	持续提档升级,商贸持续发展
2003	商业发展	放大辐射效应,引进钱塘人家、盛德食府等规模企业,拓展城南商贸圈
2004	景区扩容,规范升级	开展景区扩容工程,整体打造平江府路,夫子庙景区总面积由0.21 km² 扩展到1.12 km²;整治核心景区占道摊点,建成游客咨询服务中心;实施亮化改造工程,打造"夜泊秦淮"
2005	文化、商业共同发展	放大夫子庙品牌效应,建成平江府商务楼、咸亨酒店、格莱美娱乐中心等一批商业企业;加强文化输出,出版《桨声灯影》等书
2006	内秦淮河水上游线贯通	开通5华里(1华里=500 m)内秦淮河水上游线;新建牌坊,完成主干街道的立面出新,区域面貌升级
2007	秦淮风光带整体升级	夫子庙片区与中华门、内秦淮风光带联动发展;以旅游商贸为主的第三产业达到秦淮区地区生产总值50%以上
2008	环境升级	店招整治,瞻园路、琵琶街等对外道路达到省级示范标准;完善旅游配套,规范商业、餐饮标准
2009	环境升级	进行亮化提档、绿化补植、店招店牌整治、标识标牌完善等工作,改造游客中心,新增停车场,景区环境进一步改善
2010	环境升级	评为5A级景区;《南京市夫子庙秦淮风光带条例》实施;大石坝街滨河步道开建,周边教敷巷、大四福巷等搬迁升级,景区准备东拓西延
2011	环境升级,联动扩容	完成瞻园商城改造,李香君故居改造,建设钞库街旅游商贸项目;城南复兴全面启动

资料来源:笔者自绘。

可以发现在这一时期中,夫子庙的更新升级有两个重要节点。一个是2004年的景区扩容工程,将"夫子庙景区"由原本的0.21 km²扩展到1.12 km²,东扩至吴敬梓故居、西延到中华路、南达长乐路、北接建康路,奠定了现在的夫子庙街区的空间基础。另一个是自2007年起的秦淮风光带联动发展,在打通水上游线和良好工程后实现"夜泊秦淮",也将夫子庙的地方性建构纳入了秦淮、城南的大背景之下,并在此后逐年完善景区软硬件建设和周围道路环境的提档升级,以及下一步的东拓西延计划。

但是,另一个事实是虽然秦淮区意识到了夫子庙宝贵的文化属性和历史价值,这一时期的夫子庙仍然难以摆脱大量的商业化开发,尤其是在其周边大量兴建商贸设施使得整个街区淹没在商业气息之中。在2001年评选为4A级旅游景区到2010年评选为5A级景区的过程中,其大量举措都是为单纯的旅游发展和追求经济价值而服务的,没能真正地实现转"商气"为"文气"。

此时期的夫子庙街区内部是旅游景区,外部是商业区,街区内外地方性割裂,且存在过度旅游观光化的现象。但这一时期的稳步升级为夫子庙街区打下了良好的物质空间基础,其内部主要街道乌衣巷、贡院街等均进行了路面及店招的更新整治,主要历史建筑江南贡院、李香君故居等均得到了修缮保护,且街区知名度大大提升,为后期的进一步更新奠定了良好的基础。

5.1.4 飞跃期:大型项目带动下的复合提升(2012年以来)

2009年,南京获得了2014年第二届青年奥林匹克运动会的举办资格。这一大型赛事对于南京的城市发展有着重大影响和深远意义。在其带动下,南京市积极地推动老城改造和新城建设,并加快文化产业发展和历史街区的升级改造(表5-3)。

表5-3 夫子庙主要更新举措(2012年以来)

年份	主要举措	具体内容
2012	企业化管理	成立南京夫子庙文化旅游集团有限公司,全面负责经营
2013	商业整治	夫子庙综合楼、地下商场等拆迁
2014	配套升级	街区立面、管网、路面、业态等更新改造
2014	文化升级	科举博物馆举办临时展览迎接青奥
2015	街道改造	贡院西街改造
2017	大型项目	科举博物馆正式开业
2018	街道改造	大石坝街、龙门街改造
2018	开放空间拓展	南京市中医院搬迁,控规修编,科举博物馆周边用地腾退

资料来源:笔者自绘。

作为南京重要的文化地标,夫子庙街区自2012年起进行综合改造。硬件方面,对整个街区的外立面、管网,包括路面进行出新。软件方面,通过腾龙换凤、业态引领的方式进行升级。这一综合改造由秦淮区下属的夫子庙文化旅游集团牵头,与上海时尚集团等多家企业合作,改造于2014年8月初步完成,夫子庙以全新面貌呈现在市民面前。

这一时期中,夫子庙更新的重要契机是科举博物馆的建设。作为南京市文化建设的重点项目,科举博物馆与六朝博物馆等一批文博场馆的建设,受到了南京市的较大扶持与强力推进。克服了拆迁和用地的压力,采取利用地下作为主要空间的办法,试图兼顾历史保护与建设的矛盾。科举博物馆于 2017 年正式开业,除场馆本身外还包管区一期二期的配套的商业体等。

科举博物馆建成后,一举成为夫子庙的新地标建筑,并带动了街区的提升转型。夫子庙街区除复建的孔庙建筑群等,又多了一个可看之处,并实现了"文脉"的彰显。科举博物馆的建成从地方性建构上重新奠定了"天下文枢"的地位,暗示夫子庙是文化中心,而不再是商业中心。

> 你在九几年、〇〇年、21 世纪初,都是商业的东西,都是小商小贩。市民到夫子庙的花鸟鱼市场买个猫狗的,然后到美特斯邦威什么专卖店的。自从科举博物馆建了之后,你就知道它是文化中心,我要科考跟我要到夫子庙里面烧个香,要高考坐个船,它转型成旅游休闲街区了。
>
> ——夫子庙文化旅游集团有限公司　管理人员

青奥会对夫子庙街区发展的影响是重大的。除科举博物院建设引发的文化升级外,还包括街道立面、管网等硬件设施的配套升级,以及其他街道立足于特色挖掘的新一轮综合改造。青奥会时重点打造的是贡院街,2015 年、2016 年开始对贡院西街的改造,2018 年开始对大石坝街、龙门街进行更新,并逐渐引入智慧夫子庙等多样的管理方式。除对门头、店招、道路景观灯进行规范外,也加强了街区业态引导的重视。同时,秦淮区成立了文旅并购基金,对低效闲散房产和商业资源的收购并购引入专业团队代管,逐渐回收 1984 年复建时因急于偿还贷款而出售的产权,对业态进行调整。

在这一时期中,随着街区规划理念更加成熟和企业化管理团队的引入,以及大型文化项目的植入,夫子庙的地方特征更加鲜明,出现由商业向文化转向的趋势。但是,面对新时期的全球化浪潮和消费主义的升级,夫子庙也将面临新的挑战。

5.2　政府企业化主导的地方性建构

夫子庙的地方性建构是在政府和国有资本的主导下进行的,目前其具体运营管理和招商等工作主要由夫子庙文化旅游集团有限公司负责,另有秦淮区政府的派驻机构夫子庙管理委员会负责旅游管理和治安等。本节将聚焦 2012 年后夫子庙更新中的代表性项目科举博物馆的建设和业态引导等关键阶段,对政府企业化主导下夫子庙的地方性建构方式进行讨论。

5.2.1　物质空间更新:科举博物馆的引领

科举博物馆是随着青奥会开展的南京市级重点项目,也是夫子庙文化转型的关键契机。但其建设过程并不是一帆风顺的,可将其建设大致分为立项、设计、拆迁建设三个主要阶段。

（1）立项阶段

2012 年南京市制定了《南京市重点文化工程项目计划(2011—2015 年)》,计划中就包括建设科举博物馆、六朝博物馆等新一轮博物馆建设工程以完善博物馆体系,从而在青奥会到来的契机进一步地彰显南京作为历史文化名城的风采。其中对科举博物馆的要求是结合夫子庙地区进行整体改造,由市规划局和秦淮区政府进行规划与论证并负责搬迁工作。

作为南京市的八大重点文化工程之一,科举博物馆项目受到了广泛关注与多方支持。位于科举博物馆北侧的南京市中医院在市"十二五"卫生发展规划中被列入了搬迁计划中,以利于历史街区的风貌协调等。在该项目确定前,其南侧的江南贡院已经在2012年初完成了自身的内部扩建,增加了南大门并修葺新的亭台楼阁等,这一内部扩建是江南贡院原本的计划,与科举博物馆并无关系。

科举博物馆的立项是完全自上而下的,并且南京市的大力支持也超出了秦淮区及夫子庙管理部门原本的预期与规划。这使该项目从初期便行走在了一条快速道上。

(2) 设计阶段

在科举博物馆正式立项后,建筑方案招标随即进行。招标由建设单位南京夫子庙文化旅游集团有限公司组织,并吸引了包括台北故宫设计团队在内的海内外共4家著名设计公司参加了设计方案的比选,但是原计划于2012年5月中旬前完成的方案比选工作并没有如期选出合适的方案。

方案迟迟未定的一个重要原因是设计条件的困难。虽然位于夫子庙核心地段,有着丰厚的历史积淀,但科举博物馆的建成条件并不乐观。第一,江南贡院集体记忆断层,文物环境混乱需要谨慎处理。场地中的明远楼是中国保留的最古老的一座贡院考场建筑,曾经还被用作南京国民政府的办公场所。它虽然作为科举制度的标志记忆仍庄严屹立,但是周围已经被商肆所包围。近年夫子庙地区文化产业持续衰落,廉价且高密度的小商品市场商肆占据主导位置,与历史街区的性质严重冲突。第二,场地空间的限制较大。项目位于城市核心商业区并与南京地铁3号线毗邻,过高的建筑密度挤压了公共空间。另外场地中还有较多古树名木,南京市中医院虽已被列入搬迁计划但尚未腾退。此外,根据历史保护的要求,新建建筑一律要低于明远楼的檐口高度,也就是低于7 m。这些都导致了科举博物馆的建设空间有限,只能在地下做文章,进一步加大了设计难度(图5-1)。第三,最难以忽视的客

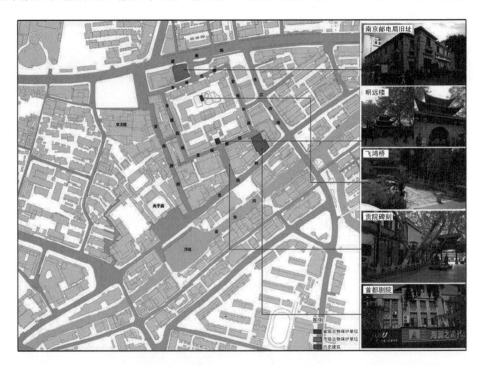

图5-1 科举博物馆周边历史遗迹分布

资料来源:罗婧. 南京中国科举博物馆工程报告[D]. 西安:西安建筑科技大学,2017.

观问题是项目时间节点的紧迫。虽然工程规模并不大,但为了迎合青奥契机期望在2014年6月前初步建成。急迫的节点、复杂的环境、历史街区与文化彰显的诉求使得项目在前期设计阶段就面临着重大挑战。

最终,西安建筑科技大学的刘克成教授团队临危受命并中标,科举博物馆的最终工程设计团队由西安建筑科技大学刘克成工作室、华东建筑设计研究院和建学建筑与工程设计所有限公司的上海分公司组成,其中刘克成工作室主导。其主要理念为延续夫子庙、科举博物馆、秦淮河三位一体的关系,进行保护、发掘、整理、展示的整体设计[①](表5-4)。

表5-4 科举博物馆设计理念

设计原则	设计手段
保护文化遗产	整治明远楼周边街区环境
恢复历史记忆	彰显江南贡院原有格局,建设中国科举制度博物馆
改善城市空间	打通江南贡院南北轴线开辟新的城市公共生活空间
振兴文化产业	以国学为主线带动发展南京市文化产业

资料来源:罗婧. 南京中国科举博物馆工程报告[D]. 西安:西安建筑科技大学,2017.

设计方案经过多轮比选与专家论证,于2012年11月敲定并计划分两期工程实施,总用地面积6.62 hm²。其中一期工程为明远楼西南部分,占地2.75 hm²,建设科举博物馆及配套商业。一期工程总投资约35亿元。二期工程为明远楼以北、以东部分,将周边街区的商业改造作为主要建设内容(图5-2)。

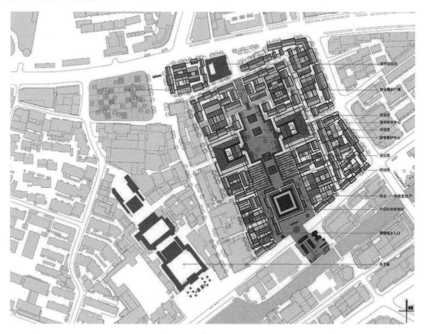

图5-2 科举博物馆总平面图

资料来源:罗婧. 南京中国科举博物馆工程报告[D]. 西安:西安建筑科技大学,2017.

---

① 罗婧. 南京中国科举博物馆工程报告[D]. 西安:西安建筑科技大学,2017.

在建筑设计开展的同时,展陈设计和展馆的文物征集工作也在同时推进。博物馆的主要展陈设计由台湾刘培森工作室参与,同时南京青奥会期间设置临时展出,由江苏爱涛文化公司负责临展设计。文物征集工作由文史展陈组负责并赴民间征集文物。此后,展陈组与策展组多次商讨谈判,多次与国内同行就借用展品、文献等展开商讨,并赴广州、北京等地征集文物。2012年12月12日,科举博物馆正式举行奠基仪式,整个项目2016年建成(图5-3)。

图 5-3　科举博物馆实景
资料来源:笔者自摄

(3) 拆迁建设阶段

由于项目区位特殊,历史建成环境复杂,导致博物馆采用勘测、设计、施工同时进行的办法。从立项开始,即进行周边商业街的征地拆迁工作,并随着项目的设计展开持续进行。而拆迁过程也遇到了很多矛盾与困难。根据拆迁建设中涉及的主要利益主体不同,对商业设施拆迁、文化娱乐设施搬迁、公共设施搬迁3个过程进行分别论述。

• 店铺拆迁:商户经济利益之争

江南贡院门前包括原金陵路周边的小商品市场的商铺门面房于2012年10月首批被拆除。而后,在2013年陆续对夫子庙综合楼、地下商场等进行了拆除。拆迁过程中的难度非常大,尤其是面对小商户业主受到了较大阻挠。

在业主方看来,他们的不满主要来自3个方面。第一,是经济纠纷。业主们认为按照当时南京市国土资源局的土地分类,夫子庙拆迁商铺所在地段属于Ⅰ类地段,且当时贡院街和贡院西街商铺年租金可达到1万元/m²,而评估公司对其挑高5 m商铺的评估价为6万~7万元/m²,理应获得更高的补偿。第二,是无法回迁的问题。负责拆迁工作的秦淮区征收办所提供的作为产权置换的夹岗汇景位置偏远且人流量也较低,业主们并不满意,希望能够继续留在主城区内。第三,是必要性问题。部分业主认为夫子庙综合楼的建成时间较短且风貌良好,即使为了街区的整体更新也不应被拆除。

而负责拆迁及建设等事宜的秦淮区则以文化发展及城市风貌建设为主要考虑。根据科举博物馆项目的需要及南京市"动迁拆违治乱整破"的要求,对金陵路、丝绸商场、小龙门街等夫子庙管理办公室权限下的自管市场进行清租关闭工作,进一步推动夫子庙景区提档升级。另外值得一提的是,借助此次青奥节点和博物馆建设市里鼎力支持的契机,夫子庙将会把一部分1990年代出售出去的产权重新抓到自己手上,实现业态的初步调整。

> 当时拆迁花了很大的力度,把当时金陵路周边的一些商铺一些东西全部拆掉,一些铺子拆迁的难度非常大,因为讲实话很多小商户素质参差不齐,所以也有很大的压力。
>
> ——夫子庙文化旅游集团有限公司 管理人员

在商铺的拆迁中,主要是双方主体利益诉求的不同,尤其是对地方价值的认知差异造成了拆迁过程中的矛盾。

- 电影院与老字号搬迁:地方记忆之辩

文化娱乐设施的搬迁也引发了争议。随着科举博物馆奠基仪式的举行,受到广泛关注的不仅仅是这座未来的文教文化地标,还有其规划范围内的老字号和电影院。其中包括解放电影院、秦淮剧场、永和园等。其中,秦淮剧场是南京的老牌电影院,建成于1945年并历经多次改造,最大的放映厅曾经有过700个座位,一直都是老南京人最钟爱的观影场所之一。而不远处的解放电影院则筹建于1927年,曾名为"首都大戏院",是在室内放映电影的中国第一批影院之一,2012年拆迁时一楼已经改为商铺,但二楼和三楼仍然保持着民国建筑的风貌。很多南京人都对这两家老电影院有着特殊的情感希望其能被保留,尽管秦淮剧场、解放电影院都建于民国,但是并没有被列入南京市重要近现代建筑保护名录之中,无法在法律层面上得到保护,仅能在规划中由专家学者主导,考虑到其历史价值予以适当保护。

> 没破落之前还是蛮好的,而且也有很多人捧场。现在也许是设施跟不上,也许是经营理念不行,夫子庙又多了个只能回忆的地方了。
>
> ——南京市民(《现代快报》采访)

另外一家老字号永和园是一家知名的小吃店,建于1901年。这家店铺不仅小吃点心十分出名,更是数次出现于文学作品之中,被一些文化学者认为是秦淮文化的一个小小缩影。为配合科举博物馆建设,永和园也在2013年初接到拆迁通知。作为一家百年老店,永和园的拆迁采取的是暂时迁出在临时店面营业,两年后在原址附近复建营业的办法。但企业负责人仍然担心迁出时间太久,老店变散乃至被淡忘,难以回归。

> 作为"老字号"企业,对于科举博物馆项目我们支持,但恢复时间要两年,有点超出我们的预想。怕就怕时间拖久了,有变数,最后回不去了,消失了。
>
> ——永和园负责人(《扬子晚报》采访)

老字号搬迁的争议,来自旧的城市文化记忆与新的更新发展建设间的矛盾。市民和文化学者的呼声并不是没有得到回应,拆迁计划虽然仍如期进行,但南京市于2013年8月出台了《关于保护和促进南京老字号发展的若干意见》,提出城市规划要充分考虑老字号功能的保留延续与展示,以及保护老字号在征收拆迁改造中的利益。类似永和园一类因重点建设工程确需进行征收搬迁的,应尽可能安排回迁,如果无法回迁应该采取就近安置的办法。同时还提出将老字号传统建筑、老字号集中的文化街区纳入规划保护体系,在秦淮区老门东及夫子庙等打造老字号集聚区。

永和园现在的店面位于建康路上的状元楼西侧(即过渡期临时店址仍在使用),虽然仍在夫子庙街区附近但已远离核心区域,更多的服务夫子庙街区外部城市道路上的游客,并成为夫子庙旅游攻略中的网红打卡点,其主要客户群体已经发生改变。从永和园的个体案例来看,虽然在文化精英群体的带领下促进政府出台了《关于保护和促进南京老字号发展的若干意见》(简称《意见》),但实际实施中因街区空间的限制暂时没有实现《意见》中所要求的回迁。

这部分故事的最终结局是:秦淮剧场、解放电影院永久地被拆除了,"秦淮剧场看演出,解放电影院看电影,永和园办婚宴"的一代老城南人的生活不复存在。

- 中医院搬迁:分阶段逐渐腾退

科举博物馆北侧,早已被列入卫生系统搬迁计划中的南京市中医院,一直有着搬迁计划,但于2018年10月才正式开始进入实施程序,其所在地块进行了控规修编。

中医院于2018年12月整体搬迁至南部新城。此次规划中的搬迁并非整个中医院全部拆除,而是保留门诊楼等3栋建筑,主要腾退出南侧空间以提供开放空间,延续江南贡院的历史轴线并增强街区的历史文化氛围。截至目前该更新项目尚未动工。

中医院的搬迁使得夫子庙街区附近的零散用地得到进一步整合,根据修编后的控制性规划,该地块调整为文化设施用地,并将改造为文化广场作为对夫子庙开放空间的补充。夫子庙周围地块将逐渐减少日常生活服务功能,进而向文旅服务功能转型。

5.2.2 商业经营更新:"产权"失位下的业态探索

(1) 必须面对的历史问题

夫子庙作为一个历史文化型的商业游憩街区,业态对于空间使用者的体验和地方性的建构起着重要作用。物质空间作为客观建构的一阶段产物,需要在其之上进行商业空间的第二阶段建构,共同组成夫子庙历史街区的地方性表征。因此除大型项目的带动外,业态的转型升级也十分关键。

在2012年更新时,就有大量声音认为夫子庙最需改变的就是其商业气息过强与业态混乱的情况,认为当前的业态与其文化历史街区的地位不符。但是由于1990年代大力发展商贸时将街区很多店铺的产权对外出售,空间改造与经营权力归私人店主所有。政府不拥有产权就无法有效控制业态,对店铺的经营内容的引导十分有限,造成商业业态低端且同质化严重的现象。

必须承认的是,1990年代对产权的抛售是造成夫子庙现今业态难以管控的主要原因。但同时也需要认识到这是为了回收夫子庙第一轮复建时高达十几亿的投资的无奈之举。随着时代发展,我们对于历史街区的文化价值与经济价值间的关系产生了重新的价值判断与思考,但不能一味地认定上一个阶段的决策就是错误的,而是应当寻求适合当下的解决方法。

> 20世纪90年代基本上全卖光了,没有多少在我们手里。现在我们也尽量让它们陆续回来,但是最多也只能回来30%。但那时候也没有错,我们花十几个亿把夫子庙重现出来,政府背了那么多债,肯定要急于收回。现在想当时确实蛮可惜的,一间店铺也就5万块钱啊,现在几千万也买不到,也是很可惜。
>
> ——夫子庙文化旅游集团有限公司 管理人员

产权的失位不仅导致了夫子庙街区的业态混乱，同样引发的还有过度旅游化，缺乏独特性与辨识度等问题。

与夫子庙的情况截然不同的是同样位于城南片区的老门东。门东于2015年完成商业街区更新，同样由秦淮区下属的国有企业南京夫子庙文化旅游集团有限公司负责运营管理。但因为其产权从未对外出售，全部由政府持有，所有业态都是以招租的方式引入。门东的业态在统一规划策划下相对多元，老字号一条街等经过良好规划且引入了先锋书店等"文化坐标"型店铺。并且门东的店铺实行年终盘点末位淘汰制，进行经常性的更新，从而吸引了很多的年轻人。但夫子庙就更加地面向游客、大众化，这一情况是由其更新发展的历史造成的，难以规避。

困扰夫子庙多年的产权回收问题的一个重大的解决契机也是科举博物馆的建设，在该项目征地拆迁时同步收回了周边街区的商铺产权，使得目前科举博物馆东西两侧商铺皆归秦淮区所有，可以通过自主经营和招商的方式进行业态控制。同时，秦淮区设立"文旅并购基金"，拟对闲散、低效的房产与商业资源进行收购。截至目前，夫子庙文旅集团拥有街区内20%~30%店铺的产权，对房屋店铺的产权收回仍在艰难进行中。

(2) 业态引导的艰难尝试

那么，如何在拥有产权的店铺比例有限的情况下进行业态引导呢？无论是管委会还是文旅集团都无法对这些私人产权的店铺经营进行强制规定，只能通过自主经营的店铺来构建示范效应，激励转型。

"秦淮礼物"旗舰店是文旅集团牵头与私人资本共同于2015年成立的文化创意公司，也是目前夫子庙乃至秦淮区主推的文创产品旗舰店。其主要出售的是带有秦淮特色的文化产品和本地老字号食品等，并与多家企业、学校等合作。"秦淮礼物"目前在夫子庙和门东均有门店，共同展示秦淮本土历史人文风貌。目前"秦淮礼物"的夫子庙门店占地面积约1 000 m²，位于贡院街核心位置，年营收4 000余万元。

> 我们做"秦淮礼物"就是要给这些个体的商户信心，让他们看到做文化这个东西，生意一样也会很好。
> ——夫子庙文化旅游集团有限公司　管理人员

文创产品旗舰店的打造并非是出于对经济利润的直接追求，其营业额与等面积的店铺租金收入相比也并不高，而是希望以此为标杆起到示范作用来带动街区其他店铺的整体业态更新。另外，在更新过程中充分利用国有资本与政府管理部门的沟通便利，二者诉求充分相似的特点，在管理上为业态积极、风貌和谐的店铺提供便利。通过"诚信商家"挂牌、成立小吃协会、进行老字号认证等方式去激励与街区整体氛围相符的业态。

> 对于这些不在我们手里的，能做的只有引领。比如说我可以规定你这个地方这条街不可以卖吃的，这条街不可以开明火等等。
> ——夫子庙文化旅游集团有限公司　管理人员

目前，夫子庙街区内如小龙门街、东西市等街道已经可以较为鲜明地分辨出其业态特征。例如小龙门街是在2019年进行集中整治的小吃店打卡一条街，贡院街一直定位在以文化类业态为主，而东市和西市则集中收纳了旅游纪念小商品零售的大部分店铺。但是，具体的业态比例仍然难以准确控制。

(3) 夫子庙街区业态现状

为了更加真实地讨论夫子庙街区的业态现状以及它们所呈现出的地方性,2019年8月对街区的店铺业态进行了调研统计。

调研范围为夫子庙文化旅游街区,包括贡院街、贡院西街、龙门街、大石坝街、老街、东市、西市等在内的7条道路共398家店铺,没有包括街区外部的平江府路等道路。主要从店铺的业态类型、品牌类型、文化属性、营业情况、建筑环境等角度讨论业态及其地方性特征。

(1) 业态现状

在业态类型上,按照其主要经营内容的种类分为文创零售、休闲餐饮、文化艺术、酒店民宿、公共服务5类。统计发现,文创零售类的店铺占比最多,高达53%,排名第二的业态是休闲餐饮,达到31%,另有文化艺术类店铺10%左右。酒店民宿和公共服务类店铺只有个位数,占比较低(图5-4)。

而在业态的空间分布方面,贡院街是夫子庙重点打造且改造最早的主街,业态类型较为全面,并且拥有较多的文化艺术、公共服务类的业态;贡院西街作为另一条南北向的主要步行街,业态类型以文创零售类为主;大石坝街作为更新年代较近且位于秦淮河南侧的步行街道,酒店民宿比例相对较高,承担了休闲服务职能。龙门街及老街是最新一轮改造的街道,路面宽度较窄,业态上以餐饮小吃为主,符合其美食街的定位。位于夫子庙两侧的东市、西市建成年代较远,但业态上偏向低端旅游产品售卖,以文创零售为主,缺乏多元性(图5-5)。

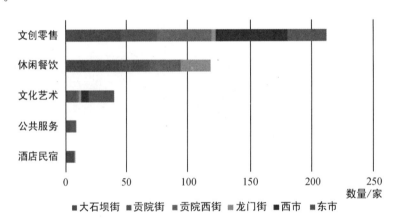

图5-4 业态类型占比

资料来源:笔者自绘

总结业态分布的情况,可以看出贡院街、贡院西街两条主街的业态较为丰富多元,且文化艺术、公共服务类公共性和文化性较强的业态占比较高。这也与这两条街道经过多轮更新整治,且店铺产权由政府持有的比例高,便于引导控制有关。大石坝街、龙门街的店铺产权虽然大部分为私人所有,但随着逐步引导也较为符合特色街道及美食街的定位。东市、西市以旅游产品的零售为主,业态较为单一。但是这两条街道存在自身问题的同时却也收容了夫子庙街区中大部分的小型个体零售,形成另一种消极形式的业态集聚。

(2) 业态地方性特征

地方性一词意涵复杂,考虑到夫子庙街区本身的特征,在讨论其业态的地方性时将其解

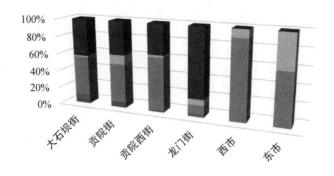

图 5-5　业态空间分布
资料来源：笔者自绘

构为品牌类型和文化属性两个方面。其中，品牌类型分为本地个体、本地连锁、全国连锁、全国个体四类，以便更好地从全球性与地方性的角度讨论资本特征对街区地方性的塑造。文化属性分为文化功能、文化表皮、非文化三类来阐述业态中的地方文化表征。

首先，讨论其品牌类型。根据店主访谈、企业信息和天眼查等方法对品牌类型进行统计，首先分析街区内品牌类型的整体比例。占最大比例的是本地个体型（如非连锁的小商品零售、贡院茶社等）店铺达 65%。本地连锁型店铺（如隆泰庄、六朝鸭业等）占 8.5%，全国连锁型店铺（如三味酥屋、美特斯邦威等）占 26.5%。可以发现品牌类型仍以本地个体为主导，但其中有较为低端的店铺，如从事雨花石等小商品零售的店铺。而连锁类店铺则以全国连锁为主，但森马、美特斯邦威等与历史文化街区关联度不大的服饰零售类店铺所租赁的店铺面积较大。本地连锁型店铺多为小吃、地方特产售卖等。（图 5-6）

图 5-6　品牌类型占比
资料来源：笔者自绘

在与业态类型的关联度方面，公共服务、文化艺术类的业态多为本地个体的文化场馆，而酒店民宿则有全国连锁类的汉庭等便捷酒店和地方个体类的特色民宿两类；文创零售、休闲餐饮类的品牌类型较为分散，既有本地个体的小商品批发、梅花糕等小吃，也有连锁服饰零售、肯德基等连锁餐饮等，关联度不高。

在品牌类型的街道空间分布方面，贡院街、贡院西街的全国连锁品牌占比最多；东市、西市以本地个体类的店铺居多；大石坝街呈现出本地品牌较多的显著趋势，既有本地个体也有本地连锁。同时，受街区两个主要出入口影响，贡院街东西两侧靠近入口处也分布了较多如泸溪河、六朝鸭业等的本地连锁品牌。（图 5-7）

在店铺的文化属性方面，本书将文化属性分为文化功能类、文化表皮类、非文化类 3 个类别。其中文化功能类店铺为科举博物馆、曲艺馆等，文化表皮类店铺为秦淮礼物、义峰阁小吃等借地方特色作为驱动但并不承载文化功能的店铺，非文化类则为一般商品零售等其他类型的店铺。

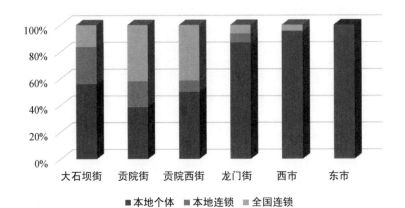

图 5-7　品牌类型空间分布
资料来源：笔者自绘

调研的整体文化属性比例为：53%的店铺为文化表皮类，35%的店铺为非文化类，仅有9%为文化功能类。且文化功能类的店铺因其公益性质，几乎都是秦淮人家等产权由文旅公司自持的店铺及李香君故居等历史保护单位。（图5-8）

在关联度方面，休闲餐饮类型的业态文化表皮类占比较高，倾向于售卖有本地特色的小吃；文创零售类业态的文化属性则较为分散，关联度不高。

图 5-8　文化属性占比
资料来源：笔者自绘

在店铺文化属性的街道空间分布方面，贡院街因分布着科举博物馆、夫子庙等主要文化场馆，文化功能类的店铺占比较多，文化表皮类、非文化类的店铺比例较为均衡，并呈现出文化表皮类在科举博物馆周围集聚，非文化类的连锁店铺在出入口附近集聚的特征；贡院西街、龙门街上非文化类的店铺占比较高，商业娱乐倾向最强。大石坝街受李香君故居、乌衣巷等历史保护单位的影响，店铺文化属性以文化表皮类为主。西市主要售卖文玩性质的旅游小商品，几乎都是文化表皮类型的店铺，东市则更加混杂。（图5-9）

最后，对夫子庙街区业态的地方性特征进行总结。大部分店铺均由本地个体资本经营，但部分全国连锁品牌型店铺的存在仍然使其业态上呈现出品牌混杂、文化气息薄弱的特征。同时，文化功能类店铺占比低，有相当一部分店铺没有进行本土文化符号的包装。休闲餐饮类的店铺对地方文化符号的使用较多，但文创零售类的店铺从品牌、经营内容、店招风格等多方面来看都较为混杂。街区当前的地方性特征仍主要有赖于政府经营的文化艺术、公共服务型的店铺。

在空间分布上，贡院街、贡院西街作为街区内最重要的主要步行街，其品牌类型和文化属性都较为混杂，没能更好地彰显地方性。大石坝街作为最新更新的特色街道本地品牌和文化表征的比例较高，特色最为突出。

（3）夫子庙管理方对于业态引导的看法

从业态现状的客观调研结果上来看，除科举博物馆、李香君故居等文博场馆及秦淮礼物

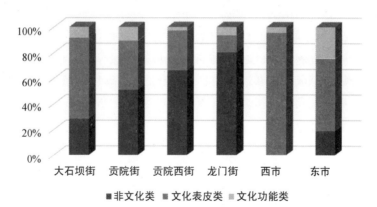

图 5-9 文化属性空间分布

资料来源:笔者自绘

等由夫子庙文旅公司自持的店铺有较强的地方特色外,其他店铺从其经营内容、品牌特征、文化属性等方面看都仍然较为混乱。

连锁服饰零售与餐饮在夫子庙这一文化街区形成了全球化和消费主义的表征。这其中除店铺所有者出于经济利益将店铺租给出资能力较强的连锁品牌外,管理者的观点也起了重要作用。《夫子庙秦淮风光带特色街区功能布局和业态管理规定》中所鼓励的三大主导产业为:文化创意、体验旅游、特色商业,希望夫子庙街区中特色街巷的主导业态经营面积占比不低于 70%。鼓励措施是对能够彰显特色街区传统文化特色的经营项目,由管理机构在旅游推介、项目申报、相关评优活动、户外空间利用、店招店牌设置等方面予以扶持。但是规定之中,对于"特色商业"等缺乏更为详细的细分与引导。

> 我们引进了厦门的三味酥屋,还在招商喜茶。这东西你说它有什么全球化也不存在,我们觉得只要跟我们街区氛围比较吻合,又能够带来人气,又能够宣传就可以,我们整体不是那么太 low 的,对吧?我们既要满足中年人,还要满足年轻人,各个受众群都要有。倒不是说会有非常明确的一个定位。
>
> ——夫子庙文化旅游集团有限公司　管理人员

全球化与本土化的问题目前尚不在管理者的主要考虑范围,地方特色产业的引导也仍以知名老字号为主,当前管理方的主要诉求仍是提高街区的人流量、吸引力和景区建设水平,希望引进具有知名度的连锁品牌,对特定地方性彰显的考量较为有限。

5.2.3　地方性建构结果

(1) 政府企业化主导下的地方性建构模式

对夫子庙历史街区的地方性建构过程和典型项目进行分析,发现虽然多元主体都参与到了夫子庙历史街区的地方性建构中,但从立项到设计再到拆迁建设的几个关键阶段都由夫子庙文旅公司这一秦淮区下属的国有资产公司所主导,后期管理、招商、运营也由夫子庙管理委员会和文旅公司共同负责,景区治安、日常管理等主要由秦淮风光带管委会负责。可以说,政府、开发公司组成的权力-资本联盟全程处于主导地位。

夫子庙的地方性建构采用的是"政府企业化"模式。这种管理模式的特征是政府以推动地方经济为主要目标。"企业化政府"的概念区别于"经典服务型政府",除追求社会福利之外同样关注自身的经济发展,尤其在分税制改革后以追求地区经济利益最大化为主要诉求,政府与企业充分合作缔结成增长联盟。企业化政府是在全球化带来城市竞争加剧的背景下产生的。霍尔认为城市应利用自身地方资源从全球市场竞争中获益,而非传统的只通过土地财政获得收益,卡斯特也在《地方与全球》中提出过类似的论述[①]。同时,城市更新的目标和过程十分复杂,涉及的利益主体众多,政府企业化的模式可以在当下地产导向的城市发展中作为公共政策的主导者起到统筹组织作用,政府通过赋予城市开发公司一定的责任和权力来实现目的。

这种促进增长型的城市管制,其优点是讲效率重质量。对于夫子庙而言,1990年代复建时的大量投入实现了城市文化地标的重现和空间的资本化,近十年在青奥会契机下的整体提升实现了新一轮城市的营销与文化资本化。这些都得益于政府企业化模式下权力-资本联盟始终掌握着更新中的强势话语。为了追求经济发展,这几个关键性节点必须被高效、顺利的推进。相应的代价就是对民众公共意愿的忽视。具有经营性及营销性的资源利用政府角色作为追求福利最大化的公共利益捍卫者,在与追求经济利益最大化的城市开发商之间摇摆,并无限向后者倾斜。中央政府的价值导向是保护历史文化,地方政府的价值导向则是获得土地增殖、经济增殖。通过提升城市美誉度、知名度来吸引外部资本打造城市名片,但也会产生对历史资源的过度商业化开发和历史文化氛围被破坏的问题[②]。

就夫子庙街区的更新而言,同时出现的还有设施过度建设导致的财政负债问题。其结果就是1990年代对店铺产权的出售,并直接导致了夫子庙街区因产权失位至今仍无法对业态实行有效管理。夫子庙街区的经营者夫子庙文旅公司同时还承担着秦淮区其他历史资源的旅游开发经营,在其运作管理中重视对片区文化资源的串联整合与秦淮风光带的打包营销,导致了稀缺文化资源的私有化和绅士化倾向。

同时,话语权的不对等还造成了其他利益主体的失声。在夫子庙更新中文化精英的话语微弱。在老字号拆迁过程中虽然推进了相关法律的出台,但在实际执行中却让位于空间不足而无法实际回迁。在科举博物馆建设中专家学者虽然主导了该项目的设计阶段,但也主要限于"命题作文"下的技术力量。缺乏对于夫子庙街区的整体保护,并且在街区的更新与风貌维护工作中并没有长期稳定的设计方。至于店铺经营者,在拆迁过程中处于弱势地位,只能就经济补偿做小范围的博弈,对于回迁地点和地方眷恋的诉求无法得到满足。

(2)文化精英与私人资本的非合作性博弈

夫子庙地方性建构的另一个特征是文化精英与店铺所有者所代表的弱势私人资本并没有形成合作联盟,而是出于各自的诉求分别发声,只能与政府-开发商组成的权力资本联盟

---

① 易晓峰."企业化管治"的殊途同归:中国与英国城市更新中政府作用比较[J].规划师,2013,29(5):86-90.
② 买静,张京祥.地方政府企业化主导下的新城空间开发研究:基于常州市武进新城区的实证[J].城市规划学刊,2013(3):54-60.

进行弱势的对抗性博弈。在立项阶段,文化精英、专家学者、店铺经营者与政府利益一致,都希望能实现空间拓展和物质更新,处于"合作性博弈",但是这种合作是缺乏完善的利益表达渠道的。在设计阶段,专家学者拥有较大话语权。在拆迁建设阶段,文化精英、店铺经营者各自发声,各自为政。在权力关系原本就不对等的情况下,这种弱势群体各自为政甚至彼此之间也存在冲突的情况更加使得博弈难以产生有效结果。

需要强调的是,这种非合作性博弈背后不仅仅是利益诉求的差异,同时还有地方性认知的差异。夫子庙历史街区作为重要的历史文化空间,其地方性取决于历史、文化、经济、社会的多重变迁。在历史上它曾经是科举文教中心,也曾商业发达,成为秦淮故事的演绎原点。改革开放后它同样作为了功能性的商业娱乐中心,并成为市民生活的重要部分,花鸟鱼市场、地下商场、小商品批发城等业态在被清退前同样是地方文化的一部分。

对于文化精英而言,他们的利益诉求是保护文化价值,其价值判断是出于整体历史文化保护的宏观叙事,但不关注商铺经营者的经济利益。作为一个商业游憩型历史街区,与老门东这样的居住性历史街区不同,文化精英与原居民无法形成保护居住权及这种居住社会关系背后的文化价值的联盟。而商铺经营者主要关注的是他们对于空间的使用权,更加关注的是附加在使用权之上的经济资本增殖的权利。这造成了二者的利益冲突。

文化精英、店铺经营者、本市居民(非直接利益关系主体)利益诉求的共性是基于人地关系的情感眷恋,理应在这一点上取得一致,并由文化精英作为沟通媒介向政府提出合理诉求以求平衡经济发展与历史保护的关系。然而,新的问题出现了,那就是夫子庙的地方性在历史变迁中不断被丰富,不同的群体根据自身经历及态度会建构出不同的地方性,不同的价值诉求。因此,不存在一个合理的城市记忆代理人向政府提出共性诉求,弱势群体的博弈只能以非合作的形式进行。这种差异也继续反映到了空间消费的过程中,进一步导致了地方性评价的差异和消费趣味的区隔。

5.3 基于消费者感知-认同过程的地方性建构

地方性建构存在于空间生产与消费的全过程中,既由建设管理者自上而下的空间生产过程产生,也在空间使用中因消费者的鉴赏而具有受动态感知的特征并反馈给空间生产。生产和消费的两个过程共同完成地方性的建构。

夫子庙作为历史文化街区有其独特的文化价值,其作为城市特色的文化资源不仅在物质空间、商业经营空间等方面体现地方特色,还因附载的历史印象、文化内涵、人文情感及其在当下文化传承等受到到访者的感知[①],并形成由物质空间、情感空间所共同组成的地方认同。并且随着其更新发展的进程,街区的旅游功能逐渐凸显,受到越来越多的游客关注。按照来源划分,夫子庙街区的空间消费者由本地居民、外地游客两部分组成。

本节将从空间消费者的角度出发,讨论基于其空间感知-地方认同过程的地方性建构机制。综合相关理论,结合夫子庙的主要到访群体及其街区自身特征,分别讨论空间消费态

---

① 周玮,黄震方,郭文,等.南京夫子庙历史文化街区景观偏好的游后感知实证研究[J].人文地理,2012,27(6):117-123.

度、消费者个人特征对于街区空间感知的结果差异,以及基于不同的空间感知所产生的多层级地方认同。最后基于分析结果,探讨夫子庙街区的地方性形成机制。

5.3.1 地方感知-认同调查设计

(1) 问卷设计

调研问卷采用结构化问题为主,非结构化访谈相结合的方式,共设计了四大部分共 26 个题项。其中第一部分是本底态度测量①,基于历史街区更新的既往研究文献中所提出的影响消费者评价的主要因素提出 3 个问题:是否在意原真性,是否在意过度商业化,是否在意街区表征的全球化,同时以排序的方式了解到访者最在意历史街区的哪部分内容;第二部分是空间感知测量,基于研究对象的特征针对其认知形象设计了 7 个问题,采用李斯特量表的形式进行定量分析;第三部分是地方认同评价,针对其情感认同设计了 2 个问题,意向认同设计了 3 个问题,整体形象设计了 1 个问题并进行地方性评价的非结构化访谈;第四部分为受访者特征测量,包括受访者是本地居民还是外地游客,来到夫子庙街区的目的、频率,及其人口统计学特征。

问卷中的具体内容如表 5-5 所示。后续将首先对各题项的调研结果进行描述性分析,而后讨论影响地方评价的差异性因素,然后通过建构地方评价模型讨论空间消费态度、空间感知与地方认同的相关性。

表 5-5 问卷设计

第一部分	本底态度	对历史街区的关注要素排序:街道风貌、建筑风格、文化氛围、活动体验、商业服务
		在意历史街区的古建筑是仿造
		在意历史街区的过度商业化开发
		在意历史街区中引进星巴克、麦当劳等西方业态
第二部分	空间感知	夫子庙的街区尺度宜人适合游览
		夫子庙的景观环境有特色
		夫子庙的建筑风格有特色
		夫子庙的历史遗迹保存良好
		夫子庙的店铺商品有特色
		夫子庙的金陵美食有特色
		夫子庙的民俗活动丰富

---

① 赵玉洁. 城市传统街区休闲消费空间建构及地方性形成机制研究[D]. 南京:南京师范大学,2018.

续表 5-5

第三部分	地方认同	夫子庙让我感受到了南京的地方特色
		我喜欢夫子庙的体验
		我想要参加元宵灯会、祭孔大典等活动
		夫子庙可以作为南京的文化地标
		夫子庙和国内其他历史街区的同质化现象不严重,有独特性
		我愿意向朋友推荐夫子庙
	地方形象描述	夫子庙更接近:历史文化街区,旅游景点,休闲娱乐广场中的哪个
第四部分	人口统计学特征	资料来源:本地居民/外地游客
		性别
		年龄
		教育水平
		职业
		收入
	到访动机及频率	到访频率(本地居民)
		复游频率(外地游客)
		到访目的

资料来源:笔者自绘

(2) 调研过程

调研工作在 2019 年 12 月进行。在调研对象的选取上采用随机抽样的办法,问卷对象主要分为两类:来夫子庙街区内游览的外地游客和本地居民(以游览为目的)。调查地点选择在夫子庙街区内的贡院街、贡院西街、大石坝街、游客中心。最终完成问卷收取后,回收问卷 300 份,有效问卷 271 份(表 5-6),问卷数据处理采取 SPSS 统计分析软件。

表 5-6 问卷发放与回收情况

发放地点	发放量/份	回收量/份	回收率/%	有效问卷/份	有效问卷率/%
贡院街	100	100	100	93	93
贡院西街	50	50	100	42	84
大石坝街	100	100	100	91	91
游客中心	50	50	100	45	90
合计	300	300	100	271	90

资料来源:笔者自绘

5.3.2 调查结果描述性分析

(1) 人口统计学特征

根据统计结果,从性别来看男性被访者的数量占了 44.1%,女性占了 54.8%,女性比例略高于男性,性别样本比例较为均衡。

在游客来源上,本地居民被访者占 25.8%,外地游客占 74.2%。样本比例中外地游客显著偏多,符合夫子庙的客观情况。

文化程度上,因为初中以下教育程度者较少,故将此项与高中、中专合并。可以看出文化程度以大专/本科为主,高达 72%。可以看出夫子庙游客的受教育水平普遍较高,有良好的文化认知基础。

职业构成上,占比最多的是学生,达到 38.7%。企业职员、专业/文教科技人员比例也较高,同时也不乏个体经营、公务员、离退休、自由职业等,说明被访者的行业分布较为均衡,能够较为客观地反映不同行业的人对于夫子庙的感知。

年龄层次上,以 16~35 岁的中青年为主,其中 16~23 岁年龄段占 46.2% 为最多,同时 55 岁以上老年人占比 7.5%。这说明夫子庙比较受中青年人的欢迎,壮年较少,但也有一部分老年人也会来到夫子庙街区游览。

月收入上,3 000~5 000 元收入区间的群体较多。同时 1 000 元以下和 1 000~3 000 元也占较大比例,主要为受访者中的学生群体。另外几个高收入区间较为均衡,5 000 元以上总计 33.4%,说明夫子庙到访者的收入为中高水平。收入水平影响着到访者的消费水平,同时也与他们的审美和趣味偏好相关。

(2) 不同人群的到访动机及频率

对到访动机的统计是为了了解到访者来到夫子庙街区所从事的主要活动,并借此反映不同人群对于街区功能的定位观点。其中,旅游衍生包括:来南京旅游,著名景点打卡;传统消费包括:就餐、聚会、约会等;时间消费包括:闲逛、拍照、散步、休憩等。

本问题以问卷定性调查为主,采用访谈补充的方式,结果描述如图所示。统计结果发现,时间消费在夫子庙的到访目的中占 50% 以上,排名第二的是旅游衍生,传统消费的比例则极低。(图 5-10)

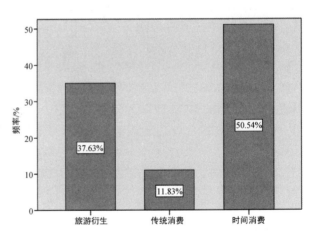

图 5-10 前往夫子庙的目的
资料来源:笔者自绘

根据游客来源进行分类汇总,发现外地游客的到访目的虽然以旅游衍生为主,但时间消费也占据了较大比例;而本地游客中则以时间消费为主,传统消费次之,旅游衍生比例较低(表 5-7)。对本地居民和外地游客两类人群的具体时间消费活动进行了访谈。

表 5-7 不同人群到访动机统计表

		访客来源	
		本地	外地
前往夫子庙的目的	旅游衍生	8.3%	47.8%
	传统消费	25.0%	7.3%
	时间消费	66.7%	44.9%
总计		100.0%	100.0%

资料来源:笔者自绘

来了得有十几次了吧,每次来南京都会到这边转转的。因为就在市区里嘛,不然也没啥别的地方好去……买东西?不买,也不吃啥,就是随便转转。

——男,58 岁,外地游客,退休人员

我俩公司就在这旁边,过来吃点东西还可以。附近也没有公园啥的,夫子庙多少算个去处。但是节假日我们是不过来的,人实在是太多了。

——男,32 岁,本地居民,IT 专业人员

今天是来水游城和朋友一起逛街买东西的,吃完饭随便走走……我们俩都是本地人,平时也不会特意来夫子庙,好久没过来了,这次算一时兴起吧。

——女,26 岁,本地居民,企业职员

从访谈结果可以看出,虽然夫子庙具有旅游景区的功能,但外地游客往往也并不是将它当作一个"打卡"式的旅游景点,到访活动往往是出于闲逛、休憩等目的的时间消费;而对于本地人而言,它提供了步行街作为开放式公共空间的功能,虽然对街区没有旅游需求但在附近活动时也会考虑来到夫子庙进行散步、休憩等时间消费。本地居民的这种到访与其本身的出行目的相关,并不取决于夫子庙本身的吸引力,但是夫子庙仍然发挥了城市公共空间的作用。出行目的中时间消费的高占比使得夫子庙的街区空间品质十分重要。

对到访频率和复游率进行统计,发现本地居民对夫子庙的到访频率大部分是一季度一次乃至一年一次,仅有 17.8% 的调研对象对夫子庙的到访频率高于等于每月一次(图 5-11);而外地游客的复游率在 57.2%,有 36.9% 的游客表示每次来南京都会到访夫子庙(图 5-12)。

从到访频率可以看出,本地居民对于夫子庙的到访频率较低,而且通过访谈得知大部分居民都是陪朋友游览南京时才会来到夫子庙。而外地游客的复游率较高,且有相当一部分人每次来南京都会到夫子庙,说明夫子庙对外地游客的吸引度高于本地居民。

(3)空间消费态度及关注要素

空间消费态度能够反映出被访者对于历史街区更新的偏好,也影响他们对地方性评价的结果。本部分采取李斯特量表进行量化衡量,统计结果见表 5-8 所示。

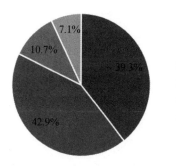

图 5-11 本地居民到访频率

资料来源:笔者自绘

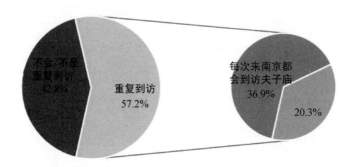

图 5-12 外地游客复游率

资料来源：笔者自绘

表 5-8 空间消费态度

问题	平均值	标准差
我在意历史街区内的古建筑是仿造的	3.44	0.972
我在意历史街区的过度商业化开发	3.67	0.948
我在意历史街区内引进星巴克、麦当劳等西方业态	2.89	1.165

资料来源：笔者自绘

可以看出大部分被访者在意历史街区的过度商业化开发，在古建筑仿造这一问题上也较为在意。而关于是否在意历史街区内引入星巴克和麦当劳等洋品牌的问题上，统计结果的标准差较大，可以看出被访者的看法差异性较大，但从总体得分来看大部分被访者对此问题不在意或不确定。

为进一步了解被访者更在意历史街区的哪些要素，设计了排序题目，统计结果如表5-9所示。

表 5-9 关注要素排序

关注要素	平均值	标准差	排序
街道风貌	2.72	1.003	3
建筑风格	2.86	1.264	2
文化氛围	2.99	1.132	1
活动体验	1.42	1.166	4
商业服务	0.65	1.166	5

资料来源：笔者自绘

可以看出，到访者更加关注"文化氛围""建筑风格"和"街道风貌"这些历史街区所固有的物质环境和文化特征，而对于"活动体验"和"商业服务"这类附加的软性服务并不是十分关心。通过访谈来进一步了解不同人群对于夫子庙街区的关注点和空间消费态度。

还是挺希望能看到一些历史建筑的，来夫子庙就是想体验它那个氛围嘛……商业方面历史街区卖的东西都差不了太多，我们也都不买……不希望它太商业化。

——女，23岁，外地游客，企业职员

我是在这附近做生意的,平时招待外地来的客户就会带他们来夫子庙这里吃饭谈事情。但是说实话饭店什么的也比较一般,选择来也是因为夫子庙的名气和历史氛围……引不引进西方业态无所谓,其实我希望引进,这样吃饭喝咖啡的选择地点也多……

——女,38 岁,本地居民,个体商户

　　街区里的古建筑是不是仿造的或者后建的,咱也分辨不出来……主要是不要太商业化……有没有星巴克麦当劳这些,不咋在意。

——男,52 岁,外地游客,公务员

　　可以看出,大家比较介意的是过度商业化的问题,不介意商业业态全球化的问题。对于历史建筑是否新建仿建的判断力不足,但倾向于保持建筑原真性。

（4）空间感知评价

　　空间感知评价反映了到访者对于夫子庙的物质环境与商业经营环境的整体评价水平,也是判断空间品质的最直接表征。问卷共设 7 个问题,通过李斯特量表的形式进行打分,平均值越高代表被访者对于该项描述的认同程度越高,统计结果如表 5-10 所示。

表 5-10　空间感知评价

问题	平均值	标准差
街区尺度宜人	3.97	0.502
景观环境有特色	3.87	0.633
建筑风格有特色	3.73	0.709
历史遗迹保存好	3.45	0.814
店铺商品有特色	3.18	0.902
金陵美食有特色	3.54	0.904
民俗活动丰富	3.37	0.844

资料来源:笔者自绘

　　从表 5-10 中结果可以看出,各项平均值均大于 3,使用者对于街区空间感知的评价较高。尤其是街区尺度、景观环境、建筑风格的满意度较高。而在商业环境类别里,对金陵美食的评价满意度较高。

（5）地方认同评价

　　地方认同评价是本节的关注重点,不同角度的地方认同共同构成了到访者对于夫子庙街区的地方感。根据"认知、情感、意向"的相关理论,结合夫子庙的具体情况及非结构化访谈的结果,设置 5 个评价问题来进行衡量,统计结果如表 5-11 所示。

　　可以看出,总体而言被访者对于夫子庙街区的评价分数很高,印象较好,并愿意推荐朋友前往。非常认可其独特的文化价值,并且十分愿意参加元宵灯会、祭孔大典等夫子庙街区独特的民俗文化活动。但是在同质化问题上评分较低,大部分被访者认为夫子庙与其他历史文化街区相比独特性不够突出。

表 5-11　地方认同评价

问题	平均值	标准差
我喜欢在夫子庙街区的体验	3.66	0.814
我想参加元宵灯会、祭孔大典等活动	4.05	0.761
夫子庙可以作为南京的文化地标	3.88	0.657
夫子庙和其他历史街区不存在同质化现象,十分独特	2.47	0.867
我愿意向朋友推荐夫子庙	3.85	0.820

资料来源:笔者自绘

同时,定性地了解到访者对于夫子庙街区地方形象的直观看法,统计结果如图 5-13、表 5-12 所示。可以看出,总体上大部分被访者认为夫子庙是一个历史文化街区、旅游景点,仅有少部分人群认为它是一个商业休闲娱乐广场。

但对不同人群进行交叉统计时发现,本地居民和外地游客眼中的夫子庙定位有着较大的差异。对本地居民而言,更加认可的是其作为旅游景点的定位,认为其是历史文化街区的人群比例不太多。但对于外地游客而言,情况则完全相反,更多人认为夫子庙是一个历史文化街区。

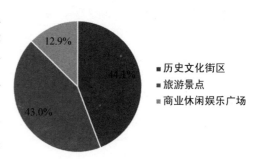

图 5-13　地方形象认知

资料来源:笔者自绘

表 5-12　不同人群眼中的地方形象

访客来源	历史文化街区	旅游景点	商业休闲娱乐广场
本地居民	37.5%	45.8%	16.7%
外地游客	46.4%	42.0%	11.6%

资料来源:笔者自绘

通过访谈进一步了解不同人群对夫子庙的地方性评价及他们眼中夫子庙的定位。

因为朋友从外地过来玩,在南京上学三年了还是第一次来,我们没什么事情可做了来转一转,但印象不是太好,和其他的旅游街区大同小异。我自己平时会去老门东玩,对夫子庙挺失望的,以后不会再来了……我认为夫子庙更像是一个旅游景点吧,我们年轻人不怎么喜欢。

——女,21 岁,本地居民,学生

和我小时候完全不一样了,变味道了,五十年前这里没有这么多商铺的,你看看现在除了卖东西还是卖东西,老祖宗的东西都没了……环境倒是整治好了没那么乱了,但是商气重了……景区,定位肯定是景区,算不上历史文化街区……

——男,67 岁,本地居民,退休人员

蛮好的,我们过来就是看这个秦淮风光嘛,还是挺有南京这种特色的……回去也会和朋友推荐,要是赶上元宵再来逛逛也蛮好的……那肯定是觉得它是历史街区嘛。

——女,54岁,外地游客,医生

可以看出,本地居民对于夫子庙的地方性评价是带有很多情感因素的,其自身的在本地生活经历及地方记忆也影响着评价结果和形象认知。因此本地居民大部分将夫子庙定位为旅游景点,认为存在过度商业化、旅游化,以及地方性改变的问题。而外地游客则基于对南京特色和秦淮风情的向往,更多地将夫子庙定位为历史文化街区。

5.3.3 地方性评价模型构建

本节尝试构建夫子庙街区基于感知-认同过程的地方性评价模型,讨论空间消费者的本底态度、空间感知与地方认同之间的关系。这一概念模型借用 SPSS 软件的拟合结果和路径系数来进行,并构建 AMOS 结构模型来验证。

(1) 因子分析

因子分析需要首先进行主成分的提取,其目的是对各变量的数据加以浓缩,从而用少数几个变量来表示原变量进行相关性研究。因此通过因子分析来提取街区空间感知部分的主成分,有助于进一步解释对地方评价有显著影响力的几个因素。

- 空间感知因子

为了提取空间感知因子,首先进行信度和效度的检验。采用 KMO 测度和巴特利特检验来判断样本是否适合做因子分析。其中 KMO 的值越接近 1,说明样本的信度越高稳定性越好。表 5-13 显示,KMO 的值为 0.816>0.7,适合做因子分析。巴特利特球形度检验的显著性值为 0.000<0.05,说明相关因子存在显著差异,符合因子分析的要求。

表 5-13 空间感知因子 KMO 和巴特利特检验

KMO 取样适切性量数		0.816
巴特利特球形度检验	近似卡方	232.406
	自由度	28
	显著性	0.000

资料来源:笔者自绘

采用主成分分析法进行因子提取,得到其中 2 个因子特征值大于 1,累计方差 60.937%,能够解释大部分变量。保留所含项目中相关系数>0.45 的 7 个题项,符合原有假设。将提取出的 2 个因子命名为:物质环境感知、商业经营感知,见表 5-14 所示。

- 地方认同因子

用同样的方法对地方认同进行主成分提取,信度效度检验显示 KMO 的值为 0.781>0.7,信度较高适合做因子分析。巴特利特球形度检验的显著性值为 0.000<0.05,相关因子存在显著差异,符合因子分析的要求。采用主成分分析法进行因子提取,得到其中 2 个因子载荷大于 1,累计方差 56.307%,能够解释大部分变量(表 5-15)。

表 5-14　空间感知因子载荷

公因子名称	所含项目	成分	特征值	方差贡献率/%
物质环境感知	夫子庙的街区尺度宜人适合游览	0.585	3.065	38.311
	夫子庙的景观环境有特色	0.604		
	夫子庙的建筑风格有特色	0.802		
	夫子庙的历史遗迹保存良好	0.721		
商业经营感知	夫子庙的店铺商品有特色	0.765	1.810	22.626
	夫子庙的金陵美食有特色	0.584		
	夫子庙的民俗活动丰富	0.83		

资料来源：笔者自绘

表 5-15　地方认同因子 KMO 和巴特利特检验

KMO 取样适切性量数		0.781
巴特利特球形度检验	近似卡方	105.178
	自由度	21
	显著性	0.000

资料来源：笔者自绘

因子主成分提取的结果符合原有假设，根据地方认同中的情感及文化倾向性，将第一个因子命名为意向认同，即认可夫子庙作为旅游景区的综合环境体验；将第二个因子命名为情感认同，即认可其对于南京地方文化的代表性与街区本身的独特性，并在情感上期待参与街区内的民俗文化活动。（表 5-16）

表 5-16　地方认同因子载荷

公因子名称	所含项目	成分	特征值	方差贡献率/%
意向认同	我喜欢夫子庙的体验	0.847	2.264	37.338
	夫子庙能感受到南京的地方特色	0.734		
	我愿意向朋友推荐夫子庙	0.604		
情感认同	夫子庙和国内其他历史街区的同质化现象不严重，有其独特性	0.819	1.258	18.970
	我想要参加夫子庙元宵灯会、祭孔大典等活动	0.530		
	夫子庙可以作为南京的文化地标	0.457		

资料来源：笔者自绘

由此可以得到地方性评价的分析模型，如图 5-14 所示。

(2) 差异性分析

分析到访者人口统计学特征、访客来源、到访目的对于夫子庙街区空间感知及地方认同评价的差异度，寻找影响地方评价的主要因素。本节差异性分析采用 SPSS23 单因素方差分析的方法进行。

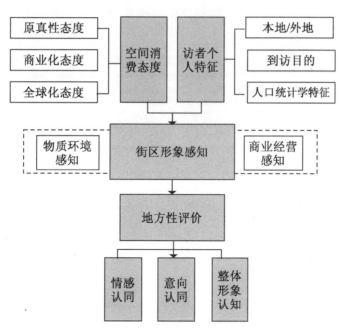

图 5-14　夫子庙地方性评价分析模型
资料来源:笔者自绘

- 人口统计学特征对空间感知、地方认同的影响

分别对受访者的性别、年龄、教育水平、收入等人口统计学特征及不同到访目的与浓缩后的两个主要因子之间的关系进行分析。性别的影响如表 5-17 所示。年龄、教育水平、收入对空间感知、地方认同的影响分别见表 5-18 至表 5-20 所示。

表 5-17　性别对空间感知、地方认同的影响

		性别	平均值	标准差	标准误差	t	p
空间感知	FAC1_1 物质环境感知	男	0.039	1.298	0.200	0.340	0.735
		女	−0.033	0.658	0.094		
	FAC1_2 商业经营感知	男	0.077	1.084	0.167	0.673	0.503
		女	−0.064	0.932	0.130		
地方认同	FAC2_1 意向认同	男	0.080	1.036	0.160	0.704	0.483
		女	−0.067	0.974	0.138		
	FAC2_2 情感认同	男	−0.052	1.100	0.172	−0.445	0.658
		女	0.042	0.919	0.130		

资料来源:笔者自绘

从表 5-17 可以看出,性别对 FAC1_1 物质环境感知、对 FAC1_2 商业经营感知、FAC2_1 意向认同、FAC2_2 情感认同的差异性检验的显著值分别为 0.735、0.503、0.483、0.658,均大于 0.05,表明 FAC1_1 物质环境感知、FAC1_2 商业经营感知、FAC2_1 意向认同、

FAC2_2 情感认同在不同的性别之间没有显著的差异;不同性别的访客对于夫子庙街区的空间感知和地方认同结果都没有显著差异。

表 5-18　年龄对空间感知、地方认同的影响

		年龄/岁	平均值	标准差	标准误差	F	p
空间感知	FAC1_1 物质环境感知	<16	0.372	0	0	0.558	0.732
		16~23	−0.064	0.828	0.129		
		24~35	−0.077	1.251	0.211		
		36~45	0.109	0.393	0.160		
		46~55	0.446	0	0		
		>55	0.545	0.977	0.369		
		总计	0.000	1.000	0.105		
	FAC1_2 商业经营感知	<16	0.927	0	0	0.633	0.675
		16~23	0.054	0.951	0.145		
		24~35	−0.026	1.053	0.178		
		36~45	−0.493	0.814	0.332		
		46~55	0.869	0	0		
		>55	−0.036	1.279	0.483		
		总计	0	1.000	0.104		
地方认同	FAC2_1 意向认同	<16	0.954	0	0	0.435	0.823
		16~23	−0.107	0.968	0.149		
		24~35	0.007	1.018	0.172		
		36~45	0.163	0.709	0.290		
		46~55	0.429	0	0		
		>55	0.270	1.450	0.548		
		总计	0	1.000	0.104		
	FAC2_2 情感认同	<16	1.065	0	0	0.576	0.718
		16~23	0.007	0.895	0.136		
		24~35	−0.128	1.114	0.188		
		36~45	0.091	0.678	0.277		
		46~55	0.707	0	0		
		>55	0.373	1.492	0.667		
		总计	0	1.000	0.105		

资料来源:笔者自绘

从表 5-18 可以看出,年龄对 FAC1_1 物质环境感知、对 FAC1_2 商业经营感知、FAC2_

1意向认同、FAC2_2情感认同的差异性检验的显著值分别为0.732,0.675,0.823,0.718,均大于0.05,表明FAC1_1物质环境感知、FAC1_2商业经营感知、FAC2_1意向认同、FAC2_2情感认同在不同的年龄之间没有显著的差异;可以发现,到访者的年龄也不影响夫子庙街区的空间感知及地方认同。

表5-19 教育水平对空间感知、地方认同的影响

		教育水平	平均值	标准差	标准误差	F	p
空间感知	FAC1_1物质环境感知	初中及以下	0.935	0.555	0.320	3.011	**0.034**
		高中/中专	0.340	1.256	0.397		
		大专/本科	0.001	0.836	0.104		
		硕士及以上	−0.287	1.401	0.389		
		总计	0	1.000	0.105		
	FAC1_2商业经营感知	初中及以下	0.727	0.298	0.172	1.415	0.244
		高中/中专	0.425	1.170	0.370		
		大专/本科	−0.055	0.970	0.119		
		硕士及以上	−0.214	1.049	0.291		
		总计	0	1.000	0.104		
地方认同	FAC2_1意向认同	初中及以下	0.591	0.315	0.182	3.112	**0.030**
		高中/中专	0.356	1.255	0.397		
		大专/本科	0.040	0.879	0.108		
		硕士及以上	−0.112	1.261	0.350		
		总计	0	1.000	0.104		
	FAC2_2情感认同	初中及以下	0.256	0.788	0.455	0.593	0.621
		高中/中专	0.321	0.938	0.313		
		大专/本科	−0.011	0.969	0.119		
		硕士及以上	−0.227	1.255	0.348		
		总计	0	1.000	0.105		

注:加粗数字表示显著性水平在 $p<0.05$(双尾检验)时具有统计学意义

资料来源:笔者自绘

从表5-19可以看出,教育水平对FAC1_1物质环境感知、FAC2_1意向认同的差异性检验的显著值分别为0.034,0.030,均小于0.05,表明FAC1_1物质环境感知、FAC2_1意向认同在不同的教育水平之间有显著的差异;对FAC1_2商业经营感知、FAC2_2情感认同的差异性检验的显著值分别为0.244和0.621,均大于0.05,表明FAC1_2商业经营感知、FAC2_2情感认同在不同的教育水平之间没有显著差异。

在空间感知方面,教育水平会影响到访者对于物质环境的打分,呈现出教育水平越高对于物质环境的评分越低的趋势,但教育水平不会影响对于商业经营的打分。在地方认同方

面,教育水平会影响到访者对于街区的意向认同,不会影响到情感认同。教育水平越高,意向认同程度越低。这一结果也与相关文献的研究结论相一致。

表 5-20 收入对空间感知、地方认同的影响

		收入/元	平均值	标准差	标准误差	F	p
空间感知	FAC1_1 物质环境感知	<1 000	−0.239	1.199	0.275	0.592	0.706
		1 000~2 999	0.003	0.624	0.151		
		3 000~4 999	−0.022	1.111	0.248		
		5 000~6 999	0.020	1.191	0.359		
		7 000~8 999	0.451	1.154	0.365		
		>9 000	−0.009	0.704	0.212		
		总计	−0.004	1.016	0.108		
	FAC1_2 商业经营感知	<1 000	−0.090	1.121	0.245	0.466	0.801
		1 000~2 999	0.266	0.766	0.186		
		3 000~4 999	0.016	1.048	0.234		
		5 000~6 999	0.082	1.092	0.329		
		7 000~8 999	−0.044	1.251	0.396		
		>9 000	−0.302	0.877	0.264		
		总计	0.001	1.014	0.107		
地方认同	FAC2_1 意向认同	<1 000	−0.305	0.964	0.215	0.752	0.587
		1 000~2 999	−0.068	1.092	0.265		
		3 000~4 999	0.014	1.064	0.238		
		5 000~6 999	0.265	0.982	0.296		
		7 000~8 999	0.333	1.189	0.376		
		>9 000	−0.093	0.726	0.219		
		总计	−0.020	1.010	0.107		
	FAC2_2 情感认同	<1 000	−0.193	0.897	0.196	0.668	0.649
		1 000~2 999	0.269	0.955	0.232		
		3 000~4 999	0.067	0.744	0.171		
		5 000~6 999	−0.250	1.128	0.340		
		7 000~8 999	0.166	1.371	0.434		
		>9 000	−0.189	1.227	0.370		
		总计	−0.015	1.004	0.106		

资料来源:笔者自绘

从表 5-20 可以看出,收入水平对 FAC1_1 物质环境感知、FAC1_2 商业经营感知、

FAC2_1 意向认同、FAC2_2 情感认同的差异性检验的显著值分别为 0.706,0.801,0.587, 0.649,均大于 0.05,表明 FAC1_1 物质环境感知、FAC1_2 商业经营感知、FAC2_1 意向认同、FAC2_2 情感认同在不同的收入之间没有显著的差异;可以发现,收入水平并不影响夫子庙街区的空间感知及地方认同。

总体而言,人口统计学特征对于街区空间感知、地方认同的影响主要体现在教育水平一项上。而性别、年龄、收入水平三项并无显著差异。因此在后续的模型构建中将对人口统计学特征的影响关系进行修正。

- 到访目的对空间感知、地方认同的影响

从表 5-21 可以看出,到访目的对 FAC1_2 商业经营感知、FAC2_1 意向认同的差异性检验的显著性分别为 0.023 和 0.027,均小于 0.05,表明这两项在不同到访目的之间有显著差异;到访目的对 FAC1_1 物质环境感知和 FAC2_2 情感认同的显著性分别为 0.549 和 0.874,均大于 0.05,没有显著差异。因此可以发现,到访目的对于空间感知和地方认同均有一定影响。

表 5-21 到访目的对空间感知、地方认同的影响

		到访目的	平均值	标准差	标准误差	F	p
空间感知	FAC1_1 物质环境感知	旅游衍生	0.146	0.839	0.603	0.603	0.549
		传统消费	−0.023	0.627	0.189		
		时间消费	−0.103	1.170	0.173		
		总计	0	1.000	0.105		
	FAC1_2 商业经营感知	旅游衍生	0.590	0.935	0.158	3.325	**0.023**
		传统消费	−0.367	0.858	0.259		
		时间消费	−0.130	1.040	0.152		
		总计	0	1.000	0.104		
地方认同	FAC2_1 意向认同	旅游衍生	0.470	0.917	0.155	3.197	**0.027**
		传统消费	−0.187	1.115	0.336		
		时间消费	−0.061	1.009	0.149		
		总计	0.000	1.000	0.104		
	FAC2_2 情感认同	旅游衍生	0.022	0.909	0.156	0.135	0.874
		传统消费	0.121	1.007	0.304		
		时间消费	−0.046	1.079	0.159		
		总计	0	1.000	0.105		

注:加粗数字表示显著性水平在 $p<0.05$(双尾检验)时具有统计学意义

资料来源:笔者自绘

在空间感知方面,不同到访目的人群的差异主要体现在商业经营感知上。到访目的为旅游衍生的人群的打分最高,时间消费的次之,而传统消费的人群的打分平均值最低。这也是因为不同到访目的人群的商业消费诉求与街区现有业态之间的差异所造成的。而物质环

境感知的评分在不同到访目的之间从方差结果上看并无显著差异。在地方认同方面,不同到访目的的人群的差异主要体现在意向认同上。以旅游衍生目的前往夫子庙街区的访客的评价最高,时间消费次之,传统消费最低,这也与我们的访谈结果相吻合。而在夫子庙的情感认同上,不同到访目的的访客之间并无显著差异。

- 本地居民/外地游客对空间感知、地方认同的影响

同时分析本地居民与外地游客对街区空间感知、地方认同的差异度。从表5-22可以看出:访客来源对FAC1_2商业经营感知、FAC2_1意向认同、FAC2_2情感认同的差异性检验的显著值分别为0.037、0.042和0.005,均小于0.05,表明FAC1_2商业经营感知、FAC2_1意向认同、FAC2_2情感认同在访客来源之间有显著的差异;对FAC1_1物质环境感知的差异性检验显著值为0.131,大于0.05,表明FAC1_1物质环境感知在访客来源之间没有显著的差异。因此可以发现,访客的来源对于空间感知和地方认同均有较为显著的影响。

表5-22 访客来源对空间感知、地方认同的影响

		访客来源	平均值	标准差	标准误差	t	p
空间感知	FAC1_1 物质环境感知	本地	−0.265	1.216	0.248	−1.523	0.131
		外地	0.095	0.902	0.110		
	FAC1_2 商业经营感知	本地	−0.366	1.166	0.238	−2.119	**0.037**
		外地	0.127	0.911	0.110		
地方认同	FAC2_1 意向认同	本地	−0.359	1.156	0.241	−2.095	**0.042**
		外地	0.090	0.934	0.113		
	FAC2_2 情感认同	本地	−0.483	1.201	0.245	−2.859	**0.005**
		外地	0.170	0.866	0.105		

注:加粗数字表示显著性水平在$p<0.05$(双尾检验)时具有统计学意义

资源来源:笔者自绘

在空间感知方面,差异性主要体现在商业经营感知上。本地居民对于夫子庙商业经营的评分较低,而外地人的评分较高,有着显著的差异。而在物质环境感知上这份差异性并没有得到体现。同时,我们发现物质环境感知在其他人口统计学特征和不同到访目的之间也没有体现出评分的显著差异(除教育水平外),可以初步判断人们对于夫子庙街区物质环境感知的评分主要是基于空间生产结构的客观判断,而在空间消费过程中的差异性并不显著。在地方认同方面,本地居民与外地游客之间的差异性非常显著。这种差异性同时体现在意向认同与情感认同两个方面,尤其在情感认同方面最为突出。本地居民对于夫子庙的地方评价打分显著低于外地游客。

(3) 结构模型分析

为研究空间消费态度、人口来源、空间感知、地方认同等几个变量之间的关系,引入结构模型来进行分析。

在结构模型中使用的主要研究变量有:①空间消费态度、访客个人特征;②空间感知:物质环境感知、商业经营感知;③地方认同:意向认同、情感认同。这其中,空间消费态度是看待历史街区的本底态度,访客个人特征根据差异性分析的结果聚焦到本地居民与外地游客

之间的区别;空间感知是空间生产的客观结果,也是消费者进行地方性感知的场所,他们在这里进行活动体验,进而产生地方认同;地方认同是空间消费者对街区空间产生情感认同和意向认同的结果,也间接地反映了历史街区中的人地关系[①]。

结构模型中提出以下假设。H1:空间消费态度对于商业经营感知有影响;H2:空间消费态度对物质环境感知有影响;H3:访客来源是本地人还是外地人对商业经营感知有影响;H4:访客来源是本地人还是外地人对物质环境感知有影响;H5:商业经营感知对意向认同有影响;H6:物质环境感知对意向认同有影响;H7:商业经营感知对情感认同有影响;H8:物质环境感知对情感认同有影响。

运用 AMOS24 对模型的各项拟合度指标进行检验,可以看出模型的各项参数均达到合理的标准,表明地方认同结构模型拟合度达标,模型是可以被采纳的。因此,可以判断模型基本成立(图 5-15)。模型拟合度指标和模型路径参数见表 5-23 和表 5-24 所示。

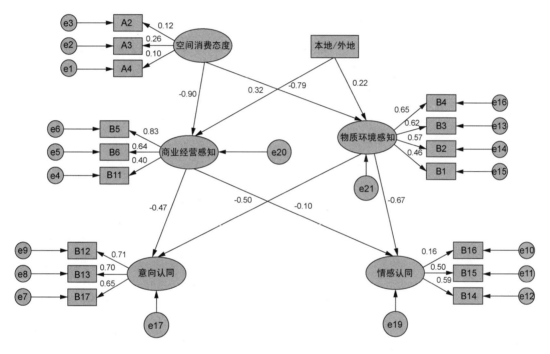

图 5-15　地方性评价结构模型

资料来源:笔者自绘

表 5-23　模型拟合度指标

参数	合理标准	优秀标准	模型值	参数判断	是否达标
CMIN	183.950				
CMIN/DF	<5	<3	1.448	优秀	是
GFI	>0.8	>0.9	0.840	合理	是

---

① 向云,王傲.空间政治经济学视角下的上海田子坊地区城市更新[J].建筑与文化,2020(3):135-136.

续表 5-23

参数	合理标准	优秀标准	模型值	参数判断	是否达标
IFI	>0.8	>0.9	0.857	合理	是
TLI	>0.8	>0.9	0.815	合理	是
CFI	>0.8	<0.9	0.847	合理	是
RMSEA	<0.08	<0.05	0.070	合理	是

资料来源：笔者自绘

表 5-24 模型路径参数

假设	路径		S.E.	标准参数	C.R.	p	结论
H1	空间消费态度	→ 商业经营感知	3.484	−0.902	−0.793	0.128	不显著
H2	空间消费态度	→ 物质环境感知	1.07	**−0.791**	−0.81	0.048	显著负影响
H3	本地/外地	→ 商业经营感知	0.106	**0.317**	2.32	0.020	显著正影响
H4	本地/外地	→ 物质环境感知	0.148	**0.222**	1.976	0.048	显著正影响
H5	商业经营感知	→ 意向认同	0.387	**0.469**	1.893	0.038	显著正影响
H6	商业经营感知	→ 情感认同	0.323	−0.014	−0.042	0.967	不显著
H7	物质环境感知	→ 意向认同	0.208	**0.499**	2.212	0.027	显著正影响
H8	物质环境感知	→ 情感认同	0.143	−0.672	−1.045	0.296	不显著

注：加粗数字表示显著性水平在 $p<0.05$（双尾检验）时具有统计学意义

资料来源：笔者自绘

从表 5-23、表 5-24 的结果中可以得出：①空间消费态度对物质环境感知有显著的负影响，标准参数为−0.791，对商业经营感知没有显著影响。②访客是本地居民还是外地游客对商业经营感知、物质环境感知均有显著的正向影响，标准参数分别为 0.317 和 0.222。③商业经营感知对意向认同的正向影响达到了 0.1 的显著性水平，标准参数为 0.469；商业经营感知对情感认同没有显著的影响。④物质环境感知对意向认同的正向影响达到了 0.05 的显著性水平，标准参数为 0.499；物质环境感知对情感认同没有显著的影响。

因此，模型中的假设 H2、H3、H4、H5、H7 成立。

5.3.4 地方性评价结果

总结前文的分析结果，提取影响夫子庙地方性评价的主要关系如图 5-16 所示。我们可以总结出如下结论：

（1）对于夫子庙街区物质环境感知主要来自空间生产的结果，几乎不受到访者个人因素的影响。

（2）对于夫子庙街区商业经营的感知结果受其商业业态、到访者个人因素等多方面影响。

（3）意向认同受到多维度客观因素及到访者个人主观因素等多维度的影响。

（4）情感认同受到的影响因素较少，可认为主要取决于到访者是本地居民还是外地游客。

可以发现，对于夫子庙历史街区环境的空间感知同时由商业经营环境和街区物质环境决定，在其中物质环境不仅作为空间生产阶段的客观结果，其地方评价结果也相对稳定，主要由其文化表征决定，不受个人因素影响；需要在消费阶段进行地方性建构机制的重点讨论的是商业环境的建构；意向认同同样取决于多维因素的共同影响，主要应讨论不同阶层间的差异性。而情感认同的区别主要取决于本地人与外地人不同的人地依恋关系。

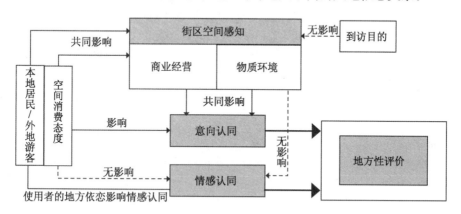

图 5-16　影响夫子庙地方性评价的主要关系

资料来源：笔者自绘

5.4　传统商业中心更新中的地方性建构

5.4.1　地方性建构特征

从明清时期的科举中心，到民国时期的商业娱乐业繁荣，再到改革开放后的商业中心、民俗娱乐中心，最后到 1984 年正式开始复建，及 2010 年后的一系列文教转型与大型项目带动下的更新举措，夫子庙的地方性拥有鲜明的动态特征，随着其建构阶段的不同而不断变化。

在地方性的更迭过程中，其前期地方性建构的力量是自上而下的，体现着强烈的政府意志。1990 年代国际化大都市梦想带来的"商业包围历史"，21 世纪初期的景区化升级建设，近年的文教复兴转型不断改变夫子庙的空间特征。与此同时，区位、实体物质空间（物质环境、景观风貌等）、场所（商业环境、节庆、展演与活动）几个维度相互递进，丰富了地方性的内涵。

这种地方性建构的外部结果影响着人们最终的地方性认知，其不断更迭也造成了不同的情感倾向。如 2014 年科举博物馆建设拆迁时引发的市民和文化学者的争议就是因为上一轮更新时建设的老字号餐饮和电影院文化设施已经成为他们的地方记忆，新一轮更新规划中的科举博物馆建设虽然立足于夫子庙更长历史中的科举文化，却与市民城市记忆中所认可的地方感相悖。在后期，消费群体也逐渐参与到地方性建构的过程中并取得主导。

（1）复建期

复建时期的夫子庙在新一轮南京总体规划的指导下被定位为南京历史文化的展示窗口和新的商业文化中心，并在众多专家学者的参与下进行建筑群的复建，旨在恢复其历史格局和秦淮风貌。当时所形成的空间格局沿用至今，奠定了夫子庙空间更新的原点。

夫子庙1984年开始复建，初期就作为市级重点项目受到了广泛关注，政策、资金等得到国家旅游总局的大力支持，执行流程得到市级领导的亲自关注，历史保护与空间设计得到了多位专家学者的全力参与。并且由于这一时期夫子庙街区的产权皆为政府所有，可以说是一路绿灯，与其说是博弈过程不如说是各层级的通力合作过程。这个阶段的政府角色是一个"强势政府"，并且由于其对于更新全流程的操办而逐渐向"全能政府"转型[①]。这一时期在政府主导下的夫子庙地方性建构中并没有嘈杂的多元话语，也没有激烈的阶层利益博弈。但是随着资本投入方式的转变，央地两级政府的利益诉求产生了分化。一个重要的分水岭是1994年的分税制改革，在此之前夫子庙通过政府拨款，尤其是中央政府的财政支持完成了奠定物质空间特征的贡院轴线的建造。但是在1994年之后其资本投入更多地依赖地方政府自行筹措，秦淮区政府于是进行了大量贷款来保证后续的物质空间更新建设，并且成立了夫子庙旅游事业发展股份有限公司来进行企业化的经营管理。但是由于夫子庙街区所带来的旅游收益并不能偿还数额巨大的贷款，秦淮区政府选择将夫子庙街区的店铺产权对外出售。地方政府出售产权给私人资本的同时也使得夫子庙的空间权力主体发生了变化。

这一时期夫子庙空间上呈现"商业包围历史"的特征，地方性表征呈现出文化、商业混杂的特征。作为改革开放后夫子庙的首次大型改造，政府和市民的地方性认知存在较大的差异。市民们在此之前已经习惯了作为商业中心和充满市井生活气息的夫子庙，当政府怀着打造国际化大都市的梦想在核心区大动干戈时，市民仍然专注于日常使用的商业空间。此阶段的夫子庙街区范围较小，并不足以带动整个地区风貌特征的改变，尤其是政府缺乏关于夫子庙发展方向的明确定位，在大力复建古建筑群打造文化特征的同时也进行着大量商业改造，没有明确的定位空间建构的主体。其建构结果就是双方对地方性认知分化严重。政府将夫子庙定位为城市名片，强调文化属性。市民将其作为商业中心，对商业包围历史的夫子庙街区缺乏认可度。

（2）景区升级期

随着2001年1月夫子庙被评为全国首批4A级景区，夫子庙实现了由"街区"向"景区"的转变。这一时期最为显著的空间特征是通过两次景区扩容工程，夫子庙步行街的范围不断扩大。并且随着秦淮区对于旅游文化资源的整合，夫子庙不再是一个孤立的文化旅游街区，而是与内秦淮河沿线资源联动整合，被作为秦淮风光精华之所在与其他旅游景点打包出售。与此同时，在街区内部进行街道立面出新、店招店牌整治、景观绿化、亮化装饰等物质环境的改造，并通过增加标识标牌，改造游客中心等提高服务水平。

秦淮区政府意识到了夫子庙宝贵的文化历史资源，并明确定位，大力发展旅游及相关配套的开发，在2001年的4A级景区到2010年被评选为5A级景区的过程中为了提高其作为旅游街区的影响力、知名度等进行全方位的努力。地方政府的主要利益诉求是通过打造夫子庙及周边资源的旅游化发展来获取经济利益，处于"全能政府"到"企业化政府"的发展道

---

① 向云，王傲. 空间政治经济学视角下的上海田子坊地区城市更新[J]. 建筑与文化，2020(3)：135-136.

路上。随着夫子庙街区的空间范围和管辖权的扩张,关注者逐渐增多。这一时期开始出现了反对过度旅游化开发的声音,市民和文化学者也开始意识到了自身的空间权利。但是与老门东这样的居住型历史街区不同,夫子庙街区的产权属于政府和 90 年代购买了店铺的私人资本,并且这二者在夫子庙进行旅游化开发一事上有着共同的经济追求。由于空间使用者不拥有公共空间的所有权,因此难以真正参与到夫子庙新一轮地方性建构的博弈中。这一时期的另一特点是在政府仍处于强势主导地位的前提下,多元主体开始发声,但没有形成有效的冲突与讨论。

这一时期的夫子庙的地方性空间特征是形成了服务完善、风貌统一的文化旅游街区,并且夫子庙形象与秦淮风光带打包关联。在夫子庙发展的几个阶段中,景区升级期的地方性建构结果是最为清晰和显而易见的。在政府的强力意志下,夫子庙被打造成了一个旅游景区,与周边的城市空间产生割裂。对于市民和文化学者而言,他们对走上了"观光化"道路的夫子庙产生了排斥心理,并重新思考其作为南京独特的历史空间的意义,部分人群放弃了记忆中习惯的夫子庙作为地方商业中心的定位而重视其文化属性。

(3) 文教转型期

2009 年南京获得了青奥会的举办权,在此带动下积极推进老城改造文化产业的发展。这一时期在南京市政府的大力支持下,科举博物馆作为南京市重点文化工程项目得到立项,并对夫子庙新时期的文教转型起到了重要推进作用。之前的夫子庙虽然有着漫长的历史积淀和乌衣巷、文庙、贡院、李香君故居等多元化的文化资源,但这些资源点开发的时间过早并且缺乏游览空间,难以支撑起街区的文化表征,对游客的吸引很大程度上需要借助秦淮风光带的整体知名度以及街区的商品售卖等,观光化和景区化是现状导致的无奈局面。而科举博物馆的建成则给夫子庙街区增加了一个有利的文化增长点,并且在该项目的带动下启动了周边的街道拆迁,开始对 90 年代出售的产权进行回购,为夫子庙的后续发展奠定了良好的基础。

文教转型时期是夫子庙利益博弈最为激烈的时期。在上一个时期的景区转型中,夫子庙的更新工作和决策权大部分由秦淮区政府负责,而举办青奥会的契机使得夫子庙这一文化名片得到了高度重视和市政府的关注,在权力和资本层面都实现了秦淮区政府无法提供的影响力。对这个时期的政府而言,文化发展的公共利益暂时凌驾于经济利益之上,并通过专门成立夫子庙文化旅游管理委员会来负责从设计到拆迁再到管理的更新工作的全面展开。这一时期的政府虽然行使着"企业化政府"的职责与运作管理方式,但在价值取向上更加靠近"服务型政府"。同时这个时期多元主体的博弈也随着文化发展与经济利益的矛盾而出现。拥有夫子庙部分店铺产权的私人资本仍然以追求经济利益为核心诉求,在认识到夫子庙附加在文化资源上的资本增殖潜力以及不可替代的区位价值后更加不愿意搬迁并且希望得到更多的经济补偿。而文化精英群体虽然同样以保护历史文化为主要诉求,但是他们对于如何定义历史文化的内涵以及应当彰显夫子庙的哪种地方性有着不同的观点。在老字号和电影院等文化设施因为建设科举博物馆遭到拆迁时,文化精英群体开始寻求了与政府的对话,并促使出台了老字号保护的相关法规,追寻异地重建和回迁。

这一时期的地方性建构结果是一个拥有明确"文教"文化标签的历史文化街区。虽然空间消费者们对于地方性内涵的选择性彰显存在着争议,但从政府、资本到店铺经营者,文化精英到空间使用者,都达成了夫子庙文化定位的共识,即一个更加完善的、非同质化的、有增殖潜力的文化符号。

（4）复合提升期

随着青奥会契机夫子庙不仅仅完成了科举博物馆这一大型项目及其周边的改造，同时也对步行街范围内的主题街区进行了重新定位和综合提升，打造了包括龙门街、大石坝街在内的主题街道，并且由夫子庙文旅公司牵头经营自营文创店铺"秦淮礼物"，积极招商引资并开展市场化合作。夫子庙的发展正式进入"后青奥时代"。

复合提升期的重要特征是空间使用者充分参与到了夫子庙的地方性建构中。消费群体终于成为夫子庙地方性建构的重要主体，已经拥有了较完备物质基础和文化符号的夫子庙将其关注点再次转向经济资本的增殖上。这一时期的政府逐渐退出利益博弈的主要舞台，而成为"服务政府"，具体的招商运营管理工作交给其资本代理人夫子庙文化旅游有限公司负责。物质空间的建构暂告一段落，以商业空间的建构为主。店铺经营者、街区管理方（文旅公司）、空间使用者取代政府成为这一阶段的主要博弈主体。文旅公司希望自营的秦淮礼物店铺作为旗舰产品来引领街区的文创类业态，并对各条街道的主体进行引导管控。店铺经营者则以经济利益最大化为核心诉求更加倾向于把店铺租给租金支付能力更高的餐饮和旅店等业态。空间使用者的诉求和价值取向十分多元，但其共性是不在意街区的原真性也不在意全球化的表征，以良好舒适的空间体验和文化消费环境为核心追求。空间使用者的博弈不以直接的话语权争夺的方式进行，但作为历史文化街区中的消费者，他们用自己的活动行为和购物消费选择来投票，决定着夫子庙业态更迭。文化精英的诉求是反全球化的，但是在这场博弈中不再拥有话语权，夫子庙的地方性特征在全球化、观光化的道路上不可逆转。

这一时期夫子庙的地方性空间表征特点是基于科举文化之上开展复合文化发展，注重商业经营和市场化运作，积极引入外来业态，呈现出"全球化"的文化表征。其地方性建构结果是一个复合的"商业游憩型历史街区"，文化符号被不断操纵与解构，空间消费者根据自身的阶级趣味和喜好来建构属于自身的地方性。人们不再能够对夫子庙的地方性达成共识，而是追求差异化的解构。消费主义的浪潮下夫子庙成为一个全球化、观光化的新的"地方"。

5.4.2 地方性建构差异

（1）主体的评价差异

在上文基于消费者地方感知的地方性建构中，笔者分析了使用人群基于其不同的人口统计学特征、到访目的及动机、空间消费态度、属地来源等个人要素对于地方性评价的差异。同时分析了消费态度和空间感知与最终的地方性评价结果的关联性，并提炼出情感认同、意向认同两个层级的地方认同维度，与直观的形象认知共同构成地方建构结果。

可以总结出影响地方性评价的主要要素是以教育水平和收入为特征的阶层属性和本地居民与外地游客之间的基于人地依恋的显著区别。下文将就文化符号是如何被操控，以及使用人群如何选择地方性表征和消费符号以完成自身的地方建构并形成消费区隔的。并将结合前文对于地方性动态特征的分析来阐释本地居民和外地游客间的地方建构差异。

• 阶层间的差异

阶层间的差异主要体现在夫子庙历史文化街区的意向认同上。夫子庙经过多时期、多阶段的更新活动形成了如今文化内涵复合，商业形态多元的地方建构结果。而消费者作为空间的直接使用者通过其购买行为和行为特征来对空间投票,是更新完善期地方建构的主导者,因此本节的阶层差异主要讨论使用者中的差异。

通过前文调研可以发现,教育水平影响着到访者对于物质环境的打分,教育水平越高对物质环境的评分越低,并且访谈中这类群体也表达出更强的原真性诉求,倾向参与文化附加值高的活动和环境品质更高的消费场所。这使得这类人群在空间的选择上更加多的流连于科举博物馆、乌衣巷这类的文化场所,消费选择上更多倾向于老字号,他们对于夫子庙的定位希望是历史文化街区。

消费者中的另一类典型代表群体则是青年学生群体,本书的问卷调查是在固定地点随机发放的,这类群体在夫子庙游客中占据较大比例,他们的主要到访目的是时间消费,因此更加关注非特异性的商业服务环境,其消费行为主要集中在小吃餐饮、文创零售、服装零售类业态上,因为此类消费群体较多,也促使了夫子庙向观光化的方向发展,他们对于夫子庙的定位希望是一个休闲娱乐广场。

- 本地居民与外地游客间的差异

本地居民与外地游客间的差异主要体现在对于夫子庙历史文化街区的情感认同上。本地居民对于夫子庙地方建构的生产性要素是自身地方情感及当前的夫子庙地方特征,其本质是基于自身城市记忆的再生产。因此物质环境表征很难影响本地居民的地方性认知,相反的商业经营环境因为引入了外来文化符号引起了本地居民的排斥。本地游客对夫子庙历史街区的负面评价的原因是地方建构的动态过程中夫子庙上一个阶段的地方性与当前的地方性的矛盾。

而外地游客对于夫子庙地方性建构的生产要素是其对于陌生历史文化旅游街区的预设期待及当前的夫子庙地方特征,其本质是基于城市营销产品的再生产。因此物质环境和商业经营环境对外地游客同样重要。外地游客并没有经历过夫子庙地方性特征的变迁,所以他们的地方性评价来源是当前阶段的地方性,评价相对较高。

(2) 生产与消费的建构错位

上述地方性建构的过程机制解释了生产-消费过程中地方性角色的转换,同时也指出了两个过程中的核心区别,那就是对空间价值的关注点的差异。(图5-17)

空间生产过程是自上而下的,关注交换价值。在权力和资本的主导的增殖逻辑下,对地方性进行一切可能的解构与利用以期获得增殖并尽快地投入下一轮生产,而这种地方性是否源于夫子庙历史街区的固有原真性他们并不在意。生产者们更加关注的是物质空间的呈现以及取得广泛的意向认同。

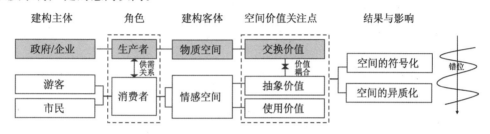

图 5-17 地方性建构的过程差异特征

资料来源:笔者自绘

空间消费过程是自下而上的,关注抽象价值和使用价值。在游客与市民主导的地方感知逻辑下希望获得丰富的活动选择和差异化的空间体验,市民关注的城市记忆是基于历史街区文化属性的抽象价值,游客关注的活动体验是基于历史街区空间属性的使用价值,其最终建构结果是情感空间。

正是这种交换价值与抽象价值、使用价值间的差异,以及物质空间与情感空间的差异造成了空间生产与消费阶段的地方性错位,也进一步导致了空间的符号化和异质化。而不同主体的沟通渠道是否畅通,下一轮空间生产能否包容平等地考虑多元诉求是决定夫子庙地方建构发展方向的关键。只有多元主体的共同沟通参与以及对空间的差异化价值的包容性认识才能构建蕴含情感与精神诉求,立足日常生活的"地方"。

5.4.3 地方性建构机制

地方性既是夫子庙地方性建构的结果,也是生产要素和动力。上一个时期的地方性是如何作用于下一个时期的生产并产生新的地方性特征的?空间-消费的过程是如何反馈与促进,并形成完整循环的?本节试图将地方性建构的过程机制分为空间资本化、文化资本化、文化符号化、消费区隔化四个阶段,前两个阶段是空间生产主要动力,后两个阶段是空间消费的主要动力。

(1) 空间资本化

空间资本化是地方性建构的起点,也是早期空间生产的直接动力。这个过程中地方性是失位的和模糊的,对应夫子庙的发展阶段就是其复建期。政府为了提升城市形象急于打造一个新的地标,在对文化和商业的关系缺乏平衡与价值取舍的情况下通过对夫子庙街区部分店铺产权的出售来获得资金并投入到基础建设中。

这个阶段,地方性模糊地隐藏在区位优势之下,以空间资本的方式出现,强调交换价值,以增殖作为核心诉求。

(2) 文化资本化

文化资本化是地方性建构发展期的主要逻辑,也是贯穿空间生产过程的最强劲动力。这个过程中的地方性在自上而下的定位中是十分明确的,并根据发展的需求可以被重新定义。对应夫子庙的发展阶段就是其景区升级期和文教转型期。景区升级期强调夫子庙与秦淮文化旅游资源的整合联动,打造秦淮风光带和精品景区。文教转型期以科举博物馆这一大型项目为契机重新加强夫子庙的文教定位提升文化属性摒弃商业属性。

这个阶段,地方性明确地作为生产工具,作为文化资本被多次操纵,强调其交换价值,以增殖作为核心诉求。

(3) 文化符号化

文化符号化是地方性建构再发展期的主要逻辑,它既是空间生产的结果,也是空间消费的直接生产要素。文化的符号价值超过其使用价值与交换价值,店铺经营者及其背后的商业资本大都通过对符号的操纵来完成对空间价值的消费与再生产。

这个过程中的地方性以物质空间生产的结果为基础,在商业经营中进行二次生产,并传递给空间使用者。开发商和政府赋予历史街区新的空间表征后退出舞台,运营管理者、店铺经营者与街区空间使用者在前两轮的生产结果之上进行地方性的二次建构,对应夫子庙的发展阶段就是复合提升期。几轮的地方性建构后夫子庙的定位与空间表征趋于稳定,生产者之间的博弈转换为生产者与消费者之间的博弈。出现了主题街道并丰富了民俗活动,以强化文化符号来取悦空间使用者。而消费者本身对于地方性、原真性元素的不敏感使得这种基于文化的二次建构更加走向全球化的方向,外来品牌代替本土话语重塑了历史街区的地方性。

这个阶段,地方性作为消费的材料,强调其抽象价值,以维持生产-消费的稳定循环作为核心诉求。

(4) 消费区隔化

消费区隔化是地方性建构完成时期的结果,作为空间消费过程中的最终空间权利分配阶段。这个过程由空间使用者所主导,他们通过自身经历和诉求来对文化符号进行挑选。对应夫子庙的发展阶段就是其复合提升期和未来的持续更新活动,反映在不同人群对于夫子庙地方性的差异化认知中。

本地人与外地人在情感认同方面的差异是由人地关系的差异所决定的,居住时间较久并且对于城市集体记忆有个人眷恋的本地居民往往对文化符号更为苛刻,拒绝政府和资本主体对于他们记忆中的文化符号的重构,本地居民基于自身的地方记忆对资本话语操纵下的新文化表征产生排斥。外地游客的认知则更多地受一次性空间体验的影响。不同阶层间也存在着地方性认知的差异,可以用布尔迪厄的阶层趣味理论来解释。不同的阶层影响其对于消费主义、观光化、全球化等议题的本底评价态度,因此面对历史街区的文化符号时会产生差异化的评价。文化精英群体更加关注宏大叙事下的历史文化的保护,强调夫子庙多元地方属性中的文教属性和城市文化营销层面的价值,排斥商业化与全球化,追求原真性。游客作为在特定空间中拥有较高消费欲望和消费能力的群体,追求舒适的休闲购物环境,倾心于被精心构筑的新的文化符号。而一些眷恋夫子庙商市文化的本地居民作为草根阶层则因为地方性的更替而选择不再到访,他们既没有生产过程中的话语权也没有消费过程中的话语权,排斥新的地方空间的同时也被空间所排斥。这些不同的阶级趣味、不同的地方价值观念造成了消费区隔化的现象,并导致了空间权利的重新分配和地方社会解构的重组。

这个阶段,地方性就是空间消费本身,强调其使用价值。消费者通过对日常生活空间的评价影响下一轮的持续性建构。

6 老城创新空间再生:三个工业空间更新

导言:工业空间更新与再利用

在2014年发布的《国家新型城镇化规划(2014—2020年)》中提到近三十年来,我国城市人口规模、城市用地面积和城镇结构发生了巨大变化。城市数量的快速增长和城市规模的不断扩大,促成了中国近三十年来以城市扩张为特征的快速城市化。在这个背景下,国家强调"新型城镇化"的思路,要求是在新的发展阶段,最终实现我国城市发展由外延式扩张逐渐向内涵式发展进行转变。

(1) 城市空间转向内生发展,对于空间品质提升和产业结构升级提出了新的要求

根据中国社科院2017年发布的《工业化蓝皮书:中国工业化进程报告(1995—2015)》中的数据统计,2015年中国进入工业化的后期的后半阶段,地区差异显著,其中北京、上海、天津已经率先进入后工业化的阶段,城市空间转向内生发展,对于空间品质提升和产业结构升级提出了新的要求。调整产业结构,使当前产业结构转向清洁、高效、低能耗势在必行,"退二进三""退二优三"已经成为城市更新尤其是内城更新与改造的重要课题。因此,大量内城工业空间调整更新的直接政策推动力就是产业结构调整。

(2) 产业结构在城市空间中进行重新分布,内城工业空间功能外迁,形成空置空间,老工业空间面临再利用

在1990年代初开始的大规模新城建设,带动了我国内城空间结构调整,一方面城市寻求新的发展空间,另一方面寻求内城功能的调整。开发区如火如荼的建设直接带动了新的产业增长和产业空间的产生,而以开发区为代表的新城也吸纳了原先在内城中占据了大量空间的老工业空间,为内城空间结构调整和产业升级提供了机遇。

在这一历史时期,在城市空间中重新进行分布和竞争的各类产业,使得开发新区的功能定位与原有内城的功能结构关系开始逐渐清晰,工业企业开始"入园集中",曾经在内城中占据了大量空间的老工业空间面临着新一轮的产业结构调整和空间结构更新。

(3) 文化复兴战略背景下,工业空间的文化价值传承

过去数十年快速的城市运动已经使得大量的城市历史遗产濒临灭绝,城市中存在大量的需要保护的老工业区。以上海为例,老工业空间可以追溯到1842年后的鸦片战争时期,经历漫长的风云变幻的历史时期,越来越多的工业空间丧失原有的功能成为城市的"遗产"。这些"遗产"其貌不扬,然而却是我国工业化的历史见证,是工业化早期的开拓者创造并遗留给子孙后代的历史财富,它记录了一个时代经济发展水平和社会风貌特征。

自十九大以来,随着文化复兴成为国家战略,可持续发展和资源再利用的概念逐渐普及,并在发达国家的老工业空间转型和再利用方面取得了先进经验。在1990年代中期,上

海的先锋艺术家们自发地搬进了苏州河畔的废弃仓库和旧工厂,进行了先锋性的再利用探索,典型区域包括泰康路(田子坊)和苏州河(M50创意园区),引发各方开始关注这类问题。老工业空间的经济价值、社会价值和历史文化价值更加清晰地展现在人们面前,老工业空间的再利用逐渐受到关注。

(4)新兴产业文化价值追求下,工业空间的转型与重构

新兴产业自身的文化价值追求与内城工业空间带有的城市文化基因不谋而合,因此,近年来,上海、南京等内城地区的越来越多内城工业空间已经转变为创意产业和都市产业,而原有的内城工业空间的物质空间部分已被保留或重建。

在我国经历30年左右的工业空间再生实践之后,现有已经成功转型的工业空间面临着发展盲目,不符合产业发展规律等诸多问题,需要进一步的研究。在新的历史时期背景下,需要及时把握时机,对工业空间更新的演变全过程、更新后存在的问题和未来的发展方向进行进一步的研究和探讨。

6.1 我国工业空间更新历程与模式

6.1.1 工业空间更新的阶段

(1)初期:被动式空间生产时期(1988—1998年)

1990年代初期,我国经济制度由计划经济体制转向市场经济体制,在当时的土地政策和国有企业改革背景下,大量的国有企业面临着市场化冲击带来的实体经济危机。

以1988年土地有偿制度的建立为标志,至2000年我国土地等有偿使用制度的建立为终止的这一时期中,以南京、上海为代表的中国工业化程度较高的城市,大量以纺织、机械、微电子为主要类型的国有企业面临着产品落后、产能低下、经济效益在新的体制下难以维持自身经营。在这一时期,内城工业空间呈现两种工业空间的被动式空间生产模式。(表6-1)

表6-1 1988—1998年相关政策演进表

年份	宏观政策背景	上海政策	南京政策
1988	土地政策:《关于重点调查、保护优秀近代建筑物的通知》		
1989		上海市人民政府批复同意:其中包括了上海邮政大楼和杨树浦水厂两处产业遗产建筑	
1990	土地政策:国务院《中华人民共和国城镇国有土地使用权出让和转让暂行条例》		
1991		《上海市优秀近代建筑保护管理办法》	

续表 6-1

年份	宏观政策背景	上海政策	南京政策
1993	产业政策:《中共中央、国务院关于加快发展第三产业的决定》 产业政策:十四届三中全会《中共中央关于建立社会主义市场经济体制若干问题的决定》		《江苏省南京市扭亏办关于扭转市属工业困难企业亏损局面的意见》
1998		明确提出了发展"都市型工业"的概念	

资料来源:笔者整理

- 正式更新——地方政府主导进行土地收储后,再通过当时实行的土地划拨制度进行再分配。由于部分企业或其上级主管单位在国企改制过程中,拥有了该地块实际控制权,在这一过程中,产权单位拥有了将该地块通过土地二级市场变现的权力。
- 自主更新——企业"自救",市场经济冲击下的经济自救:在这一过程中,内城中的工业空间由于其本身就具有区位优势,因而被以出租、自营或转租的形式改造为家具城、酒店、餐饮场所、建材市场等,如上海的月星家居商场、茂联丝绸商厦、南京华侨城等。而这一批被商业产业率先再利用的内城工业空间,进行的"自下而上"的自主更新,因为产权模糊因而不具有相关规划的审批手续等原因,只能进行自营、出租或联营。

这种被动式的工业空间生产方式,通过商业性再开发保留了原有工业建筑。由于缺少相关的规范标准,这种被动式的生产方式存在极大的自身局限性,也存在更新水平低、更新后物质空间多为商业性、原有工业空间默默无闻丧失原有历史价值等因素。

(2)起步期:实验性工业空间生产时期(1998—2006 年)

在上一阶段末期的 1997 年,上海率先以苏州河畔的旧仓库开始的工业空间再生产实践成为工业空间依托历史文化价值转型的先行者,南京等城市也先后跟进。在这一时期文化主体主导的实验性工业空间生产成为最初内城工业空间再利用实践模式。1997 年台湾建筑师登琨艳改造杜月笙粮仓作为建筑设计事务所(登琨艳工作室),开创了上海内城工业空间更新的先河。本章所涉及的案例中,南京 1865 创意产业园(原金陵制造局)和南京红山创意工厂(原南京工程机械厂)均在这一时期中开始开展工业空间生产活动。

与此同时,上海于 1998 年明确提出发展"都市型工业"的概念,率先为内城废弃工业空间更新实践提供了新思路,并成为我国工业空间发展第三、第四产业的先行者。这一时期,除部分 50 年代后建设的国营工业空间大量被政府主导进行土地收储后,根据当时国家政策通过协议出让的方式进入下一阶段的土地流转外,剩余内城工业空间存在产权关系模糊,正式更新过程交易成本高昂的问题。因此大量的内城工业空间处在废弃中,为实验性工业空间生产模式提供了最初开展的土壤。

初期蓬勃发展:1997 年登琨艳工作室改造成功后在国际国内均产生重要影响,苏州河畔 1131 号、1133 号仓库和淮海西路相继由当时的先锋艺术家完成改造并进驻,与此同时 1998 年陈逸飞工作室进入上海泰康路艺术街(田子坊)。这些先锋性的更新实践成为我国工业空间更新活动的先驱。

中期收紧态势:而由于我国当时土地制度不完善,2001 年国土资源部颁布的《关于建立土地有形市场促进土地使用权规范交易的通知》使当时土地利用处于收紧态势,因此至 2003 年之前工业空间再利用实践呈现停滞状态。但同时,我国于同年加入世界贸易组织,进入"退二进三"的转型阶段,基于当时的世界经济形势,国家产业政策转向扩大内需、刺激消费,并鼓励产业升级。(表 6-2)

表 6-2　1998—2006 年相关政策演进表

年份	宏观政策背景	上海政策	南京政策
2000	土地政策:我国土地有偿使用制度的建立		3 月《南京市政府关于进一步支持工业改革发展的若干政策意见》
2001	土地政策:国土资源部《关于建立土地有形市场促进土地使用权规范交易的通知》 产业政策:加入世界贸易组织(WTO)、退二进三转型		
2003			南京市老城环境整治指挥部《2003 年老城环境整治实施方案》
2004	土地政策:工业用地不得擅自改变 土地用途:不得用于大规模的商业零售,不得用于房地产开发	《上海市优秀近代建筑保护管理办法》工业遗产成为重要组成部分	
2005		上海市分 4 批共公布了 77 处创意产业集聚区,其中共有 57 处为工业建筑遗产改建而成	《南京市政府关于加快推进主城区工业布局调整工作的意见》
2006	土地政策:确定工业用地必须采用招标/拍卖/挂牌的方式出让	全国第一部工业旅游地方标准《上海工业旅游景区服务质量要求》	2006 年的南京市经济恳谈会(现南京经济洽谈会) 2006 年南京市政府公布第三批南京市文物保护单位

资料来源:笔者整理

节点事件导致"井喷":2004 年是工业空间更新成井喷式转型的元年,上海于 2004 年 9 月发布《关于进一步加强本市历史文化风貌区和优秀历史建筑保护的通知》,由上海市政府牵头建立的上海创意产业中心致力于老工业空间通过文化创意产业的再生产。南京市于 2005—2006 年期间,政府鼓励内城工业功能外迁,并通过经济恳谈会、政府主导等形式推动工业空间再利用。这一时期上海、南京相继开展对于近代工业建筑系统性的普查工作,制定相关保护规划指导工业空间的更新。

上海市于 2005 年分 4 批共公布了 77 处创意产业集聚区,其中 57 处为不再进行工业生产功能的工业空间改造而成。这一时期实验性工业空间再生产重新呈现井喷式的发展,并为下一阶段的规范化和制度化奠定了基础。这种实验性空间生产方式为后期的规范化和模式化工业空间生产提供了最初经济资本和文化资本。通过工业空间文化价值和空间价值实现资本增殖的成功路径。

(3) 成熟期:规范化和模式化工业空间生产时期(2006—2018年)

由于工业用地的协议出让方式存在很大弊端,对区域经济产生了负面影响。2006年起国家出台了工业用地必须采用招标/拍卖/挂牌的方式出让,并于2007年再次发文要求各地切实推进这一政策,同年产业政策转向产业转型升级。同时内城工业空间的历史文化价值逐渐得到广泛认同。本章所涉及的南京国家领军人才创业园(简称南京国创园)(原南京第二机床厂)案例即是在这一时期中开始开展工业空间生产活动。(表6-3)

表6-3 2006—2018年相关政策演进表

年份	宏观政策背景	上海政策	南京政策
2007	土地政策:要求推进"工业用地招标、拍卖、挂牌出让" 产业政策:政策转向产业转型升级	《上海市产业结构调整专项扶持暂行办法》	
2008		《上海市创意产业集聚区认定管理办法(试行)》	南京市建委《2008年南京市重要近现代建筑和近现代建筑风貌区整治实施方案》
		第三次全国文物普查开展以来,上海组织各区县对工业遗产进行了全面系统的调查	
2009	土地政策:合理选择工业用地招标/拍卖/挂牌出让方式,明确约定工业用地出让各方的权利义务	《上海工业遗产实录》出版	
2010	历史保护政策:文化部颁布施行的《文物认定管理暂行办法》中首次将工业遗产纳入文物保护范畴		南京历史文化名城研究会受南京市规划局的委托对工业遗产进行了一系列调查研究
2011		《上海市控制性详细规划技术准则》新增工业用地研发类用地	《南京工业遗产保护利用案例研究》 《工业地块"退二进三"政策的实施细则》
2012	土地政策:国土资源部《关于大力推进节约集约用地制度建设的意见》		南京国土资源局《南京国土资源管理转型创新总体方案》明确工业项目工地标准
2013		《增设研发总部类用地相关工作的试点意见》明确土地出让价格	《南京市工业遗产保护规划》
2014		《关于盘活存量工业用地的实施办法(试行)》明确工业用地差别化引导方法	

资料来源:笔者整理

- 产权关系明晰,走向规范化与模式化

这一时期产权关系变得明晰。政府在进行工业用地正式更新的过程中,投入巨大,交易成本较高。为了达到既降低工业用地更新成本,又能获得更新收益的目的,政府与企业及其集团以及开发商在这一阶段联手,多方合作完成老工业空间的非正式更新活动。

上海8号桥、同乐坊等工业空间在这一时期通过经济主体与权力主体合作,在经济主体主导下依托自身旧有文化价值和历史意义初步转型成为以文化艺术为主导产业的创意产业园区,另一批承载了中国近代史重要节点事件的上海内城工业空间四行仓库、杨树浦水厂等,在地方政府等权力主体的主导和支持下转型为公益性公共设施。

- 粗放式发展导致发展局限

粗放式的发展导致产值及效率低下。由于容积率等条件的限制,工业遗产改造后的创意产业园产值为同区位创意产业园的30%;另一方面,高昂的租金对文创产业和艺术画廊等行业存在挤出现象,更新功能趋于同质化。中国面粉工业博物馆、静安创意空间等部分工业遗产面临着更新后无人问津需再次更新的困境。

6.1.2 工业空间更新的模式

与居住空间等城市空间生产相比,工业空间生产比较特殊的是涉及三类资本主体。这三类资本主体包括:以艺术家、学界等为代表的文化资本主体;以政府和上级主管单位所代表的权力资本主体;以开发商、产权方为代表的经济资本主体。布尔迪厄对社会资本进行初步的分析,认为不同的社会主体(成员或团体)因处于不同的阶级而获得不同的社会资源以及权力,同样,不同的资本主体通过掌握不同的资本形式和资本的力量从而获得推动空间生产的推动力。现将已经进行过内城工业空间生产的案例根据主导空间生产的不同资本主体进行划分,有以下3种类型。

(1) 文化主导型

文化资本主体在空间生产过程中往往作为最初的拓荒者,认识到工业空间本身承载的文化资本价值,通过自身与空间文化资本的互动,实现自身对工业空间的诉求。如实现自身对老工业空间保护利用的设想或弘扬工业文化,从而影响并可能主导一部分的工业空间生产行为。

文化主体主导型工业空间生产方式是内城工业空间生产的早期生产方式,美国苏荷艺术区在国际上具有代表性的文化主导型空间生产方式。这一空间生产方式所产生的时代背景往往伴随着社会文化主体阶层艺术家、艺术商人等对内城工业空间文化要素关注的意识觉醒。具有先锋性的文化主体和文化资本,例如艺术家、建筑师等率先选择在当时租金远远低于周边地段的废弃内城工业空间开始进行文化产业类工作。

这一空间生产行为满足文化主体自身的利益需求,同时提升了地区文化价值,即工业空间中的文化资本,重构了废弃工业空间的社会资本,并更新了物质空间本身。

这种空间生产方式往往具有更新的起始时间远远早于其他生产方式,空间起始阶段即更新起始阶段历程最长,空间权力博弈过程最为复杂等特征。其空间规模较其他种类生产方式较小,但具有空间形式更为多样化、更具实验性的宝贵特征。

(2) 市场主导型

经济主体通过既有的稳定的资本转换模式,并以最终资本增殖为目的主导工业空间生产过程。参与工业空间生产的经济资本往往包括金融资本、创意产业资本、原有工业产权资本等类型，共分为重资产开发和轻资产开发两种形式。

其中重资产开发往往由金融资本完成，包括以房地产为代表的地产类资本和投融资公司等。这类资本往往会通过重资产形式，收购原产权方，从物质空间更新、招商引资、空间分配以及市场运营管理等方面全方位地对工业空间进行再生产。从而确保全部成本由开发主体自身承担，最大化地实现自身资本增殖的利益诉求。这类开发方式的代表性园区有南京国家领军人才创业园等。

轻资产开发是指通过资本的无形资产，如流程管理、开发经验等进行空间生产。轻资产开发往往是创意产业类资本选择的主导空间生产途径。这类资本在金融资本面前相对体量较小，往往采取与原产权方合作租赁等形式进行轻资产开发。在这类轻资本所主导空间生产的过程中，存在产权边界模糊的问题，处于随时可能会被拆迁的境地。通过上海闸北区江场西路22号因产权问题被要求整改，说明面临违法的困境。南京红山创意工厂也于2014年青奥会期间由于土地规划调整而拆迁近五成。

（3）政府主导型

权力资本主体在空间生产过程中能对生产过程中的多方行动者和空间本身产生影响、控制、规训等效果的能力。其拥有的社会资本主要来源于相关行政政策、法规以及土地相关部门章程制度下，由相关政府行使职权而产生的制度化的政治权力。

政府主体主导型空间往往由政府或具有政府背景的开发商等权力主体主导，在地方政府已制定的专项法律法规指导下进行的空间生产过程，这一过程往往在文化主导型空间生产长期开展后，地方政府基于地区文化价值提升、土地资源价值提升等需求介入并最终主导工业空间生产过程。在这一空间生产过程中专项制度对于各个权力主体的细分要求起到关键性的作用，推动权利主体分工合作完成空间生产过程。

根据已形成规范化工业空间生产的上海和杭州经验显示，各个地区的工业空间生产专项制度产生过程往往在实验性的文化主导型生产后，都会经过城市产业结构调整、工业空间遗产化和制定工业空间更新办法这3个阶段。上海市于1991年颁布《上海市优秀近代建筑保护管理办法》在国内率先推动了工业空间遗产化，并于2007年颁布《上海市产业结构调整专项扶持暂行办法》调整产业结构，最终于2014年在《关于盘活存量工业用地的实施办法（试行）》明确工业用地差别化的引导方法。

这种空间生产方式往往具有空间起始阶段和空间分配阶段时间短、效率高的特征。满足了地方权力主体对于更为高效利用存量土地资源和提升城市文化价值、打造城市品牌的需求，实现了权力主体的资本增殖需求。

南京的工业空间更新过程中，主要是市场和政府推动，自下而上的文化群体推动的工业空间更新比较少，一些自发的艺术集聚区也很少发展起来。本书研究的老城工业空间主要是指明城墙以内的旧工业空间，以明城墙为界定要素，包括紧邻城墙外围的晨光机械厂等地段（表6-4）。本研究重点选取南京国家领军人才创业园（原南京第二机床厂）、1865创意产业园（原金陵制造局、晨光机械厂）、南京红山创意工厂（原南京工程机械厂）作为具体的工业空间生产案例解析（图6-1），研究工业空间更新中的各方博弈过程，总结基于工业空间再生的老城创新空间的生产模式。

表 6-4 南京内城工业空间初步汇总

编号	工业遗产名录编号	原有名称	行政区	产业门类	保护状况	保护措施控制引导
1	1-02	和记洋行	鼓楼区	其他	下关滨江历史风貌区	现行名城保护规划确定的历史地段
2	1-03	金陵船厂	鼓楼区	车船制造	历史建筑5处，规划控制建筑1处	历史风貌区
3	1-04	金陵机器制造局	秦淮区	机械	金陵机器制造局历史文化街区	现行名城保护规划确定的历史地段
4	1-05	南京第二机床厂	秦淮区	机械	原址为1896年（光绪二十二年）两江总督设立的江南铸造银元制钱总局。历史建筑3处	历史风貌区
5	1-06	南京宏光空降装备厂	秦淮区	机械	历史建筑5处，规划控制建筑3处	历史风貌区
6	2-01	国民政府首都电厂	鼓楼区	电力	下关滨江历史风貌区	历史风貌区
7	2-02	南京汽轮电机厂	鼓楼区	机械	历史建筑7处	一般历史地段
8	2-03	南京工艺装备制造厂	秦淮区	机械	尚未核定公布为文物保护单位的不可移动文物3处，历史建筑6处，规划控制建筑3处	一般历史地段
9	2-05	南京光学仪器厂	玄武区	仪器仪表	市级文保单位2处，区级文保单位1处，历史建筑6处	一般历史地段
10	2-06	南京手表厂	玄武区	轻工业	历史建筑4处	一般历史地段
11	2-07	南京油泵油嘴厂	栖霞区	机械	历史建筑4处	一般历史地段
12	3-01	南京新住宅区养气化粪厂	鼓楼区	其他	尚未核定公布为文物保护单位的不可移动文物1处	一般历史地段
13	3-02	南京工程机械厂	鼓楼区	机械	无规划控制建筑	一般历史地段
14	3-04	南京微分电机厂	鼓楼区	机械	历史建筑2处	一般历史地段
15	3-05	南京印染厂	秦淮区	纺织工业	尚未核定公布为文物保护单位的不可移动文物1处，瓦官寺遗址，规划控制建筑2处	一般历史地段

续表 6-4

编号	工业遗产名录编号	原有名称	行政区	产业门类	保护状况	保护措施控制引导
16	3-06	南京第一棉纺织厂	秦淮区	纺织工业	规划控制建筑 1 处	一般历史地段
17	3-07	南京太平瓷件厂	秦淮区	电子	规划控制建筑 3 处	一般历史地段
18	3-08	白敬宇制药厂	建邺区	医药	尚未核定公布为文物保护单位的不可移动文物 2 处	一般历史地段

资料来源：笔者整理

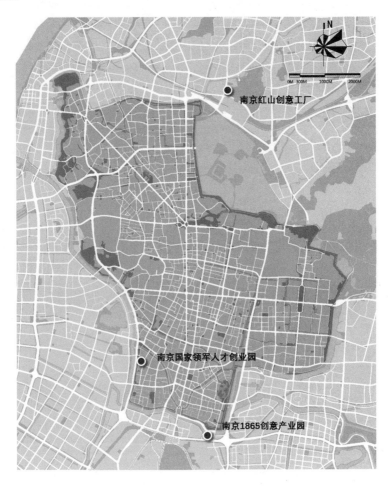

图 6-1　三个工业空间更新项目区位

资料来源：笔者自绘

6.2　市场主导的工业空间更新：南京红山创意工厂

　　以经济资本主体为主导进行空间更新的工业空间，是在更早的实验性工业空间更新成功开拓市场之后,看好城市更新市场的开发商开始大范围介入内城工业空间更新。这一类型的空间生产方式在 2005 年以后风靡南京地区,仅南京内城就有十几例,本书以南京地区典型的轻资产开发园区红山创意工厂为例进行解析。

"红山创意工厂"所在地为"南京工程机械厂"旧址,曾为"南京战斗机械厂",建于 1960 年代,于 1972 年终成现有规模,是中华人民共和国成立以后南京大型的国有企业。曾在 60 年代至 70 年代承担军事工业相关生产任务,生产枪支配件,与周边大型工业企业形成生产产品门类多样并具有上下游产业链关系的机械类工业产业集群。80 年代后转为民用,主要进行民用类机械工程装备(风镐)生产。90 年代在国家政策指导下进行国有企业体制改革,更名为南京工程机械厂有限责任公司,现为国有企业。

6.2.1 空间权力协商阶段

由于南京长期没有直接指导工业空间更新为非工业功能空间的法律法规出台,导致这一轮空间生产过程中,没有经过招拍挂而获得空间主导权的经济主体都不具有相关规划部门颁布的审批手续,因而一定程度上都处于"灰色地带"。因此,这一制度层面的空白导致不同时期的经济主体获得主导权的方式不尽相同,其对空间的实际控制权受到权力主体的制约。

2000 年前后,南京工程机械厂在经历 1990 年代国有企业体制改革后,受到市场化经济的冲击,产能下降,经济效益降低。某些产品延续生产数十年,且不进行生产研发和产品、产业链升级换代。

(1) 政府牵头,经济主体通过租赁获得空间主导权

在原下关区委、区政府和相关企业沟通后,决定以下关产业转型升级为契机,将邻近次干道黄家圩(2006 年现状)一侧、交通颇为不便的工业厂房,维持原有工业用地性质不变,打造为下关区全新的高端招商载体。将邻近主干道和燕路另一侧交通更为便利的地块,转变用地性质为居住用地(当时没有经过招拍挂程序),出售给万科集团,2008 年建成万科红郡。

在 2006 年的南京市经济恳谈会(现南京经济洽谈会)上,由地方政府(下关区政府、南京市政府)支持南京工程机械厂厂方作为产权方与香港某投资公司签订 12 年租约(分半年、一年交租金,12 年租金涨幅不超过 10%),并确定更新后功能——创意产业基地。

该企业老总 W 从上海来南京发展,原来从事建材市场行业,其间有目的性在南京寻求合适发展机会。由于当时地块交通不便因此不适合做建材市场,而 W 当时也没有足够的资金进行房地产开发。而另一方面,此时北京、上海进行了相对成功的工业空间更新实践,具有成本低,发展势头较猛的特征(M50 创意园、798 艺术区等)。W 认定此为商机,在 2006 年南京市经济恳谈会签约时,确定更新功能定位为创意产业基地。工厂改造类租约一般一次性签约在 10 年以上,且租金大致不变,条件相对比较优惠。

(2) 经济主体更新物质空间

2006 年,香港禾盛国际投资有限公司投资开发的江苏创立置业开发有限公司成立,正式直接负责运营红山创意工厂的空间更新工作。自 2005 年至 2007 年,由于此时缺乏资金,通过分期投入的方式,在更新建设阶段共投入 6 000 万,用于进行 6 万～7 万 m² 建筑面积的空间改造、具体搭建夹层、布置相关设施线路、外立面修缮、内部装修、园区内设施建设等。

> 当初就是想打造这样一种工业文化的感觉,修旧如旧的这种感觉,请建筑设计

公司做的,这个设计公司原来也在我们园区,是个南艺的老师做的。

——红山创意工厂相关负责人

红山创意工厂自2006年启动工业空间更新以来,同时进行招商工作,经过2年左右完成更新建设工作。2007年园区被列为南京市"十一五"规划都市型产业园区十大重点推进项目之一。

(3) 制度模糊导致各方争夺主导权,最终更新后空间被拆迁过半

2013年左右,由于南京市举办青奥会的需求,原次干道黄家圩路正式拓宽成为主干道,红山创意工厂范围内拆迁面积占当时园区总面积的53%。拆迁涉及房屋均为2006年更新后的房屋,政府对产权方和承租方双方按照当时工业用地相关标准(产权方获得数千万补偿款)进行补偿(图6-2)。

 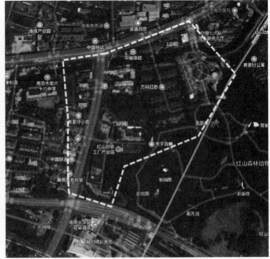

图 6-2　南京工程机械厂 2018 年现存工业用地范围(左)与 2006 年工厂搬迁时工业用地范围(右)

资料来源:笔者自绘

6.2.2　空间资源分配阶段

(1) 经济主体主导空间分配

在园区招商之初,运营商就大致确定了招商方向,即以文化、创意、科技类企业为主,这既符合下关工业"退二进三"的总体思路,也符合产业转型升级调高调优的发展方向,且在建园12年中,没有调整过自身定位。在这一过程中还对商户提出要求,不可随意更改外立面设计(但可打通高),所有商户均按照平层交租金 2.2 元/(m·d)。大楼中的公共部分由开发公司负责,按照商户需求进行建筑维护和修缮。

红山创意工厂的现运营公司为江苏创立置业开发有限公司,其组织架构较为简洁,在地办公人员15人,保安、保洁人员数十人,共分为4个部门,其中招商部和办公室人员最多共5人。产权方不参与园区运营,只派遣人员看管厂内资产配电站。

从 2017 年开始规定物业费,但因为早年没有收过,所以现在收不起来。每年物业成本 100 多万(成本在于保安保洁人员)。

——红山创意工厂相关负责人

政府从科技产业、中小企业、创业孵化基地 3 个方面给予相应奖励,近两年主要从科技产业和中小企业平台给予相应的奖励。2016—2018 年政策奖励幅度较大。2018 年经信委曾组织企业领导赴清华学习,学习新的国家政策,如小微企业"双创",学习相关案例。

2010 年前后,下关区政府强力推进产业转型升级,着力在滨江环境规划、市容面貌改造、产业调优调轻上下功夫,创新招商载体。截至 2010 年,红山创意工厂入驻率 100%,年纳税额已达 1 200 余万元。红山创意工厂还被评为"省高新技术创业服务中心""市干部教育培训基地",各级领导参观红山创意工厂产业园。

(2) 产业结构

红山创意工厂中的产业 2018 年分为实际在地办公和挂靠两类,在地办公企业 73 家,挂靠类 70 家左右(表 6-5)。其中软件研发类存在前店后厂的经营模式,占地面积大,效益好。

表 6-5 2018 年红山创意工厂产业园产业结构表

类别	数量	百分比/%
文化类产业	18	25
贸易类产业	20	27
软件类产业	7	10
医疗器件类	15	20
外贸类	10	14
其他	3	4
总量	73	100

资料来源:笔者根据访谈记录整理

而工程设计类企业收房租比较困难。目前园区出于资金回流和人员安全考虑拒绝工程类企业和养老类企业。园区用地性质为工业用地,相关政策法规目前不允许引入商业服务类设施,如单身公寓、大型餐饮等,在消防方面有不能使用明火的要求。

文化类产业包括文学艺术创作、工业设计与建筑设计等,除建筑设计类企业外,在整体园区生产总值中均产出最低,与我国文化产业处在初步发展阶段有关。

6.2.3 空间价值消费阶段

不同于金陵制造局和江南制造局(南京第二机床厂旧址),工程厂本身不具备浓厚的历史文化底蕴。由此导致以工业文化为核心符号的创意产业园区缺乏文化根基。创意产业园又具有投入成本较高、回收资金流较低但稳定的特点。目前创意产业园的专业从业人员对创意产业发展势头较为看好,并在南京市江宁区进行了文化品牌的输出,现已建成江宁区红山创意产业园。

该公司目前正在酝酿下一步更新计划,下一步空间功能置换以金融产业方向为主导,兼具灵活性的招商原则。其中金融产业园依托国家政策近年向金融方向倾斜,希望通过金融类产业吸引科技研发等产业;文创产业园则以文化创意类为核心的文化创意类企业为主,如婚纱摄影、电影行业等。

6.3 多方协作的工业空间更新:南京国家领军人才创业园

以文化资本主体为主导、多方参与的工业空间更新与再利用,是老城工业空间最初进行再利用的形式,南京较具代表性的案例是南京国家领军人才创业园(简称国创园)。

南京国创园前身为清江南铸造银元制钱总局,位于南京市秦淮区菱角市 66 号,西靠明城墙,北接内秦淮河。园区总占地面积约 7.9 万 m^2,建筑面积 10 万 m^2,其中商务办公占地 8 万 m^2,商业配套占地 2 万 m^2。目前定位为以发展创意类、科技研发类及总部企业为核心的人才创业园。

1897 年 11 月 22 日,"江南铸造银元制钱总局"在南京西水关内云台闸落成。同年,正式开局铸造银元"龙洋"。1914 年更名为"财政部南京造币厂"。中华人民共和国成立后,1950 年代在此筹备建立南京第二机床厂,在 1950 年代至 1980 年代代表了中国机床设备制造领域最先进的技术力量。1990 年代在国家政策指导下进行国有企业体制改革,1991 年更名为南京第二机床厂有限公司。

6.3.1 空间主导权争夺阶段

(1) 经济主体获得空间主导权,并确定进行保护性更新

2001 年左右,在国企改制时期通过同一系统国有企业互相参股的形式,在 2014 年最终被南京金基房地产开发(集团)有限公司收购,国有资本全部退出。现在地块产权属于南京金基集团。

2012 年左右,工厂从现厂址外迁至江宁区后,开始进行工业空间更新改造工作。2012 年正式启动更新,最初只是进行老厂房改造等相关工作,在更新过程中,逐渐确立了对工业空间开展保护性更新的空间更新方式。最终在 2016 年完成工业空间更新。园区改造分一期(南区)、二期(北区)分别进行。园区中最早进驻的企业于 2013 年 2 月入驻,当时只有入驻的厂房处于可以交付使用的状态,其他建筑均处于改建中。(图 6-3)

(2) 经济主体联合权力主体,权力主体参股,弥补制度缺陷

上海在 2004 年已对上海市工业遗存(工业厂区改造)进行的空间更新活动出台明确的地方条例进行指导,主要针对具体规划建设工作建立完整的制度体系。与上海不同,南京市城市建设管理法律法规在工业空间更新改造方面存在空白,亦没有指导性的相关意见或建议出台。因此在法规层面工业空间更新依然处于灰色地带,属于非正式更新。南京已于 2016 年开始酝酿出台相关规范。

> 到目前为止,南京的工业厂房更新还是灰色地带,换句话说就是不合规的。我们到现在就有一个会议纪要,以会议纪要的形式。就是没有规划手续,自己做。
>
> ——国创园主管建设负责人

图 6-3　南京第二机床厂 2018 年现存工业用地范围
资料来源:笔者自绘

秦淮区政府以及南京市政府都对园区的更新改造工作持鼓励不反对的态度,对工业老厂区更新的态度是不得任意拆除厂房,不得大量新建房屋设施。为了产权方能够顺利地开展更新工作,开发商与政府达成协议,2012 年秦淮政府以南京秦淮区国有资产经营中心的名义在国创园投资管理有限公司中认缴 100 万元,参股 10%。

> 底线不能突破,有的厂房太老了,没有办法留,他们(政府)也能看到。他(政府)不会说你违规,但是要有个度。如果出现问题,各个口子(政府部门)会来帮你解决问题。
> ——国创园主管建设负责人

2012 年,在更新过程开始初期并且在更新过程中秦淮区政府介入管理,处理在更新中遇到的社会舆论、群众投诉等相关问题。由于从南京市现阶段规划建设规范角度不允许工业空间用地不经规划调整变更为产业园区,金基集团当时所进行的空间更新没有任何正规规划手续,仅以会议纪要的形式在南京市政府备案。

与其他通过签订租约进入空间更新的红山创意工厂这类轻资产开发方式不同,国创园由产权所属方地产公司进行开发,属于重资产的开发行为,总投资 1.2 亿元,对园区基础设施进行保护性更新,包括相关基础设施,如道路系统、停车设施、新风系统、雨水污水、消防、电力等设施。

(3) 社会资本入场,是阻力也是动力

周边的居住人群出于各种原因对更新施工进行投诉,热心城市建设的居民由于与厂方对地块更新进展存在认知阶段差异,曾多番投诉或检举厂方违规建设,但在更新成果完成后,看到园区对地区就业和活力的积极作用,也对成果予以认可。

不可能没有问题,老百姓会投诉。会投诉房子拆了,房子改了。

——国创园主管建设负责人

真的是有感情留在这,老厂改得这么好,以前那会儿破破烂烂的,想都不敢想。

——国创园安保工作人员

园区管理方、产权方安排原有厂区工人在园区内任职,主要从事安保、文员等工作,使得建园初期原有的社会关系得到一定程度保留。原有的社会资本中蕴含的管理体系和人事关系使建园后的招商引资、运营管理、物业维护都能更加顺利地进行。

6.3.2 空间资源分配阶段

(1) 经济主体联合权力主体进行招商引资,权力主体进驻

由于南京市秦淮区国资委通过控股的方式参与了空间更新,因此在招商引资方面也为经济主体提供了便利,同时为下属机构提供了新的入驻空间。园区最初以研发科技类为开创点,而最终将招商定位确定为文化设计类产业。由于文创类产业的产出主要在于其文化附加值,因此科技类企业产出相对于文创类企业产出较高,可以在经营上形成产出互补关系,所以对大型的科技创新类企业(中国铁塔)也持欢迎态度。

我们的定位是在更新的全过程中不断进行调整的,一开始确实(招商定位)是以科技创新类为主,但是设计类进来之后,觉得更适合他们,对这些企业特别有吸引力。

——国创园主管建设负责人

(2) 无心插柳:最终形成建筑设计类产业集聚,并辐射周边地区

2014年设计类企业在园区更新过程中率先进驻园区,第一家入驻的是建筑设计类公司,此后室内设计类、规划设计类、工业设计类、工程设计类企业纷纷入驻,还吸引了相关上游产业如土地评估类、规划建筑咨询类企业,和相关下游产业效果图制作、建筑摄影、室内设计、家具设计、图文印刷等相关产业,另外还形成相关产业细分如博物馆设计、纪念馆设计等。并辐射影响周边地区,带动相关建材产业发展,形成以建筑规划设计类为主导的产业集聚。(图6-4)

同时文化创意类产业与建筑规划类企业在定位上形成互补,并受到南京市委宣传部的大力支持,南京创意中心公众平台最终于2016年落户国创园,其上级主管单位是南京市委宣传部。

(3) 严控餐饮类等业态入驻,建立准入机制

据相关负责人表示,在集团的运营管理和招商引资引导下,国创园的产业结构形成"333"的格局,即文化类产业三成、评估咨询类产业三成、设计类产业三成。在已有的产业结构形成后,逐渐建立了更为严格的准入机制,如国创园园区内不得入驻大型餐饮类企业,热门餐饮类企业只能在沿街商铺入驻,且租金高于园区内办公铺面价格。在逐渐成熟的产业结构形成后,南京国创园取得了平稳的发展和业内良好的口碑。

6.3.3 空间价值消费阶段

(1) 经济主体联合权力主体进行历史文化价值认定

秦淮区政府对于地块内工业建筑持尽可能进行保护式更新的态度。开发商在更新过程

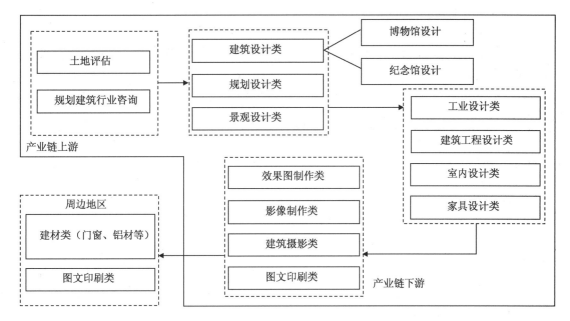

图 6-4 南京国创园建筑类产业及其上下游产业集聚示意图
资料来源：笔者自绘

中也加大投入进行规划与建筑设计，并且对老工业结构进行保护性利用。由于历史建筑没有强制性的保护条款，只要求建筑本身予以保留。在园区内工业空间更新后，开发商主动向秦淮区政府提出，希望能对园区 20 世纪五六十年代的车间厂房进行"历史建筑"挂牌。（图 6-5）

图 6-5 国创园实景
资料来源：笔者自摄

(2) 经济主体输出文化品牌

在国创园的更新过程中,该地产开发集团也通过漫长曲折的更新过程完善了自身产品线和组织架构,并在现阶段已开始国创园的相关品牌(福建路、新隆大街)输出,目前主营房地产和城市更新业务。

6.4　政府主导的工业遗产再利用:南京1865创意产业园

政府主导型的工业空间生产案例通常是具有由政府或具有政府背景的开发商等权力主体主导空间生产过程的特征。在实验先锋性质的文化主体主导模式取得了社会、市场和权力主体的认可,紧接着由各路经济资本主体也进入此市场的过程中,权力主体也逐渐关注到这一空间生产过程对周边地区文化价值提升、土地资源价值提升的影响,因而不再满足于在工业空间的更新过程中只处于行政管理和协调的地位,逐步参与进来通过利用自身掌握制度资本的优势主导了一系列工业空间生产的过程。1865创意产业园为南京地区政府主体参与资本循环,并投入市场进行更新的代表性案例。

1865创意产业园前身金陵机器局始建于1865年,时任两江总督的李鸿章将其先前在苏州创办的西洋炮局迁至南京,选址定于在聚宝门(今中华门)外扫帚巷东首西天寺的废墟上。后经1879年、1887年两次扩建后,1912年由国民政府接管后,由王金海为总办,金陵洋火药局停办。1929年,南京国民政府又将金陵分厂独立建制,直属军政部,称金陵兵工厂,此时金陵兵工厂已经连续亏损多年。1931年,在李承干接任厂长职务后,此时的金陵兵工厂业务停摆,面临着机器老化等诸多问题,李承干在厂期间对金陵兵工厂采取了一系列祛除积弊的重要举措,在1932年开始获得结余经费,李承干即时呈请上级,批准利用这笔经费更新设备、扩大厂房和改善职工生活。1937年日本占领南京,金陵兵工厂被迫西迁重庆,原址被日军占领。日占期间,实行军事管制,厂内岗哨林立。1949年后更名华东军械总厂,1953年与307厂合并组建南京晨光机械厂,1965年晨光机械厂划归第七机械工业部,即后来的航天工业部。

此时的金陵制造局已经走过百年,这座经历过中法战争、中日甲午战争、抗日战争和解放战争的兵工厂,在这近百年中国人民的对外抗争、争取独立自主的道路上,发挥过不可替代的作用,其在中国军事工业史上的地位不言而喻,是中国军事工业和兵器工业的摇篮。

1980年,工厂改称南京晨光机器厂,生产方向开始逐步转向民用,曾经一度举步维艰。直至1996年,南京晨光机器厂由国企单位改制为南京晨光集团有限责任公司,并于1999年,实行资产重组,组建了南京晨光航天应用技术股份有限公司。为响应南京市政府2005年发布的《加快推进主城区工业布局调整工作的意见》,和谋求自身新的发展,企业搬迁至开发区,原有的百年工业空间空置,亟待更新。

6.4.1　空间权力代理阶段

金陵制造局自1865年建立以来,由于其自身军事工业的性质导致其土地和厂方运营经费皆由历任政府划拨,中华人民共和国成立初期中央政府将土地无偿划拨给晨光机械厂。改革开放后,晨光机械厂民用生产占比越来越高,厂方实际上从秦淮区政府处取得了对晨光地块的实际控制权。

（1）政府主体对厂方的绝对控制权

在1990年代晨光机械厂的改制过程中，逐渐实现了更强的市场运作能力和企业实力，成立了南京晨光集团，在这种情况下实际掌握了其土地和资源的决策权和控制权。南京晨光集团由其上级集团中国航天科工集团有限公司100%控股，而中国航天科工集团有限公司则直接由国务院国有资产监督管理委员会独资控股。因此，晨光集团是由中央政府国有资本独资控股的集团，其上级主管部门为国家航天工业部，实际上代表了政府主体的利益。

（2）政府主导空间和文化资本化

尽管有南京市政府的大力支持，晨光集团对晨光机械厂进行工业空间更新在资金上仍然存在困难，2007年5月，秦淮区政府与晨光集团共同投资设立南京晨光一八六五置业投资管理有限公司，委托其对工业园区的投资开发和日常经营进行投资管理，投资管理有限公司获得政府和企业对园区的管理权。

由于金陵制造局在中国近代史上的特殊地位，使得其拥有着其他产业园区无法比拟的历史文化环境优势，在空间更新过程进行之初，更新目标定位为民族风情的创意产业园区。更新时对厂区内清朝、民国、中华人民共和国成立后等不同年代的建筑进行不同方式的改造，路面上还专门留有工业文化建筑小品和铁轨，营造了丰富的文化生态环境。

6.4.2 空间资源分配阶段

2007年1865创意产业园正式开园并面向全球招商，以南京晨光一八六五置业投资管理有限公司为对外窗口和平台，正式以租赁收取租金和物业管理费为盈利手段进行招商工作。1865创意产业园在工业空间更新进行的时期采取了"边更新、边招商"的方式，从2007年开始为满足新的功能使用，除机器正厂、机器左厂、机器右厂外的其他文保单位已被或正在被改造，这些建筑的改造和修缮由承租人进行，均由投资管理有限公司监督。

晨光产业园的出租方式以"整栋""整层"出租为主，租金按照不同年代的入驻建筑有所区别，园区内主要收益方式分为租金收益和物业收益两种。2012年年底，园区内的租金平均为办公类3～3.5元$/(m^2 \cdot d)$，餐饮类4～5元$/(m^2 \cdot d)$，每年租金收入可达到1个亿左右，物业收费标准为5元$/(m^2 \cdot d)$，年均收益大约为400万元。资本主体在这一阶段中不直接参与经营，而是通过代理的形式主导招商引资过程。

6.4.3 空间价值消费阶段

目前晨光1865创意园分为五区：A区（科技创意研发区）、B区（商务区）、C区（科技创意博览区）、D区（工艺美术创作区）和E区（时尚生活休闲区）（图6-6、图6-7）。园区内主要以办公为主，园区累计进驻企业200余家，其中文化创意占80%。2016年园区累计经营收入约35亿元，税收1.27亿元，已成为江苏省文化创意产业园区的标杆品牌。园区功能定位始终以办公类为主导，产业类型定位在文化展示、创意设计、科技研发、总部经济这4个方面，发展形势平稳且在10年间自身影响力越来越大。

图 6-6　晨光 1865 创意园园区规划图
资料来源:东南大学城市规划设计研究院.金陵机器制造局历史文化街区保护规划. 2012

图 6-7　晨光 1865 创意园园区实景
资料来源:陶韬摄

6.5 基于空间-资本视角的工业空间更新解析

6.5.1 工业空间更新机制研究概述

(1) 国外相关研究

国外学者在研究工业空间更新时多从社会经济层面出发，挖掘内城工业空间衰退的原因，并在此基础上提出转型的方向，开发的具体措施。与此同时，也会对内城工业空间转型过程中产生的社会问题，如就业方面的结构性失业问题，家庭网络的改变问题进行研究。Patsy Healey研究了英国各个工业区的改造过程，意识到制度政策对工业区改造发挥着举足轻重的作用，认为在研究制定战略和政治体制的过程中，应始终保持发展的眼光，并不断更新，从而保持在区域层面对城市的有效性，强调要实现城市经济的发展需着重关注基础设施建设、土地开发政策和产权计划三个方面[1]。

从土地产权层面，一些学者分析了土地的社会经济属性变化，发现土地利用方式转变受土地权属影响，强调产权的重要意义，并提醒研究者们应该对产权在工业更新中的价值加以正视。还有学者通过对欧美国家地区发生的实际案例的研究，指出开发权的转移产生的经济活力与盈利虽然给土地所有方提供了财富，却没为参与进行城市开发的当地居民带来公平对等的收益。

(2) 国内相关研究

在国内城市工业空间如火如荼的更新过程中，我国学者也对内城工业空间的更新动力与更新模式进行了深入挖掘。产业结构优化、土地市场价值规律、可持续发展选择及综合环境质量目标，被吴炳怀认为是我国内城工业空间更新的主要动力[2]。舒美荣认为文化因素发展、和谐社会构建和功能混合的需求，是我国老城工业空间更新的动力[3]。在古典主义经济学与制度经济学的层面，冯立等提出了基于产权理论划分工业更新的方式[4]。工业更新被分为政府主导的正式更新模式和非政府主导的非正式更新模式，并认为上海市的现有工业用地转型政策存在更新成本过高的问题，且造成许多建筑内部性质改变，但建筑本身没有发生变化的局面。郑德高等运用经济学理论分析上海制度的变迁过程，发现经济学中一般均衡理论适用于解释上海市工业用地更新的政策变迁，即政府收益主要由土地出让产生的短期收益和税收产生的长期收益两种收益构成，这两种收益的平衡为政府的更新行为提供了内在的动力[5]。

6.5.2 空间生产-资本循环理论的分析框架

从前述的现有理论可见，目前国内还没有学者针对我国工业空间更新的各种模式构建

---

[1] Patsy Healey. The institutional challenge for sustainable urban regeneration[J]. Cities, 1995,12(4):221-230.
[2] 吴炳怀. 旧城工业区改造问题初探[J]. 城市规划汇刊,1997(4): 50-53,64.
[3] 舒美荣. 基于城市经营理念的旧工业区更新研究[D]. 哈尔滨:哈尔滨工业大学,2010.
[4] 冯立,唐子来. 产权制度视角下的划拨工业用地更新:以上海市虹口区为例[J]. 城市规划学刊,2013(5): 23-29.
[5] 郑德高,卢弘旻. 上海工业用地更新的制度变迁与经济学逻辑[J]. 上海城市规划,2015(3):25-32.

出关于其更新过程的完整理论评述体系。本章将从空间生产理论出发,依据空间-资本理论和资本循环理论,建立以资本循环和资本增殖为切入点的评述框架。

1960年代以来,以福柯、列斐伏尔、哈维为代表的西方社会学、人文地理学等领域的研究者重拾马克思主义哲学,从资本主义的生产关系和基本矛盾层面来解读城市问题,形成新马克思主义学派,在推动马克思主义研究向空间层面转向。新马克思主义学派认为,资本和权力是当今城市空间生产的主导力量,占据主导地位;另外,不同阶层之间的冲突和博弈导致不同阶层占据的城市空间不同,影响城市空间结构的演变。

基于大卫·哈维的资本循环理论,资本是城市化的内生动力,也是资本转换和循环的动力,资本循环是资本追求增殖和资本过度积累的必然结果。分析资本的循环过程,即经济资本出发又回到经济资本的运动过程。哈维继承了马克思的资本循环理论,认为资本包括三重循环[①]。其中初级循环是指资本投资于工业生产的过程,即货币资本循环。次级循环是指资本投资与人造环境的生产,即生产资本循环。三级循环是指资本投资于科学技术研究以及与劳动力再生产过程有关的教育与卫生福利等社会公共事业,即商品资本循环。

在空间生产的理论框架中,对于资本的形式以及其运行和转化的方式研究尤其重要。各类形式的资本要实现增殖都必然需要依靠资本运动的连续性和高效性。各类资本主体拥有的多种形式资本在社会中的活动历程,其运动轨迹和发展规律就是资本增殖的内在逻辑。

(1) 工业空间的资本结构

在新马克思主义学派中,不少学者对《资本论》中的资本形式及其运行规律进行了更为深入的研究。与空间相关的主体所拥有的资本结构和资本总量决定了他们所处的社会空间和对应空间的生产关系[②]。在这一过程中经济资本、社会资本与文化资本通过互相转换并且设定一定程度的转换流程,从而保证这些资本形式的经济价值。随着城市的扩张发展,内城工业空间在位置上重新占据了区位条件较为良好的城市节点,成为发展新兴产业的天然选点。

文化资本:在空间资本化过程中,工业空间作为生产要素除了拥有其原有的物质空间资本之外,还拥有得到社会上相关群体(艺术家、学界、商人等)认可的文化价值和资格,即文化资本。其在历史长河中积攒下的浓厚历史文化价值是工业空间为各路资本主体追捧的原因所在。

空间资本:工业空间作为物质空间遵从空间资本化的市场规律,具备可交换价值。在城市中,内城工业空间由于最初建设时出于对工业生产的需求的考虑,往往建设在交通区位良好,水资源较为丰富的地区,具有天然优越的区位条件。且工业空间在已建成的内城区域中存在规模大、占地广的特征,这点不同于居住空间、商业空间的空间资本特征。

社会资本:在工业空间原有工业生产功能被置换出之后,原有的工厂内以生产为目的形成的社会结构自然瓦解。其原有的完整社会资本与周边地区在漫长的历史进程中形成了相互依存的巨大且完整的社会生态网络,因此当工业空间内原有的社会网络瓦解后,往往伴随着一个地区甚至城市的衰落,例如世界第一座工业城市曼彻斯特在20世纪工业大量迁出后城市也曾一度陷入经济衰退,甚至一度徘徊在城市破产的边缘。

---

① 哈维. 资本的城市化[M]. 董慧,译. 苏州:苏州大学出版社,2017.
② 布尔迪厄. 文化资本与社会炼金术[M]. 包亚明,译. 上海:上海人民出版社,1997.

（2）工业空间生产过程中的资本循环

在内城更新过程中，内城工业的空间生产主要表现为工业空间进行更新实践的过程，本书将这一历程划分为三个主要阶段：初始期——空间权力转移阶段、发展期——空间权力资源分配阶段、后发展期——空间价值消费阶段（图6-8）。

对于工业空间而言，第一阶段的货币资本循环在我国现行的土地制度体系下，权力主体由于掌握更多的行政和制度资本因此存在很大优势。而后两个阶段在我国现行的市场经济体系中，经济资本主体相较于其他主体占有明显优势。尽管各个主体优劣不同，但同样都会经历着资本循环的三个阶段。

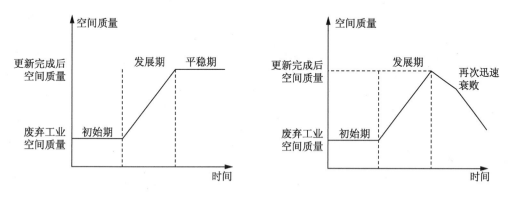

图6-8　工业空间生产初始—发展—后发展过程模式图
资料来源：笔者自绘

- 货币资本循环——空间权力斗争阶段

在第一阶段货币资本循环中，资本以货币的形式出现在市场上购买生产资料和劳动力。在这一过程中，不同的资本主体不论直接还是间接，通过完全购买或者达成是合约的形式，都获得了内城工业空间的空间控制主导权。

这一阶段往往开始于原有工业空间的衰败，中间伴随着多方行动主体对某一空间权力的角逐，最终角逐的结果会诞生新的社会生产关系，基于这一新的社会关系生产出新的空间形态。阶段初始时期，原有工业生产功能的退出导致物质空间衰败，对工业空间有支配权的工厂产权方和上级主管单位决定着工业空间的存续与否。

随着时间推移，多方资本主体介入，政府、开发商、艺术家、原有厂方等依托自身的地位和对资本的支配关系进行多方博弈。通过多方博弈最终生产出空间发展的新目标和新方式，这一阶段可称为更新活动的起始阶段。从这一阶段开始，内城工业空间正式进入资本循环过程。

- 生产资本循环——空间资源分配阶段

资本主体将在第一阶段中购买得来的各类生产资料包括工业空间本身和生产力共同投入生产过程。在确定新的空间形态和功能后，掌握空间权力的多方资本主体对于空间的发展和生产提出符合自身利益的期望，并通过运营和再开发等资本运行过程，不断谋求自身利益的最大化以及探索资本新的流通转化形式。这一阶段中，多方资本主体在更新活动和利益诉求上取得合作或主要利益诉求一致，进行更新活动成为普遍的趋势。原有工业空间不仅形成新的功能形态，也建构出新的社会结构和地域价值。

多种形式的资本被资本主体投入生产过程中,通过消费各种生产要素,进行生产过程,如对工业空间进行物质层面的保护与更新,包括进行保护性的规划、建筑历史方面的研究、历史文化价值的挖掘等,生产出新的空间形态。并对产生的新空间形态进行"商品包装"——包括打造功能定位、确立自身品牌、改善周边环境设施、增加工业文化符号等多种多样的方式,从而获得可以消费的空间商品和文化商品。因此,这一阶段可称为空间分配阶段,也是资本循环过程中对资本增殖具有决定意义的阶段。

- **商品资本循环——空间价值消费阶段**

在这一阶段中,在生产出新的社会结构和地域价值之后,资本主体把投入生产力和生产资料后生产出来并包含着剩余价值的商品投向市场消费其价值,完成由商品资本到货币资本的形态变化。掌握空间权力的多方资本主体在这一时期可能会继续基于自身利益诉求的一致性而产生较为稳定的合作机制,即稳定的资本转换机制。在这一资本循环过程中,文化资本、经济资本和社会资本之间的转换得到了保障,资本的增殖效应和资本转换过程中的损耗都有了可以具体估算的方式,也就是多方资本主体保障自身在未来资本循环过程中可以获得符合本轮空间生产中自身需求的剩余价值。(图6-9)

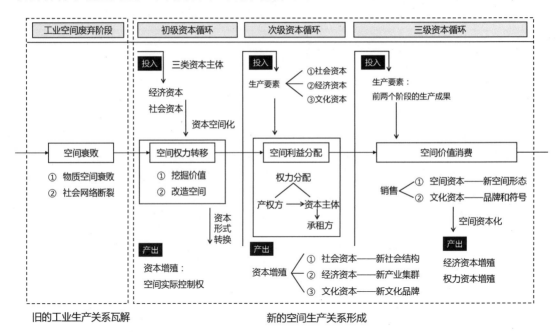

图6-9 资本循环角度的工业空间生产流程模式图
资料来源:笔者自绘

这一时期中,如果多方资本主体在主要利益诉求上产生冲突,则它们将再次进入空间权力斗争阶段。另外,在这一阶段中也可能出现各个资本主体认为空间不再具备投资价值,或不能够在资本循环中保障自身获得增殖,因此放弃或停止对空间的生产活动,具体表现为停止空间的运营、管理和投资等行为。或一方资本主体放弃生产活动后,文化资本、经济资本和社会资本之间的转换制度遭到了破坏,因此在这种状况下生产活动也被迫中止。

在这一过程中,资本循环促进了城市空间的生产与再生产,导致了不同地区的兴衰。工业空间废弃的本质就是旧的生产关系瓦解的过程,而在经过3个资本循环过程后,新的生产关系又随之形成。同理,新的生产关系形成后,若可以源源不断地实现资本增殖,则证明空间更新是成功的。反之,若新形成的生产关系没有成型,或者不能实现源源不断的资本增殖,则证明空间更新失败。资本介入工业空间生产是在产业结构性调整大环境中的适应性投资方向转变,工业空间承载的文化资本和空间资本使工业空间更新成为各类资本主体较为理性的投资选择。

（3）评述框架

基于以上认识,从空间-资本理论和资本循环理论出发,将理论与内城工业空间生产的实际相结合,讨论在3个主要资本主体的主导之下进行的内城工业空间资本循环的全过程,建立以资本循环和资本增殖为核心的内城工业空间评述思路。通过不同的历史时期进行空间生产的3个案例研究,可以探讨三大资本主体其特征鲜明的更新模式和更新后成败的内在原因。(图6-10)

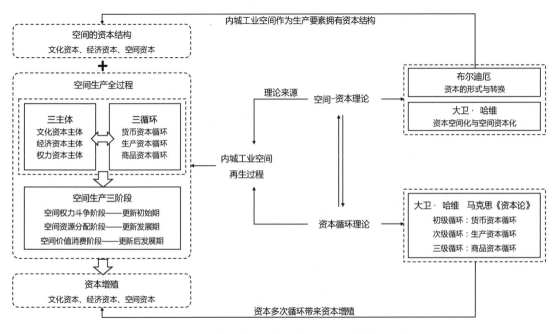

图6-10　内城工业空间资本循环与增殖评述框架图
资料来源:笔者自绘

（4）资本主体参与特征

我国的工业空间更新最初以实验性质的文化资本主体主导的工业空间更新模式为先驱,随后逐渐形成模式化的经济主体主导型更新和权力主体主导型更新这两种模式。在这一历史进程中,受到时代发展的局限和法律法规有待完善的制约,其空间生产过程中的制度成本和时间成本更高。但由于其变更功能不改变原有物质空间的特点,这种工业空间生产的样本越来越多,成本也随之减少。各方资本主体的利益诉求,即其寻求的资本增殖是推动工业空间生产的核心推动力。

在南京的工业空间生产过程中,相关制度和法规的不够完善使得空间生产过程受到了现有时代发展的局限和法律法规的制约,文化资本主体、经济资本主体和权力资本主体在主导空间生产的过程中呈现出截然不同的运作方式。

- 最初的拓荒者——文化资本主体

从前述的案例可见，文化资本主体往往由社会文化主体阶层艺术家、艺术商人构成，由于自身身处精英阶层，相较于其他资本主体拥有更为丰富和更为前沿的知识资本，他们对内城工业空间文化要素关注的意识觉醒，在这场实验性的工业空间生产中拥有决定性的作用。这些具有先锋性的文化主体和文化资本，例如艺术家、建筑师等率先选择在当时租金远远低于周边的废弃内城工业空间开始进行文化产业类工作。在文化资本主体主导的空间生产过程中，参与其中的文化资本包括工业空间的文化价值本身和社会文化主体。文化资本主体自身的文化价值追求与内城工业空间带有的城市文化基因不谋而合。

从世界范围来看，文化资本主体都是工业空间生产过程中最初的拓荒者，他们最早认识到工业空间本身承载的文化资本价值，通过自身与空间文化资本的互动，实现自身对工业空间的诉求。也许他们最初只是为了满足自身的基本需求，如低廉的租金，与自身文化气质相符合的物质空间等，但当生产力和生产资料不可避免地进入资本循环过程后，最终将演变成对资本增殖方式和资本增殖量的角逐。

- 利益的追逐者——经济资本主体

在上一批具有实验性的工业空间生产成功开拓市场之后，经济资本主体作为一个完整且独立的第三方主体主动参与到工业空间生产的过程中来。参与工业空间生产的经济资本往往包括金融资本、创意产业资本、原有工业产权资本等类型，共分为重资产开发和轻资产开发两种形式。无论是哪种开发形式都会确保全部成本由开发主体自身承担，最大化地实现自身资本增殖的利益诉求。并从物质空间更新、招商引资、空间分配以及市场运营管理等方面全方位的主导对工业空间进行再生产。

但由于法律法规的制约，许多工厂自发改建的创意空间都曾面临拆迁，南京2010年前后进行的多家以经济资本主体为主导的工业空间再利用活动都曾面临所谓"灰色地带"的产权边界模糊的问题，处于随时可能会被拆迁的境地，直至2014年在《关于盘活存量工业用地的实施办法（试行）》中明确规定工业用地差别化的引导方法解决了这一困境。在这一过程中，经济主体不同于文化资本主体，经济主体积极寻求政府相关部门支持。通过参股或建立会议纪要等形式，获得一定程度上的"行政许可"，从而使自身可以更为"安全顺利"地进行工业空间生产活动。

究其根源，经济资本主体参与工业空间生产的动机不同于权力主体和文化主体其利益诉求的多样化——文化主体追求文化价值提升，权力主体追求带动地区发展。而经济资本主体进行空间生产最终目标就是实现经济资本的增殖，其对于工业空间文化价值的挖掘与消费均是以最终经济利益得到提升、经济资本增殖为目标而进行的，一旦其经济利益受挫或经济损失无法挽回，经济资本主体会在生产后的商品价值得到彻底利用之后，会毫不犹豫地退出这场资本循环过程。

- 制度化的推手——权力资本主体

由权力主体主导的空间生产往往具有空间起始阶段和空间分配阶段时间短、效率高的特征。其拥有的社会资本主要来源于在相关行政政策、法规以及土地相关部门章程制度下，由政府行政职权所产生的管治权力。

权力主体主导型空间往往由政府或具有政府背景的开发商等权力主体主导，在地方政府已制定的专项法律法规指导下进行的空间生产过程。这一过程往往是在文化主导型空间生产长期开展后,地方政府基于地区文化价值提升、土地资源价值提升等需求介入并最终主导工业空间生产过程。在这一空间更新过程中各项制度对于各个权力主体的细分要求起到关键性的作用,推动权力主体分工合作完成空间更新过程。

根据已形成规范化工业空间生产的上海和杭州经验,各个地区工业空间更新制度的产生过程往往在实验性的文化主导型生产之后,且都会经过对城市产业结构调整、工业空间遗产化和制定工业空间更新办法这三个阶段。上海市于1991年颁布《上海市优秀近代建筑保护管理办法》在国内率先推动了工业空间遗产化,并于2007年颁布《上海市产业结构调整专项扶持暂行办法》调整产业结构。这一空间更新方式满足了地方权力主体对于更为高效利用存量土地资源和提升城市文化价值、打造城市品牌的需求,实现了权力主体的资本增殖需求。

7 网络空间与消费行为:隐形消费空间的生产

导言:互联网环境下的消费空间更新

在更新、消费升级和互联网经济发展的背景下,互联网与传统产业相结合,为人们的日常消费生活和消费空间带来了诸多新变化。在互联网发展新形势下,一种新的O2O商业模式应运而生,O2O(Online to Offline)指线上线下融合的商业模式,是一种以本地服务为导向的电子商务类型[1]。O2O可分为异地O2O和本地O2O,本地O2O又可分为到家O2O和到店O2O;其中本地生活服务O2O发展迅速、市场规模冲击万亿大关,到店O2O是本地生活服务O2O的主要构成(图7-1)。本章研究的对象为顾客通过线上网络途径登录到线下的隐形消费空间,为典型的到店O2O消费。

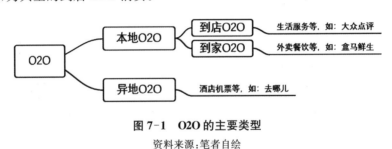

图7-1 O2O的主要类型

资料来源:笔者自绘

消费空间作为城市日常生活中生产者和消费者进行实物、信息、服务等商品交易,从事消费活动,产生消费体验的空间[2][3][4],良好的可见性、可达性通常是维持其运营的必要条件,一般位于街边或商场,具有朝向街道、中庭的门面;同时,与可见的消费空间(Visible Consumption Space)相对应地存在着隐形消费空间(Invisible Consumption Space),其不具有与公共空间相连接的门面,"酒香不怕巷子深",因为区位的隐形,因此依赖于口碑实现商业信息的流动扩散。

近年来随着互联网的进一步发展,隐形消费空间在城市中大量涌现,这种新型店铺不位

---

[1] 史坤博,杨永春,白硕,等.技术扩散还是效率优先:基于"美团网"的中国O2O电子商务空间渗透探讨[J].地理研究,2018,37(4):783-796.
[2] 王宁.消费社会学:一个分析的视角[M].北京:社会科学文献出版社,2001.
[3] 李昌霞,柴彦威.改革开放后上海市民消费方式的变化及其空间扩展[J].经济地理,2005,25(4):528-531.
[4] 张敏,熊帼.基于日常生活的消费空间生产:一个消费空间的文化研究框架[J].人文地理,2013,28(2):38-44.

于街边或商场,而是隐形于楼宇之中[1][2],依靠网络平台,通过 O2O(线上到线下)的方式进行运营,以美容美发等生活服务、密室剧本等文化娱乐、健身舞蹈等体育休闲等体验性消费为主要内容(图 7-2)。此类 O2O 隐形消费空间不具有面向公共空间的门面,商业区位的可见性、可达性较差,依靠网络平台通过线上到线下的方式进行运营,提供体验型消费为主的场所,具有消费空间、没有公共门面、依靠线上-线下口碑运营、提供体验型消费四方面特征。

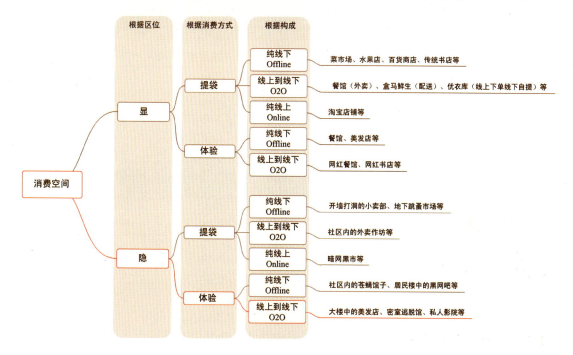

图 7-2　消费空间分类树状图

资料来源:笔者自绘

本章即以南京老城 O2O 隐形消费空间为研究对象,对其空间分布及其影响因素、空间生产和消费的过程进行探讨。

7.1　南京老城隐形消费空间分布

7.1.1　隐形消费空间类型构成

经过统计,通过高德开放平台获取的南京老城范围内的 O2O 隐形消费空间共有 1 919 个(数据抓取时间为 2019 年 11 月 29 日),共涉及餐饮服务、购物服务、科教服务、生活服务、文化娱乐、体育休闲和医疗服务 7 个大类。分类划分依据为结合《国民经济行业分类(GB/T

---

[1] 路紫,王文婷,张秋娈,等.体验性网络团购对城市商业空间组织的影响[J].人文地理,2013,28(5):101-104,138.
[2] 杨秋彬.基于 POI 数据的体验型商业空间格局分析:以上海为例[D].上海:华东师范大学,2018.

4754—2017)》①和高德开放平台 POI 分类编码②所共同确定。需要说明的是,住宿服务类消费空间(酒店、民宿等)作为典型的特种行业③,其本身具有隐匿性,例如酒店的客房本身即位于楼宇中,酒店的前台无须临街,甚至新型民宿已无须前台。与其他消费空间相比,住宿服务类消费空间作为有偿的临时寓所,具有更为强烈的居住空间属性,本研究的研究对象中不包含住宿服务类消费空间。

南京老城 O2O 隐形消费空间具体数量及占比如表 7-1 所示,生活服务类(55%)、科教服务类(24%)和文化娱乐类(7%)是南京老城 O2O 隐形消费空间的主要构成。

表 7-1　南京老城隐形消费空间主要类别、代表店铺及其分类统计一览表

类别	代表店铺	数量	占比/%
餐饮服务	猫咖、手工甜品店、私人烘焙馆等	74	4
购物服务	礼服、西服定制馆、珠宝定制工作室等	56	3
科教服务	外语学习、课外辅导、艺术培训机构等	452	24
生活服务	美发、美甲工作室、照相馆、盲人按摩馆等	1 062	55
文化娱乐	密室逃脱馆、私人影院、桌游吧、酒吧等	132	7
体育休闲	健身工作室、瑜伽馆、练功房、跆拳道馆等	103	5
医疗服务	产后恢复中心、心理咨询所、口腔诊所等	40	2
总计		1 919	100

资料来源:笔者自绘

餐饮服务方面,主要为饮品、甜品、轻食类店铺。其构成主要为咖啡厅和甜品店,不同于大部分临街或商场内的正餐热菜式餐厅,隐形的餐饮店铺更多地表现为下午茶、简餐、轻食的模式。

购物服务方面,主要为提供定制服装、珠宝等店铺。与临街和商场同类店铺不同,以服装为例,其并非销售量产型号的服装产品,而是为婚纱等礼服或时装、西服等高端服饰甚至汉服、洛丽塔服装等小众服装提供定制。

科教服务方面,主要为培训机构。既包括为升学和出国提供辅导的各类机构,还包括音乐、美术等艺术培训机构。

生活服务方面,主要为美容美发类店铺。美容美发、摄影和洗浴推拿为主要业态,分别占到了 81%、13% 和 6%,其中美容美发共有 859 家店铺,为所有 O2O 隐形消费空间中最为突出的业态。美容美发除了美发店之外还包括美甲、美睫、文身店等,摄影主要指拍摄证件照、艺术照的照相馆,洗浴推拿包括足疗汗蒸、按摩推拿、刮痧拔罐等店铺。

文化娱乐方面,主要为游戏、社交类店铺。其中一类为场景体验型的游戏场馆,如 VR 体验馆、密室逃脱馆等,密室逃脱为一种具有特定背景设定、场地布景和道具装置,具有真实

---

① 中华人民共和国国家质量监督检验检疫总局,中国国家标准化管理委员会. 国民经济行业分类:GB/T 4754—2017[S]. 北京:中国标准出版社,2017.
② https://a.amap.com/lbs/static/amap_poicode.xlsx.zip.
③ 《江苏省特种行业治安管理条例》第二条:本条例所称特种行业,是指服务业中,因经营业务的内容和性质容易被违法犯罪人员利用,需要采取特定治安管理措施的行业。包括旅馆业等。

物体体验元素、需要多人团队配合的游戏[①]；另一类为私人影院，提供在更独立、更休闲的环境中的电影点播服务，与传统电影院相比其具有规模更小、公共程度更低的特点；此外还有以三国杀、狼人等桌面游戏或者饮酒为主要活动的社交场所，如桌游吧、酒吧等。多为临街和商场内所不具有的新型店铺。

体育休闲方面，主要为位于室内的小型休闲运动场馆。如健身房，瑜伽、普拉提馆，街舞、爵士舞练功房，射箭馆，拳击馆等。

医疗服务方面，其并非公众认知中具有等级和资质的医院或诊所等，而是主要提供保健护理等服务，例如产后恢复中心、心理咨询所、口腔医院、植发医院等。

7.1.2 隐形消费空间分布

（1）集聚特征：宏观上向中心区集聚，微观上呈多极核分布

对1 919个O2O隐形消费空间在ArcGIS软件中进行核密度分析（图7-3），可以看出，空间分布方面，O2O隐形消费空间分布较为广泛。除城西秦淮河沿线受地形（清凉山、石头城等）限制以及城东九华山至明故宫一带受军事用地限制外，均可见O2O隐形消费空间存在。

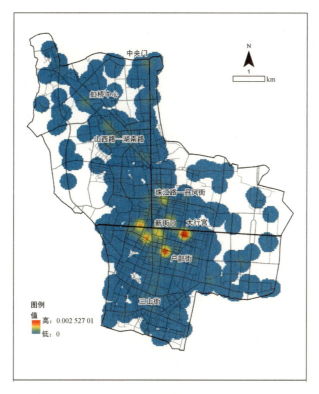

图7-3　南京老城O2O隐形消费空间核密度分析
资料来源：笔者自绘

---

① 张泉.真人密室逃脱游戏中的卷入度及文化倾向研究[D].上海：上海师范大学，2016.

宏观集聚特征方面，在新街口中心区呈现强烈的集聚。不同位置的O2O隐形消费空间分布密度差异较大，其中新街口"小四环"区域（新街口地铁站周边）和新街口"大四环"区域（户部街周边、大行宫周边、珠江路—丹凤街周边）呈现明显的集聚，除此之外中山北路沿线（鼓楼、山西路—湖南路、虹桥中心）、中央门、新街口—三山街沿线可见微弱的集聚。

微观集聚特征方面，呈现多极核的点状集聚特征。因为O2O隐形消费空间大多在楼宇中垂直分布，所以集聚形态表现为明显的点状集聚。新街口中心区范围内具有多个极核；中山北路、新街口—三山街沿线可见少量点状集聚。

（2）等级特征：高等级极核位于中心区外围

对O2O隐形消费空间的核密度分析结果，在ArcGIS软件中依据"组间差异最大，组内差异最小"的原则采用自然间断点分级法（Jenks）分为6个等级。由图7-4可知，在集聚形态接近的情况下，核密度等级越高，则说明总量和平均密度相应越高，据此以自然间断分级结果的前4个等级为依据，得到南京老城O2O隐形消费空间的等级体系。

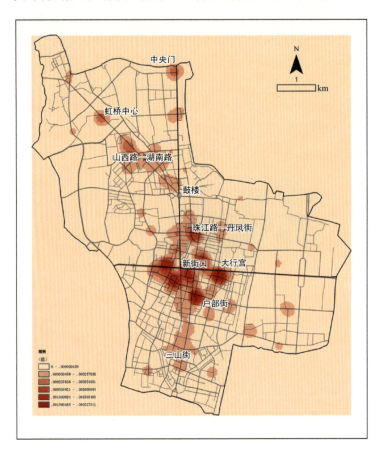

图7-4 南京老城O2O隐形消费空间核密度分析自然间断分级结果

资料来源：笔者自绘

从图7-5可以看出，南京老城O2O隐形消费空间一级极核有2个，分别位于户部街和大行宫。二级极核有3个，均位于新街口小四环内。三级极核有2个，分别位于珠江路和长江路。四级极核有5个。

(3) 圈层特征:内凹式集中分布

根据南京老城 O2O 隐形消费空间等级体系发现,一级极核并非位于中心区的核心而是位于外围,据此采用圈层分析手段对隐形消费空间集聚度进行测度。在 ArcGIS 软件中,以新街口为中心、600 m 为间隔建立多环缓冲区,选择 600 m 为间隔的原因为"600 m"是以新街口为中心的南京老城干道所划分的街区单元的模糊尺度,同时通过划分能将新街口大小四环、中心等级与圈层取得较好的匹配(如第一圈层主要为新街口"小四环",包括汉中路、石鼓路、正洪街二级极核;而第二圈层主要为新街口"大四环",包括户部街、大行宫一级极核)。

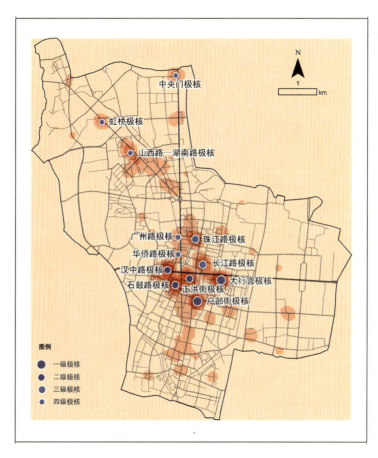

图 7-5　南京老城 O2O 隐形消费空间等级体系

资料来源:笔者自绘

根据各圈层 O2O 隐形消费数量利用 ArcGIS 软件进行圈层统计分析(图 7-6),并根据结果绘制洛伦兹曲线(图 7-7),可以总结出以下特征:

圈层特征之一为集中分布。通过洛伦兹曲线的"上凸"状态可知,南京老城 O2O 隐形消费空间以新街口为中心集中分布,在新街口 2 000 m 范围内,超过 70% 的 O2O 隐形消费空间在此集聚。

圈层特征之二为"内凹"。进一步来看,新街口最里圈层并非 O2O 隐形消费空间分布最集中的圈层,洛伦兹曲线在第二圈层(600～1 200 m)范围内的斜率超过了第一圈层(0～600 m),说明在第二圈层内分布更为集中。

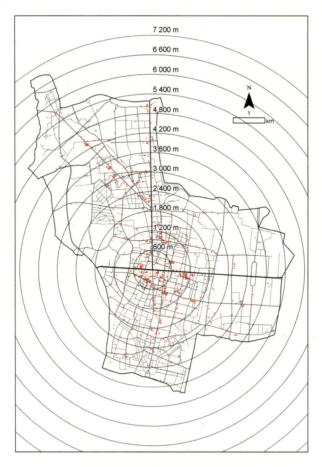

图 7-6 南京老城 O2O 隐形消费空间圈层分析
资料来源：笔者自绘

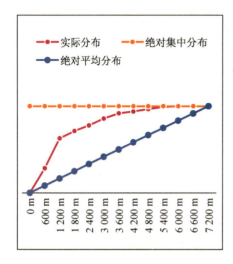

图 7-7 南京老城 O2O 隐形消费空间
圈层分布洛伦兹曲线
资料来源：笔者自绘

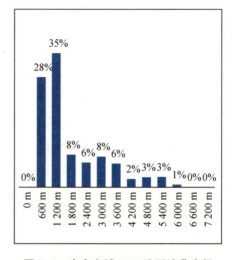

图 7-8 南京老城 O2O 隐形消费空间
各圈层数量变化趋势
资料来源：笔者自绘

O2O隐形消费空间整体以新街口为中心集中分布,然而峰值出现在新街口中心区的外围而非核心,因此采用"内凹"来进行描述。在等级体系中,高等级极核均围绕新街口分布,但一级极核位于新街口中心区外围、二级极核更靠近新街口中心区核心;因此圈层分析的结果与等级体系的结果互为佐证。(图7-8)

7.2 隐形消费空间分布的影响因素

7.2.1 城市空间结构要素的影响

本节主要内容为试讨论南京老城城市空间结构性要素对O2O隐形消费空间布局的影响。在既有研究中[①②],市场因素(人口密度、商业设施分布、商业业态密度、距离资源或市场的距离等)、交通因素(公共交通场站分布及密度、道路密度、距离公交场站的距离等)、经济因素(房价、租金等)为较为普遍纳入讨论的影响因素。

在城市规划学中,中心体系指城市的公共服务设施所形成的不同功能、不同层级的聚集形态[③]。而城市中心体系在发展演变的过程中,是历史发展和自然文化资源、政策调控、城市人口数量、交通条件、土地和市场、产业和技术等各要素所相互影响、共同作用形成的[④],也具有最突出的建成环境、功能、活动和产业特征。因此与分别研判各个单个要素的影响相比,将线下的、可见的城市中心体系作为整体空间结构要素,同O2O隐形消费空间进行比较,能够更综合地去辨析此类新型消费空间与传统消费空间的结构性差异及背后的影响因素。

当前公共交通为城市居民主要的出行方式,城市的轨道交通网络一方面作为城市公共交通结构,同时也是到达消费空间的重要途径,因此将轨道交通站点作为交通系统方面要素纳入讨论。

此外根据南京老城O2O隐形消费空间的数据可以观察得到,O2O隐形消费空间通常分布于高层建筑中,且其中1 306个(68%)层数大于6层,可以做出假设:高层建筑布局为O2O隐形消费空间布局的影响要素之一,因此将高层建筑布局作为建筑形态方面要素进行分析。

(1) 空间结构:公共中心体系

本研究以南京老城作为研究范围,本书基于《南京市城市总体规划(2011—2020年)》和《南京市商业网点规划(2007—2020)》2个市级规划,以及《南京市玄武区总体规划(2010—2030)》《南京市鼓楼区总体规划(2010—2030)》和《南京市秦淮区总体规划(2013—2030)》3个区级规划,以对应内容为基础,整合得到南京老城公共中心体系。

南京老城公共中心体系分为市级中心、市级副中心、地区级中心3个层级,综合中心和特色中心2种类别。市级中心有1个,为新街口(范围为"大四环",北至广州路、珠江路,南至建邺路、白下路,西至莫愁路、上海路,东至太平北路、太平南路);市级副中心有2个,分别

---

① 方怡青. 上海市网红餐饮店的空间特征研究:基于与普通餐饮店的比较[D]. 上海:华东师范大学,2019.
② 王宇凡,林文盛,冯长春. 信息技术对城市生活服务业空间分布的影响:以北京网络外卖餐饮业为例[J]. 城市发展研究,2019,26(6):100-107.
③ 杨俊宴,章飙,史宜. 城市中心体系发展的理论框架探索[J]. 城市规划学刊,2012(1):33-39.
④ 管仪兵. 基于大数据的南京主城区商业中心体系评价[D]. 南京:东南大学,2017.

为湖南路和夫子庙；地区级中心有2个，为瑞金路和中央门；此外还有长江路文化中心、老城南文化中心、五台山体育中心。以上三级两类共8个中心构成了南京老城公共中心体系。

将南京老城O2O隐形消费空间与南京老城公共中心体系进行并置，可较为明显地观察到二者"大同小异"的特征（图7-9）。"大同"指O2O隐形消费空间的分布大体符合公共中心体系布局，O2O隐形消费空间高度聚集于新街口市级中心，同时在湖南路市级副中心和中央门地区中心也具有次级的集聚。"小异"则指再细分层面，O2O隐形消费空间与公共中心体系表现出差异，具体有：①部分次级中心不凸显；②主次等级体系不匹配；③特色中心未彰显。

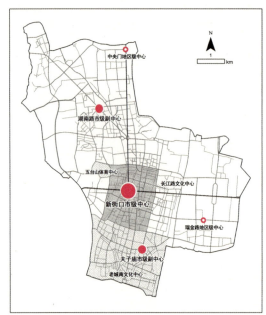 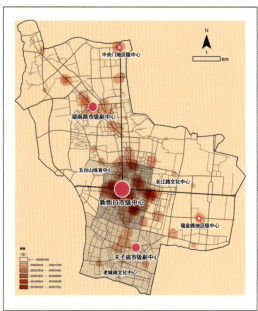

图7-9 南京隐形消费空间与老城公共中心体系对比
资料来源：笔者自绘

其一，部分次级中心不凸显。夫子庙作为市级副中心，O2O隐形消费空间在此没有集聚，显隐消费空间的对比也侧面印证了这一差异，原因或为老城南地区受历史保护要求限制，建筑高度普遍较低，O2O隐形消费空间缺少空间依托；瑞金路作为地区级中心，同样没有O2O隐形消费空间的明显集聚，原因或为瑞金路以北的中航地块建设尚未完成，瑞金路中心其本身尚处于发展中。

其二，主次等级体系不匹配。南京老城公共中心体系呈现三级分布，而O2O隐形消费空间的高等级中心均位于新街口，仅有山西路—湖南路中心、虹桥中心和中央门中心3个四级中心分别位于湖南路和中央门，"跳水""断崖"的模式与逐级递减的主次结构特征不相符合，作为市级副中心和地区级中心的湖南路和中央门的O2O隐形消费空间也并未呈现出等级差异。原因或为城市整体层面，O2O隐形消费空间仍处于发展过程中，处于"集聚"而未达"扩散"阶段。

其三，特色中心未彰显。长江路、老城南文化中心和五台山体育中心，作为特色中心，在不同业态空间特征对比小节中可以观察到可见的消费空间的集聚，同样地，O2O隐形消费空间的相应业态并没有出现与特色中心相匹配的集聚现象。

(2) 交通系统:轨道交通站点

南京老城范围内现状共有 4 条轨道交通线路,分别是 1、2、3、4 号线,共 20 个站点;4 条线路分别在新街口、大行宫、鼓楼和鸡鸣寺交汇形成 4 个换乘站。

将轨道交通站点与 O2O 隐形消费空间进行对照,可发现二者并无明显的相关性。换乘站方面,虽然新街口、大行宫 2 个换乘站周边具有 O2O 隐形消费空间的明显集聚,但鼓楼和鸡鸣寺同样作为换乘站,并未对 O2O 隐形消费空间布局产生影响;同样地,其他轨道交通站点周边也未出现规律性的、明显的集聚,这是与可见的消费空间 TOD 模式下基于轨道交通站点的发展思路是不相符合的。相反,O2O 隐形消费空间部分明显集聚的位置并未紧邻已经运营的轨道交通站点,如户部街、山西路—湖南路、中央门等。据此判断,O2O 隐形消费空间布局并未受到轨道交通站点布局的影响。(图 7-10)

 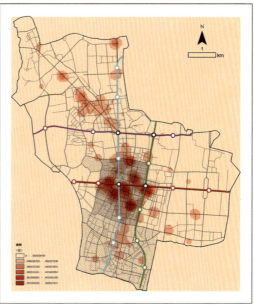

图 7-10 南京隐形消费空间与老城轨道交通站点布局对比

资料来源:笔者自绘

(3) 建筑形态:高层建筑布局

O2O 隐形消费空间具有明显的分布于高层建筑中的特征。对 O2O 隐形消费空间的层数构成进行分析,其中超过 2/3 的 O2O 隐形消费空间层数超过 6 层;对不同业态 O2O 隐形消费空间层数构成进行分析,可见除少量业态因数据较少导致的异常偏离外,大部分业态的层数分布规律和趋势是一致的(图 7-11、图 7-12)。

对南京现状高层建筑(24~50 m、50~100 m、100 m 以上)进行分析,具有以下特征:高层建筑布局较为集中,除在新街口集中分布外,具有沿中山路、中山北路、中山东路、中山南路、汉中路、珠江路布局的特征。将 O2O 隐形消费空间与现状高层建筑布局相叠合,可以发现大部分 O2O 隐形消费空间位于高层建筑布局地块范围内,同时新街口、户部街、大行宫、珠江路、长江路、山西路—湖南路、中央门等 O2O 隐形消费空间大量集聚之处均为高层建筑

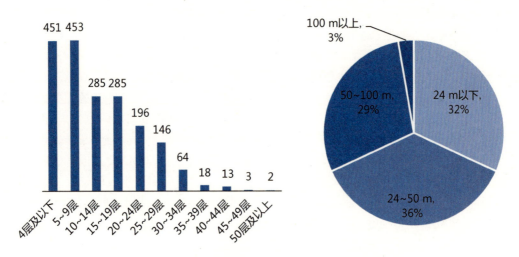

图 7-11　南京老城 O2O 隐形消费空间层数构成
资料来源：笔者自绘

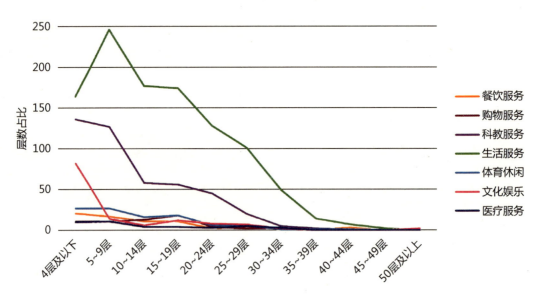

图 7-12　南京老城不同业态 O2O 隐形消费空间层数构成对比
资料来源：笔者自绘

布局覆盖的地块。O2O 隐形消费空间的数据（地址语义、层数）也显示出其依附于高层建筑存在的特性（图 7-13）。

值得注意的是，并非高层建筑必然与 O2O 隐形消费空间画上等号，如仙鹤街、东水关一带同样具有小高层和高层住宅分布，然而 O2O 隐形消费空间寥寥；反之，夫子庙作为消费空间集中的市级副中心缺少高层建筑分布，因而也未有 O2O 隐形消费空间在此发展。因此，高层建筑作为 O2O 隐形消费空间存在和发展的必要条件，对其布局产生了深刻影响。

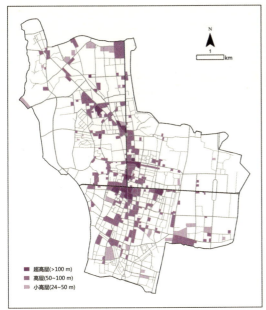
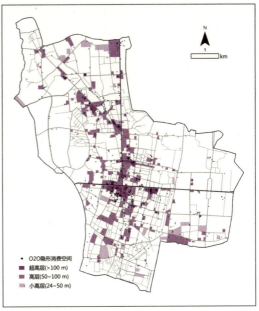

图 7-13　南京老城现状高层建筑布局

资料来源：笔者根据《南京老城更新 30 年：基于事件的城市更新历程研究》①住宅建筑、商务建筑高度分布图改绘。

7.2.2　隐形消费空间选址的影响因素

（1）成本要素：首要但并非决定性的因素

店铺空间主要通过租赁和购买 2 种途径获得，本研究共获得 25 栋建筑的租赁成本和 16 栋建筑的购买成本，租赁成本主要由租金和物业费构成，购买成本主要由楼面价构成。考虑到 O2O 隐形消费空间的店铺主要通过租赁方式获得，同时租赁成本数据更翔实、对比更全面，因此将租赁成本作为指标来对不同建筑内开设店铺的空间成本进行衡量。

商业为成本敏感行业，本研究据此假设，租金物业成本或为 O2O 隐形消费空间分布首要的影响因素。通过对租金物业成本的考察，结果印证了租金物业成本对 O2O 隐形消费空间分布具有重要影响。租赁成本由租金和物业费组成，为方便对比，将租金物业成本换算为月标准化成本——以 100 m² 的店铺为标准，每月租金和物业费的总和。通过对结果的检查，可发现 O2O 隐形消费空间分布的典型建筑月标准化成本均属于较低水平，除天时国际商贸中心和南京国际商贸中心外，均在 10 000 元以下，因此可得到以下几条解释与结论（表 7-2）。

首先，租金物业成本解释了 O2O 隐形消费空间在城市中心区外围分布的现象。亚太商务楼、德基广场写字楼、南京中心大厦和南京国际金融中心分别为金陵饭店、德基广场、新百和东方福来德等酒店和商业综合体的办公塔楼，分踞新街口 4 个象限的黄金街角，此 4 栋建筑的租金物业成本位列前四，而建华大厦、天安国际大厦、正洪大厦、东宇大厦等 O2O 隐形消费空间分布的典型建筑位于新街口中心区外围，相应的，其租金物业成本也位于末端。同

---

① 李欣路. 南京老城更新 30 年：基于事件的城市更新历程研究[D]. 南京：东南大学，2016.

时,将大行宫地区同新街口地区对比,可观察到租金物业成本整体降档,大行宫(以及户部街)作为新街口"大四环"的组成部分,在市场、交通、产业、文化等因素相差无几的情况下,更低的租金物业成本吸引了更高的O2O隐形消费空间集聚。

表7-2 新街口和大行宫地区O2O隐形消费空间租金物业成本一览表

建筑	租金	物业费	月标准化成本	建筑	租金	物业费	月标准化成本
新华大厦	3.1	3.7	9 670	南京中心大厦	5.4	22.0	18 400
亚太商务楼	6.8	28.0	23 200	南京国际贸易中心	3.2	5.0	10 100
南京国际金融中心	5.1	22.0	17 500	天丰大厦	3.1	4.0	9 700
苏豪大厦	3.0	6.5	9 650	正洪大厦	2.9	3.5	9 050
友谊广场	4.0	16.0	13 600	商茂世纪广场	4.2	10.0	13 600
建华大厦	2.3	2.7	7 170	东宇大厦	3.1	4.0	9 700
天安国际大厦	2.7	6.0	8 700	新世纪广场A幢	3.5	7.5	11 250
江苏保险大厦	2.4	6.9	7 890	新世纪广场B幢	2.0	7.5	6 750
长江贸易大楼	3.1	4.0	9 700	中国人寿广场	4.6	14.0	15 200
斯亚置地广场	5.1	8.5	16150	长发中心A、B座	2.9	6.9	9 390
德基广场写字楼	6.5	30.0	22 500	南京外贸口岸大楼	1.8	6.0	6 000
天时国际商贸中心	3.4	6.0	10 800	长发中心C、D座	3.0	2.6	9 260
				科巷新寓1、2栋	2.3	0.4	6 940

单位:租金[元/(m²·d)]、物业费[元/(m²·月)]、月标准化成本[元/(100 m²·月)]

资料来源:笔者自绘

其次,租金物业成本解释了高等级极核的出现。通过前文的研究,已知部分O2O隐形消费空间在不同的建筑中高度集聚,形成极核。在新街口地区,建华大厦具有最丰富的数量和最复合的业态,毫无疑问为新街口地区最突出的极核;新世纪广场B幢则为大行宫地区的最高等级极核,也是南京老城整体范围内两大一级极核之一。无独有偶地,建华大厦和新世纪广场B幢恰恰为租金物业成本最低的建筑,月标准化成本分别为7 170元和6 750元。说明极核依靠其独具竞争力的成本优势,成为对O2O隐形消费空间最具入驻吸引力的建筑。

最后,科教服务类业态承租能力更高,租金物业成本解释了科教服务类较于生活服务类更趋中心分布的现象。在O2O隐形消费空间分布的典型建筑中,友谊广场、商茂世纪广场、天时国际商贸中心、南京国际贸易中心、新世纪广场A幢的租金物业成本虽不足以与金陵饭店、德基广场、新百、东方福来德——新街口"四大天王"相比,但同其他典型建筑相比仍然明显高出一个等级;而以上5栋典型建筑的O2O隐形消费空间具有一个共同特点,其业态均以科教服务类为主,表明升学服务类机构具有更高的承租能力,在有能力入驻租金物业成本更高的建筑的同时,这种能力也有效转化为机构实力的体现。

但是,在以上3条解释与结论外,还存在着租金物业成本无法解释的现象:南京外贸口岸大楼、科巷新寓、江苏保险大厦的租金物业成本低于大部分典型建筑,月标准化成本仅为6 000元、6 940元、7 890元,然而以上3栋建筑中却没有O2O隐形消费空间入驻;天丰大厦与正洪大厦和东宇大厦相邻、苏豪大厦与建华大厦和天安国际大厦相邻，在租金物业成本没有较大差异的情况下，天丰大厦和苏豪大厦却表现出了与典型建筑不相匹配的鲜有O2O隐形消费空间分布的情形。因此必然存在着租金物业成本以外的影响因素，对O2O隐形消费空间分布起着决定性影响。（图7-14）

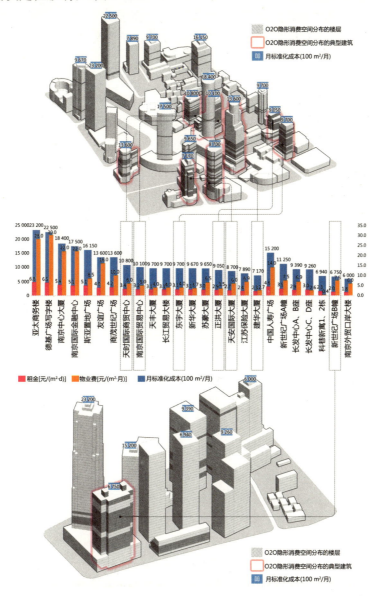

图7-14 新街口和大行宫地区O2O隐形消费空间租金物业成本及空间分布情况
资料来源：笔者自绘

（2）产权要素：招商与管理模式的分异

对新街口和大行宫地区的产权情况进行调查，统一产权建筑有15栋，主要由酒店、特定企事业单位的办公楼和少量高端甲级办公楼构成。酒店包括中心大酒店、国仕达酒店、金陵饭店、弘嘉国际公寓、天丰大厦（天丰大酒店）；特定企事业单位的办公楼包括新华大厦、苏豪

7 网络空间与消费行为：隐形消费空间的生产

大厦、江苏保险大厦、中国人寿广场和南京外贸口岸大楼;高端甲级办公楼有亚太商务楼、世界贸易中心楼、南京国际金融中心、德基广场写字楼、南京中心大厦。特定企事业单位的办公楼通常为自用办公,如中国人寿广场为中国人保江苏分公司所在地;或部分对外租赁,如新华大厦为新华日报报业集团所有,但也用作南京市规划设计研究院的办公楼。而上述高端甲级办公楼通常以自持为主或全部自持,产权统一,如亚太商务楼、世界贸易中心楼隶属于金陵饭店,德基广场写字楼也为德基集团所有。(图7-15、图7-16)

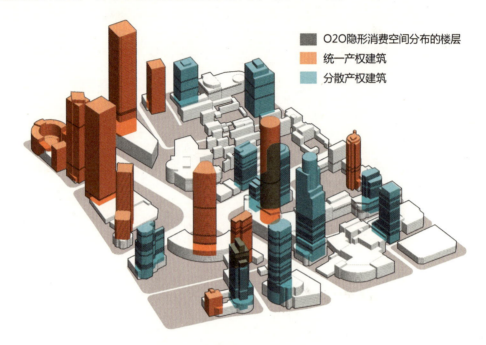

图7-15 新街口地区建筑产权情况
资料来源:笔者自绘

除权属不明的建筑外其他为分散产权建筑,不同的楼层或套间分属于不同的业主所有。其中天安国际大厦和天时国际商贸中心的产权情况为"统一+分散",例如天安国际大厦,作为大洋百货的塔楼,其1~8层为商场,9~12层为产权统一的办公楼,而14~45层为产权分散的住宅,考虑到天安国际大厦和天时国际商贸中心以产权分散的状态为主,因此将其视为分散产权建筑。

可以看出,O2O隐形消费空间分布的典型建筑均为分散产权建筑,包括友谊广场、建华大厦、天安国际大厦、天时国际商贸中心、南京国际贸易中心、商茂世纪广场、正洪大厦、东宇大厦和新世纪广场B幢。而产权对O2O隐形消费空间分布的影响,主要通过统一产权建筑和分散产权建筑在招商和管理模式方面出现的分异。

- 招商方面:统一产权建筑招商包含非市场因素

招商方面,统一产权建筑具有门槛,具有诸多市场之外的考量;而分散产权建筑基本由市场主导。

统一产权建筑中,特定企事业单位的办公楼虽然部分提供对外租赁服务,但通常仅供给自身系统内或相关的企业,例如南京外贸口岸大楼为江苏省商务厅所管理,建筑内入驻的均

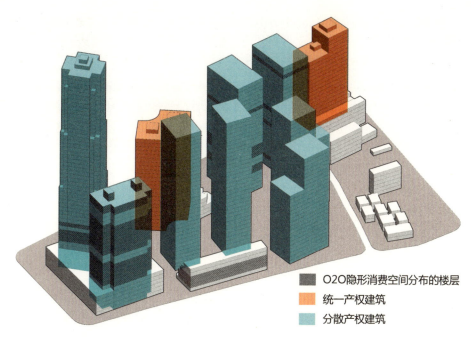

图 7-16 大行宫地区建筑产权情况
资料来源:笔者自绘

为外贸、进出口相关企业。而大型商业资本集团所自持的高端甲级办公楼,则具有较高的门槛,例如位于西北象限的金陵饭店所拥有的 3 栋塔楼中,高度最低的一栋为南京世界贸易中心,入驻的办公单位为大型银行金融机构、国外教育或贸易投资机构驻南京代表处,以及通用、佳能、飞利浦等世界五百强企业。同时此类高端甲级办公楼大都为大型商业资本集团进行统一招商,在招商的过程中则会按照自身的标准和规则进行审核检视。例如德基广场写字楼,在德基广场统一的招商网页上①,可看到入驻对象申请需要提供注册资金、月均业绩等信息。大型商业资本集团出于整体环境和品牌形象的考虑,无形间形成的排斥将小型、特色的 O2O 隐形消费空间拒之门外。

而分散产权建筑因为租赁的决定权掌握在不同的业主手中,因而通常在合理的市场价格下、合法的使用范围内,业主通常不会对入驻对象有额外的要求限制。有的分散产权建筑供给方和需求方以点对点的方式对接,供给方将租赁信息进行线上(各大中介平台)或者线下(委托介绍或者张贴广告等)投放,例如建华大厦;有的分散产权建筑则由管理机构进行统一招商,如莱福士物业作为新世纪广场的管理方,对新世纪广场整体进行对外宣传和招商,即便如此,统一招商的管理方也不会对点对点的招商方式进行限制,统一和点对点的招商方式是并存的,分散产权建筑中几乎不存在只能通过统一招商入驻的形式。

"我们的产权都在不同业主手中,他们可以挂在我们这边委托我们帮他们租,也可以自己租。都是可以的。"
——新世纪广场莱福士物业招商管理处工作人员

---

① https://m.dejiplaza.com/vmall/html/zhaoshangxinxi.jsp.

因而，分散产权建筑的入驻门槛相对更低、形式更丰富、业态更多元，对O2O隐形消费空间更为友好。

- 管理方面：统一产权建筑管理具有可达性排斥

统一产权建筑和分散产权建筑除招商模式的差异外，不得不提的还有二者在管理模式上的区别，及其对O2O隐形消费空间的影响。本书通过实地调研，获知了新街口地区和大行宫地区的建筑门禁情况。所谓门禁情况，并非指该建筑是否设有门禁，除友谊广场外其他调研的建筑均设有门禁，本书所研究的门禁情况是指对进入建筑以内的人群，是有选择放行还是无差别放行，即建筑是有条件地出入还是随意出入。

新街口地区和大行宫地区所有酒店、部分办公楼和少量住宅具有严格门禁：酒店自身属性决定其限制外来人员随意出入；住宅方面青石花苑和忠林坊为军事管理区、出入严格，长发中心C、D座为高档封闭式管理住宅小区；而具有严格门禁的办公楼通常为特定企事业单位以自用为主的办公楼和高档办公楼，例如江苏保险大厦和中国人寿广场以自用为主，而新华大厦则因为入驻单位较多较杂因而不会对出入人群有所限制，高档办公楼则采用更程序化、标准化的管理模式，在地下地铁站点进入办公楼的出入口以及地面的门厅，高档办公楼采用刷卡闸机的方式进行管理，具有出入卡的内部工作人员才具有自由出入建筑的权力。亚太商务楼、南京国际金融中心、天安国际大厦、德基广场写字楼、南京中心大厦、长发中心A、B座均通过此类刷卡闸机进行管理。而其他以建华大厦和新世纪广场为代表的建筑虽设有门禁，但外来人员均可自由出入。（图7-17、图7-18）

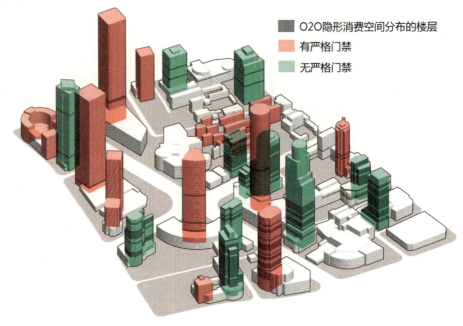

图7-17　新街口地区建筑门禁情况
资料来源：笔者自绘

而是否具有严格门禁的管理模式差异，对O2O隐形消费空间的影响在于，O2O隐形消费空间作为店铺，客来客往、人流如织是常规状态，门庭兴旺、"有售无类"是愿望诉求，而O2O隐形消费空间所具有的大、快、频繁的流动特征与严格门禁限制流动的属性，具有结构

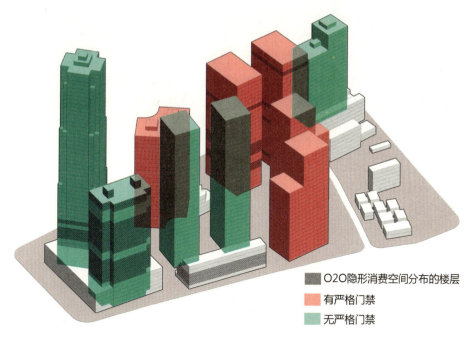

图 7-18　大行宫地区建筑门禁情况
资料来源:笔者自绘

性矛盾。一方面商家会避免将店铺开设于此类门禁严格的建筑中,以防门禁对生意产生妨碍;另一方面顾客在前往消费的过程中,面对严格的门禁,也会产生出入无门、进退乏术的心理,进而"望而却步"、取消消费活动计划。以天安国际大厦为例,在位置、租金物业成本、产权情况与建华大厦、正洪大厦、东宇大厦等相比具有更多O2O隐形消费空间分布的典型建筑,具有更好的空间环境品质,然而天安国际大厦的办公层与住宅层入口均设有刷卡闸机,出入严格,因而其内部分布的O2O隐形消费空间相对更少,且业态单一,均为生活服务类的美容机构,以定制、预约制、会员制的方式在严格门禁的管理模式下开展经营活动。管理模式对O2O隐形消费空间的影响由此可见。

（3）设施要素:生活服务类商业的刚需

除租金物业成本和产权外,设施设备的条件对O2O隐形消费空间分布的影响仍然不可忽视。O2O隐形消费空间的各类业态对设施设备的要求不尽相同,其中餐饮服务和生活服务类O2O隐形消费空间的需求较为特殊,不论是制作咖啡还是糕饼,抑或是美容美发、洗浴推拿,均需要大量用水。酒店和住宅不同的房间/套间具有独立的自来水供应,在此不做过多讨论,而除酒店、住宅外其他建筑则情况不一。新街口地区和大行宫地区O2O隐形消费空间分布的典型建筑均为核心筒结构,平面布局较为灵活。既有新世纪广场A幢为代表的、每层整租给1~2个对象,空间较为完整,未对标准层平面进行分隔的建筑,也有以新世纪广场B幢为代表的、每层分租给若干个对象,标准层平面预先划分为多个办公室的建筑,甚至有的整租空间具有分租需求,因此在整体空间基础上进行了进一步的分隔。然而空间分室与否,并不一定能够匹配相应的设施设备的独立。某些情况下,标准层平面未进行分隔,如长发中心A、B座,或者分隔的办公室内部本身不具有自来水供应,如长江贸易大楼,此类建筑每层仅在卫生间和茶水间等公共区域具有自来水供应,即使将标准层平面进行分隔,在设计之初也没有向可能分隔的办公室进行分室供水的管网预留,因此不具备需要大量用水的O2O隐形消费空间业态入驻的基础。而有的已分隔的办公室即使具有分室供水的条件,也不具备分室管理的方案,例如未对分室供水进行分表计费,如此情况下同样不具备相应O2O隐形消费空间入驻的条件。因此对新街口地区和大行宫地区除酒店、住宅外建筑分室供水情况进行考察,可发现具有大量生活服务类O2O隐形消费空间分布的建筑,如建华大厦、正洪大厦、东宇大厦、大行宫广场B幢,均为具有分室供水的建筑,侧面证明了设施设备为生活服务类商业的刚需。对建筑物业管理工作人员的访谈也印证了这一点。长发中心A、B座同样紧邻大行宫地铁站,其租金介于新世纪广场A、B幢之间,产权分散,长发中心的物业管理工作人员称,长发中心A、B座无法向除卫生间、茶水间以外的区域供水是导致大量O2O隐形消费空间的商家无法入驻的根本原因。(图7-19、图7-20)

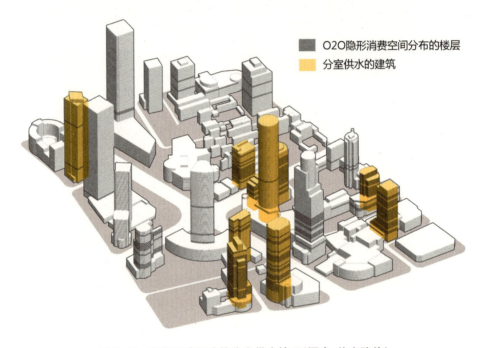

图7-19　新街口地区建筑分室供水情况(酒店、住宅除外)
资料来源:笔者自绘

　　A幢入驻的都是一些教育培训机构,是没有生活服务类商铺的,生活服务类商铺都在B幢里,特别多。

——新世纪广场A幢物业管理工作人员

　　我们楼里没有这类商铺(O2O隐形消费空间),在旁边新世纪广场特别多,他们不来我们这边,是因为我们没有水!不管是做蛋糕还是洗头剪头发,哪个不需要用水,我们只有在每层楼公共卫生间才有水龙头,没办法接到外面去,所以他们(O2O隐形消费空间)在我们这里开不起来,没办法。

——长发中心B座物业管理工作人员

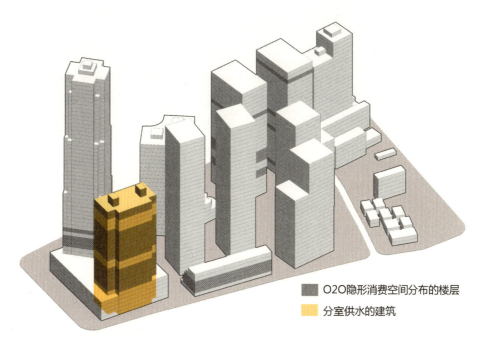

图 7-20　大行宫地区建筑分室供水情况（酒店、住宅除外）
资料来源：笔者自绘

7.3　隐形消费空间的生产与消费过程

7.3.1　隐形消费空间生产与消费的三个阶段

列斐伏尔的空间生产理论在不同学科背景下存在不同的解读和利用，然而空间生产理论所具有的哲学思辨内涵对包括本研究在内的城市研究具有启发。列斐伏尔所述空间为广义空间，意在以包含具象空间和抽象空间在内的空间为落脚点，系统性地建构意识、物质以及实践的相互作用与循环往复关系；当将城市空间代入其中时，不论是宏伟叙事的规划建设还是微观叙事的日常生活，我们都获得了一种建立在马克思主义的前置条件下解构城市发展和城市居民行为的过程的方法。在本书中，体现为O2O隐形消费空间的商家在选址、运营乃至推广过程中在实体和虚拟空间中的空间生产实践——现实中店铺的开设和网络上店铺页面的建立——和O2O隐形消费空间的顾客在采信、登录、购买、使用等过程中的空间消费实践，及商家和顾客生产和消费行为的动机和结果。空间生产理论提供了一种解构方法和审视角度。

列斐伏尔将空间视为"产品"，除在将产品（Products）和作品（Works）进行并置评述时表达对现代性的批评外，仍然延续了马克思对于生产资料（投入）和商品（产出）的论述，因而产品的生产必然伴随着生产资料的消费。而城市空间的特殊性在于其作为生产资料和产品的双重角色，旧棚户区推倒重建为新高楼，旧店铺改弦更张为新店铺……新一轮城市空间的生产伴随着上一轮城市空间的消费。O2O隐形消费空间作为消费空间，使得使用"空间消费"

置换"空间生产"不囿于文字和逻辑把戏,而赋予了其消费对比的情景意义。不同阶段生产与消费内容、关系示意表见表7-3所示。

表7-3 不同阶段生产与消费内容、关系示意表

		消费空间生产 (选址-运营)	消费关系建构 (推广-采信-登录-购买) 或(推广-采信-购买-登录)	消费空间消费 (使用)
生产资料		空间	信息、货币	空间、商品
产品		空间	商品的使用权利	体验、价值
主体	房东	提供者		
	商家	消费者	提供者	提供者
	顾客		消费者	消费者

资料来源:笔者自绘

(1) 阶段一:消费空间生产

基于O2O隐形消费空间的现实消费情况,本研究将O2O隐形消费空间从商家选址到顾客消费的全过程切分为三个最具代表性的消费过程。生产资料为消费的事物,产品为生产的事物,主体则为参与该过程的对象,包括生产资料的提供者和生产资料的消费者。

消费空间生产发生于O2O隐形消费空间商家选址、运营的阶段,业主提供原始空间作为生产资料,商家消费原始空间、生产出O2O隐形消费空间。即房东经过发布、商家经过物色,最终房东和商家达成租赁协议,商家根据自身计划对空间进行改造、装修等,直至成为对外营业的店铺的过程。生产资料和产品均为空间,然而生产资料为原始空间,产品则为O2O隐形消费空间店铺,消费空间生产是对原始空间的消费。

(2) 阶段二:消费关系建构

消费关系建构发生于对O2O隐形消费空间提供商品的购买阶段。购买或发生于现实中,如顾客到店购买甜品;也可能发生于网络中,如顾客于大众点评平台上团购甜品套餐。

生产资料为商品,商品由商家提供,O2O隐形消费空间的商品主要有三种形式体现:

实物:通常为餐饮服务类和购物服务类O2O隐形消费空间提供,如咖啡、甜品、服装、珠宝等;

信息:以科教服务类O2O隐形消费空间为代表,在专业知识、考试技巧、留学经验的传授中,信息为典型的商品;

服务:服务为体验消费的重要内容,O2O隐形消费空间为典型的体验型消费空间,生活服务类、医疗服务类O2O隐形消费空间为以服务为商品的代表,美容美发美睫美甲、按摩推拿拔罐刮痧、拔牙植发复健调理等均将服务作为商品。

在此过程中,因信息和货币的交换发生于流动空间,O2O隐形消费空间中的购买和使用通常是分离的过程,顾客用货币交换实际上是商品的使用权利。文化娱乐类和体育休闲类O2O隐形消费空间为购买和使用分离的典型解释:密室逃脱吧为设计了场景机关的空间,桌游吧为提供了棋牌道具的空间,私人影院为架设了独立影音设备的空间,健身房为设置了健身器材的空间,而以上空间是有偿使用的,顾客在购买时,事实上购买的内容为具有特定时间和空间限制的"入场券"。在对商品"入场券"进行购买时,实际上并未产生使用价

值,而是获得了使用权利,在接下来的固定时间段、固定场域内对空间进行使用的资格。

(3) 阶段三:消费空间消费

O2O 隐形消费空间为从线上到线下的消费空间,依赖实体空间而存在,同时 O2O 隐形消费空间为典型的体验型消费空间,O2O 隐形消费空间的消费主要表现为两种形式:

- 以消费空间为主要内容

文化娱乐类和体育休闲类 O2O 隐形消费空间的消费内容主要为对空间的消费,顾客来到相应的 O2O 隐形消费空间中,于密室中游戏、于桌游吧内娱乐、于私人影院内观影、于健身房内锻炼,均为对空间以及对空间内的道具的使用。道具依附空间而存在,密室内的场景机关有赖于封闭的、独立的空间,健身房内的健身器材有赖于足够容纳器材尺寸和活动强度的空间,归根结底为对空间的使用。虽然文化娱乐类与体育休闲类同样涉及对信息、服务的消费,例如健身工作室、舞蹈工作室内教练对学员的知识指导和技能服务,但总的来说仍然以消费空间为主要内容。

- 以消费物品、信息和服务为主要内容,以消费空间为次要内容

餐饮服务、购物服务以消费物品为主,科教服务以消费信息为主,生活服务、医疗服务以消费服务为主,然而 O2O 隐形消费空间作为体验型消费空间,顾客具有在场消费的特点,以上业态消费物品、信息和服务的过程在空间中进行,因此在消费物品、信息和服务时,也在消费空间。品尝咖啡甜品时,定制服装珠宝时,装扮形象容貌时,与相应的氛围环境、空间条件都不可分割,商家也会有意识地对 O2O 隐形消费空间进行塑造以供顾客消费。

顾客以商家提供的空间和商品为生产资料,消费获得体验和价值。在 O2O 隐形消费空间的消费过程中,对空间的消费——是普遍存在的。

7.3.2 消费空间生产:低进入门槛的选址决策

(1) "中心区的楼中店"——拥抱市场的最优解
- 中心区具有最好的市场环境

新街口作为南京老城中心区,具有最便捷的交通和公共设施条件,也集中了最多的生活、就业乃至旅游观光的人流,毫无疑问新街口既是事实上的也是全体市民认知上的南京商业中心。因此,针对选址问题对商家进行了解时,商家均表示将店铺选址于新街口是一件不需要经过考虑的、理所应当的决策;新街口是公认的、为人所熟知的商业中心,是稳妥的、没有任何争议的商业选址,如果没有现实条件限制,将店铺开到新街口将是所有商家的第一选择。

> 新街口的交通等各个方面相对来说方便一点,消费的群体比较集中一点,大家都有这种消费意识,来新街口就是来花钱的。
> ——简艺发型工作室老板曾锋

> 因为此前一直在这边办公,所以对这边(新街口)很熟。新街口哪都方便。你要来逛街,其他人也要来逛街,没有人不来新街口逛街,对不对?这边写字楼也多。各方面想来,还是这边比较好,就定下来在新街口(开店)了。
> ——大海螺摄影工作室老板陶开进

• "楼中店"具有相对低廉的租金物业成本

中心区的区位也代表着高昂的成本,不论是临街店铺还是商场内的店铺均租金不菲。而新街口既是南京商业中心,同时也是南京商务办公中心,其范围内具有大量以办公楼和商住楼为主的高层建筑。高层建筑内部的租金是远低于临街店铺和商场内的店铺,而网络能够一定程度上化解 O2O 隐形消费空间在可见性、可达性的劣势,此时,在同样位于中心区、同样有机会分享中心区所具有的市场环境,当商家计划进行有限规模的投资的情况下将店铺开到高层建筑内部便成为在相对低廉的租金物业成本下获得相对高质量的市场环境的可靠选择。对商家的访谈也印证了在租金物业成本方面的考量。

街边的话开支太大了,现在客户也不太喜欢去街边的店;和商场比的话,楼里租金这一块肯定要便宜很多。最主要还是看个人,如果你有财力、有人力,你就可以投资大一点、去选择一个比较高端的地方。

——简艺发型工作室老板曾锋

因为现在大家都从网上平台来,所以从成本节约最大化考虑,一开始就决定开在楼里。如果你有资金,肯定会在街边开个旗舰店,能量比较大,人流量比较大,形象等各方面也会不一样。

——大海螺摄影工作室老板陶开进

(2)"为自己打工"——依靠技术创业的剩余价值重分配

O2O 隐形消费空间作为体验型消费空间,与提袋型消费空间相对简单的商品交易相比,具有更强的服务性;生活服务类 O2O 隐形消费空间则是典型的提供技术服务的店铺,不论是美发、摄影还是推拿,均需要受过相应专业技能培训的美发师、摄影师和推拿师等技术人员作为完成消费过程的保障。

而 O2O 隐形消费空间低成本、小规模的特征,决定了其相对扁平的管理架构、相对简单的人员构成、相对灵活的组织方式,因而在大多数情景下,O2O 隐形消费空间的商家既是管理者又是劳动者,既当老板又当员工。

简艺发型工作室老板曾锋和初心·salon 老板邢宇此前在美发店上班,而后跟多个相互信任的合伙人一道创办了自己的美发工作室;大海螺摄影工作室老板陶开进此前从事传媒工作,负责南京地铁自助证件照拍摄机等自主设备已有十余年经验,在感知到摄影产业方面顾客的消费转型趋势后,决定创办摄影工作室。

受过相关培训、具有相应技能的劳动者依靠技术创业,是 O2O 隐形消费空间商家入行的普遍背景,O2O 隐形消费空间即为依靠技术创业的小微创业空间。技术人员在技术创业过程中角色的转变——劳资关系的转变、由雇佣劳动者转变为劳动者和资本家的双重身份——的重要意义和主要诉求,在于剩余价值重分配,即自己劳动挣得的钱,能够更大程度地装进自己的口袋中。虽然创业所得并不一定超越或匹配原有雇佣工资,但自由感的提升、"被剥削感"的减弱,仍然是以 O2O 隐形消费空间为小微创业空间开展技术创业的源源动力。

(3)"万一成功了呢"——相对低风险的试错成本和潜在高回报的机会收益

大海螺摄影工作室老板陶开进因为此前所处行业的敏感度,决定把握摄影产业的消费转型的机会因而创办摄影工作室,而在谈到创业时对显隐消费空间的考虑时则表示创业之初便决定以 O2O 隐形消费空间的形式运营,虽因转行的跨度不大,但仍然是一个相对陌生的领域,需要经验的积累。

首先,O2O隐形消费空间开业的沉没成本较低。高层建筑内O2O隐形消费空间的签约成本同临街店铺和商场内的店铺相比相对低廉,通常以五年十年为租期进行签约,半年缴纳一次租金费用;续租、解约或者转租也相对比较容易。同时因为规模较小,前期也无须大量的财力物力的投入。

其次,O2O隐形消费空间运营的边际成本较低。在开业前期的准备工作完成后,维持其运营的成本同样低廉,O2O隐形消费空间的租金物业成本较低,而较小的规模使得商家无须再额外聘用大量劳动者,人力投入较小。

> 我们总共是200多平方米,(楼中店)假如你来做,你肯定既会摄影又会后期,再请一个或者两个化妆师就够了,这样大厅100多平方米就足够运营了。街边店需要雇很多人,楼中店不需要,自己是摄影师自己就可以摸索着干起来了。现在的客观规律是这样的,街边店平均的死亡率更高,楼中店它的生命更持久。"
> ——大海螺摄影工作室老板陶开进

在某些情况下,O2O隐形消费空间既是工作的空间,又是生活的空间。根据实地走访所见,天之都大厦部分店铺为家庭式店铺,内部一部分空间提供对外营业,另一部分空间则用作日常起居,为分空间混合利用;天安国际大厦某盲人按摩店铺的床位在白天为顾客提供服务,在夜间则作为技师睡眠的床铺,为分时段混合利用。分空间和分时段混合利用均为降低运营成本的手段。

因此,以O2O隐形消费空间的形式创业,试错成本更低,容错率更高;在计划投资规模有限的情况下,以O2O隐形消费空间的形式运营,能够维持更长的运营时间,提供更丰富的经验和更宽裕的调节空间;在形式尚不明朗、机遇良莠参半的环境下,更低的试错单价能够博得更多的试错机会,从而获得更大的潜在收益。

> 我们是第一次做这个,自己也不懂,想得很简单,就是前期损耗的成本能少一点,各方面不能亏得太狠,成为自己的绊脚石。就先到楼里找一个店面,积累一些学习的经验。
> ——大海螺摄影工作室老板陶开进

> 开始做这一行也是机缘巧合,一开始打算在蓁巷做餐饮但租房的过程不太顺利,于是决定试一试。她(合伙人)有自己的小情怀在里面,有(文艺)爱好,因为店铺的消费人群都是年轻人,聊得投机。想的也是从小成本做起,然后再做大一点的咖啡酒吧。基于这样的兴趣爱好,再加上本来的创业计划,就着手做起来了。
> ——某酒吧老板刘某

(4) 因业而异的选址影响因素
- 外部环境方面:步行可达性、环境卫生与入口形象

成本毋庸置疑是商家的重要考虑因素,商家通常会对自己未来的经营状况进行评估,根据预期收益为依据得到预期成本,再根据预期成本展开寻租。

> 每人心里有一个卡,这家店我大概估值,一定会看一下其他家店的价格,再看一下这个地段我能不能做到(盈利)。如果亏得不大,我也能接受。可以肯定任何

人租房子也好,找人也好,都是(依据)心理预期,觉得这个生意我能做到这么多钱,或能覆盖它的几倍,就会做决定。

——大海螺摄影工作室老板陶开进

在成本接近的情形下,商家选址时则会对微观区位——尤其是步行可达性进行比较。例如大海螺摄影工作室现位于华辰大厦,商家在选址之时,对华辰大厦、金轮大厦、华威大厦、国药大厦、中南国际大厦等多栋租金物业成本相近的高层建筑均进行了考察。其中中南国际大厦和华威大厦距离新街口更远,顾客从新街口地铁站出来后还需要过马路或者步行一定距离,而华威大厦和国药大厦入口朝北,微观区位劣于华辰大厦。

那边(华威大厦)离新街口这个地点有点远,而且它是朝北。中山路129号那个叫中南国际大厦,但是想想隔一条路算了,这边(区位)好好,那边你还要走一个华侨路,考虑到那边要做就做学校的生意,因为旁边是金陵中学对面是人民中学,但这边想想(学校的)客户走一站地他也能接受。要不就选国药,(地铁)一出来就到,但是你得绕到它北面去。反正各有优缺点,国药的价格也不贵,跟这边差不多,中山路129号贵一点。

——大海螺摄影工作室老板陶开进

建筑尤其是入口的环境反映着建筑及其使用者的身份形象。因此高端办公楼往往都会对门厅进行精心设计,营设出宏伟的通高空间、靓丽的装潢辉饰、炫目的灯光色彩等,用于标识自身定位,招徕目标企业与客户。

O2O隐形消费空间在对建筑进行选择时,同样会对环境进行考察。大海螺摄影工作室在选址之时,认为金轮大厦门厅较为黑暗,华威大厦非机动车停放较为杂乱、电梯厅格局欠佳,国药大厦需要登上高台、入口较为压抑,而华辰大厦入口路面干净、环境整洁,进门即为明亮的电梯厅,是为最佳选择。结合成本与环境的考虑,最终作出入驻华辰大厦的决策。

旁边大厦(金轮大厦)一进楼就感觉是黑暗的。华威前面门口一排电动车就停在路边,因为楼上的住户更多一点,格局不像这边一进门就是一排电梯。旁边老的国药大厦也是,需要上一段高台,进去了之后还挺压抑的。

——大海螺摄影工作室老板陶开进

步行可达性、入口环境卫生、非机动车停放情况、门厅采光、电梯布置、首层高差等环境要素,是商家选址的影响因素。

• 内部空间方面:户型与景观

在商家对不同建筑进行考察的时候,建筑本身的空间也会成为考虑的内容,主要体现为户型的差异。不同业态、不同规模的O2O隐形消费空间所需要的经营面积具有差异,商住楼往往以既有的房间/套间作为单元进行租赁,因此商家会根据不同建筑不同的单元面积来考虑是否入驻。

她(合伙人)选择天之都是因为租金和户型面积都挺合适,因为大学生创业没有多少资金,租不起太大的,但太小又不够,这边40多平方米就刚好。

——某酒吧老板刘某

内部空间方面,不同建筑大都接近;层高也相差无几,均为3 m左右。但部分建筑的特殊户型,则能迎合部分商家多样的需求。天之都大厦作为复式公寓,其较高的层高使得其内部既可以分隔为上下两层,也能视情况留出通高空间。其更具宽容度的先天结构性空间条件使得其内部空间具有较强的可塑性,当商家具有更丰富的空间感受、更转折的空间层次、更复合的空间功能的需求时,天之都大厦便成为最合适的选择。同时因为使用面积的可拓展性,同等租金情况下具有更高的性价比。

> 天之都挺特殊的,它是复式的,是一个错层,有一部楼梯上去。这样就会导致挺吃面积的,但如果是平层的,它的面积其实更不太好用,不好隔开公共和私密的区域,所以两层楼刚好形成了一个天然的分隔。刚好楼下可以做接待,小餐吧小酒吧,楼上是不同的房间,这样一来空间也会看起来丰富一点。美发店也是这样的,甚至有的美发店二楼是另一家美容店,一楼进去理发,左转上二楼美容。
>
> 它的租金虽然看起来很高,但得到了双倍的面积,其实租金是便宜的。
>
> ——某酒吧老板刘某

此外,高层建筑——尤其是中心区的高层建筑通常拥有良好的景观视野,景观同样为部分业态选址的重要吸引力,并将其转化成为经营特色。

> 天之都大厦有一个吸引人的点,就是它的景观视野。楼下有一家酒吧,它的营销噱头是俯瞰南京夜景,但它的视野不如我们,我们在29楼,它在21楼。
>
> ——某酒吧老板刘某

户型面积大小、方位朝向、空间丰富程度、功能分区、空间可塑性与拓展性乃至景观视野,是商家选址的影响因素。

- 产业方面:市场吸引与业态溢出

O2O隐形消费空间虽然为线上到线下的运作方式,但仍然存在着产业集聚:例如新街口地区的体育休闲类O2O隐形消费空间集聚于建华大厦,文化娱乐类集聚于东宇大厦。"密室看东宇,跳舞上建华",建华大厦和东宇大厦已经形成了特色业态主导的商业氛围和消费习惯。相应业态的商家在选址之时,建筑的产业集聚情况是其考虑因素之一。

产业集聚一方面是由于市场吸引,即较为集聚的目标客群。建华大厦中分布有数十个舞蹈工作室,然而舞蹈教学的老师通常是流动的,带完一个舞蹈工作室的课时之后会到下一个舞蹈工作室进行教学;学员同样会流动,部分学员不同的课时会到不同的舞蹈工作室中进行练习。当舞蹈工作室集聚时,老师和学员的流动较为方便;老师和学员也更倾向于流向地理位置邻近的舞蹈工作室。体育休闲类O2O隐形消费空间向建华大厦集聚,目的之一即为吸引目标客群。

> "我们这边(建华大厦)有挺多跳完这节课就去另一个舞蹈室继续上课的,这边学完爵士,去楼上学拉丁。有那种退休的阿姨,很多报教练班,天天来这边,每天上挺久的,一上就是一天。"
>
> ——某舞蹈工作室学员李某

除了受市场吸引外,业态溢出同样是产业集聚的原因。体育休闲类和文化娱乐类的特点在于其类别的多样性,舞蹈分为不同的舞种,密室逃脱有不同的主题,剧本杀有不同的剧情,因此不同的店铺集聚可提供给顾客多样化的选择。同时文化娱乐类消费通常是一次性的,密室通关后或剧情剧终后,顾客不会再进行重复消费,因而顾客每次消费会在不同店铺间流动,店铺往往也会定期更新自身内容。因为舞蹈或游戏等群体活动的聚集性、社交性,顾客数量会增多、市场会扩大,经营状况尚可的店铺同样会寻求扩张。

> 桌游和剧本的集聚还是很有必要的,会有顾客在桌游吧等开团,如果离得近可以同时等很多家。装修布置很重要,主题也需要更新,离得近方便店主参考交流。
>
> ——密室、桌游、剧本玩家 SORA

市场吸引和业态溢出推动的产业集聚,是商家选址的影响因素。

- 缄默知识方面:口碑与经验

在实际与商家的访谈中,根据部分商家的表述,对入驻建筑的选择并非都经过了周全的对比与周密的思考,一些情况下是由于自己或朋友对相应建筑比较熟悉,或者朋友在此具有成功的经验,据此选择入驻。自身心理的领域感或对他人的信任感,空间及附属的经营活动的口碑与经验,是商家选址的影响因素。

> 我以前不是在 20 楼,我在 26 楼上班,我的顾客和我朋友的顾客都在这个范围,这边天时地利人和都是满足你的。(新世纪广场 B 幢)很不好租,我们当时托关系、请吃饭才租下来。
>
> ——初心·salon 老板邢宇

微观层面诉求因人而异、因业而异。商家在选址时,除个体习惯外,不同的业态对不同的影响因素具有各自的需求。对可达性敏感的业态会更在意步行可达性;对店铺形象具有要求的业态,如购物服务、科教服务、生活服务等,对环境与形象更在意;对内部空间品质具有要求的业态,如餐饮类、社交类,对空间与景观更在意;而对产业集聚具有依赖性的业态,如文化娱乐、体育休闲等业态,对建筑既有的市场与业态更在意。各影响因素作用于选址决策因业而异,各有侧重。

(5) 小结:行业壁垒消解催生的消费空间生产

在消费空间生产过程中,商家决定进行 O2O 隐形消费空间创业的主要动力如下:

第一,O2O 隐形消费空间以较低廉的成本分享高质量的市场环境;

第二,作为小微创业空间,O2O 隐形消费空间创业操作更简便、收入分配更具吸引力;

第三,O2O 隐形消费空间前期投入沉没成本较低,后期运营边际成本较低,更具有"韧性"。

商家在选址时,会考虑外部环境、内部空间、产业乃至缄默知识等因素,影响因素起到的作用因人而异、因业而异。

总而言之,O2O 隐形消费空间的创业具有较低的进入门槛,对于投资规模有限、团队构成简单的技术人员或个体商户而言具有充足的吸引力。换言之,"互联网+"环境下网络技术和网络社会的发展缩小了 O2O 隐形消费空间与可见的消费空间相比在可见性、可达性方面的劣势,为 O2O 隐形消费空间的发展提供了机遇。某种程度上,网络间接消解了消费行业高大坚固的壁垒,鼓励商家将消费空间开到高层建筑中,催生了消费空间的生产。

7.3.3 消费关系建构:网络平台重塑的商客关系

(1) 平台:对消费过程的解构与重构

曼纽尔·卡斯特(M. Castells)的网络社会理论认为,信息技术的发展对社会形式具有深远的影响,人类认知的基本向度——空间与时间——产生了剧烈的变化,流动空间(Space of Flows)和无时间之时间(Timeless Time)成为网络社会的时空基础①。

以线上网络消费空间为例,不同于线下实体消费空间,其空间的产生不再依赖于物理环境的塑造,而是借于通过网络的信息流动:淘宝店铺并非真实存在的店铺,而是以代码的形式通过网络传递信息,信息流动到终端后再透过屏幕以网页方式呈现到顾客眼前;顾客的消费活动也不再囿于地理的边界,而取决于流动空间的切换(Switch on/off)。而空间的存在也不再与时间同步,空间与时间取得了解绑,空间的时间性予以消解,过去/现在/将来的空间得以并置:不同于赫拉克利特(Heraclitus)的名言"人不能两次踏进同一条河流"所表述的对于空间相对静止、绝对运动的辩证认知,网络空间或呈现为绝对静止的状态,在淘宝店铺中观光之时,网页的层级架构与前进后退、"浏览过的宝贝"和"猜您喜欢的宝贝"使得"现在"的时间性不再具有以往的意义;此外,消费活动不再受到"此时此地"的连续性、在场性限制,而在日常生活实践中发生了解体。

在O2O隐形消费空间的消费过程中,网络平台即承担了与实体消费空间相链接的网络消费空间的角色。

购物行为是复杂的,对顾客的线下实体消费空间的消费行为进行分析,可以视为采信——采集商业信息、登录——进入消费空间、购买——使用货币交易商品三个环节(图7-21)。O2O隐形消费空间同样存在以上可见的消费空间消费的三个环节,然而与之存在着明显差异。

可见的消费空间的消费行为在日常生活中是很普遍的:顾客通过门面及店招、橱窗等接收到店铺的商业信息,继而步入店铺内部进一步查看,在决定购买之后再在店铺内结算账单,完成交易。整个过程是自然衔接、浑如一体的过程。

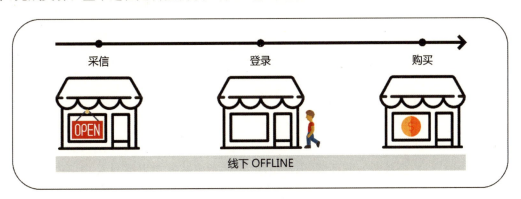

图 7-21　可见的消费空间消费行为模式

资料来源:笔者自绘

如同 Mokhtarian 所述,信息技术的发展使得传统消费的空间和时间碎片化(Fragmentation)和重组化(Recombination)②。大众点评等网络平台的出现使O2O隐形消费空间的消费行为形成了界限分明的环节:顾客通过网络平台采集到相关店铺的商业信息,再借由网

---

① 卡斯特.网络社会的崛起[M].夏铸九,王志弘,等译.北京:社会科学文献出版社,2001.

② Mokhtarian P L. A conceptual analysis of the transportation impacts of B2C e-commerce [J]. Transportation, 2004,31(3): 257-284.

络平台提供的地址信息或地图软件提供的导航服务登录到线下实体消费空间中,再于店铺中完成购买(模式一)(图7-22)。甚至在某些情景下,购买环节于线上、先于登录环节完成,如通过大众点评网络平台购买团购券,再到店铺内进行消费活动(模式二)(图7-23)。

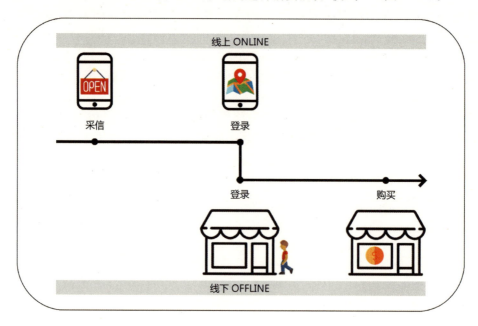

图 7-22　O2O 隐形消费空间消费行为模式一

资料来源:笔者自绘

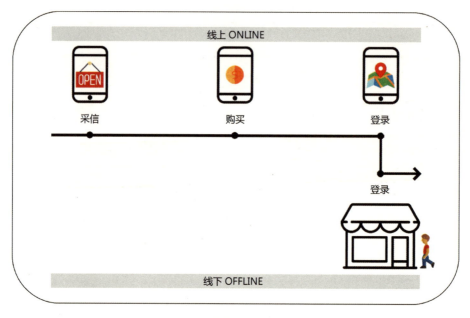

图 7-23　O2O 隐形消费空间消费行为模式二

资料来源:笔者自绘

O2O隐形消费空间的消费行为模式是对传统可见的消费空间的消费行为模式的解构与重构:前者采信、登录、购买的不同环节可以在不同的时刻进行,例如中午吃饭时浏览店铺,下午工作时抽空购买团购券,傍晚下班后再登录到O2O隐形消费空间;也可以发生在不同的空间,例如在家比较店铺信息,在地铁上参加团购活动,再来到O2O隐形消费空间内兑现服务。网络对消费时间和空间的极大拓展明显地改变了顾客的消费习惯,伴随着经济(如网络支付)、地理(如网络定位)、社会(如网络互动)等领域技术的发展,以及线上线下空间的并置和交替,顾客的消费行为历经打破、混合、重组……最终得到了结构性重塑。

(2)"言听计从"的顾客:基于口碑的网络平台依赖

• "言"——从平台采信商品

网络作为信息量最大、信息流动速度最快的场所,已经成为顾客消费行为中采集信息的重要手段。

通过显隐消费空间目的性消费(与随便逛逛、没有明确目的地的随机性消费相对应的具有明确目的和目的地的消费)采信方式构成进行对比(图7-24),可以发现,首先,不论可见的消费空间还是O2O隐形消费空间,网络都已成为顾客获知店铺的重要途径,分别占到显隐消费空间采信方式的43%和67%。其次,O2O隐形消费空间与可见的消费空间相比,几乎没有通过"路过看到"这一选项的方式进行采信的顾客,相应的,"路过看到"则是可见的消费空间商业信息推广的重要途径,这一结果充分印证了O2O隐形消费空间的"隐形"特征。最后,网络是O2O隐形消费空间顾客进行采信的最主要途径,"网络"与"朋友推荐"二选项占比超过总采信方式构成的九成,而朋友推荐通常是通过网络获知或者完成消费后的朋友间信息二次流动。

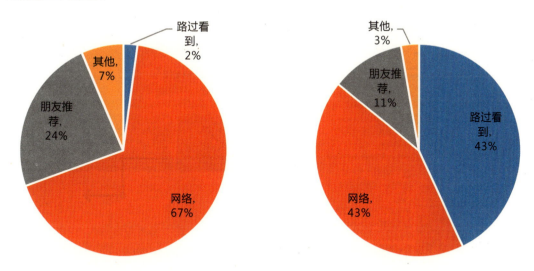

图7-24 显隐消费空间目的性消费采信方式构成(左一隐;右一显)

资料来源:笔者自绘

大众点评、美团、口碑、百度糯米等均为收录了大量显隐消费空间、具有大量用户的O2O网络平台,通过以上网络平台,顾客能便捷地采集广泛的商品信息。

以大众点评为例,从首页到店铺的主页通常由三级界面构成,生活服务类等较为发达的业态甚至具有五级页面,一级页面为首页,是不同类别业态的入口;进入丽人/美发类别后的

7 网络空间与消费行为:隐形消费空间的生产 | **243**

二三级页面是大类基础上的细分,二级为美发、美甲、美睫、文眉等不同美容项目的入口;三级界面不仅有根据剪发、烫发、染发、接发、养发等不同美发项目的细分,甚至还能够根据发型师或者心仪的发型风格来进行挑选;四级界面为店铺的列表,通常为"智能排序",也可根据距离、人气、价格、评分等进行排列;五级界面为店铺的主页,也就是与线下实体消费空间相链接的线上网络消费空间,其中提供的信息非常丰富,除营业时间、地址、联系方式、价格和项目等基本信息外,既有商家提供的宣传视频、空间环境、作品秀,又具有用户上传的体验评价、实景照片和买家秀,以及平台赋予商家的各类标签。(图 7-25)

图 7-25　大众点评各层级界面

资料来源:大众点评 Android 客户端(版本 10.25.12)

线上网络消费空间内,店铺眼花缭乱,商品琳琅满目,人气热闹非凡,丝毫不逊色于实体消费空间,虚拟空间的城市奇观(Spectacle)已俨然建立。网络平台作为消费空间与线下实体消费空间相比,对顾客的核心吸引力表现在多个方面。首先,网络平台对消费空间跨越空间、打破时间的整合,是吸引顾客的重要原因,足不出户即可"逛遍南京"。其次,信息的开放和透明同样为网络平台的优势,借助于网络的浏览,顾客便能够决定心仪的选择,而免于登录线下实体消费空间的试探与互动,网络平台的形象则为信息的真实性背书。最后,网络的时空特性使得不同地理位置和不同时刻的顾客社区得以建构,以打分、文字、图片、视频等形式进行"大众点评",在此情景下,顾客对商业信息的采集不再是传统的、商家单向流向顾客的模式,而得以在商家和顾客以及顾客之间多向流动。

因此,以商家、平台和顾客为主体,平台品牌形象为正义担保,多向的信息流动为具体内容,点评为表现形式的、基于认同感和信任感的"口碑",以网络平台为基础得以建构起来。

> 做头发我都是在大众点评上搜的,最近这次我就去了玄武区排名第二那个,在长江路9号街区6楼。
>
> ——某美发店顾客Sandy

> 我想要找一个瑜伽馆,开始在美团上搜索。给我推送了很多,我就挑了一个,第一个就是在一栋居民楼里的。
>
> ——某瑜伽馆学员Isatis

- "计"——据平台登录空间

O2O隐形消费空间并非单纯依靠网络完成消费,作为实体消费空间,具体的消费内容需要到线下完成。从线上到线下的登录过程中,平台同样不可或缺。

目的性消费是指本次消费出行具有明确的消费目的,而随机性消费则往往不具有具体的消费目的地,在随便逛逛的同时进行随机消费。O2O隐形消费空间的消费以目的性消费为主。顾客在做好选择后便会直奔目的地,登录目标店铺。(图7-26)

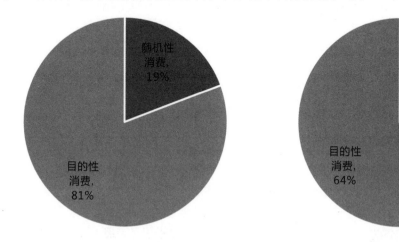

图7-26 显隐消费空间随机性/目的性消费构成(左—隐;右—显)
资料来源:笔者自绘

对显隐消费空间顾客的出行距离进行分析,可发现O2O隐形消费空间短距离(5 km以内)出行的顾客要显著多于可见的消费空间。新街口地区 5 km 以内即老城范围,涵盖玄武、鼓楼、秦淮这三区,此说明新街口地区作为南京 O2O 隐形消费空间的中心,与可见的消费空间相比,其中心首位度相对更低、影响范围相对更小。(图 7-27)

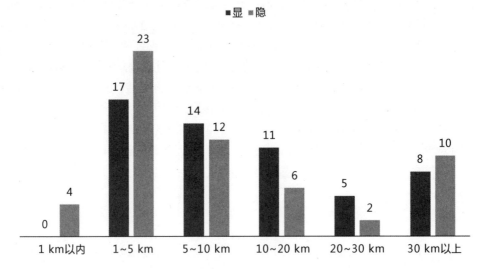

图 7-27　显隐消费空间出行距离对比
资料来源:笔者自绘

O2O 隐形消费空间作为以日常生活消费为主的店铺,邻近易达是顾客登录消费的距离诉求。

> 我是选择根据"离我最近"进行排序,然后再挑价格合适的。
> ——某瑜伽馆学员 Isatis

需要说明的是,30 km 以上的数据来源视作非南京本地顾客,对此数据的解释是,新街口地区可见的消费空间作为"中华第一商圈"本身会吸引部分游客,而 O2O 隐形消费空间之所以存在着部分外地顾客,原因是商住楼中除店铺外还存在大量的酒店民宿,游客同样会参与到 O2O 隐形消费空间的消费中。

O2O 隐形消费空间的登录同样依靠网络。O2O 隐形消费空间中,83% 的顾客通过网络找到目的地,与之相比,可见的消费空间中近一半的顾客则是通过店铺招牌、商场导览或路人导购。因为 O2O 隐形消费空间位于建筑内部,没有如同临街店铺或商场内店铺的招牌和门面,既无法作为广告的载体,也无法作为登录的标识,因此宣传和标识作用被网络所代言。(图 7-28)

在 O2O 隐形消费空间的网络平台界面上,清晰地注明了店铺所在的建筑、楼层、房间等详细的地址信息;此外网络平台自带的或外链的地图工具能够方便地提供导航服务。借助于网络平台,登录过程才能得以实现。通常顾客在网络平台的指引下到达所在楼层后,再通过电梯厅或中庭的指示牌以及店铺招牌等位于建筑内部的线下标识完成登录。网络是登录 O2O 隐形消费空间的关键要素。

- 平台消费习惯的驯化

顾客是网络平台赖以存活的基础,因此网络平台借助于一系列的激励手段试图对顾客

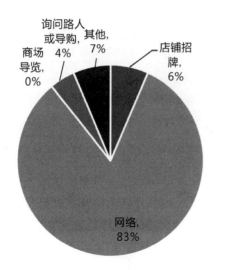 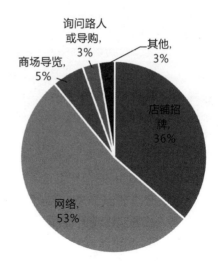

图7-28 显隐消费空间目的性消费登录方式构成(左—隐;右—显)
资料来源:笔者自绘

的平台消费习惯进行培养和强化。

首先是经济激励。网络平台通过"代金券""满减""套餐""折扣买单"等名目,使得从线上到线下进行消费甚至直接在线下消费时,通过网络平台进行结算可以获得更大的优惠;到店消费前后,打开大众点评等网络平台查看优惠信息,已经成为诸多顾客的习惯。除此之外"霸王餐""霸王课"等平台活动以直接或间接经济激励手段吸引用户对网络平台进行深度使用。

其次是社交激励。用户浏览内容、贡献内容乃至社交互动均会得到网络平台的鼓励;此外网络平台鼓励用户完善个人个性信息如头像、昵称等,塑造个人网络形象。此举意在进行网络社区营造,这也是诸多互联网企业致力的方向,如网易云音乐的评论模块、支付宝的蚂蚁森林和蚂蚁庄园等模块,旨在增加用户黏性。

最后是游戏激励。游戏和人的互动机制在于,游戏快速即时、轻松易达的反馈能够源源不断地刺激大脑产生愉悦感受,游戏化(Gamification)在网络平台中具有直观的体现[①]。用户在网络平台上的活动能够积累贡献值,每日签到能够领取积分,以及等级、勋章、排名……均为游戏PBL系统(点数-Points,勋章-Badges,等级-Levels)的移植(图7-29)。

网络平台采用以上手段的目的为以一种更多维度、可持续的方式培养顾客使用网络平台的习惯,深化顾客对网络平台的依赖程度,对顾客进行"驯化",以实现利益的增长。

(3)"爱恨交织"的商家:基于流量的网络平台依赖

• "爱"——靠平台引入客流

与顾客通过网络平台采信和登录消费空间相对应的是,O2O隐形消费空间的推广和顾客来源均高度依赖于网络平台。可见的消费空间的店招和门面兼具宣传与标识功能,而O2O隐形消费空间可见性、可达性方面的劣势促使其在推广方面另辟蹊径的必要性。线上线下的推广方式并非网络平台一种途径,然而实践证明网络平台仍然是最有效的客流来源。

---

① 靳闯,王全胜.游戏营销对消费者说服影响的研究综述与展望[J].管理现代化,2020,40(1):110-112.

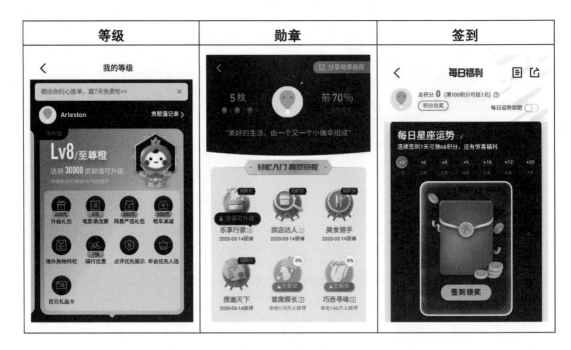

图 7-29　大众点评游戏激励界面

资料来源:大众点评 Android 客户端(版本 10.25.12)

以大海螺摄影工作室为例,其尝试过户外广告投放、移动广告投放、本地公众号广告宣传、微信链接分享转发甚至上门与目标群体商务洽谈等推广方式,但推广效果远不及网络平台。

　　我们会投一些户外广告,以及微信上面转发的那种。印象中有一个是通过地图找到。其实我们也在寻找大学里面的一些学生会之类的,给他们一个内部价。这样有好处,虽然我把利润让了,但这个利润原来是我在平台上充的。大学生大多也好沟通,帮忙写个好评都没问题。但是现在学校里面竞争也很激烈,大部分又被分流去。总的来说流量基本通过平台走掉,到现在只用两个(平台),大众点评和美团。

——大海螺摄影工作室老板陶开进

当停止在网络平台上进行推广时,O2O 隐形消费空间便将面临客流大幅减少甚至中断的困境,毫不夸张地说,依靠网络平台引入的客流是 O2O 隐形消费空间的生命线。在对网络平台进行选择时,平台客流的多寡是商家考虑的重要因素。

　　我们之前没有上(网络平台)推广的时候,我们可能一个星期才来一个人。

——大海螺摄影工作室老板陶开进

　　推广方面我们主要还是大众点评。有时候口碑(其他网络平台)的工作人员会过来跟我谈推广,(如果入驻)排序可以靠前一点;但我们也考虑了,投入进去的话利益不是特别大,我可能花三千元进去,得不到三千元的利益。毕竟用口碑的人还是少,普遍用大众点评比较多。

——初心·salon 老板邢宇

- "恨"——向平台输出利益

网络平台的背后是互联网企业,逐利是企业的核心诉求,因此网络平台对O2O隐形消费空间的推广并非无偿,相反,网络平台从中博得了大量的利益。

网络平台从商家直接获得的收益主要有三类:入驻费、返点佣金和推广费。入驻费为商家入驻网络平台、拥有与店铺相链接的网络页面所需要缴纳给平台的费用。商家自身可以对店铺进行认领或添加,平台也会邀请商家入驻。返点佣金为顾客通过网络平台进行购买时,网络平台根据商品价格按一定比例收取的中间费用。而网络平台提供的营销活动(如立减、抵用券、团购等)的费用同样由商家承担。推广费为商家利用网络平台进行推广引流的费用。推广费的计费方式较为复杂,主要有日预算、有效点击、单次点击出价三个概念。以大众点评为例,大众点评提供点评管家和推广通软件,以供商家进行管理和推广(图7-30、图7-31)。

> 平台是我们自己直接去联系的,(建筑)里面开店几乎都得要找它,所以他们不愁客户,固定的费用是13 000元/年,然后需要额外的推广费。
> ——大海螺摄影工作室老板陶开进

> 平台他们会找我们,费用是按年费交,另外需要推广费用,然后根据业绩扣提成。
> ——简艺发型工作室老板曾锋

> 大众点评、美团等会扣我们的钱。比如我一个套餐60块钱,就会扣掉5%~10%,一个6块钱。平台每个月会出账单,相当于把钱扣掉剩下的再结算给我们,比如客户在平台上花了100块,最后平台会结算90块到我们手头。
> ——某酒吧老板刘某

> 刚入驻的时候,我只知道要扣点。然后美团它不是有优惠吗,节假日优惠什么的。它自己平台搞优惠,可是优惠的钱是我们出的!我们就觉得特别烦,问客服能不能关掉。
> ——某酒吧老板刘某

图7-30 网络平台推广流程示意图

资料来源:笔者自绘

据商家称,与入驻费和返点佣金相比,推广费是网络总体营销费用的主要构成,高昂的推广费是商家沉重的负担,商家相当程度的总体利润流向了网络平台,甚至达七成以上!

> 基本上所有企业70%的利润被大众点评赚走,毫不夸张!除非是个别厉害的。只要你开楼中店就要做推广,不做推广肯定就死,你做推广的话推广费用起码就占到你单量的60%,有的甚至更高。
> ——大海螺摄影工作室老板陶开进

图 7-31　点评管家推广设置界面
资料来源:点评管家 Android 客户端(版本 9.0.3)

众所周知,O2O 隐形消费空间通过网络平台进行推广,其在网络平台上的排序,取代了其在线下实体空间中的商业区位,成为影响其可见性的最重要的因素。然而 O2O 隐形消费空间在网络平台上的排序——尤其是智能排序——并非如其所标榜一般,根据距离、人气、价格、评分等因素通过"智能"算法得到客观结果;相反,人为主观因素能够对排序产生明显影响和作用。

比如智能排序,如果不花钱,怎么排序都不会有我们家,要么就是在下一页或者几页之后。我们家 0 m,本来应该我们家是第一,但他们家超过 700 m 却是第一你看到的。为什么推广他们家,因为我们家是 3 块钱一个点击,他们家是 4 块钱或者 5 块钱。你看另外一家 1 000 m 排在第三,按理说 1 000 m 的,应该不知道在哪里,之所以排在第三是因为他花的钱第三多。智能排序就是强大的推广。

如果我距离优先或者其他优先的话,那也不对,比如我现在在我们店里,我按距离优先,为什么(排序)到海马体了,要是距离优先的话,我们旁边国金中心不是更近吗?时光猫离我们也很远,为什么把时光猫排到这边?它的计算流程很复杂,但一律肯定是花钱的优先。

——大海螺摄影工作室老板陶开进

根据点评管家帮助中心的解释,排序顺位及其提升由店铺自身评价/销量、店铺与本次用户需求的匹配程度、推广出价相关。在此三大影响因素中,需求匹配程度仅在用户进行条件筛选时生效,因此作用有限,而店铺自身评价/销量与推广出价类比"先有鸡/先有蛋"的因果困境——当店铺具有充分的可见性才足以积累足够的评价/销量,当店铺具有一定数量的评价/销量才得以获得充足的可见性,因此对于 O2O 隐形消费空间,尤其是新开业的店铺而言,提高推广出价是有且仅有的、能够在网络平台上获得"生存"机会的道路。

就相当于以前的百度竞价一样,你的排序跟出价有关系,就有点无底洞的意思。

——大海螺摄影工作室老板陶开进

排序靠前有两个(方法):一是做推广;二是你们这样的点评。每天各个方面综合在一起得到一个总分,你的店铺才会靠前。要是不做推广,在网上正常搜也能搜到,但不靠前了。

你刚开始做(生意)如果能推广的话,也是可以靠前的,可是这就是成本比较高的一个推广。

——初心·salon 老板邢宇

单次点击出价越高的商家可以获得越高的排序,网络并非"商外之地",排序竞价系统的形成使得商业竞争的战火从线下延伸到了线上,网络平台则是最激烈的战场。单次点击出价的价格令人咋舌,顾客每一次走马观花、漫不经心的点击,都伴随着数元甚至数十元的资金从商家流向平台。商家付出了高昂的代价,平台获得了惊人的回报。

推广机制我现在打开给你看一下,我们就说证件照,你看他们家(其他商家)在最前面,因为他们家钱比我们多你知道吗?我点进去一下,他其实就亏了 3 块钱,这 3 块钱叫推广费用,3 块钱就给它(平台)收了,它什么事不干就给它收了。我正常一天会在推广上花 400 块钱。

——大海螺摄影工作室老板陶开进

你花得越多,你店铺的排序就会越前,会让更多的客户看见你的店铺。网络推广费用成本蛮高的,有的商家点一下就是十几块二十块。就点一下,没有成交。

——简艺发型工作室老板曾锋

- 平台推广规则的规训

以大众点评和美团为代表的 O2O 网络平台,其创办的初衷以及树立的形象,是以提供相对独立、客观的消费信息为主旨,因此店铺的口碑与店铺的排序是息息相关的。

因此,"点评"对于商业竞争至关重要。真实的、既不刻意拔高也不恶意贬损的点评是网络平台保障其信息有效性的基础,也是维持其品牌信任度的砝码。因此网络平台为保证其口碑系统的稳定健康运转,制定出了一系列纷繁复杂的规则,如基础规则、运营规则、诚信规则[1]等,其中诸多规则与点评相关。

惩罚,是网络平台对商家进行规训的手段。惩罚分为多个等级,具体包括经济手段,如暂停打款、收缴款项等;政治手段,如禁止上单、关闭交易等;空间手段,如以降低权重、降低排序等方式降低店铺的可见性;社会手段,如以隐藏星级、删除历史销量及评价等方式清零店铺的口碑……甚至包括对店铺的终极"审判"与"裁决",如将判定违规的店铺于平台首页等网络公共空间内进行"示众"、将严重违规的店铺进行永久封禁等。(表 7-4)

网络平台具体实施惩罚制度是通过构建一套诚信积分制度。不同于惩罚制度,诚信积分制度下扣分是一种警告,并不一定招致即时的惩罚;而当轻微违规行为积累或严重违规行为出现时,方触发惩罚制度的生效。

"达摩克斯之剑"以规则的形式高悬于网络平台中。通过对严肃规则的建立、对权威地位的树立、对少数群体的惩罚、对广泛群体的警告,从而达到对全体的控制。此为规训的直观展现。

---

[1] https://www.dianping.com/aboutus/honesty.

表 7-4　美团点评违规内容与处罚措施一览表

扣除分值	违规行为类型
2 分	骚扰消费者扰乱评价客观性 提供虚假证据申诉
3 分	利益诱导好评 评价炒作 恶意差评竞争对手 仿冒官方活动 误导用户评论错误商家 要求用户写好评并引起反感 召集会员写不真实好评 商家及利益相关方在商户下写好评
6 分	使用违规手段删除或修改评价 逃避处罚 组织会员免费体验换好评 虚假报错门店信息或合并他人门店
9 分	恶意陷害竞争对手

资料来源:《美团点评网商户诚信公约及管理办法》①

- 平台依赖关系的抵抗

在访谈过程中了解到,在 O2O 隐形消费空间的运营中商家大都处于亏本或是勉强收支平衡的状态,原因无外乎在于遭受了网络平台的技术"剥削",劳动所得大多流向了网络平台。

然而对于 O2O 隐形消费空间商家而言,对于网络"觉得恨却离不开",仍然需要依赖网络流量生存是商家面临的残酷现实。然而在网络平台的技术霸权面前,商家并没有太多反抗的手段。

在移动支付席卷的当下,O2O 隐形消费空间中有近三成顾客通过团购网站支付。作为对网络平台抽取返点佣金的抵抗,商家更希望顾客越过网络平台直接支付。(图 7-32)

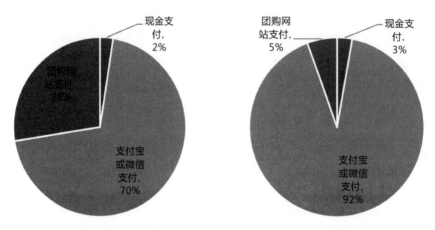

图 7-32　显隐消费空间支付方式构成(左一隐;右一显)
资料来源:笔者自绘

---

① https://dpapp-appeal.meituan.com/static/Business_Reliability.pdf.

有的客人(通过团购)来了一次,还想再来的话我就会跟他说,下次来直接把钱转我好了,不要在平台上面订。

——某酒吧老板刘某

然而与高昂的推广费相比,返点佣金的进退得失是相对微不足道的;O2O隐形消费空间的口碑经济本质,唯有建立起自身稳定、独立的口碑,才能摆脱对网络平台推广的依赖,在运营过程同网络平台的利益博弈中拥有更大的主动权。

由图7-33可知,显隐消费空间消费者消费反馈最大的差异为O2O隐形消费空间消费者会更频繁地面对店主进行评价或推广的要求。

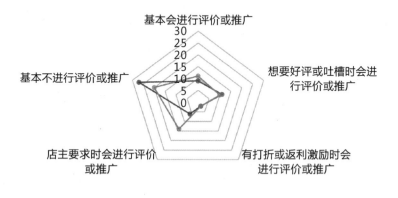

图7-33 显隐消费空间消费者消费反馈构成

资料来源:笔者自绘

常见的建立口碑的方式仍然是通过网络平台。当店铺的人气、好评、分数等具有一定程度的积累后,店铺的排序会获得自然升高,此时店铺能够更低程度地依赖人为因素提升排序,或更大程度地节省用于推广的成本。因此商家对顾客的点评均持正面态度,并通过不同的方式要求或激励顾客进行反馈。大海螺摄影工作室便采用"写点评并转发朋友圈额外赠送一张底片"的方式鼓励顾客进行点评推广。

我们也是鼓励他(顾客)点评,他不是不点评,大部分他都是点评的,但点评他不写字不发图片你知道吗,就感觉不真诚,现在就鼓励他发图片,发高质量的点评。

——大海螺摄影工作室老板陶开进

线上、网络平台并非店铺建立口碑的唯一方式,熟客经济、口口相传对于O2O隐形消费空间同样重要。对刚开业的店铺而言,流量主要来自网络;而对于已经经过一段时间运营的店铺而言,流量的来源则较为多样。

客流的话网络占一部分吧,最主要的是客户通过朋友介绍客人。

——简艺发型工作室老板曾锋

我们这种店其实就靠那些老顾客,老顾客都蛮好的,会成为常客,后面就可能没有那么依赖平台。

——某酒吧老板刘某

当店铺口碑积累到一定程度后,此时和网络平台的关系可能发生反转,网络平台为了榜单的全面、正义,会主动对店铺进行收录和推广,例如海马体作为以线下、商场运营为主的摄影店铺,大众点评不但将其收录在榜单内,同时还具有较高的排序顺位(图7-34)。

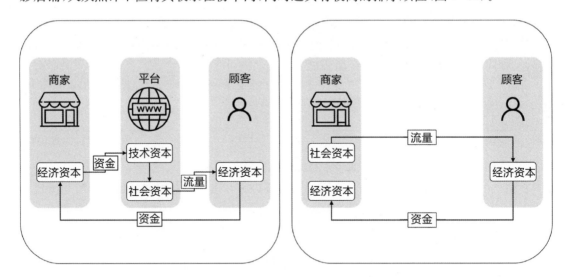

图7-34　平台依赖下与摆脱平台依赖后的资本流动与转化模式对比示意图
资料来源:笔者自绘

所谓"口碑",即为社会资本。在左图所示的平台依赖下的资本流动与转化模式中,商家借助于平台利用技术塑造的口碑,吸引顾客前往O2O隐形消费空间消费,在资金由顾客流向商家的同时,也由商家源源不断地流向平台,以至于商家的经济资本呈现负增殖的情形;在右图所示,摆脱平台依赖后,商家依靠自身的社会资本——口碑吸引顾客前来消费,直接实现社会资本向经济资本的转化,减少了中间商,实现了经济资本的净增殖。

> 你能坚持下来一年以上,基本上就OK了。前期虽然不赚钱,但是前期积攒了大量的会员,大家对你认可了。第一次通过平台,第二次就会直接过来;一起来的话,他就不会通过美团;他还会介绍人过来。
> ——大海螺摄影工作室老板陶开进

因此大量O2O隐形消费空间虽然经营面临困难甚至亏损,然而支撑其坚持运营的动力在于希望通过口碑——社会资本的积累,抵抗平台依赖,从而在更长远的时间内获得盈利;线上的网络平台口碑积累,或线下的熟客培养以及顾客间的发展,是O2O隐形消费空间抵抗平台推广依赖的手段。

(4) 小结:信息权力集中主宰的消费关系建构

网络平台所标榜的,呈现中立、客观的消费信息的主旨,与其自身具体的运作内容所反映出的机制,存在着诸多自相矛盾之处。通过网络平台自身的推广系统如提高单次点击出价对排序进行改变,是对客观性的破坏;通过网络平台自身组织的营销活动如开展"霸王餐"等对口碑进行提升,是对中立性的破坏……在网络平台的诸多运营行为中,中立、客观无从谈起,而对利益的追逐是网络平台此类运营行为的核心诉求,在此过程中,网络平台获取了可观的利益。

因此不禁令人怀疑,网络平台对用户,尤其是商家的规训,除维护其形象与内容的中立、客观外,是否具有维护其既得利益的目的?

大众点评、美团等网络平台,如同 Airbnb Uber,其本质都是通过互联网平台实现资源配置效率的优化,均为"互联网+"环境下共享经济(Sharing Economy)的实践。然而诸多学者认为共享经济是一个模糊的概念,认为当前主流的共享经济企业与实际的共享几乎无关联,而仅利用信息技术作为平台提供新的商业契机。因此提出平台资本主义(Platform Capitalism)①②概念试图对上述现象进行描述,平台资本主义既强调了网络平台的特殊性,同时又揭示了此类实践逐利的本质。

> 大众点评它刚开始的初衷,是想做出好东西;后来被资本介入后,尤其是大众点评合并之后,开始以盈利为目的。人家是盈利平台,不是公益事项。
> ——大海螺摄影工作室老板陶开进

网络平台在消费关系建构的过程中,作为知识的创造者、技术的掌控者,权力是失衡的;作为资本的所有者,权力是滥用的。

> 如果美团点评可以监督自己的入驻商家,那么请问谁来监督美团点评呢?
> ——知乎匿名用户

呈现顾客所采信的信息的权力在平台手中,决定商家所推广的信息的权力同样在平台手中;平台既是顾客的"眼睛",也是商家的"嘴巴","看"的方向、"说"的语句、是否"闭眼"、能否"张嘴"……一切取决于平台。"所言即所意,所见即所得",纵观二次消费过程,商家-顾客-平台的三元关系中,信息权力高度集中于平台,平台主导了消费关系建构全过程。

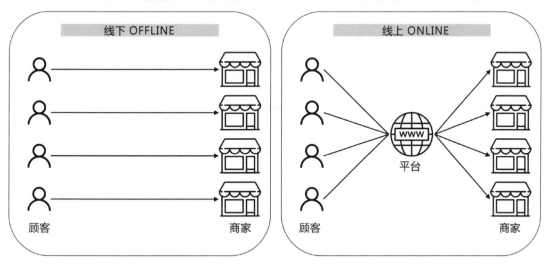

图 7-35 线上线下"商家-顾客-平台"消费关系模式对比示意图

资料来源:笔者自绘

---

① Olma S. Never mind the sharing economy: Here's platform capitalism [Z]. Institute of network cultures blog, 2014-10-16.
② Morozov E. Where Uber and Amazon rule: Welcome to the world of the platform [Z]. the Guardian, 2015, 7.

根据曼纽尔·卡斯特建构的传播权力（Communication Power）理论,网络平台以企业的身份,将信息技术转化为了"结网权""制网权"等政治权力,在与随手机等终端普及而产生的"大众自传播"的传播权力博弈中占据绝对地位[①]。

如同尤瓦尔·赫拉利所述,数字资本主义（Digital Capitalism）解体了自由与民主的神话；O2O隐形消费空间存在的正义与民主在网络空间中正面临着挑战,顾客自由选择的权力同样遭受着网络平台的控制；网络平台拥有着对算法黑箱的唯一解释权[②]。在消费关系建构过程中,网络平台在兼任"主办方"和"运动员"的同时,还担负着"裁判员"职责。

网络平台集中了信息权力,主宰了消费关系,是O2O隐形消费空间消费关系建构的显著特征。

7.3.4 消费空间消费:物美价廉的新体验场所

体验式消费,是O2O隐形消费空间消费内容的典型特征。对显隐消费空间的消费内容构成进行对比,可知O2O隐形消费空间基本为体验型消费,相对应的,可见的消费空间中,购物作为典型的提袋型消费,占据了近四成比重。O2O隐形消费空间内体验型消费类型更丰富,除可见的消费空间中常见的餐饮、电影等内容外,还包括上培训班、健身等,其中美容美发是O2O隐形消费空间中占比最高的、最具代表性的体验型消费活动（图7-36）。

对显隐消费空间的消费时长进行对比,可知O2O隐形消费空间内消费时长均在15 min以上,又有超过3/4的消费者在其中停留超过1 h,从侧面印证了O2O隐形消费空间内均为耗时较久、较为沉浸的体验式消费（图7-37）。O2O隐形消费空间作为吸引顾客前来体验消费的场所,在容纳身体体验的物质空间背后,是经济空间、社会空间和文化空间的共同动力作用。

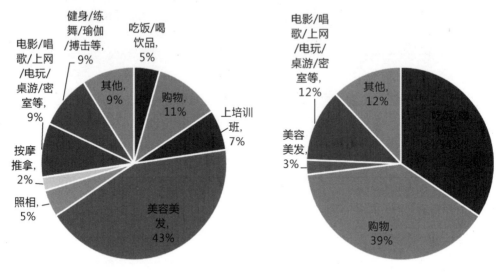

图7-36 显隐消费空间消费内容构成(左一隐；右一显)

资料来源:笔者自绘

---

① 卡斯特. 传播力[M]. 汤景泰,星辰,译. 北京:社会科学文献出版社,2018.
② 赫拉利. 今日简史[M]. 林俊宏,译. 北京:中信出版社,2018.

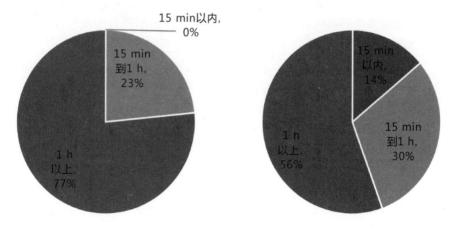

图 7-37　显隐消费空间消费时长构成（左—隐；右—显）
资料来源：笔者自绘

（1）消费人群特征：年轻女性为主

在对消费过程进行分析之前，对消费人群的特征进行大致了解、关注空间背后的人，具有十足必要。因为问卷发放方式为随机发放，因此受访者的性别、年龄、职业比例即能在一定程度上反映相应显隐消费空间的人群构成特征。

• 性别构成：O2O 隐形消费空间消费者以女性为主

在新街口步行街发放问卷的结果显示，可见的消费空间消费者男女数量相当，女性略多于男性，这与人们的日常生活经验是相符合的。而在天之都大厦发放的问卷结果显示，O2O 隐形消费空间的消费者近九成为女性，因而表明女性为 O2O 隐形消费空间的主力消费人群性别。（图 7-38）

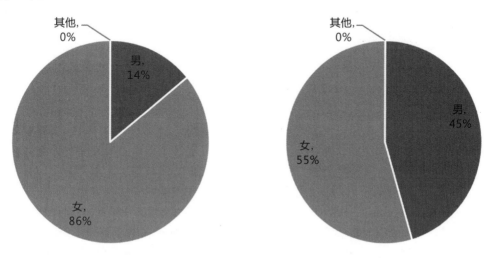

图 7-38　消费者性别构成（左—隐；右—显）
资料来源：笔者自绘

这种状况可能存在以下两方面的原因。

第一，女性为特定业态的主力消费人群。O2O 隐形消费空间中，以咖啡甜品为主的餐饮服务，以服装珠宝为主的购物服务，以美容美发、美甲美睫为主的生活服务，以及美体瘦身、舞蹈瑜伽占据相当比例的体育休闲，以上业态在O2O隐形消费空间中占据相当的比重，而消费者均以女性为主。

第二，女性为日常生活消费的资深消费人群。与可见的消费空间相比，O2O隐形消费空间为更不普遍、更非常规、更需要投入专门的注意力去了解和尝试的新型消费空间。而在统计学意义上，女性在日常生活消费领域，如吃穿和外貌方面，会比男性投入更多的时间精力，是更资深的日常生活消费的人群，如同网购多年的老客户，会收藏更多的店铺、熟谙更多的购买途径，O2O隐形消费空间作为更深度的消费场所，以掌握了更资深消费技巧、在消费对象和方式上经验更丰富的女性占据主导，或为解释之一。

- 年龄构成：O2O隐形消费空间消费者18～25岁年轻人占比更高

对显隐消费空间消费者的年龄构成进行分析，可发现虽显隐消费空间消费者大都为35岁及以下，但O2O隐形消费空间中，18～25岁的年轻人占比显著高于可见的消费空间。年轻人对新消费方式接受程度更高，对网络及网络平台的使用频率更高，或为18～25岁年轻人成为O2O隐形消费空间消费主力的原因。（图7-39）

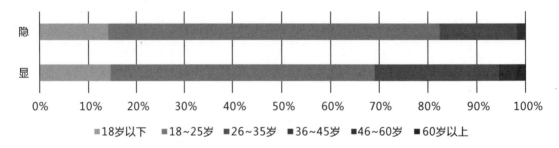

图7-39 消费者年龄构成

资料来源：笔者自绘

- 社会阶层：显隐消费空间消费者无明显分异

对显隐消费空间消费者职业进行统计，虽然受访者对调查问卷的接受度对绝对职业构成比例具有影响（即学生更乐于填写调查问卷，因而统计结果中学生占比相对更高），但显隐消费空间的相对职业构成仍然具有对比意义。从图7-40可看出，显隐消费空间消费者职业构成的类别及数量都大致相当，因此可判断前往显隐消费空间消费的人群社会阶层没有明显的分异。

对O2O隐形消费空间受访消费者的目的性消费的消费内容进行统计，餐饮、（定制服装、珠宝等）购物、美容美发三类以女性为目标群体的消费目的占据超过六成的比重，消费目的与O2O隐形消费空间以生活服务类为主的业态构成高度契合。在消费活动中，女性数量通常略多于男性；而O2O隐形消费空间占据较大比重的业态主要为女性消费者提供服务，因而形成O2O隐形消费空间中女性消费者占近九成的结果。不论是在服装、饰品、外貌等方面进行投资，还是在咖啡饮品、烘焙甜点等生活品质的内容甚至符号方面进行消费，均为年轻女性更普遍实践的消费行为。（图7-36左图）

可以看出，O2O隐形消费空间业态构成特征决定了消费者构成特征。首先，O2O隐形消费空间的消费者以18～25岁的年轻女性为主。其次，显隐消费空间消费者的社会阶层没有明显差异。

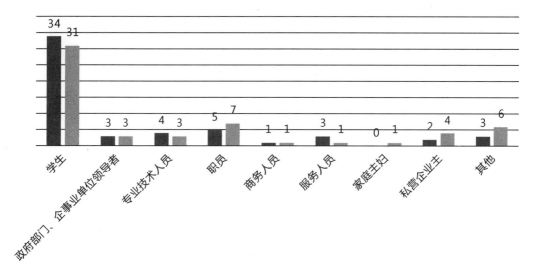

图 7-40 消费者职业构成

资料来源：笔者自绘

(2) 经济空间：价格实惠的场所

价格是消费者选择 O2O 隐形消费空间的重要因素之一。对显隐消费空间消费频次构成进行对比可知，消费者选择前往 O2O 隐形消费空间近六成是出于性价比高的原因，即同等品质的商品，O2O 隐形消费空间同可见的消费空间相比具有更实惠的价格。而可见的消费空间的消费动机中，"商品齐全、质量好"和"环境好"分别占到了 39％ 和 22％ 的比例，说明消费者前往以新街口各大商场为代表的可见的消费空间，是因为大型商场内具有更全面的商品信息，有助于消费者做出最优消费选择，以及大型商场具有更良好的消费环境，有助于提升消费者的购物感受（图 7-41）。

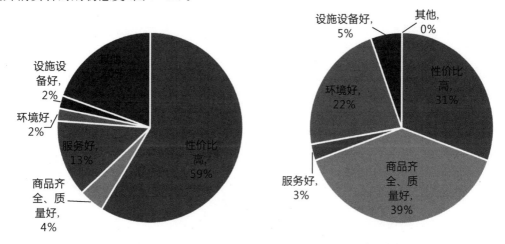

图 7-41 显隐消费空间消费动机构成（左—隐；右—显）

资料来源：笔者自绘

7　网络空间与消费行为：隐形消费空间的生产 | 259

价格因素的作用在对消费者的访谈中同样得到印证。

> 有钱的时候去外面理发，没钱的时候去楼里。像我去的那个理发店，就是动作比较快的那个类型，虽然技术也还可以，但是花的时间会更少，提供的服务更简单；过了三个月左右我就不能在他那剪了，因为发型会不好，我就要去外面。
> （选择该店铺的原因）因为它最便宜，只要一块钱。我是一段时间都会选择那个（O2O隐形消费空间），只是因为它比较便宜。
> ——某O2O隐形消费空间消费者 Isatis

消费空间由显入隐降低的各项成本最终表现在价格上，同时因为O2O隐形消费空间在可见性、可达性方面的劣势，商家同样希望借由更低廉的价格增强自身商业竞争力。因此，对价格敏感的消费者而言，O2O隐形消费空间意味着高性价比，实惠的价格是吸引其前往O2O隐形消费空间的重要因素。

（3）社会空间：氛围轻松的场所

如同被访谈者Isatis（网名）就显隐美发店的消费选择逻辑所表述，去楼中的美发店能够以更实惠的价格、更短的时间、更简洁的流程剪一个还凑合的发型，类比"快餐"；去外面的美发店则以相对更高昂的价格、花更长的时间和更复杂的流程剪一个更精美的发型，如同"正餐"。外面的美发店既无法依靠品质对楼中的美发店形成降维打击，楼中的美发店也无法依靠价格将外面的理发店挤出市场；此虽然为个例，不能代表显隐美发店的整体关系，然而鲜活地揭示出显隐消费空间之间不完全重叠、无法相互取代的竞争而又互补的关系。

同样以美发店为例，不论是开在街边还是开在商场内，均呈现为非"大而高端"便"小而亲民"的状态；而开设在大楼中的美发工作室，则表现出"小而精"的特征。在当下消费升级的社会氛围中，美发工作室以其品质和个性的特点，备受消费者青睐。

> 在大楼中开工作室的话，对客户来说相对更有品质一点。现在客户不太喜欢去街边的店，都选择去商场或者楼里。
> ——简艺发型工作室老板曾锋

> 我之所以选择去楼里理发，是因为我觉得那些连锁店好多都是学徒剪的，水平不咋地给你瞎剪；再就是推销什么的会一直烦你，有时候会有强制消费的感觉，我不喜欢那样。我就找了一个感觉是夫妻店的店铺，人比较好、比较实在，服务比较好、技术也比较好，更不会一直要你办卡。
> 去过的（O2O隐形消费空间）感觉都还行，最近去的那个就挺好的，因为我觉得他给我剪得特别认真。态度也比较亲和，感觉舒服，会加一点分。
> ——某美发店顾客 Sandy

顾客步入经过精心布置的工作室后，会放下来自公共感的、集市的戒备，而产生由私密感触发的、类家的依恋；与商家之间的对立感也会减弱，转为近似朋友的平等、合作关系。商家会适时地通过音乐、玩偶、茶水饮品、点心小食甚至猫狗宠物等道具装置，来对独有的场所感进行强化。同类型的店铺中，O2O隐形消费空间的服务与可见的消费空间相比，在细节处仍然体现出自身的特色（图7-42）。

因为远离了街道和商场，因而O2O隐形消费空间的商业氛围和消费关系会得到稀释，呈现出更轻松的场所氛围和更亲和的商客关系，能够取悦特定的消费者，吸引对应的目标

图 7-42　O2O 隐形消费空间氛围现场照片
(左—长江路 9 号街区:夏冬 & Gaia Salon;右—建华大厦:Cats in 初见·猫咪咖啡馆)
资料来源:大众点评网

群体。

（4）文化空间:新奇时尚的场所

对显隐消费空间消费频次构成进行对比可知,O2O 隐形消费空间有近一半的消费者为第一次来到该店铺进行消费,为典型的"尝鲜"式消费;与之对比,可见的消费空间的消费者大多为多次光顾的"回头客"。(图 7-43)

伴随新的消费空间形式诞生的,是新的消费内容。O2O 隐形消费空间中,一方面传统业态发生了创新演变,例如猫咖在其中的大量开设,将宠物娱乐与咖啡餐饮结合起来;另一方面,诸多新型业态与 O2O 隐形消费空间相辅相成,共促发展,例如密室逃脱为十年内新近出现的、普遍根植于高层建筑中的、广受欢迎的文化娱乐项目。

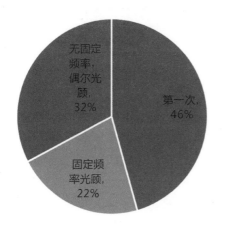
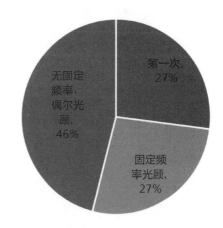

图 7-43　显隐消费空间消费频次构成(左-隐;右-显)
资料来源:笔者自绘

> 我最早去这种地方(O2O 隐形消费空间)是 2014 年还是 2015 年、大二大三的时候,是室友带着去的,寝室集体活动。为什么选择在这种地方做蛋糕呢,是因为可以自己做,体验 DIY。

第一次去密室逃脱也是上大二大三（2014年左右）的样子，和室友一起去的。想到周末一起去玩，就讨论玩什么，密室逃脱那会刚出来，就说去玩这个，就在网上查，查到一个评价比较好的，然后就去了。

——某O2O隐形消费空间消费者Sandy

除了对新鲜的事物进行消费外，到高层建筑中进行消费，同样是一种新奇的体验。以酒吧为例，一方面其隐形特征与酒吧Speakeasy文化不谋而合，另一方面作为主打特色环境的社交空间高层建筑具有良好的景观视野。

商家会通过空间的营造、符号的植入乃至社会角色的扮演等对高品质的环境氛围进行塑造，与具体的营销策略相佐，使得消费空间、消费活动成为时尚象征，如DIY烘焙；而诸如密室逃脱、剧本、酒吧等则更为典型，其本身为充斥着不同文化意义的消费空间（如古埃及金字塔密室、恐怖游轮剧本、西部牛仔酒吧），对消费者充满着异质地方的诱惑。（图7-44）

图7-44 O2O隐形消费空间环境现场照片
（左—现代大厦：小Q侦探学院实景搜证推理体验馆；右—建华大厦：红花枕剧本杀推理俱乐部）
资料来源：大众点评网

因此，对热爱"尝鲜"的年轻消费者而言，新奇时尚的体验是吸引其前往O2O隐形消费空间的重要动力。

（5）小结：市场需求填补拉动的消费空间消费

在消费空间消费过程中，"物美价廉"是O2O隐形消费空间商品的总体特征，同时也能较好地解释顾客做出O2O隐形消费空间消费决策的主要原因。第一，价廉。价廉并非指O2O隐形消费空间以压价作为营销的宗旨，在实际情况中O2O隐形消费空间的商品价格并不一定低于可见的消费空间，事实上通过牺牲可见性、可达性节省的成本支出，使得O2O隐形消费空间同等条件下具有更高的性价比。第二，物美。物美并非指O2O隐形消费空间的商品与可见的消费空间相比具有绝对的优势，而是与之相比具有自身独有的竞争力，作为身体的空间、时尚的空间、异质的空间、私密的空间，体验是O2O隐形消费空间提供的美好商品。

因此，对于价格敏感的消费者、环境敏感的消费者和新鲜事物敏感的消费者，O2O隐形消费空间具有十足的吸引力。

O2O隐形消费空间既有从可见的消费空间市场分流的存量，也有其自身激发的增量；显隐消费空间并非完全竞争，而是差异竞争。O2O隐形消费空间更多地在既有市场基础上,见缝插针地、有针对性地进行弥补填充。因为O2O隐形消费空间所具有的如更低廉的成本,更私密的环境,更特殊的房间/套间户型等,使得O2O隐形消费空间的商品具有异于可见的消费空间的特色。

在显隐消费空间之间进行消费决策之时,消费者眼中并没有"显"或"隐"的标签,而更多地将关注重点放在其口碑、价格、品质、特色等要素的对比中。在O2O隐形消费空间的消费中,隐形并非消费行为的原因,而是生产和消费共同塑造的空间结果。

参考文献

著作:

[1] Alterman R, Cars G. Neighborhood regeneration[M]. New York: Mansell, 1991.

[2] Chris C, Fraser C, Percy S. Urban regeneration in Europe[M]. Oxford, UK: Blackwell Science Ltd. , 2003.

[3] Colquhown I. Urban regeneration: An international perspective [M]. London: B. T. Batsford Ltd. , 1995.

[4] Couch C. Urban renewal: Theory and practice [M]. London: Macmillan, 1990.

[5] Davies J S. Partnerships and regimes: The politics of urban regeneration in the UK [M]. Aldershort: Ashgate, 2001: 17-44.

[6] Keating M. The city that refused to die: Glasgow: The politics of urban regeneration[M]. Aberdeen: Aberdeen University Press, 1988.

[7] Lichfield D. Urban regeneration for the 1990s [M]. London: London Planning Advisory Committee, 1992.

[8] Nelissen N J M. Urban renewal in western europe [M]. The Netherlands: Catholic University Nijmegen, 1982.

[9] Roberts P, Sykes H. Urban Regeneration: A Handbook [M]. London: Sage Publications, 2000.

[10] Srnicek N. Platform capitalism [M]. Hoboken : John Wiley & Sons, 2017.

[11] 苏贾. 后现代地理学:至中批判社会理论中的空间[M]. 王文斌, 译. 北京: 商务印书馆, 2004.

[12] 吉登斯. 现代性的后果[M]. 田禾, 译. 南京: 译林出版社, 2000.

[13] 包亚明, 王宏图, 朱生坚, 等. 上海酒吧:空间、消费与想象[M]. 南京:江苏人民出版社, 2001.

[14] 包亚明. 现代性与空间的生产[M]. 上海:上海教育出版社, 2003.

[15] 包亚明. 后现代性与地理学的政治[M]. 上海:上海教育出版社, 2001.

[16] 包亚明. 现代性与空间的生产[M]. 上海:上海教育出版社, 2003.

[17] 布尔迪厄. 文化资本与社会炼金术[M]. 包亚明, 译. 上海:上海人民出版社, 1997.

[18] 哈维. 资本的城市化[M]. 董慧, 译. 苏州:苏州大学出版社, 2017.

[19] 高鉴国. 新马克思主义城市理论[M]. 北京:商务印书馆, 2006.

[20] 胡毅, 张京祥. 中国城市住区更新的解读与重构:走向空间正义的空间产生[M]. 北京:中国建筑工业出版社, 2015.

[21] 黄群慧, 李芳芳. 工业化蓝皮书:中国工业化进程报告(1995—2015)[M]. 北京:社会科学文献出版社, 2017.

[22] 卢海鸣, 杨新华, 濮小南. 南京民国建筑[M]. 南京:南京大学出版社, 2001.

[23] 卡斯特. 传播力[M]. 汤景泰, 星辰, 译. 北京:社会科学文献出版社, 2018.

[24] 卡斯特. 网络社会的崛起[M]. 夏铸九, 王志弘, 等译. 北京:社会科学文献出版社, 2001.

[25] 南京市地方志编纂委员会. 南京城市规划志[M]. 南京:江苏人民出版社, 2008.

[26] 王宁. 消费社会学:一个分析的视角[M]. 北京:社会科学文献出版社, 2001.

[27] 阳建强,吴明伟. 现代城市更新[M]. 南京:东南大学出版社,1999.

[28] 阳建强. 西欧城市更新[M]. 南京:东南大学出版社,2012.

[29] 赫拉利. 今日简史[M]. 林俊宏,译. 北京:中信出版社,2018.

[30] 张鸿雁. 城市形象与城市文化资本论:中外城市形象比较的社会学研究[M]. 南京:东南大学出版社,2002.

[31] 张一兵. 社会批判理论纪事(第一辑)[M]. 北京:中央编译出版社,2006.

[32] 周岚,童本勤,苏则民,等. 快速现代化进程中的南京老城保护与更新[M]. 南京:东南大学出版社,2004.

期刊论文：

[1] Carmon N. Three generations of urban renewal policies: Analysis and policy implications[J]. Geoforum,1999,30(2):145-158.

[2] Mokhtarian P L. A conceptual analysis of the transportation impacts of B2C e-commerce[J]. Transportation,2004,31(3):257-284.

[3] Petrmatěj ů. Making capitalism without capitalists: Szelényi's homage to bourdieu's theory of the forms of capital[J]. Sociologický ústav Akademie Věd České Republiky,2002,38(3):380-385.

[4] Stabrowski F. 'People as businesses': Airbnb and urban micro-entrepreneurialism in New York City [J]. Cambridge Journal of Regions, Economy and Society,2017,10(2):327-347.

[5] 包蓉,罗小龙,吉玫成,等. 解读权力变迁下的新城空间生产:以南京为例[J]. 地域研究与开发,2015(1):60-64.

[6] 包亚明. 消费文化与城市空间的生产[J]. 学术月刊,2006(5):11-13,16.

[7] 曹现强,张福磊. 空间正义:形成、内涵及意义[J]. 城市发展研究,2011,18(4):131-135.

[8] 陈良斌. 城市意象中的空间消费:基于早期鲍德里亚"消费社会"的视角[J]. 华中科技大学学报(社会科学版),2015,29(5):1-5,11.

[9] 褚燕,卢世主,陈哲蔚. 回归多样性的活力空间:以广州恩宁路历史街区概念改造为例[J]. 金田,2015(6):437-437.

[10] 哈维,黄晓武. 列菲弗尔与《空间的生产》[J]. 国外理论动态,2006(1):53-56.

[11] 戴旭俊,刘爱利. 地方认同的内涵维度及影响因素研究进展[J]. 地理科学进展,2019,38(5):662-674.

[12] 丁宏伟. 南京总统府旧址保护与利用研究:南京中国近代史博物馆规划设计[J]. 建筑创作,2003(8):82-107.

[13] 董玛力,陈田,王丽艳. 西方城市更新发展历程和政策演变[J]. 人文地理,2009,24(5):42-46.

[14] 方可. 西方城市更新的发展历程及其启示[J]. 城市规划汇刊,1998(1):59-61.

[15] 冯立,唐子来. 产权制度视角下的划拨工业用地更新:以上海市虹口区为例[J]. 城市规划学刊,2013(5):23-29.

[16] 高裕江. 内化外切的建构:南京图书馆设计探索[J]. 世界建筑,2009(3):104-109.

[17] 葛岩,关烨,聂梦遥. 上海城市更新的政策演进特征与创新探讨[J]. 上海城市规划,2017(5):23-28.

[18] 何鹤鸣. 增长的局限与城市化转型:空间生产视角下社会转型、资本与城市化的交织逻辑[J]. 城市规划,2012,36(11):91-96.

[19] 何流,崔功豪. 南京城市空间扩展的特征与机制[J]. 城市规划汇刊,2000(6):56-61.

[20] 何世茂. 南京工业产业发展与空间布局对策[J]. 现代城市研究,2009,24(1):58-66.

[21] 何舒文,邹军. 基于居住空间正义价值观的城市更新评述[J]. 国际城市规划,2010,25(4):31-35.

[22] 胡恒. 庶民的胜利:浅析2001—2010年南京老门东的三次规划方案[J]. 新建筑,2017(5):144-147.

[23] 黄鹤. 文化政策主导下的城市更新:西方城市运用文化资源促进城市发展的相关经验和启示[J]. 国外城市规划,2006,21(1):34-39.

[24] 黄静,王诤诤. 上海市旧区改造的模式创新研究:来自美国城市更新三方合作伙伴关系的经验[J]. 城市发展研究,2015,22(1):86-93.

[25] 黄南. 南京产业结构发展状况分析[J]. 现代经济探讨,2002(2):32-34.

[26] 黄怡,吴长福,谢振宇. 城市更新中地方文化资本的激活:以山东省滕州市接官巷历史街区更新改造规划为例[J]. 城市规划学刊,2015(2):110-118.

[27] 黄莹,黄辉,叶忱,等. 基于GIS的南京城市居住空间结构研究[J]. 现代城市研究,2011,26(4):47-52,68.

[28] 季松. 消费时代城市空间的生产与消费[J]. 城市规划,2010,34(7):17-22.

[29] 冀福俊,宋立. 资本的空间生产与中国城镇化的内在逻辑:基于新马克思主义空间生产理论的视角[J]. 上海经济研究,2017(10):3-12.

[30] 江禾芝. 百年唏嘘:以1912建筑群和南京总统府为例浅谈建筑保护模式[J]. 现代城市研究,2014,29(1):79-82,88.

[31] 江泓,张四维. 生产、复制与特色消亡:"空间生产"视角下的城市特色危机[J]. 城市规划学刊,2009(4):40-45.

[32] 姜文锦,陈可石,马学广. 我国旧城改造的空间生产研究:以上海新天地为例[J]. 城市发展研究,2011,18(10):84-89,96.

[33] 晋夜,林陌涵. 青奥会对南京城市空间发展影响研究[J]. 住宅科技,2014,34(1):5-7.

[34] 靳闵,王全胜. 游戏营销对消费者说服影响的研究综述与展望[J]. 管理现代化,2020,40(1):110-112.

[35] 类延辉. 伦敦道克兰地区城市更新发展经验研究[J]. 城市住宅,2017(9):10-14.

[36] 李昌霞,柴彦威. 改革开放后上海市民消费方式的变化及其空间扩展[J]. 经济地理,2005,25(4):528-531.

[37] 李建波,张京祥. 中西方城市更新演化比较研究[J]. 城市问题,2003(5):68-71,49.

[38] 廖昕. 市民广场上的雕塑之石:江苏省美术馆新馆设计[J]. 建筑学报,2010,(11):52-53.

[39] 林耿,王炼军. 全球化背景下酒吧的地方性与空间性:以广州为例[J]. 地理科学,2011,31(7):794-801.

[40] 林晓珊. 空间生产的逻辑[J]. 理论与现代化,2008(2):90-95.

[41] 刘芳,张宇. 深圳市城市更新制度解析:基于产权重构和利益共享视角[J]. 城市发展研究,2015,22(2):25-30.

[42] 刘坤,王建国,唐芃. 我国城市更新过程中的居住空间发展:以改革开放以来南京老城的城市更新为例[J]. 城市建筑,2011(8):40-42.

[43] 刘青昊,李建波. 关于衰败历史城区当代复兴的规划讨论:从南京老城南保护社会讨论事件说起[J]. 城市规划,2011,35(4):69.

[44] 刘昕. 深圳城市更新中的政府角色与作为:从利益共享走向责任共担[J]. 国际城市规划,2011,26(1):41-45.

[45] 刘云刚,王丰龙. 城乡结合部的空间生产与黑色集群:广州M垃圾猪场的案例研究[J]. 地理科学,2011,31(5):563-569.

[46] 刘正平,宣莹. 南京城南历史城区保护的回顾与反思:借鉴法国历史地段保护经验[J]. 中国名城,2009(11):11-15.

[47] 卢源. 论旧城改造规划过程中弱势群体的利益保障[J]. 现代城市研究,2005,20(11):22-26.

[48] 鲁安东,刘克成. 异质的文脉:对刘克成金陵美术馆设计思路的讨论[J]. 建筑学报,2014(3):39-45.

[49] 路紫,王文婷,张秋娈,等.体验性网络团购对城市商业空间组织的影响[J]. 人文地理,2013,28(5):101-104,138.

[50] 罗超. 我国城市老工业用地更新的推动机制研究[J]. 城市发展研究,2015,22(2):20-24.

[51] 罗彦,朱荣远,蒋丕彦. 城市再生:紧约束条件下城市空间资源配置的策略研究:以深圳福田区为例[J]. 规划师,2010,26(3):42-49.

[52] 吕晓蓓,赵若焱. 对深圳市城市更新制度建设的几点思考[J]. 城市规划,2009,33(4):57-60.

[53] 吕晓蓓,朱荣远,张若冰,等. 大都市中心城区城市空间资源整合的初步探索:深圳"金三角"地区城市更新的系列实践[J]. 国际城市规划,2010,25(2):48-52.

[54] 马学广,王爱民,闫小培. 权力视角下的城市空间资源配置研究[J]. 规划师,2008,24(1):77-82.

[55] 马学广,王爱民,闫小培. 广州市城市居住空间的社会生产研究[J]. 中山大学学报(自然科学版),2010,49(5):122-126,140.

[56] 马学广. "单位制"城市空间的社会生产研究[J]. 经济地理,2010,30(9):1456-1461.

[57] 买静,张京祥. 地方政府企业化主导下的新城空间开发研究:基于常州市武进新城区的实证[J]. 城市规划学刊,2013(3):54-60.

[58] 牟与峰,孙伟,吴加伟. 南京商业中心演化与布局研究[J]. 世界地理研究,2014,23(2):112-122.

[59] 倪峰. 城市拆迁中利益关系分析及政府角色定位[J]. 武汉职业技术学院学报,2006,5(3):32-34.

[60] 彭恺. 空间生产视角下的转型期中国新城问题研究新范式[J]. 城市发展研究,2015,22(10):63-70.

[61] 秦萧,甄峰,朱寿佳,等. 基于网络口碑度的南京城区餐饮业空间分布格局研究:以大众点评网为例[J]. 地理科学,2014,34(7):810-817.

[62] 曲凌雁. 更新、再生与复兴:英国1960年代以来城市政策方向变迁[J]. 国际城市规划,2011,26(1):59-65.

[63] 曲凌雁. 美国的城市更新与社区开发比较[J]. 国外城市规划,1998(3):11-14.

[64] 任政. 资本、空间与正义批判:大卫·哈维的空间正义思想研究[J]. 马克思主义研究,2014(6):120-129.

[65] 阮仪三,顾晓伟. 对于我国历史街区保护实践模式的剖析[J]. 同济大学学报(社会科学版),2004,15(5):1-6.

[66] 佘高红. 从衰败到再生:城市社区衰退的理论思考[J]. 城市规划,2010,34(11):14-19.

[67] 申峻霞,张敏,甄峰. 符号化的空间与空间的符号化:网络实体消费空间的建构与扩散[J]. 人文地理,2012,27(1):29-33.

[68] 沈旸. "1912"的原生影像及其文化品位[J]. 艺术评论,2009(2):38-42.

[69] 史坤博,杨永春,白硕,等. 技术扩散还是效率优先:基于"美团网"的中国O2O电子商务空间渗透探讨[J]. 地理研究,2018,37(4):783-796.

[70] 孙世界. 信息化城市:信息技术与城市关系初探[J]. 城市规划,2001,25(6):30-34.

[71] 陶希东. 中国城市旧区改造模式转型策略研究:从"经济型旧区改造"走向"社会型城市更新"[J]. 城市发展研究,2015,22(4):111-116.

[72] 汪毅,徐昀,朱喜钢. 城市更新背景下的南京创意产业集聚区研究[J]. 中国名城,2009(8):19-23.

[73] 王丰龙,刘云刚. 空间的生产研究综述与展望[J]. 人文地理,2011,26(2):13-19.

[74] 王路. 历史街区保护误区之:"镶牙式改造":南京老城南历史文化街区保护困境[J]. 中华建设,2011(5):22-23.

[75] 王美飞,邵宁宁,何丹. 城市旧工业区转型研究的进展与评述[J]. 城乡规划,2016(1):16-23.

[76] 王如渊. 西方国家城市更新研究综述[J]. 西华师范大学学报(哲学社会科学版),2004(2):1-6.

[77] 王世福,沈爽婷. 从"三旧改造"到城市更新:广州成立城市更新局之思考[J]. 城市规划学刊,2015

(3):22-27.

[78] 王伟年,张平宇. 创意产业与城市再生[J]. 城市规划学刊,2006(2):22-27.

[79] 王欣. 伦敦道克兰城市更新实践[J]. 城市问题,2004(5):72-75,79.

[80] 王学荣. 论资本逻辑与空间生产逻辑的"二律背反"[J]. 理论导刊,2012(7):51-52,57.

[81] 王宇凡,林文盛,冯右春. 信息技术对城市生活服务业空间分布的影响:以北京网络外卖餐饮业为例[J]. 城市发展研究,2019,26(6):100-107.

[82] 王志高. 六朝建康城遗址考古发掘的回顾与展望[J]. 南京晓庄学院学报,2008,24(1):54-58.

[83] 魏成,陈烈. 全球化与制度转型脉络下中国区域空间生产逻辑及其研判[J]. 经济地理,2009,29(3):384-390.

[84] 魏成,沈静,范建红. 尺度重组:全球化时代的国家角色转化与区域空间生产策略[J]. 城市规划,2011(6):28-35.

[85] 魏皓严,郑曦. 双重动力机制下的大学校园:我国当代大学校园规划的空间生产与空间形制[J]. 城市建筑,2010(3):13-19.

[86] 魏皓严,郑曦. 资本一统下的纷纷江湖:文化、地域建筑与空间生产[J]. 城市建筑,2009(6):24-27.

[87] 吴炳怀. 旧城工业区改造问题初探[J]. 城市规划汇刊,1997(4):50-53,64.

[88] 吴晨,丁霓. 城市复兴的设计模式:伦敦国王十字中心区研究[J]. 国际城市规划,2017,32(4):118-126.

[89] 吴昊天. 资本循环理论视角下澳门建筑遗产保护研究[J]. 青岛科技大学学报(社会科学版),2018,34(2):12-17.

[90] 吴明伟,柯建民. 试论城市中心综合改建规划[J]. 建筑学报,1985(9):40-47,84.

[91] 吴晓庆,张京祥. 从新天地到老门东:城市更新中历史文化价值的异化与回归[J]. 现代城市研究,2015,30(3):86-92.

[92] 向云,王傲. 空间政治经济学视角下的上海田子坊地区城市更新[J]. 建筑与文化,2020(3):135-136.

[93] 肖蓉,阳建强,李哲. 基于产权激励的城市工业遗产再利用制度设计:以南京为例[J]. 天津大学学报(社会科学版),2016,18(06):558-563.

[94] 徐巨洲. 现实主义的城市土地利用与发展观[J]. 城市规划,1999,23(1):3-5.

[95] 徐巍,古国才,钟维. 南京市住宅建设五十年回顾与展望[J]. 现代城市研究,2000,15(3):31-33.

[96] 徐毅松,王颖禾,范宇. 城市再生视野下的规划实践与思考:以新江湾城规划为例[J]. 城市规划学刊,2005(4):93-98.

[97] 许德金. 城市文化何以成为资本?:城市文化资本刍议[J]. 外国文学,2012(2):133-141,160.

[98] 严中. 千呼万唤始出来:江宁织造博物馆诞生记[J]. 曹雪芹研究,2016(4):172-182.

[99] 阳建强. 秦淮门东门西地区历史风貌的保护与延续[J]. 现代城市研究,2003,18(2):34-40.

[100] 阳建强. 现代城市更新运动趋向[J]. 城市规划,1995,19(4):27-29.

[101] 杨俊宴,章飙,史宜. 城市中心体系发展的理论框架探索[J]. 城市规划学刊,2012(1):33-39.

[102] 杨姝,范青青. 浅谈文化场馆中的"引景入馆"设计:以南京六朝博物馆设计为例[J]. 美与时代(上),2015(11):104-105.

[103] 姚之浩,曾海鹰. 1950年代以来美国城市更新政策工具的演化与规律特征[J]. 国际城市规划,2018,33(4):18-24.

[104] 姚之浩,田莉. 21世纪以来广州城市更新模式的变迁及管治转型研究[J]. 上海城市规划,2017(5):29-34.

[105] 叶斌,刘正平,宣莹. 六朝古都的现代表现形式:略论六朝建康城考古发掘与城市设计的关系[J]. 城市规划,2011(8):49-54.

[106] 叶超. 马克思主义与城市问题结合研究的典范:大卫·哈维的《资本的城市化》述评[J]. 国际城市规

划,2011,26(4):98-101.

[107] 叶露,王亮,王畅. 历史文化街区的"微更新":南京老门东三条营地块设计研究[J]. 建筑学报,2017(4):82-86.

[108] 易晓峰."企业化管治"的殊途同归:中国与英国城市更新中政府作用比较[J]. 规划师,2013,29(5):86-90.

[109] 殷洁,罗小龙. 资本、权力与空间:"空间的生产"解析[J]. 人文地理,2012,27(2):12-16,11.

[110] 俞海山. 中国消费主义解析[J]. 社会,2003,23(2):25-27.

[111] 张冰,戴航,孟霞. 南京民国建筑保护与再利用研究:以724所改造设计为例[J]. 建筑与文化,2012(1):121-123.

[112] 张更立. 走向三方合作的伙伴关系:西方城市更新政策的演变及其对中国的启示[J]. 城市发展研究,2004,(11)4:26-32.

[113] 张汉,宋林飞. 英美城市更新之国内学者研究综述[J]. 城市问题,2008(2):78-83,89.

[114] 张鸿雁. 城市空间的社会与"城市文化资本"论:城市公共空间市民属性研究[J]. 城市问题,2005(5):2-8.

[115] 张京祥,胡毅. 于社会空间正义的转型期中国城市更新批判[J]. 规划师,2012,28(12):5-9.

[116] 张京祥,陈浩. 基于空间再生产视角的西方城市空间更新解析[J]. 人文地理,2012(2):1-5.

[117] 张京祥,陈浩. 南京市典型保障性住区的社会空间绩效研究:基于空间生产的视角[J]. 现代城市研究,2012,27(6):66-71.

[118] 张京祥,耿磊,殷洁,等. 基于区域空间生产视角的区域合作治理:以江阴经济开发区靖江园区为例[J]. 人文地理,2011,26(1):5-9.

[119] 张京祥,胡毅,孙东琪. 空间生产视角下的城中村物质空间与社会变迁:南京市江东村的实证研究[J]. 人文地理,2014,29(2):1-6.

[120] 张京祥,罗小龙,殷洁,等. 大事件营销与城市的空间生产与尺度跃迁[J]. 城市问题,2011(1):19-23.

[121] 张京祥,于涛,陆枭麟. 全球化时代的城市大事件营销效应:基于空间生产视角[J]. 人文地理,2013,28(5):1-5.

[122] 张敏,熊帼. 基于日常生活的消费空间生产:一个消费空间的文化研究框架[J]. 人文地理,2013,28(2):38-44.

[123] 张平宇. 城市再生:我国新型城市化的理论与实践问题[J]. 城市规划,2004,28(4):25-30.

[124] 张平宇. 英国城市再生政策与实践[J]. 国外城市规划,2002(3):39-41.

[125] 张松. 历史文化名城保护的制度特征与现实挑战[J]. 城市发展研究,2012,19(9):5-11.

[126] 张学泽. 公共政策必须强调正义性[J]. 社会观察,2005(6):14-15.

[127] 张彦婷. 历史街区更新保护中公平性问题研究:以上海新天地更新保护规划为例[J]. 建筑与环境,2012(3):110-112.

[128] 张中华,张沛. 地方理论:城市空间发展的再生理论[J]. 城市发展研究,2012,19(1):52-57.

[129] 赵民,孙忆敏,杜宁,等. 我国城市旧住区渐进式更新研究:理论、实践与策略[J]. 国际城市规划,2010,25(1):24-32.

[130] 赵天鹏,丁彦芬. 南京市老门东历史文化街区铺装解读[J]. 农业科技与信息,2015,12(2):117-120.

[131] 甄峰. 信息时代区域发展战略及其规划探讨[J]. 城市规划汇刊,2001(6):61-64,80.

[132] 甄峰. 信息时代新空间形态研究[J]. 地理科学进展,2004,23(3):16-26.

[133] 郑德高,卢弘旻. 上海工业用地更新的制度变迁与经济学逻辑[J]. 上海城市规划,2015(3):25-32.

[134] 周玮,黄震方,郭文,等. 南京夫子庙历史文化街区景观偏好的游后感知实证研究[J]. 人文地理,2012,27(6):117-123.

[135] 周燕,李凌霄. 历史环境与现代功能的融合发展:以门东雅居乐长乐渡项目为例[J]. 江苏建筑,2016(2):23-26.

[136] 朱竑,刘博. 地方感、地方依恋与地方认同等概念的辨析及研究启示[J]. 华南师范大学学报(自然科学版),2011,43(1):1-8.

[137] 祝莹,吴明伟,董卫. 历史风貌地段保护规划的经济性研究:以南京门东地区为例[J]. 华中建筑,2005,23(4):110-112.

[138] 祝莹. 历史风貌地段保护规划的经济性研究:以南京门东地区为例[J]. 华中建筑,2005,23(4):110-112.

[139] 祝莹. 历史街区传统风貌保护研究:以南京中华门门东地区城市更新为例[J]. 新建筑,2002(2):9-12.

[140] 邹广. 深圳城市更新制度存在的问题与完善对策[J]. 规划师,2015,31(12):49-52.

学位论文:

[1] 陈亮. 南京近代工业建筑研究[D]. 南京:东南大学,2018.

[2] 陈易. 转型期中国城市更新的空间治理研究:机制与模式[D]. 南京:南京大学,2016.

[3] 陈哲. 南京城市用地的空间变动研究[D]. 南京:南京师范大学,2007.

[4] 程茂吉. 基于精明增长视角的南京城市增长评价与优化研究[D]. 南京:南京师范大学,2012.

[5] 狄重光. 爱德华·索亚空间正义思想及对中国启示研究[D]. 济南:山东大学,2017.

[6] 方怡青. 上海市网红餐饮店的空间特征研究:基于与普通餐饮店的比较[D]. 上海:华东师范大学,2019.

[7] 管仪兵. 基于大数据的南京主城区商业中心体系评价[D]. 南京:东南大学,2017.

[8] 何淼. 城市更新中的空间生产:南京市南捕厅历史街区的社会空间变迁[D]. 南京:南京大学,2012.

[9] 华茹茹. 怀旧:历史街区文化构建与空间消费[D]. 南京:南京大学,2015.

[10] 黄治. 旧城更新与新区发展互动关系研究[D]. 南京:东南大学,2004.

[11] 蒋晓娟. 纽约"城市更新"研究(1949—1972)[D]. 上海:华东师范大学,2011.

[12] 刘润. 资本、权力与地方:成都市文化空间生产研究[D]. 兰州:兰州大学,2015.

[13] 刘逸芸. 地方建构视角下历史文化街区的保护与利用研究[D]. 广州:华南理工大学,2018.

[14] 罗婧. 南京中国科举博物馆工程报告[D]. 西安:西安建筑科技大学,2017.

[15] 钱兵. 现代化发展速度与均衡度研究:基于南京现代化进程实证研究[D]. 南京:南京师范大学,2012.

[16] 舒美荣. 基于城市经营理念的旧工业区更新研究[D]. 哈尔滨:哈尔滨工业大学,2010.

[17] 孙世界. 南京城市中心结构形态演变与发展初探[D]. 南京:东南大学,1997.

[18] 王庆歌. 空间正义视角下的历史街区更新研究[D]. 济南:山东大学,2017.

[19] 王松杰. 转型与演化:我国大城市工人新村的社会空间探析:以沪宁两地为例[D]. 南京:东南大学,2011.

[20] 王微. 老工业空间非正式更新演化机制研究[D]. 南京:南京大学,2013.

[21] 王晓璐. 都市历史文化街区感知形象研究:以北京什刹海街区为例[D]. 北京:北京林业大学,2010.

[22] 王雅谦. 以南京为例探讨当代城市遗址博物馆的设计趋势[D]. 南京:南京大学,2013.

[23] 王毅. 南京城市空间营造研究[D]. 武汉:武汉大学,2010.

[24] 吴超. 南京老城南门东历史街区空间结构分析[D]. 西安:西安建筑科技大学,2013.

[25] 熊帼. 城市新消费空间的生产[D]. 南京:南京大学,2013.

[26] 徐萍. 城市产业结构与土地利用结构优化研究:以南京为例[D]. 南京:南京农业大学,2004.

[27] 杨秋彬. 基于POI数据的体验型商业空间格局分析:以上海为例[D]. 上海:华东师范大学,2018.

[28] 杨小峰. 大卫·哈维空间与资本思想的研究[D]. 上海：华东师范大学，2015.
[29] 尹超. 南京古城空间格局保护研究[D]. 南京：东南大学，2005.
[30] 张泉. 真人密室逃脱游戏中的卷入度及文化倾向研究[D]. 上海：上海师范大学，2016.
[31] 张仲金. 南京1912主题街区发展战略研究[D]. 南京：南京理工大学，2012.
[32] 赵丹. 消费空间与城市发展的耦合互动研究[D]. 南京：南京大学，2013.
[33] 赵玉洁. 城市传统街区休闲消费空间建构及地方性形成机制研究[D]. 南京：南京师范大学，2018.
[34] 赵中华. 基于主体视角的历史文化街区旅游形象研究：以夫子庙街区为例[D]. 南京：南京师范大学，2012.
[35] 郑瑞山. 新时期南京老城商业中心体系发展演变及动力机制研究[D]. 南京：东南大学，2005.
[36] 钟靖. 空间、权力与文化的嬗变上海人民广场文化研究[D]. 上海：华东师范大学，2014.

其他：

[1] 刘博敏. 现代城市商业空间形态发展的多维性：以南京商业空间系统演进为例[C]//中国城市规划学会. 城市规划和科学发展：2009中国城市规划年会论文集. 天津：天津科学技术出版社，2009.
[2] 南京市人民政府. 南京市城市总体规划（2011—2020）[Z]. 2011.
[3] 南京市人民政府. 南京历史文化名城保护规划（2010—2020）[Z]. 2012.
[4] 南京市规划局，南京市城市规划编研中心. 南京老城控制性详细规划（2011年修编）[Z]. 2012.
[5] 南京市规划局，清华大学城市规划设计研究院. 南京老城南历史城区保护规划与城市设计[Z]. 2012.
[6] 南京市规划局. 南京门东"南门老街"复兴规划社会意见征询稿[Z]. 2006.
[7] 史宜，杨俊宴. 城市中心区空间区位选择的空间句法研究：以南京为例[C]//中国城市规划学会，南京市政府. 转型与重构：2011中国城市规划年会论文集. 南京：东南大学出版社，2011.

后记

本书是国家自然科学基金资助项目"基于空间生产—消费全过程的旧城空间再生研究"的研究成果。本书的研究目的是试图通过南京老城四十余年的更新过程梳理,描述老城中各种功能空间的更新和再生的过程,正是这些功能空间,以及其中的各种经济、社会活动,方构成老城中的勃勃生机。如果本书有些特点的话,那应该体现在以下方面:第一,通过局部来描述整体。本书通过文化公共空间、历史城区、传统商业中心、工业空间,以及网络空间的典型地区更新过程的解析,力图拼合成南京老城的整体更新图景。第二,试图将理论与实证结合起来。西方城市更新理论来源于长期的城市更新实践,中国城市更新目前正处于实践的高潮,源自西方的理论在解释中国城市更新实践的过程中需要根据中国实践进行调整,具有中国特点的城市更新理论也正在形成过程中。本书试图运用一些西方经典理论,解析南京老城更新中的现象,从而丰富中国城市更新研究的维度。第三,本书的论述不仅包括物质空间更新,还涉及政治、经济社会和文化方面在空间再生中的作用和机制。城市更新从来都不仅仅是物质空间的更新,还有社会空间的变化,比如绅士化现象、城市社区的解构与重构、空间正义的问题等等。这一过程的背后是各种社会力量的博弈。本书的论述重点是城市更新过程中各种社会力量是如何发挥作用并对更新结果造成影响。第四,本书试图从多层次对南京老城更新进行剖析,除了宏观的概览外,更加注重更新过程中的微观事件,所以在研究过程中对一些典型更新事件进行详细的描述,对一些当事人进行现场采访,试图通过微观的扫描来审视和记录南京老城更新的宏大进程。

那么为什么会选择南京这个城市作为研究对象呢?首先是因为南京是笔者居住和工作的城市,也是与笔者的学习和研究经历联系最为紧密的城市。其次是南京老城的复杂和多元特征,充斥着各种矛盾,承载着各类功能,包容了各色人群。它既是古老的又是现代的,现代化中心区和秦淮古风城区并存,现代化的生活时刻发生在老城的历史空间格局之中,冲突无处不在,却相依相存。这种矛盾的过程不断地发生在包括南京在内的中国城市中,特别是众多历史性城市,城市更新的过程就是保护与开发、过去与未来、现实与情怀的相遇和妥协,南京就是这类城市的典型代表,这也是选择南京老城作为研究对象的第三个原因,即其代表性,它代表了一批具有历史文化底蕴的城市,代表了一批中国大城市的老城,也代表了中国城镇化转型发展的进程。

笔者对南京城市形态的研究起源于20世纪90年代师从吴明伟教授攻读硕士学位时,当时选题是南京商业中心体系,后来毕业后一直关注南京中心区商业商务空间的发展,对南京老城更新的系统研究始于2014年。本书整合了笔者带领研究生团队2015年以来对南京老城更新的研究成果,其中程小梅和李欣路参与撰写了第二章初稿,熊恩锐参与撰写了第三章初稿,梅佳欢参与撰写了第四章初稿,徐铭泽参与撰写了第五章初稿,米雪参与撰写了第六章初稿,王锦忆参与撰写了第七章初稿,最后由孙世界统稿和定稿。

南京老城更新研究得到很多机构和个人的帮助，感谢南京市城市规划编制研究中心、南京市城市规划设计研究院、南京图书馆、江苏省美术馆、江宁织造博物馆、1912集团、南京市文广新局、夫子庙文旅集团、南京工程机械厂、南京国创园等单位在调研过程中的热情接待，特别感谢南京市城市规划编制研究中心刘正平先生、南京市城市规划设计研究院童本勤女士、南京图书馆臧锦陵先生、江苏省美术馆廖鹏先生、江宁织造博物馆杨海静先生、1912集团邱敏先生、南京长江都市建筑设计股份有限公司王畅先生、夫子庙文旅集团刘晶晶女士、南京国创园蔡捷先生、南京师范大学王志高老师以及东南大学杨冬辉老师、杨志疆老师，感谢你们在调研和访谈过程中提供的帮助。研究生王行健、蔡莹莹、何芊荟参与了书稿整理方面的工作，在此一并表示感谢。

最后，希望本书的出版能够为中国城市更新的研究和实践提供一些参考和帮助。因笔者水平有限，书中难免存在欠缺之处，恳请大家给予指正。

孙世界
2020年8月